Frank D. **Macchia**

BATIZADOS
no ESPÍRITO

Uma teologia pentecostal global

 PENTECOSTAL CARISMÁTICO

Título original: *Baptized in the Spirit*.
Copyright ©2006, de Frank Macchia.
Edição original por Zondervan. Todos os direitos reservados.
Copyright da tradução ©2023, de Vida Melhor Editora LTDA.

Todos os direitos desta publicação são reservados por Vida Melhor Editora LTDA.

Todas as citações bíblicas foram extraídas da *Nova Versão Internacional* (NVI), da Biblica Inc., salvo indicação em contrário.

Os pontos de vista desta obra são de responsabilidade de seus autores e colaboradores diretos, não refletindo necessariamente a posição da Thomas Nelson Brasil, da HarperCollins Christian Publishing ou de sua equipe editorial.

Tradução	*Maurício Bezerra*
Preparação	*Paulo Nishihara*
Revisão	*Daniele Soares, Shirley Lima* e *Pedro Marchi*
Diagramação	*Sonia Peticov*
Capa	*Kaiky Fernandes*

Equipe editorial

Diretor	*Samuel Coto*
Coordenador	*André Lodos*
Assistente	*Lais Chagas*

Dados Internacionais de Catalogação na Publicação (CIP)
(BENITEZ Catalogação Ass. Editorial, MS, Brasil)

M115b Macchia, Frank D.
1.ed.   Batizados no Espírito: uma teologia pentecostal global/ Frank D. Macchia; tradução Maurício Bezerra. – 1.ed. – Rio de Janeiro: Thomas Nelson Brasil, 2024.
          320 p.; 15,5 x 23 cm.

          Título original: Baptized in the Spirit.
          ISBN 978-65-5689-801-8

          1. Ecumenismo. 2. Pneumatologia. 3. Pentecostalismo. 4. Teologia sistemática. I. Bezerra, Maurício. II. Título.

12-2023/39   CDD 269.4

Índice para catálogo sistemático

1. Pentecostalismo: Cristianismo   269.4

Bibliotecária responsável: Aline Graziele Benitez CRB-1/3129

Thomas Nelson Brasil é uma marca licenciada à Vida Melhor Editora LTDA.
Todos os direitos reservados à Vida Melhor Editora LTDA.
Rua da Quitanda, 86, sala 601A — Centro
Rio de Janeiro — RJ — CEP 20091-005
Tel.: (21) 3175-1030
www.thomasnelson.com.br

Para Verena, o amor da minha vida.

Para elucidar minha relação com Schleiermacher, o que tenho ocasionalmente ponderado nesses últimos dias [...] é se existe a possibilidade de uma teologia do terceiro artigo. Em outras palavras, uma teologia predominante e decisivamente calcada no Espírito Santo. Tudo o que se precisa dizer, considerar e crer sobre Deus, o Pai, e Deus, o Filho, para se entender o primeiro e o segundo artigo pode ser revelado e iluminado em suas bases por Deus, o Espírito Santo.

KARL BARTH
Concluding Unscientific Postscript on Schleiermacher
[Posfácio conclusivo e não científico sobre Schleiermacher]

SUMÁRIO

AGRADECIMENTOS   9

CAPÍTULO UM
INTRODUÇÃO   11
Contextualizando a questão

CAPÍTULO DOIS
BATISMO NO ESPÍRITO SANTO E TEOLOGIA PENTECOSTAL   20
Voltando à nossa distinção principal
    O batismo no Espírito Santo é a distinção principal do
    pentecostalismo?   21
    Da santificação para o batismo no Espírito Santo: a fragmentação
    inicial   30
    Batismo no Espírito Santo e diversidade doutrinária: o desafio
    crescente   35
    Do batismo no Espírito para a escatologia: a busca de coerência   41
    Do batismo no Espírito Santo para a teologia oral: o desafio do
    método teológico   54
    Posfácio: a missão inacabada da teologia pentecostal   62

CAPÍTULO TRÊS
O REINO E O PODER   66
Alargando as fronteiras do batismo no Espírito Santo
    Batismo no Espírito Santo e regeneração   69
    Batismo no Espírito Santo e batismo nas águas   78
    Batismo no Espírito Santo e empoderamento   82
    Estrutura escatológica   92

CAPÍTULO QUATRO
CRISTO COMO O REI E O ESPÍRITO SANTO COMO O REINO   96
O batismo no Espírito Santo na perspectiva trinitária

    O vínculo entre o pentecostes e o reino de Deus   98
    Batismo no Espírito Santo e a fé que a igreja tem em Jesus   116
    Batismo no Espírito Santo como um ato trinitário   122
    Batismo no Espírito Santo e os elementos da vida no reino   140
    Conclusão   166

CAPÍTULO CINCO
OS SINAIS DA GRAÇA EM UM MUNDO QUE CARECE DELA   168
Na direção de uma eclesiologia batizada no Espírito Santo

    Batismo no Espírito Santo e *koinonia*   170
    O caminho para uma antropologia batizada no Espírito Santo   182
    A igreja batizada no Espírito Santo: o desafio pluralista   193
    A igreja batizada no Espírito Santo: por uma dialética crítica   207
    A igreja batizada no Espírito Santo: os modelos bíblicos   216
    As marcas da igreja batizada no Espírito Santo   221
    As "marcas" da pregação, dos sacramentos e da plenitude carismática   261
    Conclusão   277

CAPÍTULO SEIS
BATIZADOS NO AMOR   279
A vida batizada no Espírito Santo

    A importância do amor de Deus   281
    Na direção de uma teologia do amor   283
    Fé e amor   288
    Esperança e amor   292
    O batismo no Espírito Santo como uma "segunda conversão" para o amor   305

ÍNDICE DE REFERÊNCIAS BÍBLICAS   309
ÍNDICE DE ASSUNTOS   313
ÍNDICE DE AUTORES   315

AGRADECIMENTOS

Há muitas pessoas que merecem minha gratidão nos bastidores da preparação deste livro. Amos Yong é meu companheiro na carreira teológica. Foram muito valiosos seus comentários perspicazes a respeito deste livro e dos pensamentos que aqui são expressos. Além disso, gostaria de agradecer a Dale Irvin por suas conversas comigo sobre o conteúdo, conversas que, ao mesmo tempo, sempre foram estimulantes e desafiadoras. Meu precioso colega Edmund Rybarczyk também teceu comentários úteis sobre algumas partes desta obra. John Sim, meu pastor e bom amigo, me apoiou de várias formas. Não tenho como expressar em palavras quanto devo à minha esposa, Verena, por seu apoio constante. Minha dedicatória não passa de uma demonstração singela do meu amor e da minha admiração. Além disso, minhas filhas, Desiree e Jasmine, tiveram de renunciar a muitos momentos com o pai, e por muitos dias, porque eu estava diante do computador trabalhando neste projeto. Sou muito grato pelo sacrifício delas. Enfim, agradeço às igrejas que me sustentaram na fé e me ensinaram que o Espírito Santo é digno de atenção e estudo entre os cristãos que estão profundamente interessados nas raízes e dimensões da vida cristã. Embora o Espírito Santo fale de Cristo, nada impede que falemos tanto do Espírito Santo como de Cristo ao estudarmos suas obras, que inauguram e cumprem a vontade redentora do Pai neste mundo.

CAPÍTULO **UM**

INTRODUÇÃO

Contextualizando a questão

Acho que eu era um típico rapaz de dezoito anos, com a exceção de que talvez me sentisse mais confuso que a maioria com relação ao rumo que a minha vida estava tomando. O ano era 1970, e eu compartilhava o mesmo pensamento de muitas pessoas que conhecia naquela época. Passei a maior parte da adolescência tentando fugir de Deus e procurando por onde andar sem encontrar ele no final da linha. Tive experiências com drogas e vivi como se Deus não fosse mais que uma ideia remota. Houve momentos em que me senti acordando de minha existência ilusória para dar ouvido à realidade suprema. Mas eu não dava o braço a torcer.

Foi então que veio aquela noite fatídica, logo depois da minha formatura no ensino médio. Fui acordar meu pai, que era pastor da Assembleia de Deus, de um sono profundo, por volta da meia noite, para avisá-lo de que queria sair de casa para encontrar a mim mesmo. Eu sempre o admirei. Ele era severo, mas justo. Sua humildade autêntica me encantava. Uma das coisas de que mais gostava era ver as pessoas da igreja o chamando afetuosamente de "irmão Mike". Ele parecia relacionar-se com essas pessoas mais como um irmão do que como uma autoridade pastoral, embora muitos, sem dúvida, o considerassem um pai espiritual por toda a vida. Minha mãe, Elizabeth, por sua vez, além de ter um senso de humor fora do comum, transmitiu-me sua fé profunda, ensinando-me refrões da igreja quando eu era pequeno. E ela me convenceu a cantá-los diante de toda a congregação. Por causa da minha voz de tenor, eu era frequentemente chamado para cantar na igreja local, o que resultou na experiência de ministério que definiu o início de minha formação espiritual.

Quando, naquela noite, acordei meu pai, eu estava bem longe da fé que tivera na infância. No entanto, contar ao meu pai que eu queria sair de casa lhe deu a oportunidade de ter uma boa conversa comigo. Jamais me esquecerei. Ele me falou de algumas passagens da Bíblia e de alguns testemunhos de fé da minha família. Senti-me profundamente emocionado. Por fim, compreendi que não tinha como fugir de Deus. Seria como fugir de algo que tinha profundas raízes em mim, algo que eu não podia negar sem abandonar uma parte essencial da minha vida.

Essas horas passaram rapidamente, mas, ainda assim, eu resisti. Eu não entregaria minha vida a Cristo naquele momento, mas nós dois fomos para nossas camas exaustos. Quando voltei para o quarto, já estava quase amanhecendo. Eu me ajoelhei ao lado da cama e fiquei buscando palavras para orar. Então, pronunciei palavras simples, semelhantes a estas: "Só sei que preciso do Senhor, por isso lhe entrego a minha vida". Depois dessa oração rápida, consegui cair em um sono tranquilo, que eu já não desfrutava havia muito tempo.

No dia seguinte, eu disse a meus pais o que havia acontecido e que tinha o desejo de frequentar uma faculdade de teologia para descobrir como seria minha vida com Deus. Sim, dessa forma, eu satisfazia ao meu desejo de sair de casa para encontrar a mim mesmo, mas de um jeito que eu não tinha imaginado. A alegria dos meus pais foi atenuada por minha necessidade premente de deixar a casa o mais rápido possível. Havia toda uma rede de amigos que estava decidida a destruir a fé que eu acabara de abraçar. Por isso, eu tinha de passar algum tempo longe de todos, com Deus, para me firmar na fé. Assim, meu pai conseguiu que eu fosse para o Central Bible College, em Springfield, Missouri.

Meu primeiro dia no *campus* foi cheio das ansiedades de uma nova experiência. Eu não estava certo de que desejava ficar lá. Meu pai me convenceu a tentar por um mês antes de tomar qualquer decisão e, na tarde do dia seguinte, partiu, deixando-me ali com grandes expectativas. Logo depois, adquiri uma Bíblia na livraria e me sentei para lê-la em meu dormitório, que contava com poucos móveis. Tratava-se de uma Bíblia de estudo comum e bem volumosa que eu tinha comprado para minhas aulas. Recordo-me de tê-la aberto no livro de Atos. Então, comecei a ler. Embora eu conhecesse várias histórias desse livro, elas criaram vida bem diante dos meus olhos de uma forma inédita. O texto me cativou. Lá estava eu, com os discípulos reunidos em torno do Cristo ressurreto e no Pentecostes, quando o Espírito Santo veio sobre eles, orando em línguas, envolvidos pelas chamas da santa presença de Deus. Também me vi lá quando Pedro e João foram agredidos por causa de sua fé, mas se alegravam diante do privilégio de sofrer por amor a Cristo; e quando Pedro testemunhou que os gentios foram cheios do Espírito Santo. Acompanhei Paulo em suas viagens e participei de suas muitas aventuras.

Li todo o livro de Atos sem me levantar nem uma vez sequer. Estava maravilhado com tudo aquilo. Abri a persiana da janela ao meu lado e fiquei observando o pôr do sol. E, enquanto admirava os matizes de vermelho e amarelo que pintavam o céu, sentia as lágrimas escorrerem pelo meu rosto. Lembro-me de ter refletido que eu não podia ser um simples frequentador de igreja. Certamente, esse não era o estilo de vida dos cristãos do livro de Atos dos Apóstolos. *Deus era muito real para eles.* Eles viviam diariamente com a consciência plena da presença divina e debaixo de sua orientação. A vida deles consistia em uma aventura a serviço do Senhor, e havia momentos em que Deus os visitava com sinais irrefutáveis de sua graça e de seu poder. Havia uma chama ardendo em seu coração.

Esse foi o momento em que tomei a decisão de ser um cristão como eles. Senti que um chamado de Deus me constrangia — era Deus me chamando para um ministério por toda a vida. Não por acaso eu me encontrava naquela pequena faculdade de teologia no sudeste do Missouri. E, naquele exato instante, alguns calouros que eu havia acabado de conhecer vieram ao meu quarto para me convidar para uma reunião de oração na capela do dormitório. Quanta sincronia! A capela ficava no terceiro andar, uma pequena sala com bancos encostados nas paredes e uma cruz bem no centro, de frente para a porta. Caí de joelhos assim que entrei naquele local e comecei a orar. Pus-me a chorar e não conseguia encontrar palavras para falar com Deus. Enquanto isso, meus colegas de faculdade começaram a interceder por mim. Senti uma fonte brotar em meu interior. Essa fonte foi crescendo cada vez mais, até transbordar com uma força imensa. Nesse momento, comecei a orar em línguas. Estava longe de ser algo forçado. Não me vi constrangido nem por mim mesmo nem por Deus. Na verdade, parecia ser a coisa mais espontânea a ser feita. A essa altura, eu já estava deitado no chão com os olhos fixos naquela cruz. Senti a presença poderosa de Deus me envolver e, tão logo aceitei meu chamado para o ministério, também fiz algumas promessas a Deus que me têm acompanhado ao longo da vida.

Saí correndo daquela sala para o telefone público que ficava no hall de entrada. Estava tão comovido que fiz um esforço imenso para contar aos meus pais o que havia acontecido. Pusemo-nos a chorar e nos alegramos muito ao telefone. Expliquei a eles que estava bem certo da decisão de que ficaria na faculdade. Afinal, eu precisava me preparar para o ministério que Deus tinha para mim. Eles não precisavam mais se preocupar comigo. Eu estava no início de uma jornada com Deus que duraria para sempre. Havia encontrado o sentido da vida bem mais rápido do que imaginava. Eu me sentira impactado pelo amor de Deus e, então, me comprometi a servir a ele durante toda a minha vida.

Meu testemunho pode variar em alguns detalhes, mas não fica distante de outros incontáveis testemunhos ao redor do mundo. No final das contas, o que mais cultivei da minha herança pentecostal é seu forte senso do chamado de Deus para alguma espécie de ministério, não somente para a consagração eclesiástica, mas também para o serviço cristão em geral. Passei a cultivar a presença de Deus, que nos transforma, nos renova e nos conduz por experiências marcantes de total dedicação ao ministério no poder do Espírito Santo.

Sem sombra de dúvida, esses testemunhos têm por objeto experiências genuínas do "batismo no Espírito Santo". Acho que essa linguagem é, de modo bem fundamentado, tomada do livro de Atos. Lucas retrata o batismo no Espírito Santo como o "revestimento" de poder por meio do qual damos testemunho de Cristo e seguimento à obra do reino de Deus no mundo. Jesus disse aos seus discípulos antes de ascender ao céu: "Fiquem na cidade até serem revestidos do poder do alto" (Lucas 24:49). Ele também lhes disse que receberiam poder quando o Espírito Santo viesse sobre eles (Atos 1:8). Esse revestimento de poder é usado por Lucas como uma expressão que funciona como equivalente ao batismo no Espírito Santo.

Embora essa ação divina não dependa dos padrões experienciais humanos, observa-se que esse revestimento de poder envolve algum tipo de experiência. Tanto Lucas como Paulo comparam o estado de alguém impactado pelo Espírito Santo desse modo com uma espécie de "embriaguez que vem de Deus" (Atos 2:13; Efésios 5:18). Não me refiro aqui a um estado de bebedice, mas, em vez disso, a uma consciência que se envolve completamente com Deus, de modo que a pessoa se sente inspirada de forma especial a ministrar aos outros o dom que Deus fez brotar nela. Trata-se, basicamente, de uma experiência de autotranscendência, motivada pelo amor de Deus. Essa experiência, certamente, apresenta uma mediação cultural, e sua natureza será diferente de pessoa para pessoa, dependendo do contexto no qual ela está inserida. Entretanto, simplesmente não consigo imaginar esse revestimento de poder sem que haja algum tipo de experiência poderosa do amor, do chamado e da presença de Deus que libere nossa língua e nossas mãos para que ajam debaixo da inspiração do Espírito Santo.

Por outro lado, no contexto mais amplo do Novo Testamento, o batismo no Espírito Santo nada mais é que uma metáfora fluida, cercada por símbolos ambíguos que sugerem dimensões pneumatologicamente mais amplas do que um simples empoderamento pelo Espírito. Em geral, é possível dizer que a teologia lucana do batismo no Espírito Santo conta com certa ênfase "carismática" e missiológica (empoderamento para o serviço dado). Na verdade, Lucas também se interessa pela reconciliação entre os povos e pela qualidade de vida comunitária possibilitada pelo batismo no Espírito. Em meio a todos esses efeitos da vida no Espírito Santo, Lucas se debruça sobre o tema do *poder para testemunhar* (Atos 1:8). A igreja é capacitada para ser um testemunho vivo em sua vida comunitária, sua proclamação inspirada e seus vários ministérios no Espírito Santo. Para Lucas, o destaque não consiste em *estar* em Cristo, conforme enfatiza Paulo, mas, em vez disso, em *desempenhar nossas funções* em Cristo pelo poder do Espírito Santo.

Em sentido mais amplo, é possível usar a palavra "carismático" para caracterizar o entendimento de Lucas a respeito do batismo no Espírito Santo. A vida no reino como a de um povo santificado está, sim, presente no contexto de Lucas (Atos 1:3-8; 15:9), mas é certamente a chegada do reino *com poder*, por meio do testemunho vivo da igreja, que norteia Lucas em seu esforço para falar sobre esse batismo. Lucas não deixa claro como as visitações do Espírito com poder para inspirar o testemunho vivo da igreja em sua vida comunitária, em palavras e obras, estão relacionadas à existência mais profunda da igreja pela fé e pelo batismo na vida do reino. A relação entre vida no Espírito e fé/batismo parece fluir livremente em Atos — e, com certeza, existe um vínculo entre eles (Atos 2:38), mas não se sabe ao certo como isso ocorre. É necessário recorrer a Paulo ou a outras vozes canônicas para chegar a uma concepção mais ampla e integrada do batismo no Espírito Santo como um fenômeno escatológico de natureza complexa.

Paulo também é carismático em sua pneumatologia, mas seu entendimento do batismo no Espírito Santo está vinculado, de forma mais estreita, com a fé, a confissão e a confirmação por meio do batismo nas águas. Paulo se preocupa mais com o acesso ao corpo místico de Cristo, pelo qual os cristãos passam a ser membros do corpo de Cristo e membros uns dos outros

(p. ex., 1Coríntios 12:13). Além disso, o derramamento do Espírito Santo tem, para Paulo, importância eclesiológica e até mesmo cósmica. Conforme observaremos, isso envolve todos os aspectos da vida no Espírito, inclusive a nova criação vindoura. Esse derramamento encontra sua essência no amor de Deus (Romanos 5:5). A doutrina lucana do batismo no Espírito Santo é "carismática" e está relacionada com a capacitação divina da igreja como testemunha viva; a doutrina de Paulo, por sua vez, é, acima de tudo, soteriológica, relacionada basicamente com o estar em Cristo.

A observação dessa diferença entre Lucas e Paulo está longe de ser uma novidade para os pentecostais; na verdade, trata-se de uma ideia declarada, pelo menos de forma semelhante, por alguns dos defensores mais persuasivos da doutrina clássica pentecostal do batismo no Espírito Santo como algo distinto da regeneração ou da iniciação cristã. O livro *A teologia carismática de Lucas*, de Roger Stronstad, registra que o entendimento de Paulo a respeito do batismo no Espírito Santo, no contexto de sua pneumatologia, sempre "significa iniciação e ingresso no corpo",[1] constituindo-se em algo diferente do uso carismático que Lucas faz dessa metáfora. Stronstad não nega que a teologia de Paulo a respeito do batismo no Espírito seja soteriológica; ele simplesmente quer evitar que essa leitura paulina seja projetada sobre Lucas. De forma similar, Robert Menzies observa que Paulo, em sua pneumatologia (possivelmente incluindo textos como 1Coríntios 12:13), "não fala claramente sobre uma experiência de acesso distinta da conversão".[2] É desse modo que Menzies busca fundamentar a teologia pentecostal do batismo no Espírito Santo como uma experiência carismática distinta da iniciação cristã, tendo somente Lucas com base.

Concordo, em geral, com as caracterizações de Menzies e de Stronstad dos entendimentos de Lucas e Paulo no que diz respeito ao batismo no Espírito Santo, embora considere que o entendimento mais amplo de Paulo esteja implícito em Atos, atuando pelo menos como pano de fundo do ensino do batismo no Espírito Santo como empoderamento para o testemunho vivo. Costumo também definir o empoderamento do Espírito presente em Lucas de forma mais ampla e mais profunda do que como uma simples fala profética (conforme declara Menzies) ou como a concessão de dons carismáticos

---

[1] STRONSTAD, Roger. *Charismatic theology of st. Luke* (Peabody: Hendrickson, 1984), p. 10. [No Brasil: *A teologia carismática de Lucas* (Rio de Janeiro: CPAD, 2018), p. 26.]
[2] MENZIES, Robert P. "The spirit of prophecy, Luke-Acts and Pentecostal theology: a response to Max Turner", *Journal of Pentecostal Theology* 15 (1999), p. 72.

(como diz Stronstad). Acredito ainda que, para Lucas, o poder para testemunhar envolve certa qualidade de vida comunitária, que é tanto reconciliadora como rica em louvores e atos de entrega pessoal. Entretanto, reconheço que isso não passa de um detalhe técnico. Na verdade, só quero fazer mais uma pergunta: Como é possível integrar o entendimento "carismático" de Lucas com o entendimento amplamente soteriológico de Paulo sobre o batismo no Espírito Santo? E de que forma é possível usar as outras vozes canônicas como Mateus e João para aprofundar esse diálogo?

Talvez devamos falar de uma teologia do batismo no Espírito Santo definida em termos soteriológicos e carismáticos, um evento com mais de uma dimensão, por ser escatológico em sua natureza, mas que não é completamente definido pelas ideias da iniciação cristã.

Já que a definição do batismo no Espírito Santo apresentada por Lucas é tão profundamente funcional e experiencial, também considero útil a distinção carismática popular entre o batismo no Espírito Santo teologicamente definido como um ato divino de redenção e iniciação na vida do reino — do qual fazem parte a fé e a confirmação batismal — e o batismo no Espírito Santo como empoderamento para a vida e o serviço cristão, que envolve uma, entre várias, experiências de batismo no Espírito Santo e de plenitude na vida. Essa diferenciação entre o batismo no Espírito Santo definido *de forma teológica* e *experiencial* não implica que a segunda forma não seja essencial para a igreja. Longe de mim dizer que o relato de Lucas sobre os ventos do Espírito que inflamaram a igreja com o amor de Deus, impulsionando-a para missões, seja um dom suplementar ou um acessório no que se refere à natureza da igreja. Sem esse revestimento de poder e sem esse enriquecimento da vida no Espírito que amplia o testemunho vivo sobre o reino de Deus, a igreja falha (e, até certo ponto, todos nós somos falhos nisso!).

Entretanto, essa distinção ainda mantém várias questões em aberto. Por um lado, ainda não temos uma estrutura mais ampla que possibilite integrar essas dimensões do batismo no Espírito Santo. É a igreja que ajuda a providenciá-la. Mas, mesmo que esse contexto seja, em grande medida, útil, acaba nos prendendo a ideias rivais sobre a iniciação cristã e a igreja em geral. Embora não seja possível escapar dessas questões, uma estrutura escatológica mais ampla para o batismo no Espírito Santo como um ato trinitário pode abrir algumas possibilidades interessantes para novas ideias e descobertas de um denominador comum. Trata-se de uma estrutura sugerida pela visão do pentecostalismo pioneiro a respeito da "chuva tardia" do Espírito Santo, que prepara o mundo para a vinda de Jesus.

A interpretação escatológica pode ajudar-nos a resolver o conflito entre o batismo no Espírito Santo como uma categoria soteriológica e o batismo como categoria carismática. No entanto, mesmo recorrendo a essa interpretação, ainda fica faltando alguma coisa. Temos de nos aprofundar na natureza do domínio de Deus. Neste livro, parto do princípio de uma correlação entre o Pentecoste e o reino de Deus. Por se tratar de um conceito pneumatológico, o reino é inaugurado e cumprido como um "batismo no Espírito Santo". O reino de Deus não consiste em uma tirania opressora, mas em um governo divino e amoroso. Portanto, Paulo chama o Pentecoste de derramamento do amor de Deus (Romanos 5:5). Antes do término do livro, terei a oportunidade de dizer que a descrição mais sublime da essência do batismo no Espírito Santo como dom escatológico é que ele funciona como um derramar do amor de Deus. Essa é a integração definitiva entre o caráter soteriológico e o carismático. Não pode haver integração maior ou mais profunda do que essa.

Quero explicar ainda mais, recorrendo a essa estrutura escatológica ampliada, sobre como o batismo no Espírito Santo pode funcionar como princípio organizador de uma teologia pentecostal. Desse modo, talvez seja possível curar as fraturas da teologia pentecostal e contribuir para o debate pentecostal global sobre o valor da vida no Espírito para a reflexão teológica. Falo somente como voz de determinado contexto. O uso da palavra "global" no subtítulo desta obra serve como convite para que outros comecem a dialogar comigo a partir de contextos bem diferentes do meu. Quero destacar, para dar base a isso, o artigo indefinido ("uma" teologia pentecostal global). Além disso, este livro não se constitui em uma teologia sistemática, mas, sim, em uma descrição de seu princípio organizador e em uma verificação de como isso pode relacionar-se com alguns *loci* teológicos proeminentes. Uma teologia sistemática exige vários outros elementos aqui ausentes e seria organizada de um modo diferente.

Eis como desenvolvo a obra. No capítulo seguinte, abordo as transformações na teologia pentecostal nas últimas décadas a partir da interpretação inicial do batismo no Espírito Santo como sua característica distintiva. Essa parte do livro será mais interessante para os especialistas em teologia pentecostal. O terceiro capítulo contém uma análise crítica das questões relacionadas aos principais entendimentos a respeito do batismo no Espírito Santo: como regeneração, iniciação sacramental e empoderamento carismático. Esse capítulo termina com uma sugestão de como podemos superar

INTRODUÇÃO 19

o impasse atual entre as noções concorrentes de iniciação cristã e suas respectivas compreensões sobre a igreja. Lançarei mão de uma visão escatológica do batismo no Espírito Santo para nos levar além de um debate ainda muito preso às diferenças entre eclesiologias rivais. O capítulo 4 aborda a importância do batismo no Espírito Santo em relação à cristologia (Jesus como aquele que batiza no Espírito Santo). Também explicarei a estrutura trinitária do batismo no Espírito Santo e, por fim, tecerei algumas reflexões sobre os vários elementos da vida no Espírito. O capítulo 5 explica a importância do batismo no Espírito Santo para a vida da igreja. No capítulo final, analisarei o batismo no Espírito Santo como um batismo no amor de Deus, apresentando esse aspecto como o ponto definitivo de integração entre as teologias de Lucas e Paulo sobre o assunto.

Sempre retorno ao meu compromisso inicial com Cristo e à minha experiência do batismo no Espírito Santo quando considero as lembranças que me fortalecem como teólogo. Minha tendência, especialmente em relação à visão pentecostal do batismo no Espírito Santo, é perguntar: Que poder é esse do qual somos revestidos para dar testemunho de Cristo? Será que se trata de um poder em estado bruto, sem conteúdo ou outra orientação além das necessidades e considerações pragmáticas? Acaso ele não consiste no amor de Deus derramado sobre nós da parte do Cristo crucificado e ressurreto (Romanos 5:5), e que ainda se cumprirá na transformação da criação em um templo para a habitação de Deus? Por essas razões, acaso não será a essência do Espírito Santo nada além do amor santo ou do amor que não cede ao mal? Não é verdade que o amor de Deus confronta o mal com grande poder porque consiste em um fogo santo e completamente consumidor? Como podemos separar o batismo no Espírito Santo, como empoderamento, da obra do Espírito salvador e santificador na inauguração e no cumprimento do reino de Deus com poder?

A obra do Espírito Santo não pode ser compartimentalizada nem separada em categorias teológicas herméticas. O Espírito Santo é uma pessoa, não um conjunto de obras e experiências. A princípio, é necessário estabelecer distinções formais, mas, na realidade, elas existem dentro de um sistema integrado. *Por causa de toda a sua fala a respeito da importância da pneumatologia, os pentecostais ainda têm de alicerçar seu estreito interesse pneumatológico no empoderamento carismático/missionário sobre uma estrutura pneumatológica mais ampla.* Essa é a visão do todo que este livro busca atingir. Deixarei para meus colegas e amigos, de longe e de perto, avaliarem se, de algum modo, alcancei meu propósito.

CAPÍTULO **DOIS**

BATISMO NO ESPÍRITO SANTO E TEOLOGIA PENTECOSTAL

Voltando à nossa distinção principal

O teólogo pentecostal finlandês Veli-Matti Kärkkännen escreveu de forma correta que o movimento pentecostal situou a doutrina do batismo no Espírito Santo no topo da pauta da teologia moderna.[1] Ele também observou, de forma acertada, que essa doutrina está sendo elaborada: "Ainda não temos a palavra final sobre o assunto".[2] No final deste e dos capítulos seguintes, afirmarei que não será proferida a última palavra a respeito do batismo no Espírito Santo até a ressurreição dos mortos e até o novo céu e a nova terra fazerem de toda a criação o lugar da habitação de Deus. Fazer da criação morada divina significa transformá-la, porque o vinho novo não pode ser lançado em odres velhos. A criação será alterada para poder desfrutar a presença de Deus e glorificá-lo para sempre. Além disso, será Deus quem pronunciará essa palavra final. Isso porque Deus é o único que a pronunciou na criação e, de forma decisiva, na pessoa de Jesus de Nazaré (Hebreus 1:1-3).

---

[1] KÄRKKÄNNEN, Veli-Matti. *Spiritus ubi vult spirat: pneumatology in Catholic-Pentecostal dialogue (1972-1989)* (Helsinki: Luther Agricola Society, 1998), p. 198.
[2] Ibid., p. 193.

Mas, até que Deus proclame essa palavra final de uma vez por todas, temos de pronunciar as palavras que ainda a precedem, com toda a humildade, de um modo que seja fiel a Cristo. Este capítulo não é tanto a história que os pentecostais têm contado a respeito do batismo no Espírito Santo. Esse resumo fica para o próximo capítulo, quando, então, faremos uma profunda reflexão sobre a contribuição pentecostal para uma pneumatologia ecumênica. Em vez disso, estou interessado, aqui, no destaque que os pentecostais concederam à doutrina do batismo no Espírito Santo.

Para ser sincero, acredito que o estudo sobre o lugar concedido ao batismo no Espírito Santo no pentecostalismo nada mais é que um modo de espiar o fascinante debate especialmente nas últimas décadas, sobre o que, na verdade, diferencia a teologia pentecostal. A centralidade do batismo no Espírito Santo na teologia pentecostal é revelada, em parte, pelo fato de que a discussão teológica pentecostal não tem como ignorar esse assunto. A teologia pentecostal tem sido moldada tanto pelo debate sobre o batismo no Espírito como pela tentativa de remover essa metáfora do centro funcional da reflexão teológica sobre a ação redentora de Deus no mundo. Será que o batismo no Espírito Santo perdeu seu lugar como a distinção principal do pentecostalismo? Não é bem assim, mas existe uma tendência definida nessa direção, especialmente nos estudos pentecostais acadêmicos. Deixe-me explicar isso.

O BATISMO NO ESPÍRITO SANTO É A DISTINÇÃO PRINCIPAL DO PENTECOSTALISMO?

Quando se pensa no que distingue a teologia pentecostal das demais, geralmente se menciona o entendimento do batismo no Espírito Santo como empoderamento para o ministério de forma distinta da regeneração e da iniciação em Cristo. A maioria dos pentecostais o vê como uma experiência de avivamento ou de renovação na vida cristã, associando-o ao acesso aos dons extraordinários do Espírito Santo, especialmente o de falar em línguas e o de curar.

Contudo, nem todos os pentecostais, globalmente, entendem o batismo no Espírito Santo desse modo. Por exemplo, a maioria dos pentecostais unicistas (conhecidos por seus entendimentos cristocêntricos e "modalistas" da Trindade) considera o batismo no Espírito Santo algo intimamente ligado ao arrependimento e ao batismo em nome de Jesus. Os pentecostais chilenos e alemães encontram um grande número de pessoas em suas fileiras que veem o batismo no Espírito Santo como regeneração. Entretanto, um número suficientemente grande deles entende o batismo no Espírito Santo como uma experiência carismática posterior à conversão, de forma que essa visão se tornou distintamente pentecostal.

Não acho que seja exagero dizer que esse entendimento sobre o batismo no Espírito Santo se impôs na consciência coletiva pentecostal como a doutrina pentecostal por excelência. A meu ver, não tenho muitas dúvidas de que essa categoria tenha exercido influência permanente sobre o pentecostalismo em escala global. Concordo com Simon Chan, no sentido de que os pentecostais não chegaram a um consenso a respeito de todas as características que os distinguem, mas que "o que surge com frequência em suas discussões e escritos é certo tipo de experiência espiritual de natureza intensa, direta e impactante, centrada na pessoa de Cristo, que eles classificam como o 'batismo no Espírito Santo'".[3]

É possível citar vários autores pentecostais de todo o mundo que concordam com Chan em relação à importância central do batismo no Espírito Santo para a experiência e a teologia pentecostal. Por exemplo, Allan Anderson afirmou que "o destaque dado à experiência do batismo no Espírito Santo é premissa fundamental de toda a teologia pentecostal", acrescentando que "todas as igrejas pentecostais ao redor do mundo atribuem grande importância" a essa doutrina.[4] De modo semelhante, o teólogo coreano Koo Dong Yun observa que "o 'batismo no Espírito Santo' [...] representa a doutrina mais diferenciada dentre as várias características intrigantes do movimento pentecostal-carismático".[5] Sang-Whan Lee concorda que o batismo no Espírito Santo consiste em uma ênfase importante do pentecostalismo, acrescentando que essa doutrina desempenha uma função hermenêutica segundo a qual as principais crenças do cristianismo são "interpretadas e aprofundadas".[6] Miguel Alvarez também endossa essa visão, observando que a maioria dos pentecostais da América Latina

---

[3] CHAN, Simon. "Evidential glossolalia and the doctrine of subsequence", *Asian Journal of Pentecostal Studies 2* (1999), p. 195-211.

[4] ANDERSON, Allan. *Zion and Pentecost: the spirituality and experience of pentecostal and zionist/apostolic churches in South Africa* (Pretoria: University of South Africa Press, 2000), p. 244.

[5] YUN, Koo Dung. *Baptism in the Holy Spirit: an ecumenical theology of Spirit baptism* (Lanham: University Press of America, 2003) p. 23-44. O capítulo construtivo de Yun, no final do livro, não adota a visão pentecostal clássica, p. 147-62.

[6] LEE, Sang-Whan. "Pentecostal prophecy", *Spirit and Church 3* (maio de 2001), p. 148-9.

também "aceita o batismo no Espírito Santo como um acontecimento revelador de uma nova realidade", reorientando o relacionamento com Deus de forma radical e dando acesso aos dons extraordinários do Espírito Santo.[7]

Muitos dentro do movimento carismático, pertencentes às principais denominações, também compartilham a afirmação global de que o batismo no Espírito Santo é o interesse teológico central dos pentecostais. Conforme Henry Lederle escreveu: "As doutrinas mais distintivas do movimento carismático, com certeza, são o batismo no Espírito Santo e seus dons carismáticos".[8] Embora a maioria dos pentecostais unicistas associe mais estreitamente o batismo no Espírito Santo ao batismo em nome de Jesus e à regeneração do que a maioria dos pentecostais, Thomas Fudge afirma, corretamente, que o batismo no Espírito Santo, para eles, se constitui em uma "experiência decisiva na qual o indivíduo recebe um empoderamento da parte de Deus".[9] Acredito que a importância duradoura do batismo no Espírito Santo para os pentecostais se deva a um conjunto complexo de razões, e uma delas é permitir fazer uma crítica à igreja quanto ao que eles percebem como falta de consciência carismática e participação consciente no testemunho vibrante e diversificado do Espírito Santo.

A importância do batismo no Espírito Santo entre as igrejas pentecostais é expressiva, já que, entre todos os diferenciais teológicos do pentecostalismo, essa é a doutrina com maior potencial de conexão com as outras tradições na direção do desenvolvimento de uma pneumatologia ecumênica. Embora o assunto não tenha recebido muita atenção nos principais livros de teologia, todos os grupos cristãos aceitam o batismo no Espírito Santo, interpretando-o de modo compatível com seu respectivo entendimento da igreja e da iniciação cristã. Na verdade, afirmarei, no próximo capítulo, que a doutrina do batismo no Espírito Santo pode funcionar como uma lente interpretativa por meio da qual se discutem as várias eclesiologias e como elas se distinguem umas das outras.

O desafio ecumênico para os pentecostais, portanto, será desenvolver esse diferencial básico de um modo que cultive aquilo que é mais

---

[7] ALVAREZ, Miguel. "The South and Latin American paradigm of the Pentecostal movement", *Asian Journal of Pentecostal Studies* 5 (2002), p. 141.

[8] LEDERLE, Henry. *Treasures old and new: interpretations of Spirit baptism in the charismatic renewal movement* (Peabody: Hendrickson, 1988), p. xi.

[9] FUDGE, Thomas A. *Christianity without the cross: a history of salvation in oneness Pentecostalism* (Parkland: Universal Publishers, 2003), p. 117.

importante para seu entendimento da vida cristã e da igreja, sem deixar de contribuir para uma pneumatologia ecumênica mais ampla. Não se pode restringir essa missão às vozes pentecostais da América do Norte. É necessário que os pentecostais em todo o mundo reflitam sobre o desafio ecumênico que se encontra por trás de sua compreensão do batismo no Espírito Santo, concentrada no empoderamento vocacional ou carismático, e também sobre como essa ideia se relaciona com a obra mais ampla do Espírito Santo nas Escrituras e entre as outras comunidades cristãs mundiais.

Essa missão não é importante somente em vista do desafio ecumênico que o pentecostalismo encontra à sua frente. Embora o batismo no Espírito Santo ainda conte com apoio generalizado entre os pentecostais em âmbito mais popular, a doutrina tem perdido apelo entre os envolvidos na reflexão teológica pentecostal. Parte do motivo para a perda gradativa de atratividade tem sido a falta de reflexão teológica construtiva sobre o entendimento carismático que os pentecostais têm do batismo no Espírito Santo. Parece que é necessária uma reflexão mais profunda sobre a razão pela qual a "subsequência" (a crença de que o batismo no Espírito Santo é posterior à conversão) tem sido teologicamente importante para a maioria dos pentecostais e como isso se relaciona com outros entendimentos do tema. Na ausência desse trabalho construtivo, a doutrina não parecerá ter valor ecumênico em escala global.

Os estudiosos Roger Stronstad e Robert Menzies reacenderam a polêmica pentecostal sobre o batismo no Espírito Santo, direcionando a atenção para a teologia carismática de Lucas. Do trabalho deles, vem a convicção de que os pentecostais têm justificativas exegéticas ao tomar o batismo no Espírito Santo como uma experiência carismática, e não como a entrada no corpo de Cristo pela fé ou pelos sacramentos de iniciação.[10] Considero muito importante o destaque dado pelos autores ao empoderamento carismático em Lucas para a teologia pentecostal do batismo no Espírito Santo, mas também penso que essa ênfase é muito limitada para explicar todas as nuances da pneumatologia lucana. Abordaremos esse desafio em mais detalhes adiante.

---

[10] STRONSTAD, Roger. *Charismatic theology of st. Luke* (Peabody: Hendrickson, 1984). [No Brasil: *A teologia carismática de Lucas* (Rio de Janeiro: CPAD, 2018)]; MENZIES, Robert P. *Empowered for witness: the Spirit in Luke-Acts* (Sheffield: Sheffield Academic Press, 1991). [No Brasil: *Empoderados para testemunhar: o Espírito em Lucas-Atos* (Natal: Carisma, 2021)].

O que importa neste capítulo é o fato de que, apesar dos esforços de Stronstad e Menzies, a doutrina do batismo no Espírito Santo está perdendo força entre os teólogos pentecostais mais prolíficos. Ela deixou de ser considerada a maior característica do pentecostalismo ou a detentora de importância fundamental para a teologia pentecostal, sem restrições ou mesmo rejeições, entre os principais teólogos e historiadores pentecostais nos dias de hoje. Não houve nenhum esforço no sentido de escrever uma teologia do batismo no Espírito Santo ou algo parecido desde as contribuições de Harold Hunter e Howard Ervin.[11]

Por exemplo, concordando essencialmente com o teólogo Simon Chan, de Singapura, o teólogo australiano Shane Jack Clifton vê valor nessa doutrina, mas afirma que ela precisa ser ampliada "no contexto de afirmação ecumênica da igreja global do século 21", para que desempenhe função duradoura e frutífera na teologia pentecostal.[12] O esforço inspirador de Steven Land de escrever uma obra de referência para a teologia pentecostal, *Pentecostal spirituality* [Espiritualidade pentecostal], discorda claramente da descrição que Dale Bruner faz dessa tradição teológica como "pneumobatistocêntrica" (centrada no batismo no Espírito Santo). Land considera "totalmente equivocada" a descrição de Bruner do que realmente caracteriza a teologia pentecostal, que, na visão de Land, consiste na santificação dos afetos como parte de uma paixão escatológica pelo reino de Deus que ainda está por vir.[13] É significativo que Land dedique poucas páginas a essa doutrina, apesar de a santificação, seu maior objeto de interesse, ter sido a categoria doutrinária da qual a doutrina pentecostal pioneira do batismo no Espírito foi extraída e pela qual recebeu destaque posteriormente. A publicação de uma teologia pentecostal proeminente que praticamente ignora o batismo no Espírito Santo representa uma mudança importante no eixo das características distintivas do pentecostalismo.

---

[11] HUNTER, Harold. *Spirit baptism: a Pentecostal alternative* (Lanham: University Press of America, 1980). [No Brasil: *Batismo no Espírito: uma experiência pentecostal* (Natal: Carisma, 2022)]; ERVIN, H. M. *Conversion-initiation and the baptism in the Holy Spirit: a critique of James D. G. Dunn, baptism in the Holy Spirit* (Peabody: Hendrickson, 1984).

[12] CLIFTON, Shane Jack. "An analysis of the developing ecclesiology of the Assemblies of God in Australia" (tese de doutorado: Fitzroy: Australian Catholic University, 2005), p. 288; cf. também CHAN, Simon. *Pentecostal theology and the Christian spiritual tradition* (Sheffield: Sheffield Academic Press, 2003), p. 12.

[13] LAND, Steven J. *Pentecostal spirituality: a passion for the kingdom* (Sheffield: Sheffield Academic Press, 1993), p. 62-3.

Russell P. Spittler escreveu, de forma esclarecedora, que o entendimento mais popular do batismo no Espírito Santo como "subsequente" à regeneração ou à iniciação cristã não tem a mínima importância, já que os pentecostais estavam mais interessados na renovação espiritual do que na criação de uma nova *ordo salutis*.[14] Gordon Fee valoriza a experiência do Espírito Santo implícita na doutrina pentecostal do batismo no Espírito, mas questiona a exegese empregada para defender que ela é subsequente à regeneração.[15] No contexto da teologia histórica, um livro recente sobre o tema, de autoria de Koo Dong Yun, apresenta a popular abordagem pentecostal clássica da doutrina mais como uma curiosidade histórica.[16]

Até mesmo os esforços significativos de Stronstad e Menzies para destacar a pneumatologia exclusiva de Lucas, com o propósito de abrir novas possibilidades para ver o batismo no Espírito Santo como uma inspiração profética ou carismática, não encontraram nenhuma reação significativa dos teólogos pentecostais contemporâneos mais prolíficos. Amos Yong, Veli-Matti Kärkkäinen, Juan Sepulveda, Simon Chan, Steven Land, Terry Cross, Edmund Rybarczyk e outros pentecostais clássicos que atuam na área da teologia sistemática, ou construtiva, buscaram principalmente desenvolver os diferenciais pentecostais na forma de uma teologia amplamente global e/ou ecumênica do Espírito Santo, que vai muito além da doutrina pentecostal mais antiga da subsequência e das línguas como evidência inicial. Eles foram inspirados por teólogos que se relacionam bem de perto com o movimento pentecostal por causa de seus interesses acadêmicos ou por causa de sua formação pentecostal, como Walter Hollenweger, Donald Dayton, Dale Irvin, Ralph Del Colle, Miroslav Volf, Lyle Dabney, Michael Welker, Harvey Cox e Clark Pinnock. Felizmente, os teólogos pentecostais que foram influenciados por esses pensadores ecumênicos perceberam que o destaque exagerado dispensado aos diferenciais do pentecostalismo pode prejudicar a visão ecumênica necessária para inspirar uma reflexão teológica criativa e relevante.

Tenho apoiado a direção geral dessa tendência, especialmente em minhas obras mais recentes, e considero que minha produção acadêmica

---

[14] SPITTLER, Russell P. "Suggested areas for further research in Pentecostal studies", *Pneuma* 5 (1983), p. 43 (p. 39-57).

[15] FEE, Gordon. "Baptism in the Holy Spirit: the issue of separability and subsequence", *Pneuma* 7 (1985), p. 87-99, esp. p. 88, 96-8.

[16] YUN, Koo Dong. *Baptism in the Holy Spirit*, p. 23-44.

se une à desses colegas de alta reputação nessa importante obra em curso. Por um lado, esse foco amplo na pneumatologia ajuda a franquear à teologia pentecostal uma importância global e ecumênica, combinando-a à preocupação com as características próprias do pentecostalismo, que, se receberem destaque exagerado, podem isolar a teologia pentecostal da discussão ecumênica mais ampla. Por outro lado, todas as igrejas têm um compromisso mais importante com o testemunho bíblico e podem se sentir impulsionadas a destacar pontos desse testemunho que, aparentemente, estariam sendo postos de lado. Além disso, sem características definidas, o pentecostalismo não terá muito a oferecer a outras tradições nos debates ecumênicos. Terry Cross levantou a mais importante questão nesse sentido: Será que os pentecostais podem contribuir para o prato principal da refeição ecumênica ou o esperado é que levemos apenas o tempero?[17]

As características que distinguem o pentecostalismo são valiosas se falarmos à comunidade global e ecumênica da perspectiva privilegiada de nosso talento único como movimento de afirmação cristã. Baseio-me aqui na analogia inspiradora que Oscar Cullman estabelece entre as ênfases teológicas e espirituais das famílias cristãs mundiais e a doutrina paulina dos *dons espirituais*.[18] O pentecostalismo tem sido abençoado e presenteado por Deus com algumas ênfases teológicas e espirituais. Na verdade, prestamos às outras famílias cristãs um desserviço se não preservarmos e valorizarmos nossas ênfases nem procurarmos abençoar os outros por meio delas. Assim, o ideal seria retrabalhar o que nos distingue de um modo que ressalte nossas singularidades, mas, ao mesmo tempo, expandi-las em resposta aos contornos mais amplos do testemunho bíblico e da diversidade de vozes à mesa ecumênica.

Portanto, cheguei à reflexão sobre se a negligência relativa da doutrina do batismo no Espírito Santo entre os teólogos pentecostais não precisava ser repensada. Não há dúvida de que essa doutrina terá de ser definida em termos mais amplos do que os dos pentecostais clássicos se tiver a pretensão de continuar a operar como algo fundamental dentro da teologia pentecostal. O desafio nessa reformulação mais ampla do batismo no Espírito Santo será manter a fidelidade, ao mesmo tempo, à experiência

---

[17] CROSS, Terry L. "The rich feast of theology: can Pentecostals bring the main course or only the relish?", *Journal of Pentecostal Theology* 16 (2000), p. 27-47.
[18] CULLMAN, Oscar. *Unity through diversity: its foundation and a contribution to the discussion concerning the possibilities of its actualization* (Minneapolis: Augsburg Fortress, 1988), p. 55-6.

pentecostal e aos diferenciais teológicos. Descobri que Simon Chan começou a buscar algo parecido em suas estimulantes reflexões sobre essa doutrina.[19] Ainda há muito trabalho construtivo a ser feito nessa direção, tendo em mente esse conflito criativo. Por exemplo, não há dúvida de que Menzies e Stronstad demonstraram que o entendimento de Lucas a respeito do batismo no Espírito Santo é carismático. Esse foco é fundamental para a contribuição pentecostal global no sentido de uma pneumatologia ecumênica. Mas seria produtivo fazer a pergunta teológica sobre o motivo pelo qual Lucas associa o batismo no Espírito Santo ao empoderamento carismático e aos dons de profecia — cura e falar em línguas. A meu ver, o desenvolvimento da compreensão escatológica de Lucas a respeito do batismo no Espírito Santo teria revelado o contexto teológico para esse vínculo entre o batismo no Espírito Santo e os dons carismáticos, demonstrando que um entendimento carismático do batismo no Espírito Santo que se desenvolve separadamente da regeneração, da santificação e da ressurreição nada mais é que uma impossibilidade, mesmo no contexto das ênfases carismáticas e missionárias de Lucas. Considero, também, que o destaque pentecostal ao empoderamento carismático é muito importante na esfera ecumênica, por revelar características exclusivas sobre como nós, pentecostais, entendemos a vida espiritual, e a natureza e o propósito da igreja.

Cheguei, portanto, à conclusão de que uma teologia pentecostal pode beneficiar-se de um reexame abrangente desse ponto essencial entre nossos diferenciais teológicos, tanto em relação ao seu destaque particular como no que se refere a seus limites mais amplos. Antes que partamos nessa direção, temos de reservar um tempo para situar o batismo no Espírito Santo mais detalhadamente nas últimas tendências da teologia pentecostal. De forma mais específica, é necessário, em primeiro lugar, analisar as razões do abandono relativo, entre os teólogos pentecostais, do batismo no Espírito Santo como metáfora ou diferencial teológico.

Na minha opinião, existem quatro razões importantes para esse movimento recente. Analisarei cada uma delas em mais detalhes adiante; aqui, limito-me a mencioná-las. A primeira razão da desistência de se apresentar o batismo no Espírito Santo como uma das principais características

---

[19] CHAN, Simon. *Pentecostal theology*, p. 33-67; veja também a reflexão de Amos Yong a respeito de uma soteriologia pneumatológica em: *The Spirit poured out on all flesh: the possibility of a global theology* (Grand Rapids: Baker, 2005), p. 104-8. [No Brasil: *O Espírito derramado sobre a carne: pentecostalismo e a possibilidade de uma teologia global* (Campinas: Aldersgate, 2022)].

teológicas do pentecostalismo é o isolamento, promovido pelos pentecostais pioneiros, da iniciação cristã em relação ao empoderamento carismático, em razão da mudança histórica de destaque da santificação para o batismo no Espírito Santo. É difícil justificar uma iniciação dupla ou tripla na vida do Espírito Santo com base nas Escrituras. Além disso, quando separado da obra salvífica em Cristo, o batismo no Espírito Santo pode parecer uma experiência escapista, desvinculada da orientação cristológica. Pode até mesmo parecer algo elitista. Essas dificuldades exegéticas e ecumênicas tendem a desincentivar os teólogos pentecostais mais recentes a conceder a essa doutrina um lugar central.

A segunda razão para esse abandono do destaque ao batismo no Espírito Santo consiste no desafio crescente da diversidade da teologia pentecostal descoberta no começo de sua história e a expansão global atual das crenças pentecostais. Essa descoberta tende a relativizar, para muitos, a importância do batismo no Espírito Santo. Há um reconhecimento gradual do fato de que a teologia dos pentecostais pioneiros e dos pentecostais posteriores não fala somente do batismo no Espírito Santo e das línguas. Também temos tomado consciência dessa diversidade de pontos de vista possíveis das características distintas no meio pentecostal em nível global.

Além disso, algumas pessoas se recusam a concluir, diante dessa diversidade, que a teologia pentecostal consiste em uma vitrine de ideias desvinculadas umas das outras. Elas ainda partem do princípio de que a teologia pentecostal sempre foi, em algum sentido, coerente. O curioso é que não é propriamente o Espírito Santo, mas, sim, a escatologia (especialmente em relação à paixão missionária) que tem sido mais usada pelos teólogos pentecostais recentes para encontrar a coerência no que é característico de sua teologia. O batismo no Espírito Santo tende a ser visto como algo relativamente insignificante quando comparado à predominância da escatologia para definir essa tradição teológica. Portanto, a terceira razão para que os teólogos negligenciem o batismo no Espírito Santo é a mudança no foco doutrinário para a escatologia.

A pergunta mais profunda que alguns estão fazendo, no entanto, é se o fator mais característico da teologia pentecostal consiste, realmente, em uma doutrina. Conforme observaremos posteriormente, Walter J. Hollenweger afirma que o elemento distintivo estaria mais relacionado ao modo de os pentecostais conceberem o labor teológico. A teologia oral, narrativa ou dramática supostamente caracterizaria o desafio global e ecumênico da teologia pentecostal. Aqueles que seguem Hollenweger, na mudança da doutrina para o método teológico, tendem a ver o batismo no Espírito Santo como um acidente da história, um ranço do movimento Holiness que não é produtivo para uma pneumatologia ecumênica. Por isso, a quarta razão reside na mudança promovida por Hollenweger dos diferenciais doutrinários para o método teológico, no esforço de caracterizar o que diferencia a teologia pentecostal.

Abordaremos cada uma dessas questões mencionadas, tomando o cuidado de não deslocar a centralidade da característica do batismo no Espírito Santo para uma teologia cristã nutrida pela experiência pentecostal. O leitor terá de decidir se a minha defesa dessa tese foi bem-sucedida ou não.

DA SANTIFICAÇÃO PARA O BATISMO NO ESPÍRITO SANTO: A FRAGMENTAÇÃO INICIAL

O que herdamos do movimento Holiness foi uma bênção em alguns aspectos, mas, em outros, nem tanto, e isso inclui a revisão da teologia do movimento Holiness a respeito do batismo no Espírito Santo transmitida pelos primeiros pentecostais. Para entender a natureza dessa bênção ambivalente, devemos compreender que a teologia Holiness nasceu do avivalismo. Sua marca era uma experiência de crise posterior à regeneração chamada de batismo no Espírito Santo. Os pentecostais nasceram do mesmo *ethos* avivalista e tomaram por empréstimo do movimento Holiness a lógica de dividir a iniciação da vida do Espírito em momentos críticos distintos. Essa lógica também envolveu os pentecostais, que, sob a influência de William Durham, defenderam um entendimento de "obra terminada" da expiação e, portanto, passaram a ver a santificação e as outras bênçãos que acompanham a salvação como coisas recebidas no momento da conversão a Cristo.

Embora esses pentecostais de inspiração batista integrassem a regeneração com a santificação em um único evento, seguiam o entendimento Holiness da iniciação à vida do Espírito, partindo do princípio da experiência carismática como segunda bênção. Todos os pentecostais, tanto os de herança Holiness como aqueles de inspiração batista, acabaram mudando seu destaque espiritual da santificação para o batismo no Espírito Santo como um momento carismático.[20] Os pentecostais não mantiveram essa

---

[20] Observe, p. ex., FAUPEL, D. William. *The everlasting Gospel: the significance of eschatology in the development of Pentecostal thought* (Sheffield: Sheffield Academic Press, 1996) p. 13-8.

definição restritiva do batismo no Espírito Santo como empoderamento carismático (conforme observaremos no próximo capítulo), mas o empoderamento se manteve como marca registrada da bênção pentecostal para muitos que fazem parte do movimento. O desafio quanto ao modo de integrar esse empoderamento carismático com a santificação continua até hoje.

Exegeticamente falando, os pentecostais enfrentaram a dificuldade de defender duas ou três recepções do Espírito separadas na iniciação de uma pessoa na vida do Espírito. A obra de Menzies e Stronstad, que já mencionamos, buscou, pelo menos de forma implícita, evitar esse problema recorrendo à percepção, fornecida pela teologia bíblica, das várias teologias do Espírito Santo ensinadas no Novo Testamento. A pneumatologia lucana foi retratada como apresentando uma natureza estritamente carismática, enquanto a pneumatologia de Paulo (e a de João, que se baseia nela) foi encarada como defensora de uma pneumatologia soteriológica.[21] A possibilidade de uma experiência carismática distinta da graça salvadora de Deus foi formada a partir de uma integração pentecostal entre a pneumatologia de Lucas e a de Paulo, que são diferentes. Mesmo quando se concorda com Menzies e Stronstad a respeito do destaque estritamente carismático de Lucas, ainda é possível integrar sua pneumatologia com a de Paulo, de um modo que inclua o entendimento completo do batismo no Espírito Santo. Pode-se buscar a integração da pneumatologia de Lucas com a de Paulo e João com base em uma soteriologia pneumatológica que vê o Espírito como a própria essência da vida de Cristo.

Apesar dos pontos que podemos querer questionar do livro clássico e pioneiro de James Dunn, *Baptism in the Holy Spirit* [Batismo no Espírito Santo], seu esforço de observar uma continuidade básica de ênfase, por todo o Novo Testamento, no Espírito como a marca registrada da identidade cristã (o "centro nevrálgico" da vida cristã) parece convincente e potencialmente relevante para a tarefa de conceder ao batismo no Espírito Santo lugar de destaque na teologia cristã.[22] A separação rígida entre a regeneração (Paulo) e o empoderamento carismático (Lucas), a fim de compartimentalizar a obra do Espírito Santo na vida cristã, não me convence tanto assim.

---

[21] Além das fontes citadas na nota 12, veja MENZIES, Robert P. "Luke and the Spirit: a reply to James Dunn", *Journal of Pentecostal Theology* 4 (1994), p. 115-38.

[22] DUNN, James D. G. *The baptism in the Holy Spirit: a re-examination on the New Testament teaching on the gift of the Spirit in relation to Pentecostalism today* (London: SCM, 1970).

O afastamento recente da doutrina do batismo no Espírito Santo da discussão sobre o que é distintivo da teologia pentecostal também surge dos aspectos dessa doutrina que se mostraram problemáticos na esfera pastoral. A causa dessas dificuldades está relacionada às limitações do avivalismo como modelo de vida espiritual. A regeneração como uma experiência crítica do "novo nascimento" se tornou popular no pietismo como forma de entender a vida cristã como uma experiência afetiva que leva a pessoa a níveis cada vez mais profundos de devoção a Deus no coração e na vida como um todo. Isso fez nascer a tendência de se ver o todo da vida cristã como uma série de momentos críticos de renovação, em que a experiência de novo nascimento pode ser recuperada e confirmada.

Wolfhart Pannenberg observa, de forma perspicaz, que a compartimentalização da vida cristã em momentos de renovação pode ofuscar sua continuidade.[23] Os cristãos podem acabar vivendo com medo entre seus altos e baixos, sem saber a natureza exata de sua posição entre os momentos em que eles vão à frente na igreja para se acertar mais uma vez com Deus. As experiências na frente da igreja, por si só, podem tornar-se lutas de partir o coração, em nome do arrependimento, em que a pessoa busca receber a aprovação de Deus. Todo aquele que duvida dessa caracterização do avivalismo deve ler a literatura pietista a respeito da *Busskampf* (batalha pelo arrependimento). De acordo com essa literatura, as batalhas pelo arrependimento podem levar horas e até mesmo dias para serem vencidas.[24] De forma adequada, Friedrich Nietzsche se referia a essa espiritualidade como potencialmente masoquista.[25] Para afastar esse perigo, os pentecostais asseguraram aos crentes que o batismo no Espírito Santo lhes concederia uma vida triunfante que superaria a ameaça desse terror permanente.[26]

Deixando de lado minhas preocupações com o avivalismo, acho que ele é de grande valor, pois destaca a vida cristã como uma vida de experiência do Espírito Santo a ser renovada de vez em quando. No entanto, existe uma espiritualidade mais ampla, que acentua a graça de Deus, sustentando

---

[23] PANNENBERG, Wolfhart. *Christian spirituality* (Philadelphia: Westminster, 1983), p. 17ff.
[24] Veja minha análise desse problema em MACCHIA, Frank D. *Spirituality and social liberation: the message of the Blumhardts in the light of Wuerttemberg Pietism* (Metuchen: Scarecrow, 1993), p. 169-70.
[25] NIETZSCHE, Friedrich. *Genealogy of morals* (New York: Vintage Books, 1989), esp. p. 21. [No Brasil: *A genealogia da moral* (Rio de Janeiro: Companhia de Bolso, 2009)].
[26] Agradeço a Grant Wacker por me conscientizar, em uma conversa pessoal, da importância do triunfalismo da espiritualidade pioneira pentecostal.

o todo da vida dentro do qual o avivalismo tem de ser ambientado para que possa funcionar como um modelo espiritual produtivo. Um aprofundamento nas raízes wesleyanas e no horizonte escatológico da teologia pentecostal pode ajudar a fornecer esse contexto mais amplo, com o fim de compreender o fogo do avivamento no Espírito.

O problema é que a influência avivalista sobre o movimento Holiness fez com que o entendimento de John Wesley sobre a santificação, que era mais orientado ao processo, se transformasse em uma experiência de crise muito intensa.[27] Entender a santificação como uma experiência de avivamento ou um compromisso consciente alcançado quando se "derrama tudo no altar" tem o valor prático e teológico de funcionar como um desafio contínuo para uma igreja que se julgue pouco comprometida com a santidade. Portanto, o momento de santificação é posto diante da igreja como um desafio. Para apresentá-lo de forma eficaz, a experiência foi promovida essencialmente como uma renovação para cristãos mundanos ou indiferentes. O resultado foi uma fragmentação da entrada do indivíduo na vida cristã em momentos dramáticos de regeneração (para os pecadores) e santificação (para os cristãos).

Essa consequência encontrou sua primeira expressão na obra de John Fletcher, o companheiro mais antigo de Wesley. A obra de Fletcher, contudo, não deve ser vista fora de contexto. Não devemos esquecer que uma teologia de confirmação, no Ocidente, tinha distinguido entre fé/batismo nas águas e santificação. Laurence Wood afirmou que essa distinção reaparece, do anglicanismo, por meio de Wesley, na diferenciação teológica que Fletcher estabelece entre regeneração/batismo e santificação.[28] A questão sobre se Wesley defendeu ou não essa distinção é debatida de forma acirrada entre os especialistas wesleyanos. Pode-se afirmar, no entanto, que existe uma relação análoga entre a teologia da confirmação e o batismo no Espírito Santo no movimento Holiness e no movimento pentecostal. Não importa o que se diga sobre essa teologia do batismo no Espírito Santo, constata-se que ela realmente tem uma herança antiga.

Na teologia Holiness iniciada por Fletcher, esses momentos de regeneração e santificação eram associados às pessoas da Trindade: o Pai cria,

---

[27] Essa é a tese central da obra perspicaz de DIETER, Melvin. *Nineteenth-century Holiness revival* (Kansas City: Beacon Hill, 1998).
[28] Veja WOOD, Laurence W. *The meaning of Pentecost in early methodism: rediscovering John Fletcher as John Wesley's vindicator and designated successor* (Lanham: Scarecrow, 2002).

o Filho redime e o Espírito Santo santifica. Uma expressão recente dessa teologia pode ser encontrada no livro *Pentecostal grace* [Graça pentecostal], de Laurence Wood.[29] Uma doutrina de apropriação, que tinha o propósito original de retratar a obra salvífica e histórica do Filho (em cooperação com o Espírito Santo) na redenção e a obra do Espírito Santo (dando testemunho do Filho) na santificação, passa a ser internalizada como estágios separados da *ordo salutis*. Mas existem alguns problemas potenciais com essa fragmentação. Essa internalização pode ofuscar o trabalhar mútuo de Cristo e do Espírito Santo na história da salvação, enquanto ignora a natureza sobreposta das categorias soteriológicas no Novo Testamento.

A separação entre o batismo no Espírito Santo e a obra redentora de Deus em Cristo também pode acabar desvinculando a vida espiritual da orientação cristológica, conforme demonstrou Donald Dayton.[30] O resultado pode ser uma espiritualização que se apega a estratégias pragmáticas de sucesso para orientar a articulação da vida espiritual no mundo concreto dos negócios, da política e assim por diante. A pessoa se restringe ao lado obscuro da caracterização que Grant Wacker faz do *ethos* pentecostal como um casamento entre a espiritualidade do além com o pragmatismo deste mundo.[31]

Ademais, a ideia da santificação e do batismo no Espírito Santo como uma experiência de vida mais elevada pode levar aqueles que afirmam ter passado por ela a pensar que ocupam uma posição superior no corpo de Cristo. Se alguém acrescenta ao batismo no Espírito Santo a necessidade de falar em línguas, o elitismo implícito no entendimento avivalista da entrada da pessoa na vida do Espírito torna-se mais intenso. É claro que o avivalismo está longe de ser a única soteriologia cristã que implica elitismo! Além disso, existem características teologicamente positivas sobre uma soteriologia que destaca a experiência pessoal, a transformação da vida individual e a necessidade de momentos dramáticos de renovação espiritual.

Algumas pessoas podem perguntar: "Diante dos vários problemas exegéticos e ecumênicos da doutrina pentecostal dominante do batismo no Espírito Santo, por que ainda devemos nos importar com ela?". Bem, a princípio, o batismo no Espírito Santo tem como base um "batismo" *no* ou *com o* próprio fôlego ou Espírito de Deus, sugerindo uma metáfora participativa

---

[29] WOOD, Laurence W. *Pentecostal grace* (Grand Rapids: Zondervan, 1980).

[30] DAYTON, Donald W. *Theological roots of Pentecostalism* (Grand Rapids: Zondervan, 1988), p. 48-54. [No Brasil: *Raízes teológicas do pentecostalismo* (Natal: Carisma, 2018)].

[31] WACKER, Grant. *Heaven below: early Pentecostals and American culture* (Cambridge: Harvard University Press, 2003).

do nosso relacionamento com Deus que deve produzir um efeito experiencial importante. Essa dimensão experiencial do batismo no Espírito Santo tende a faltar nas definições formais da metáfora entre outras famílias cristãs no mundo. Além disso, o vínculo pentecostal do batismo no Espírito Santo com a experiência carismática diz algo profundo a respeito do modo diversificado e polifônico como o Espírito Santo faz Cristo presente *na* e *pela* igreja. A função do Espírito de criar um corpo expansivamente diversificado no mundo também pode ter muito a acrescentar a uma pneumatologia global e ecumenicamente relevante. A associação entre o batismo no Espírito Santo e uma gama crescente de dons espirituais nos ajuda a nos concentrar na dimensão vocacional relativamente negligenciada na vida cristã, e na estrutura polifônica e diversificada da igreja.[32]

Por que devemos abandonar ou subordinar uma metáfora tão frutífera para uma teologia global e ecumênica do Espírito simplesmente por existirem problemas técnicos a respeito de como os pentecostais têm explicado essa metáfora no decorrer da história? As dificuldades encontradas na forma do batismo no Espírito Santo particularmente adotada pelo movimento Holiness não precisam nos impedir de explorarmos a profunda relevância do batismo no Espírito Santo em contraposição ao cenário de uma forma expandida da metáfora extraída das Escrituras e útil na polinização das pneumatologias entre as várias linhas confessionais.

A consideração da diversidade da crença pentecostal global, bem como as maneiras distintas pelas quais a teologia é concebida no meio pentecostal, deve fazer parte do desafio ecumênico. A diminuição no destaque do batismo no Espírito Santo como ponto fundamental da contribuição pentecostal viável para uma pneumatologia global e ecumênica também se relaciona com essas questões; portanto, esse é o tema da nossa próxima seção.

BATISMO NO ESPÍRITO SANTO E DIVERSIDADE DOUTRINÁRIA: O DESAFIO CRESCENTE

É igualmente importante observar que as dificuldades exegéticas e ecumênicas historicamente associadas à compreensão pentecostal do batismo no Espírito Santo não são as únicas razões por trás do abandono relativo

---

[32] WELKER, Michael. *God the Spirit* (Philadelphia: Fortress, 1998), esp. p. 55-66. [No Brasil: *O Espírito de Deus*. São Leopoldo: Sinodal, 2010].

dessa doutrina entre os teólogos sistemáticos pentecostais. A recente falta de interesse no batismo no Espírito entre os teólogos pentecostais também se deve ao fato de que a pesquisa histórica da teologia pentecostal deslocou seu enfoque de nossas singularidades para outros pontos de interesse. Agora essas singularidades são amplamente reconhecidas como algo complexo entre os teólogos e historiadores pentecostais.

Cabe ressaltar, nesse contexto, o fato de que o desafio da diversidade da expressão teológica pentecostal surgiu com referência ao pentecostalismo como movimento global. Douglas Peterson se deu conta da "globalização" do pentecostalismo antes mesmo de o termo entrar em voga no meio pentecostal e, em 1997, organizou uma conferência sobre esse tema ao lado de Murray W. Dempster e Byron D. Klaus, na Costa Rica. Publicou-se, então, uma coletânea com os artigos apresentados nessa conferência.[33] Um dos palestrantes foi Harvey Cox, que acabara de publicar um livro no qual afirmava que o movimento pentecostal global tinha destacado a experiência religiosa e as expressões "primitivas" de um modo que lhe permitiu adaptar-se criativamente a vários cenários culturais e assumir uma diversidade global multicolorida. O pentecostalismo oferece, potencialmente, um desafio ecumênico alternativo para aqueles de natureza mais racional, doutrinária ou literária.[34] Não houve destaque para a crença pentecostal no batismo no Espírito Santo como "subsequente" à regeneração nesse livro extremamente perspicaz.

Décadas antes do desenvolvimento desses pontos, Walter Hollenweger levantara algumas questões sobre a diversidade global do pentecostalismo, levando a pesquisa a outro nível. O estudo de Hollenweger revelou uma diversidade doutrinária vasta entre os pentecostais pelo mundo e até mesmo dentro dos Estados Unidos, tanto na atualidade como no início do movimento. O clássico de Hollenweger, *The Pentecostals* [Os pentecostais], teve um impacto muito grande no final da década de 1960 e no início da década de 1970 em grupos pentecostais geograficamente isolados, surpresos com a diversidade doutrinária do movimento em âmbito global.[35] Hollenweger observa em seu interessante posfácio:

---

[33] DEMPSTER, Murray W.; KLAUS, Byron D.; PETERSEN, Douglas (eds.). *The globalization of Pentecostalism: a religion made to travel* (Irvine: Regnum, 1999).

[34] COX, Harvey. *Fire from heaven: the rise of Pentecostal spirituality and the reshaping of religion in the twenty-first century* (New York: Addison-Wesley, 1995).

[35] HOLLENWEGER, Walter J. *The Pentecostals*. 2. ed. (Peabody: Hendrickson, 1988).

Há [...] uma gama bem ampla de opiniões [...] na definição do batismo no Espírito Santo, na ética social e individual, na questão da hermenêutica bíblica, na doutrina da Trindade e na cristologia. Portanto, falar sobre uma "doutrina" das igrejas pentecostais é altamente problemático. O que une as igrejas pentecostais não equivale a uma doutrina, mas a uma experiência religiosa, e isso pode ser interpretado e demonstrado de diferentes formas.[36]

É certo que os diferenciais do pentecostalismo são globalmente diversificados e interpretados de várias maneiras. Em seu estudo sobre a variedade de teologias entre os pensadores pentecostais nos primeiros 25 anos do movimento, Douglas Jacobsen concluiu que "as diversas versões do pentecostalismo subsistem de modo independente, criticando umas às outras de forma bem complexa".[37] Em especial, a diversidade inicial no que se refere ao batismo no Espírito Santo, observada anteriormente, continuou a caracterizar o movimento. Existem discordâncias básicas entre os grupos pentecostais sobre as questões da relação entre o batismo no Espírito Santo e a fé inicial em Cristo, o batismo nas águas e o falar em línguas.

Não existe um consenso entre os pentecostais ao redor do mundo sobre essas questões. A chamada doutrina da "subsequência" (do batismo no Espírito Santo como algo separado da regeneração) com certeza ganhou ímpeto histórico suficiente entre os grupos pentecostais, passando a ser considerada como algo mais caracteristicamente "pentecostal". A maioria dos pentecostais tem visto o batismo no Espírito como algo comparável a um rito de passagem entre os cristãos para uma consciência intensificada da presença de Deus e uma experiência do reino de Deus com poder. Essa experiência é vista, entre um setor majoritário de pentecostais, como um empoderamento dos cristãos para um louvor vibrante e um testemunho dinâmico, com essas duas atuações sendo concebidas como algo que inclui sinais e maravilhas do reino que devem ser experimentados até certo ponto na vida diária do cristão comum.

Ainda assim, conforme observamos anteriormente, nem todos os pentecostais ao redor do mundo defendem a doutrina da subsequência.

---

[36] HOLLENWEGER, Walter J. "From Azusa street to the Toronto phenomenon", in MOLTMANN, Jürgen; KUSCHEL, Karl-Josef (eds.). *Pentecostal movements as ecumenical challenge* (Concilium 3; London: SCM, 1996), p. 7.

[37] JACOBSEN, Douglas. *Thinking in the Spirit: theologies of the early Pentecostal movement* (Bloomington: Indiana University Press, 2003), p. 12.

Nem mesmo os pentecostais pioneiros, que separavam o batismo no Espírito da santificação, faziam isso de forma coerente (como apontaremos no próximo capítulo). A maioria dos carismáticos de igrejas tradicionais identifica o batismo no Espírito Santo com a recepção do Espírito quando são batizados nas águas ou com os ritos de iniciação, embora eles deixem algum "espaço" para a experiência do batismo no Espírito acontecer posteriormente na vida cristã com o tipo de concessão de dons espirituais valorizado entre os pentecostais. Outros identificariam esse batismo como uma experiência de graça sacramental. A declaração exagerada de Paul Lee de que parece haver uma "variedade quase infinita" de visões dentro e fora do pentecostalismo sobre a natureza do batismo no Espírito Santo com certeza tem um fundo de verdade.[38]

Muitos pentecostais, especialmente nos Estados Unidos, acham que o falar em línguas é a evidência da experiência. Entretanto, nem todos os pentecostais pelo mundo se apegam à doutrina do falar em línguas como a evidência inicial do batismo no Espírito Santo, embora a *experiência* da glossolalia provavelmente seja generalizada nesse movimento. Além disso, até mesmo entre aqueles que afirmam essa doutrina como evidência inicial, a relação entre as línguas e o Espírito Santo é considerada de maneiras diferentes. Seymour considerava as línguas um sinal de empoderamento da igreja para alcançar todas as nações, dando a entender uma experiência internacional, que produz uma igreja diversificada. Ele observou: "Deus não distingue nacionalidades: os etíopes, os chineses, os indianos, os mexicanos e as outras nacionalidades cultuam Deus juntos".[39] Posteriormente, ele passou a considerar o amor o primeiro sinal do batismo no Espírito Santo.[40]

As línguas eram entendidas por muitos dos primeiros pentecostais como xenolalia, ou seja, a capacidade de proclamar as boas-novas nos

---

[38] LEE, Paul D. *Pneumatological ecclesiology in the Catholic-Pentecostal dialogue: a Catholic reading of the Third Quinquennium (1985-1989)* (*Dissertatio ad lauream in facultate S. theologiae apud pontificiam universitatem S. Thomae in urbe*; Roma), p. 171. Citado em KÄRKKÄINNEN, Veli-Martti. *Spiritus ubi vult spirat*, p. 184. Uma variedade significativa de visões sobre o batismo no Espírito Santo entre os pentecostais e carismáticos é analisada pelo importante livro *Treasures Old and New*, de Henry Lederle.

[39] SEYMOUR, William J. "The same old way", *Apostolic Faith* (set. 1906), p. 3.

[40] SEYMOUR, William J. "Questions answered", *Apostolic Faith* (jun.-set. 1907), p. 2. Gostaria de agradecer a Cecil M. Robeck Jr., por me indicar o destaque que Seymour dava ao amor como o principal sinal do batismo no Espírito Santo: "William J. Seymour and the 'Bible evidence'", in: McGEE, Gary B. (ed.). *Initial evidence: historical and biblical perspectives on the Pentecostal doctrine of Spirit baptism* (Peabody: Hendrickson, 1991), p. 81. [No Brasil: *Evidência inicial: perspectivas históricas e bíblicas sobre a doutrina pentecostal do batismo no Espírito* (Natal: Carisma, 2019)].

idiomas das nações. Outros não tinham tanta certeza dessa equivalência. W. F. Carothers afirmava que as línguas revelam que o batismo no Espírito Santo consiste em "um batismo de louvor, vindo das galerias do céu desde a presença gloriosa de nosso Salvador [...] tocando acordes de louvor que nunca sonhávamos que existissem em nossa alma e encontrando uma expressão adequada somente em línguas".[41] Infelizmente, depois que a visão das línguas como uma ferramenta evangelística de xenolalia compreensivelmente desapareceu entre os pentecostais, a doutrina das línguas como evidência do batismo no Espírito Santo perdeu boa parte de sua importância global e ecumênica como uma experiência transfronteiriça.

Para muitos pentecostais, a evidência inicial das línguas consistia em uma prova de que temos uma experiência mais poderosa ou milagrosa do Espírito Santo do que aqueles que não falam em línguas. Essa tendência individualista e teologicamente falida se afastou do entendimento rico das línguas como uma linguagem ecumênica que impede que qualquer idioma assuma importância absoluta, mas que, em vez disso, abraça e transcende escatologicamente todas as línguas humanas. Em minha obra sobre glossolalia, sugeri que se altere a designação para "sinal" (em vez de "evidência", já que esse não é um termo bíblico) quando se fala das línguas, concentrando-se em uma conexão teológica, e não legalista.[42] Os outros dons extraordinários do Espírito Santo, como profecia, palavra de conhecimento e, em especial, os dons de curar, também são vistos de forma ampla como os dons que acompanham o batismo no Espírito Santo.

A esta altura, vale a pena observar que a rigidez com que se apegam às línguas como evidência do batismo no Espírito Santo variou muito historicamente. Em especial nos Estados Unidos, alguns sustentaram um vínculo bem rígido, afirmando que nao se pode dizer que alguém foi batizado no Espírito Santo se não falou em línguas. Outros reconheceram que as línguas podem não se manifestar logo depois da experiência do batismo no Espírito Santo. O líder pioneiro das Assembleias de Deus, Joseph Roswell Flower, acreditava que as línguas deviam vir algum tempo depois do batismo no Espírito Santo para confirmar ou proporcionar um auge à experiência, mas,

---

[41] CAROTHERS, W. F. *The baptism with the Holy Ghost: the speaking in tongues* (Zion City: publicado pelo autor, 1906), p. 24.
[42] MACCHIA, Frank D. "Sighs too deep for words: towards a theology of glossolalia", *Journal of Pentecostal Theology* 1 (out. 1992), p. 47-73; do mesmo autor, "Tongues as a sign: towards a sacramental understanding of Pentecostal experience", *Pneuma* 15:1 (primavera 1993), p. 61-76.

obviamente, sentia que a experiência, por si só, não exigia que as línguas a legitimassem.[43] Na verdade, a evidência inicial tende a ser adotada de forma mais rígida entre as denominações pentecostais brancas nos Estados Unidos. Fora dessas fronteiras, as atitudes com relação a ela variam.

Henry Lederle escreveu sobre uma espécie de "escala móvel", entre os pentecostais e os carismáticos, quanto à relação entre as línguas e o batismo no Espírito Santo, envolvendo graus diferentes de rigidez.[44] Os carismáticos tradicionais tendem a não adotar essa doutrina, com as exceções notáveis do teólogo carismático presbiteriano J. Rodman Williams, que a apoiava.[45] Recentemente, o proeminente líder pentecostal Jack Hayford remou contra a maré pentecostal dominante dos Estados Unidos, escrevendo que não se deve estabelecer uma "lei" segundo a qual as línguas são necessárias para o batismo no Espírito Santo. O batismo no Espírito Santo concede o privilégio ou a capacidade de orar em línguas, mas a pessoa pode escolher não exercê-lo pelas razões mais variadas possíveis.[46] Os pentecostais norte-americanos estão divididos com relação à proposta de Hayford. Essa diversidade, em geral, faz com que alguns pentecostais pensem qual seria o sentido de se ter uma doutrina característica comum se não existe acordo sobre a maioria das questões a ela relacionadas.

Apesar da diversidade de doutrinas distintivas entre os pentecostais, quando se pesquisa sua literatura, especialmente nos primeiros anos do movimento (mas até mesmo depois), temos a revelação de que a doutrina mais escolhida é realmente o batismo no Espírito Santo. Ademais, apesar da diversidade dos pontos de vista a respeito de aspectos dessa doutrina, a maioria dos pentecostais concorda que ela é profundamente carismática, especialmente com relação aos dons extraordinários do Espírito, e está centrada na pessoa de Cristo como aquele que venceu tudo o que se opõe ao cumprimento da vontade de Deus neste mundo. As dimensões vocacionais

---

[43] FLOWER, J. Roswell. "How I received the baptism in the Holy Spirit (Pt. 1)", *The Pentecostal Evangel* (21 jan. 1933), p. 1-7; do mesmo autor, "How I received the baptism in the Holy Spirit (Pt. 2)", *The Pentecostal Evangel* (28 jan. 1933), p. 2-13. Observe a análise inspiradora de Cecil M. Robeck sobre toda essa questão: "An emerging magisterium: the case of the Assemblies of God", *Pneuma* 25 (outono de 2003), p. 164-215.

[44] LEDERLE, Henry I. "Initial evidence and the charismatic movement: an ecumenical appraisal" in McGEE, Gary B. (ed.). *Initial evidence*, p. 131-141, esp. p. 137.

[45] WILLIAMS, J. Rodman. "Tongues as initial evidence", tese não publicada apresentada no "Simpósio sobre línguas como evidência inicial em Springfield" (23 a 25 maio 1998).

[46] HAYFORD, Jack. *The beauty of spiritual language: my journey toward the heart of God* (Dallas: Word, 1992), p. 89-107. [No Brasil: *A beleza da linguagem espiritual*: revelando o mistério de falar em línguas (Southlake: Gateway Press, 2019)]

e carismáticas dessa experiência devem ser articuladas em sua importância ecumênica e, depois, transpostas a um contexto pneumatológico mais amplo, a fim de que se conceda a essa doutrina lugar proeminente em uma pneumatologia ecumênica. Negligenciar essa doutrina como um elemento acessório de uma infinidade de ideias pentecostais não se impõe como uma tese histórica convincente, nem mesmo é produtivo como opção teológica nos diálogos ecumênicos.

Uma questão que surge a partir dessa análise é se houve ou se há alguma continuidade na teologia pentecostal. Se o batismo no Espírito Santo não serve para garantir essa continuidade, será que a teologia pentecostal não passa de uma experiência de Deus que se vincula a uma simples vitrine de ideias teológicas? Será que não existe um pentecostalismo, mas tão somente pentecostalismos separados? A pesquisa sobre o desenvolvimento inicial da teologia pentecostal, especialmente a de Donald W. Dayton[47] e D. William Faupel,[48] foi importante por trazer um senso de coerência a respeito daquilo que era doutrinariamente mais distintivo para a teologia pentecostal. É especialmente importante a identificação, de Dayton e Faupel, de uma espiritualidade centrada em Cristo, e a referência de Faupel à escatologia como aquilo que distingue o movimento, oferecendo-lhe um sentido de coerência teológica. Vamos discutir essa questão.

DO BATISMO NO ESPÍRITO PARA A ESCATOLOGIA: A BUSCA DE COERÊNCIA

Um desdobramento importante dessa pesquisa aconteceu nas últimas décadas, reorientando o ponto de continuidade ou nossa principal singularidade: da teologia do batismo no Espírito Santo para a escatologia. Donald Dayton afirmava que a teologia pentecostal, embora seja mais diversa do que simplesmente batismo no Espírito Santo e dom de línguas, consistia em uma devoção coerente a Jesus como aquele que salva, batiza no Espírito Santo, cura e virá como Rei. Apesar de esses temas terem sido extraídos do movimento Holiness, o pentecostalismo encontrou sua distinção teológica na formação de uma *gestalt* quadrangular de devoção a Jesus. De forma interessante, Dayton observa que a escatologia desempenhou

---
[47] DAYTON, Donald. *Theological roots of Pentecostalism.*
[48] FAUPEL, William. *The everlasting Gospel.*

papel especial na influência sobre o pentecostalismo em âmbito global, escrevendo que a escatologia

> permeava a literatura inicial do movimento, ressurgiu em períodos críticos como o avivamento da Chuva Serôdia da década de 1940, e aparece até mesmo na Renovação Carismática Católica, na qual os temas do pentecostalismo clássico foram, em sua maioria, transformados por um novo contexto teológico, caracterizando os primos mais distantes do pentecostalismo nas igrejas independentes da África.[49]

Acrescente-se a isso o dom de línguas, e nasce a teologia pentecostal.

Em algum sentido, a mudança de destaque para a escatologia também foi antecipada na atenção de Hollenweger à narrativa como o fator que distingue a teologia pentecostal (o que será analisado adiante). Isso porque a narrativa desvia a atenção da experiência individual do batismo no Espírito Santo para o drama da redenção na história. Essa importante troca para a escatologia, no entanto, recebeu seu ímpeto no destaque dado por D. William Faupel ao quarto elemento do evangelho quadrangular, ou seja, a escatologia, especialmente a chuva serôdia do Espírito Santo como um empoderamento carismático e missionário concedido em preparação para a vinda iminente de Jesus. Faupel também considerava que a teologia pentecostal pioneira era cristocêntrica, mas que ela fez da escatologia a estrutura teológica principal na qual a obra redentora e carismática de Cristo vem a vencer no final toda a resistência e fazer novas todas as coisas. A continuidade, agora, passa a ser uma categoria preponderante em uma teologia da história ou da vida cristã, tirando o destaque do batismo no Espírito Santo como uma doutrina pneumatológica que retrata um empoderamento carismático pessoal.

Faupel até mesmo citou uma fonte pentecostal pioneira que afirma que "não somos, como supõem alguns, totalmente envolvidos com a simples questão da experiência individual, somente com referência ao batismo no Espírito Santo".[50] De forma mais importante para o evangelho quadrangular, Faupel cita uma das primeiras vozes pentecostais em tom

---

[49] DAYTON, Donald. *Theological roots of Pentecostalism*, p. 143. Veja também SIMPSON, A. B. *The gospel of the kingdom* (New York: Christian Alliance, 1890), p. 9.
[50] PLUMMER, M. W. "The Latter-Rain Reformation Revival", *Word and Work* (fev. 1910), p. 27, citado em FAUPEL, William. *The everlasting gospel*, p. 41.

de aprovação: "A salvação, o batismo no Espírito Santo, a cura divina e as ministrações do Espírito Santo nada mais são do que partes de uma pauta [...] A segunda vinda do Senhor Jesus Cristo não é parte de uma programação [...] é a própria pauta! As [...] outras coisas [...] são pontos dessa pauta que levam ao seu cumprimento grandioso e glorioso".[51] Faupel apresentou o pentecostalismo como uma comunidade missionária do fim dos tempos, empoderada pelo derramar da última chuva do Espírito Santo, desfrutando a recuperação completa dos dons extraordinários do Espírito para a obra missionária que se dará rapidamente antes da vinda de Jesus.

Como, no lugar de teólogos pentecostais, reagimos à obra de Faupel? Em primeiro lugar, é possível demonstrar que ele e Dayton desprezam o interesse dominante no batismo no Espírito Santo da literatura pentecostal inicial. Acredito que essa doutrina domina os interesses teológicos dos primeiros pentecostais mais do que, em geral, se admite. Entretanto, ainda há valor na obra de Dayton e de Faupel em observar uma coerência mais ampla na teologia pentecostal, embora haja algum debate entre eles sobre a natureza exata dessa coerência. Na verdade, acho bem convincente como tese histórica a referência de Faupel a uma narrativa escatológica do derramamento do Espírito Santo no centro das características que distinguem o pentecostalismo. Entretanto, o batismo no Espírito Santo, para os pentecostais, consiste na experiência que faz cumprir pessoalmente o que a chuva escatológica tardia do Espírito Santo traz coletivamente para o tempo presente.

Em outras palavras, a chuva serôdia do Espírito Santo garante que o batismo no Espírito Santo não apenas equivale a uma experiência individual; ele também apresenta implicações sobre a forma de vermos a igreja e sua missão no mundo. Em contrapartida, o entendimento pentecostal restrito do batismo no Espírito Santo nos garante que a crença na chuva serôdia do Espírito Santo traz consequências para a espiritualidade pessoal. Em vez de subordinar o batismo no Espírito Santo à chuva serôdia, seria mais leal à teologia pentecostal encarar a chuva tardia do Espírito como o cenário no qual o batismo deve ser compreendido e até mesmo desenvolvido teologicamente.

---

[51] MCDOWELL, D. H. "The purpose for the second coming of the Lord", *The Pentecostal Evangel* (2 maio 1925), p. 2, citado em FAUPEL, William. *The everlasting gospel*, p. 43.

Em segundo lugar, podemos, portanto, propor, indo além das intenções de Faupel, que o batismo no Espírito Santo seja expandido e revigorado pela natureza escatológica da visão pentecostal da chuva tardia em vez de ser subordinado a ela. Já que o fervor escatológico pela vinda de Jesus consiste em uma característica fundamental do pentecostalismo, creio que parte da tarefa que temos diante de nós consiste em ampliar a metáfora do batismo no Espírito Santo, com o fim de integrar a chuva tardia com a graça santificadora de Cristo ou a pureza com poder. Essa integração não pode se dar em categorias abstratas como "pureza", "poder" ou coisas semelhantes. Essas palavras funcionam como referências a algo real, que transforma vidas, ou seja, a presença de Deus para salvar, curar e capacitar.

Não estamos falando aqui de um Deus qualquer, mas do Deus que se define em uma relação de aliança com Israel, como aquele que liberta os cativos, que é a fonte de toda a vida e que é revelado de forma definitiva na história libertadora de Jesus. Como o Espírito de Jesus, esse é o Deus revelado na vida do Espírito que sempre se amplia, derramado no Pentecoste para as nações e presente no mundo por meio da Palavra, dos sacramentos e dos dons ou sinais poderosos da presença de Cristo e da plenitude da redenção vindoura. Por fim, esse é o Deus cuja qualidade suprema é o amor redentor que doa a si mesmo. Com base em tudo isso, a "pureza" e o "poder" não podem ser colocados um contra o outro ou de forma abstrata, mas devem ser vistos como atributos ou obras do Deus que é revelado por meio das Escrituras, especialmente em Cristo como amor redentor, presente polifonicamente em relacionamentos sempre crescentes e dotados de amor e fidelidade. Trata-se do amor divino, puro e poderoso.

Além disso, não podemos negar que essa autodoação tem uma história e uma trama, um desenrolar próprio que chega até nós, apesar de também permanecer em nós e brotar de nós. Ainda por vir, mas já operando em nós. Desse modo, a escatologia encontra-se em seu centro. Penso que o batismo no Espírito Santo é uma metáfora útil para se chegar à essência pneumatológica da escatologia. A escatologia é útil para demonstrar o alcance crescente da pneumatologia, porque a escatologia implica participação em Deus, tanto purificadora como empoderadora, que atua no presente, mas ainda não se cumpriu em sua plenitude; que transforma a vida e nos faz exigências quanto à forma de correspondermos à ação de Deus em nossa época. Esse alcance crescente também é apoiado pelo reconhecimento do primeiro artigo do Credo: "Deus Pai Todo-Poderoso, criador do céu e da terra". A escatologia só pode envolver toda a criação em seu anelo implícito pelo reino vindouro se o Espírito Santo for visto como parte na busca da vida em vista da renovação de todas as coisas.

Essa questão de revigorar o batismo no Espírito Santo por meio da escatologia, especialmente no que se refere à santificação, exige um estudo mais detalhado. Embora a revitalização ou a expansão da doutrina do batismo no Espírito Santo não tenham sido seu alvo, Steven J. Land nos ajudou a nos orientarmos no passo inicial da integração entre santificação e escatologia em seu livro intitulado *Pentecostal spirituality* [Espiritualidade pentecostal], no qual ele define a santificação como a transformação das afeições em paixão pelo reino vindouro de Deus.[52] De modo semelhante, sob a influência de Land, Samuel Solivan buscou aliar a espiritualidade pentecostal e o interesse social a um entendimento do *pathos* pentecostal como um gemido pela redenção vindoura em solidariedade com a criação que sofre.[53]

Concentrar a espiritualidade em *pathos* e como um anseio apaixonado e suspirante pelo reino vindouro de Deus ajuda a vincular a santificação pessoal à chuva tardia escatológica. Conforme demonstrei em outras obras, a família Blumhardt (Johann e seu filho Christoph, pietistas alemães do século 19) teve profunda influência sobre o pentecostalismo europeu (e sobre outras igrejas pietistas) em sua ênfase na cura divina como sinal do reino de Deus surgindo no fim dos tempos, estabelecendo um derramamento do Espírito Santo nos últimos dias. Curiosamente, eles também associavam essa esperança escatológica à piedade pessoal, por meio de uma espiritualidade moldada pelo anseio e o gemido pelo reino de Deus em poder para fazer novas todas as coisas. Sob a influência do destaque que seu pai dava à cura, Cristoph veio até mesmo a contemplar o derramamento do Espírito Santo dos últimos dias como um evento que envolve justiça social no mundo.[54]

Minha obra sobre a família Blumhardt converge com a obra de Land e Solivan não somente quanto à época, mas também em relação ao assunto. Todos nós usamos o tema do reino de Deus como um conceito integrador da piedade pessoal, da adoração comunitária e da prática social. Nessa obra anterior, não estávamos interessados particularmente no entendimento pentecostal restrito do batismo no Espírito Santo, apesar de tão importante.

---

[52] Veja LAND, Steven J. *Pentecostal spirituality*.
[53] SOLIVAN, Samuel. *The Spirit, pathos and liberation: towards a Hispanic Pentecostal theology* (Sheffield: Sheffield Academic Press, 1998).
[54] Veja MACCHIA, Frank D. *Spirituality and social liberation*.

A escatologia se constituiu em uma nova fronteira, a qual nos deu acesso tanto a um aspecto de nossa própria tradição como à renovação mais ampla da teologia no século 20, que utilizava a escatologia apocalíptica como um modo de aplicar a crítica profética à igreja e ao mundo.

Na verdade, o reino de Deus é uma poderosa singularidade protestante, que surgiu com grande força nos movimentos pietistas para alimentar a onda missionária e destacar o lugar importante, porém relativo, da igreja diante do desenrolar do amor redentor de Deus pelo mundo. Quando li o livro de Land pela primeira vez, minha reação não foi exatamente de surpresa ao ver que ele não usava a integração entre santificação e escatologia como contexto para se repensar a doutrina pentecostal do batismo no Espírito Santo. Até me lembro de observar como algo promissor o fato de que o batismo no Espírito Santo não recebeu muita atenção em seu livro. A quase omissão dessa doutrina representava uma mudança importante entre os teólogos pentecostais, que já não tinham nela um interesse dominante.

Entretanto, tenho sondado uma alternativa nos últimos anos, que é a de redefinir o batismo no Espírito Santo com base na santificação e na escatologia. Ao fazer isso, pretendo ampliar o tema do reino de Deus com o tema da santificação, que lida com a união com Deus e a participação nele. O batismo no Espírito Santo faz muito bem o papel de ponto de integração entre santificação e escatologia, por ser uma metáfora que envolve a participação na presença transformadora de Deus.

Antes de antecipar demais o que quero dizer, permita-me comentar que a negligência de Land com relação ao batismo no Espírito Santo é compreensível, embora o sentido ecumênico daquilo que distingue o pentecostalismo tenha sido relativamente deixado de lado no processo. Dada a definição restrita que os pentecostais têm concedido a essa expressão, não causa admiração que Land quisesse mudar o foco para a escatologia em seu esforço de integrar a pureza com o poder. Ele comentou que aqueles que veem o pentecostalismo como um cristianismo fundamentalista, tendo o batismo no Espírito Santo e os dons espirituais "agregados" a ele, ficarão decepcionados com seu livro.[55] Land encontrou na escatologia um diferencial mais abrangente do que os debates sobre a subsequência ou a evidência inicial. Além disso, Land reagiu aos estudos históricos acadêmicos que, nas últimas décadas, ampliaram e diversificaram as características

---

[55] LAND, Steven J. *Pentecostal spirituality*, p. 29.

marcantes do pentecostalismo além do batismo no Espírito Santo como experiência carismática evidenciada pelo falar em línguas. Conforme já observamos, não há muita dúvida de que as obras escritas no início da história da teologia pentecostal tiveram a tendência, que não considero ser tão precisa assim, de relativizar o batismo no Espírito Santo somente como uma característica entre outras.

Land aceita, no entanto, esse tipo de relativização. Concordando com Faupel, ele questionou, em resposta à acusação de Dale Bruner de que os pentecostais são centrados no batismo no Espírito Santo:

> Situar o batismo no Espírito Santo no centro do pentecostalismo à maneira de Bruner, ou ver as línguas como a única coisa que diferencia sua espiritualidade do movimento Holiness ou dos movimentos evangélicos tradicionais, consiste em completo equívoco. É a mudança escatológica dentro do movimento Holiness para o pré-milenismo que sinaliza o que é decisivo.[56]

Land reconhece o problema no pentecostalismo com relação à fratura entre pureza e poder, mas ele não o confronta de forma direta ou específica como algo permanente relacionado ao entendimento pentecostal do batismo no Espírito Santo. Porém, sua estratégia consiste em observar uma tendência integracionista subjacente à espiritualidade pentecostal, afirmando que a santificação e o empoderamento entre os pentecostais, na realidade, estão "mais interligados do que divididos ou até mesmo priorizados".[57] Ele explica que, na espiritualidade pentecostal, temos, entre esses elementos distintos de pureza e poder, "uma infusão — por causa da efusão do Espírito Santo — da visão apocalíptica e do poder, que muda o modo pelo qual Cristo, a igreja, a vida e a transformação cristã são vistos".[58]

O destaque que Land dá às tendências integracionistas no entendimento pentecostal da pureza e do poder pode levar algumas pessoas a entenderem que sua análise se inclina mais na direção daquilo que ele quer que a espiritualidade pentecostal seja do que daquilo que realmente é.[59] Acertadamente, Land observa que tinha a intenção de fazer as duas coisas

---

[56] Ibid., p. 63.
[57] Ibid.
[58] Ibid.
[59] Cox, Harvey. "A review of *Pentecostal spirituality: a passion for the kingdom* by Steven J. Land", *Journal of Pentecostal Theology* 5 (1994), p. 5 (3-12).

ao mesmo tempo.⁶⁰ Eu diria que seu esforço de integrar a pureza com o poder se encontra, em semente, na teologia pentecostal, mas que as tendências contrárias também são bem claras, um ponto ao qual Land não deu a mesma atenção.

Enfim, Land usou a escatologia para reconectar a pureza com o poder de três maneiras: em primeiro lugar, ele dá a entender que o pensamento apocalíptico é tão antigo quanto o próprio Novo Testamento e, assim, representa o resgate de algo fundamental à fé cristã antiga. Land concorda com Käsemann que a escatologia apocalíptica foi a mãe que criou o cristianismo primitivo, comentando que os "pentecostais adotaram e foram adotados por essa 'mãe', e se tornaram seus filhos e filhas, profetas e profetisas da nova ordem da Chuva Tardia do Espírito Santo".⁶¹

Conforme observamos acima, em segundo lugar, Land busca reconectar o destaque pentecostal ao poder carismático, em meio à chuva tardia do Espírito, com uma doutrina de santificação. Esse vínculo é construído pela compreensão dos afetos santificados como um fervor em prol do reino de Deus.

Por último, Land empresta de Moltmann a sugestão de um entendimento trinitário do cumprimento escatológico do reino de Deus na história, de forma a manter a continuidade de Cristo e do Espírito Santo no entendimento pessoal da *ordo salutis* (Land prefere a expressão *via salutis* [caminho da salvação], para preservar seu destaque escatológico robusto).⁶² Apesar de esse último ponto não ter sido bem elaborado em seu livro, ele deixa corretamente implícito que a cura das fraturas na soteriologia pentecostal exigirá um repensar do contexto trinitariano na história da salvação.

Concordo com a ideia de Land a respeito da integração implícita entre a pureza e o poder na espiritualidade pentecostal e com sua ideia importante da função que a escatologia pode desempenhar em seu entendimento e desenvolvimento teológicos. Conforme observarei no próximo capítulo, existe no pentecostalismo pioneiro uma compreensão wesleyana a respeito de ser cheio e empoderado pelo Espírito Santo como uma plenitude e uma transformação efetuada pelo amor de Deus, apesar do destaque dominante conferido ao empoderamento carismático. Entretanto, as distinções

---

⁶⁰ LAND, Steven J. "Response to professor Harvey Cox", *Journal of Pentecostal Theology* 5 (1994), p. 14.
⁶¹ LAND, Steven J. *Pentecostal spirituality*, p. 63.
⁶² Ibid., p. 75.

doutrinárias formais que a maioria dos pentecostais pioneiros fazia entre santificação e empoderamento do Espírito Santo também remetem a certa confusão e a alguns problemas teológicos que exigem solução. Portanto, considero a visão que Land tem sobre a espiritualidade pentecostal extremamente útil e explicativa naquilo a que se propõe, mas não vai fundo o suficiente com relação aos problemas possíveis quando se reflete teologicamente sobre a função, se é que ela existe, do batismo no Espírito Santo dentro do pentecostalismo na santificação dos afetos. Land reconhece os problemas ao estabelecer a criação de pontes entre a pureza e o poder como um de seus interesses principais, mas ele não explica o suficiente o lugar doutrinário (o batismo no Espírito Santo) em que a fratura entre a pureza e o poder originalmente se desenvolveu de forma mais clara.

Além disso, o uso que Land faz do reino de Deus como uma categoria teológica dominante é promissor, já que o reino tem relação principalmente com a soberania e a autoridade divinas, especialmente na forma de uma declaração final e de um imperativo ético. Land utiliza esse conceito para integrar a verdade tanto com as afeições como com a práxis, uma integração com a qual se alinha muito bem o conceito do reino, apropriado para desenvolver a integração entre espiritualidade e preocupação social. O reino também combina com a tendência pentecostal para encontros profundos e vitórias divinas sobre os poderes das trevas, especialmente por meio dos dons espirituais.

Curiosamente, enquanto o "reino de Deus" tem sido um tema dominante do pietismo e do protestantismo como um todo, o destaque católico tem recaído sobre a união com Deus, até mesmo (em Agostinho e Tomás de Aquino) na participação em Deus (que também consiste em um tema ortodoxo oriental). O batismo no Espírito Santo como uma metáfora implicitamente participativa do nosso relacionamento com Deus pode ser útil para se vincular ao "reino de Deus" e à "participação pessoal em Deus" como conceitos soteriológicos. Devemos também reconhecer que, por si só, o "reino" pode ser um conceito alienante para alguns, especialmente para aqueles que buscam uma linguagem menos hierárquica ou dominada pelo gênero masculino para a presença polifônica de Cristo por meio do Espírito Santo em meio ao povo de Deus.

Acho que a categoria do reino de Deus é útil, até porque que eu mesmo a utilizei em minha obra sobre os Blumhardt, e a usarei também aqui. Entretanto, passei a vê-la como algo subordinado à noção da participação na plenitude sempre crescente do amor de Deus por meio da presença de Cristo. O reino de Deus ganha corpo como uma dinâmica histórica a partir da presença cada vez mais expansiva e da vitória do amor de Deus, tanto na pureza como no poder, sobretudo na igreja, mas também por todo o mundo, de forma implícita e explícita, pelo esforço missionário. Posteriormente, explicarei as implicações do batismo no Espírito Santo como uma metáfora participativa para a *koinonia*, central para nosso relacionamento com Deus e a natureza da igreja.

O reino e a autoridade de Deus não precisam se constituir em noções alienantes, já que estão vinculados ao reino libertador do amor que edifica mutuamente. O Cristo que vem vitoriosamente reinar na terra tem suas vestes batizadas no sangue como símbolo do batismo de sua morte em sua entrega sacrificial, por amor divino, para a salvação do mundo (Apocalipse 19:13). É o amor que nos conquista em Cristo, não o ódio; é dar-se, não servir a si mesmo. Não se pode negar, no entanto, que esse amor tem uma face de juízo para aqueles que se opõem a ele. Mas a condenação não é seu propósito divino. Na verdade, em amor, o Filho foi "entregue" por nossas transgressões, do mesmo modo que os pecadores são entregues às suas paixões pecaminosas (Romanos 1:26-27) para que, em sua ressurreição, eles sejam justificados pelo Espírito de santidade (1:4; 4:25). O batismo no Espírito Santo implica um batismo em Cristo e em Deus, uma participação na vida divina por meio da qual lançamos sobre Deus nossa morte e nossos pecados, sofrimentos e isolamento, para que participemos de sua vida eterna, justiça, cura e comunhão.

Land está certo ao observar que "a tarefa teológica inacabada do pentecostalismo consiste em integrar a linguagem da santidade com a linguagem do poder".[63] Parte dessa integração é exatamente o que se exige em nossa análise renovada do batismo no Espírito Santo como ponto de partida para uma teologia pentecostal do terceiro artigo. É relevante constatar que uma resposta similar à obra de Faupel foi dada por um teólogo católico carismático chamado Peter Hocken. A resposta de Hocken é importante por não ter usado a escatologia para relativizar o batismo no Espírito Santo, a exemplo de Land; mas, em vez disso, ter ampliado e redefinido o conceito para que fosse mais produtivo como principal característica distintiva do pentecostalismo.

---

[63] Ibid., p. 23.

Em uma conferência da Sociedade de Estudos Pentecostais realizada em 1992, Hocken sugeriu que a metáfora do batismo no Espírito Santo, utilizada por João Batista, era "preditiva" por natureza e se concentrava no acontecimento escatológico da salvação e do juízo final. Hocken contrastou isso com o uso mais restritivo dessa metáfora na teologia pentecostal para se referir a um estágio na experiência individual do cristão com o Espírito Santo. Apesar de considerar essa definição pentecostal formal do batismo no Espírito muito estreita para abranger a amplitude da noção bíblica, ele também observou que a visão mais ampla estava implícita nos testemunhos dos pentecostais pioneiros que vinculavam o batismo no Espírito a "sinais que eram indicações clássicas da obra do Espírito Santo: convicção profunda de pecado, consciência da preciosidade do sangue do Salvador e exaltação do Cristo glorificado".[64]

Para Hocken, o importante nas experiências do batismo no Espírito Santo entre os pentecostais foi o fato de esses acontecimentos terem renovado o poder do Pentecoste na experiência dos crentes. As doutrinas da segunda e da terceira bênçãos eram incidentais: "Elas não passavam de acidentes históricos, refletindo as correntes históricas particulares e as experiências dos precursores do pentecostalismo".[65] Hocken conclui que "a terminologia da chuva tardia é bem mais fundamental para o sentido dessa obra do Espírito Santo do que as estruturas da segunda e da terceira bênçãos".[66] Ele concorda com Faupel no sentido de que a chuva tardia é mais importante como distintivo do pentecostalismo do que o batismo no Espírito Santo como simplesmente um passo na *ordo salutis* pessoal. Mas é significativo constatar que Hocken recorra ao testemunho bíblico para sugerir uma definição mais ampla do batismo no Espírito Santo à luz da chuva tardia pentecostal. Tenho certeza de que ele pode nos ajudar a avançar na renovação da metáfora do batismo no Espírito Santo, ainda que eu acredite que esse batismo como "segunda bênção" era mais importante para os pentecostais pioneiros do que Hocken admite, podendo ainda ser importante para os pentecostais global e ecumenicamente.

Conforme veremos, os recursos para essa redefinição do batismo no Espírito Santo podem ser encontrados naquilo que Donald Gelpi elabora

---

[64] HOCKEN, Peter. *Baptism in the Spirit as a prophetic statement: a reflection on the New Testament and on the Pentecostal origins*, artigo apresentado à Sociedade de Estudos Pentecostais, Springfield (12-14 nov. 1992) p. 16-7.
[65] Ibid., p. 18.
[66] Ibid.

como um batismo no "fôlego" de Deus, tomado como um dom escatológico.[67] Existem outras vozes pentecostais em escala global que fizeram um apelo pela redefinição escatológica do batismo no Espírito Santo, como é o exemplo de Tak Ming Cheung.[68] Narciso C. Dionson sugere o mesmo, observando que aceitar o batismo no Espírito Santo como escatologicamente cumprido significa que "não precisamos ser levados ao debate sobre se o propósito do batismo no Espírito Santo é soteriológico ou missiológico, se consiste na iniciação da conversão ou em uma bênção de segunda ordem".[69] Embora Dionson não articule a razão pela qual um entendimento escatológico do batismo no Espírito Santo nos livra dos debates levantados pela doutrina da subsequência, com certeza apontou uma tentativa fecunda nesse sentido. Por fim, Lyle Dabney buscou definir o batismo no Espírito Santo como o dom escatológico da nova criação para sugerir um ponto de partida pneumatologicamente rico para a soteriologia.[70]

Há um coro crescente de vozes sugerindo que a escatologia é um modo de revitalizar a doutrina pentecostal do batismo no Espírito Santo e de nos levar mais longe no debate atual sobre a teologia pentecostal. Por trás dessas vozes, está o fato de que uma interpretação escatológica do batismo no Espírito Santo não somente revitaliza essa doutrina, expandindo-a teologicamente, mas também possibilita a revitalização da escatologia como um conceito ricamente pneumatológico.

Está bem claro que o Espírito Santo na Bíblia consiste em um dom escatológico (por exemplo, Ezequiel 39:10; Mateus 12:28; Efésios 1:13-14; Hebreus 6:5). Reconhecer que a escatologia é ricamente pneumatológica abre a porta para ver as chamas que incendiaram o fervor escatológico como a labareda do amor divino por meio da presença rica e diversa de Cristo entre nós e a futura culminação desse amor redentor na vinda de Cristo. A participação

---

[67] GELPI, Donald. *Breath baptism in the synoptics*, tese entregue na Sociedade de Estudos Pentecostais, Pasadena, CA (20 nov. 1982).
[68] CHEUNG, Tak-Ming. "Understandings of Spirit baptism", *Journal of Pentecostal Theology* 8 (1996), p. 115-28.
[69] DIONSON, Narciso C. "The doctrine of the baptism in the Holy Spirit: from a Pentecostal pastor's uneasy chair", *Asian Journal of Pentecostal Studies* 2 (1999), p. 238. Enquanto esse livro estava nas primeiras etapas de edição, descobri uma proposta semelhante de Larry Hart, que considera o batismo no Espírito Santo "multidimensional", por ser escatológico. "Spirit baptism: a dimensional charismatic perspective" in BRAND, Chad (ed.). *Spirit baptism: five views* (Nashville: Broadman & Holman, 2004), p. 105-80.
[70] DABNEY, D. Lyle. "'He will baptize you in the Holy Spirit': recovering a metaphor for a pneumatological soteriology", artigo apresentado à Sociedade de Estudos Pentecostais de Tulsa (8-10 mar. 2001).

em Deus equivale à participação na liberdade escatológica da vida divina na história para encaminhar todas as coisas para a nova criação. Sob a bandeira do amor, a escatologia pode ser vista conceitualmente como cura, e também como conquista, ajudando a atender ao interesse pentecostal dominante pelo triunfo da fé. Haveria, por meio dessa renovação escatológica do batismo no Espírito, um meio de definir a essência da escatologia de forma significativa para a vida espiritual e a caminhada da santificação.

Apesar da necessidade de desenvolvimento, a mudança para a chuva tardia do Espírito como a ênfase mais característica do pentecostalismo, na obra de Land e de Faupel, trouxe o ímpeto para muitos se libertarem do conceito de "etapas de iniciação", promovido pela doutrina do batismo no Espírito Santo herdada do movimento Holiness. Essa mudança que se afasta da fragmentação não implica a negação das diferenças entre regeneração, batismo e ser cheio do Espírito Santo como um chamado profético. Entretanto, esses aspectos da iniciação da vida no Espírito têm de ser vistos como um todo integrado dentro da obra única do mesmo Espírito.

Já que a escatologia passou a ser uma grande força na renovação da teologia sistemática no século 20, a mudança do batismo no Espírito Santo para a chuva tardia pareceu algo natural a muitos pentecostais no cenário teológico contemporâneo. É bem revelador que Jürgen Moltmann (depois de Wesley e Barth) tenha sido a maior fonte de inspiração de Land ao escrever o livro *Pentecostal spirituality* [Espiritualidade pentecostal]. Essa mudança para a escatologia como o aspecto distintivo central do pentecostalismo não é, de modo algum, o único acontecimento recente digno de nota na teologia pentecostal (conforme veremos), mas, a meu ver, é o mais útil e interessante para repensá-la para o século 21.

Como o leitor já deve ter percebido, minha proposta é uma doutrina do batismo no Espírito Santo trinitária e escatológica. As expressões *escatologia* e *batismo no Espírito Santo* são naturalmente ambíguas e ainda precisam ser definidas, e essa será a tentativa dos próximos capítulos. A ambiguidade dessas duas metáforas tem relação, já que as duas apontam para realidades ocultas com Cristo em Deus e somente encontram sentido na promessa da nova criação pelo Espírito no tempo presente. Nós nos esforçamos para externar essa realidade, mas percebemos a dificuldade para expressar algo profundo demais para ser verbalizado (Romanos 8:26).

O batismo no Espírito Santo, no contexto da escatologia, será explicado nos próximos capítulos, mas, antes de embarcarmos nessa reflexão, temos de considerar outro desafio que se apresenta à nossa missão: a questão sobre se o elemento mais distintivo da teologia pentecostal repousa sobre uma questão doutrinária. A importância cada vez menor do batismo no Espírito para a atual teologia pentecostal se deve, em parte, à convicção de que ela se distingue justamente pelo modo de sua concepção, e não por alguma construção doutrinária particular. Recorreremos, mais uma vez, a Walter Hollenweger para explicar essa convicção.

DO BATISMO NO ESPÍRITO SANTO PARA A TEOLOGIA ORAL: O DESAFIO DO MÉTODO TEOLÓGICO

Hollenweger não somente diversificou as características que distinguem a teologia pentecostal; ele alterou o foco daquilo que é mais distintivo sobre a teologia pentecostal dos pontos doutrinários para o modo de concepção da própria teologia. Ele escreveu:

> A descrição dessas teologias não pode começar com seus conceitos. Prefiro escolher outro caminho e apresentar como elas são concebidas, geradas e, finalmente, trazidas à luz. Não tenho certeza se a hora do nascimento já chegou, mas está bem claro que algo está crescendo, que está em trabalho de parto, e logo nascerá com uma força fundamental.[71]

Hollenweger não se concentrou em questões doutrinárias, mas na natureza oral e dramática da forma que a teologia é concebida entre os pentecostais. Alguns, bastante influenciados por ele, vieram a considerar qualquer esforço de distinguir a teologia pentecostal em termos doutrinários como de segunda importância diante da forma que a "teologia" é concebida, na prática, pelos pentecostais.

Essa mudança de ênfase, dos pontos doutrinários para o que pode ser considerado método teológico, fez com que a centralidade do batismo no Espírito Santo no pentecostalismo parecesse um acidente na história, um ranço doutrinário do movimento Holiness que não tem tanta importância diante do que é mais característico na teologia pentecostal. Na obra de

---

[71] HOLLENWEGER, Walter J. "Theology of the new world", *Expository Times* 87 (maio 1976), p. 228.

Hollenweger, o entendimento estreito e ecumenicamente irrelevante do pentecostalismo como um "movimento de línguas" avivalista foi substituído por um pentecostalismo que parecia ecumenicamente significativo, na vanguarda de um modo de fazer teologia, livre dos critérios pós-iluministas para o discurso racional.

Graças ao trabalho de Hollenweger e de outros, tornou-se cada vez mais difícil publicar livros sobre o batismo no Espírito Santo como algo posterior à conversão e necessariamente evidenciado pelas línguas sem parecer provinciano em sua teologia e completamente equivocado em relação ao que realmente é importante, do ponto de vista ecumênico, no pentecostalismo como um todo. Sua pesquisa formou uma geração de teólogos pentecostais convencidos de que os elementos distintivos do pentecostalismo são bem mais amplos e relevantes para as demais confissões do que as doutrinas do batismo no Espírito Santo como subsequente à conversão e do falar em línguas como sua evidência.

Hollenweger levou muitos a considerarem se uma doutrina distintiva como o batismo no Espírito Santo poderia ou não funcionar, produtivamente, como contribuição pentecostal para uma pneumatologia ecumênica. Com sua obra, fica claro que as formulações doutrinárias entre os pentecostais são muito diversificadas para apontar o que há de teologicamente distintivo do movimento como um todo. Para ele, a grande característica do pentecostalismo consiste em formas de expressão que se aproximam das batidas do coração da experiência humana com aquilo que é divino. Aqui nós nos referimos novamente à experiência "primitiva" explicada por Harvey Cox.

Com esse tipo de interesse, Hollenweger, quase de maneira solitária, alterou o rumo da reflexão, antes concentrada nas distinções doutrinárias, em uma época na qual os pentecostais fora do contexto ocidental estavam começando a receber a atenção do Ocidente e algumas questões começavam a ser levantadas (especialmente com relação ao movimento carismático e à entrada dos pentecostais no diálogo ecumênico) sobre a relevância ecumênica das perspectivas pentecostais dominantes acerca da doutrina do batismo no Espírito Santo e do falar em línguas. Hollenweger chamou a atenção para o que, aos olhos de muitos, era mais ecumenicamente relevante, como a oralidade da liturgia; a narratividade da teologia e do testemunho; a participação intensa na reflexão, na oração e na tomada de decisões dentro das comunidades centradas na reconciliação; a inclusão de sonhos e visões nas formas de adoração pessoal e pública; e a correspondência entre mente e corpo por meio da cura e da dança.[72]

É claro que os pentecostais não foram os únicos cristãos fora do Ocidente ou no hemisfério sul que abordaram a teologia por meio da oralidade e da dança, mas eles emergiram como uma voz importante e um exemplo impressionante dessa forma oral e experimental de fazer teologia. Além disso, Hollenweger ficou fascinado com o que viu como uma fusão inédita entre espiritualidade perfeccionista católica ocidental via Wesley com uma abordagem oral e narrativa não ocidental à teologia. Essa integração única concedeu ao pentecostalismo seu apelo vasto, global e ecumênico, explicando, em parte, sua rápida propagação mundial.[73]

Não há dúvida de que o pentecostalismo no mundo favoreceu, em maior ou menor escala, formas menos racionais de discurso teológico, especialmente em sua base e quando não se esforçava para imitar seus críticos fundamentalistas. De forma perspicaz, Allan Anderson — que sucedeu Hollenweger na Universidade de Birmingham, na Inglaterra — chamou a teologia pentecostal africana de "teologia dramatizada", porque era produzida de forma dramática por meio de contação de histórias, danças e outros movimentos.[74] Essa virada "hollenwegeriana", concentrada no modo que a teologia é realizada no meio pentecostal, contribuiu com várias intuições a respeito da importância da primazia das formas dramáticas narrativas, orais e dramáticas de teologia. Uma teologia profundamente comprometida com a vida no Espírito não pode abandonar os aspectos da experiência em Cristo que se situam fora dos limites do discurso racional. Como Simon Chan observa, expandir a teologia para abranger a oração e outras formas de adoração e de espiritualidade é um ato que tem raízes antigas e que precisa ser respeitado pelo discurso teológico atual.[75]

Essas percepções sobre como os pentecostais fazem teologia também podem nos ajudar a nos diferenciarmos da hermenêutica fundamentalista dominante, compartilhada pelos nossos críticos mais severos. Gerald Sheppard demonstrou que os fundamentalistas estavam preocupados com a

---

[72] Observe, por exemplo, HOLLENWEGER, Walter J. "Priorities in Pentecostal research: historiography, missiology, hermeneutics and pneumatology", in: JONGENEEL, J. A. B. (ed.). *Experiences in the Spirit* (Berna: Peter Lang, 1989), p. 9-10.
[73] Ibid.
[74] ANDERSON, Allan. *Zion and Pentecost*, p. ex., p. 253.
[75] CHAN, Simon. *Spiritual theology* (Downers Grove: InterVarsity Press, 1998), p. 45-6.

busca moderna por objetividade científica e com o uso adequado do método histórico para se chegar ao sentido verdadeiro das Escrituras, em sua autoridade sobre a verdade cristã. No entanto, os pentecostais, originalmente, não faziam parte desse debate. Eles estavam mais interessados em discernir a verdade e a autoridade das Escrituras espiritualmente.[76] Para eles, a lacuna hermenêutica não era principalmente histórica, mas espiritual. Eles não defendiam uma análise objetiva e científica do texto que alienasse o leitor das Escrituras, mas, sim, uma participação no texto que definisse a vida e o chamado da pessoa como cristão e como igreja.

Fui formado nessa forma participativa de interpretação bíblica por ter crescido em uma igreja pentecostal. Ainda lembro como fiquei chocado, no seminário, com a obra-prima de Hans Frei *The eclipse of biblical narrative* [O eclipse da narrativa bíblica].[77] Frei me guarneceu com a linguagem acadêmica e os conceitos para entender de que forma minha comunidade de fé se relaciona com o texto bíblico no contexto dos métodos histórico-críticos de investigação. Ele observou como a interpretação histórico-crítica da Bíblia ofuscava sua função narrativa. Em vez de entrar no mundo do texto bíblico para que seu próprio contexto de vida fosse esclarecido, o crítico histórico permanecia de fora, armado com ferramentas que buscavam dispor aquele mundo segundo um entendimento hipotético da história real.

A prática pentecostal de contar histórias e dançar no mundo da narrativa bíblica mais ampla nada mais é que o modo pelo qual a função narrativa das Escrituras pode ganhar proeminência na vida da igreja. Conforme Jerry Camery-Hogatt nos recorda, a interpretação narrativa traz a base para um entendimento mais participativo da interpretação bíblica compartilhada por muitos grupos cristãos globalmente.[78] Os pentecostais também podem abrir o diálogo com uma gama bem ampla de abordagens pós-modernas ao texto bíblico com base no que Leo Perdue chamou de "o colapso da história" na exegese bíblica nos dias de hoje.[79]

---

[76] SHEPPARD, Gerald T. "Word and Spirit: scripture in the Pentecostal tradition (Part 1)", *Agora* (primavera 1978), p. 4-5, 17-22, esp. 4-5.

[77] FREI, Hans. *The eclipse of biblical narrative: a study in eighteenth and nineteenth century hermeneutics* (New Haven: Yale University Press, 1980).

[78] CAMERY-HOGGATT, Jerry. *Speaking of God: reading and preaching the Word of God* (Peabody: Hendrickson, 1995).

[79] PERDUE, Leo. *The collapse of History: reconstructing Old Testament theology* (Minneapolis: Augsburg Fortress, 2005).

Mesmo assim, as ferramentas histórico-críticas de investigação não devem ser descartadas, mas avaliadas. Barth as chama de valiosa preparação (*Vorbereitung*) para um ouvir da Palavra de Deus nas Escrituras de um modo que nos envolva totalmente no texto.[80] Embora existam outros contextos para entender o fluxo semântico do texto além do cenário histórico antigo, como o contexto canônico da transformação das tradições pré-bíblicas nas Escrituras, a investigação histórico-crítica pode fornecer-nos percepções importantes dos conflitos teológicos que existiam historicamente na formação das tradições pré-bíblicas e do cânon. Essas ferramentas dão muitos frutos, especialmente para um consenso ecumênico sobre as raízes bíblicas das doutrinas da fé. Não se pode negar seu valor. Segundo uma exegese participativa, existem questões críticas que demandam explicação, utilizando todas as ferramentas à disposição para o debate acadêmico. Há também questões contextuais que não podem ser ignoradas, moldadas pelas diferenças entre o que pode ser conhecido sobre os contextos antigos envolvidos na formação das Escrituras e as situações contemporâneas.

Além disso, o discurso teológico sistemático exige que a pessoa reflita sobre a coerência da verdade, passando por uma diversidade bem ampla de expressões teológicas possíveis por meio de narrativas contextualmente inspiradas e danças. É necessário que os teólogos sistemáticos reflitam sobre essa coerência com as Escrituras e por toda a gama de *loci* teológicos que historicamente se estabeleceram como os mais importantes para o que George Lindbeck classificaria como gramática da fé.[81] A reflexão sistemática sobre essa estrutura doutrinária, que destaca a coerência da verdade por toda a gama de *loci* doutrinários, pode prestar um serviço valioso para as comunidades pentecostais que adotam formas de expressão teológica próximas da essência da oração e da experiência cristã da presença de Deus.

O livro *Doxology: the praise of God in worship, doctrine and life* [Doxologia: o louvor a Deus no culto, na doutrina e na vida], de Geoffrey Wainwright, revelou, para muitos de nós, uma maneira nova de discernir a importância ecumênica de escrever uma teologia sistemática. Pode-se interpretar a máxima *Lex orandi, lex credendi* ("regra de oração, regra de fé") tanto como

---

[80] Veja o "Preface to the second edition" de Barth em *The epistle to the Romans*, trad. para o inglês de Edwyn C. Hoskyns (New York: Oxford University Press, 1977), p. 6-7. [No Brasil: *A carta aos romanos* (São Leopoldo: Sinodal, EST, 2015)].

[81] LINDBECK, George. *The nature of doctrine: religion and theology in a postliberal age* (Philadelphia: Westminster, 1984), p. 24. [No Brasil: *A natureza da doutrina: religião e doutrina em uma era pós-liberal* (Campinas: Aldersgate, 2022)].

tornar a doutrina determinante para o culto quanto tornar o culto determinante para a doutrina. Wainwright observou que a teologia protestante favoreceu a primeira opção, enquanto a teologia católica optou pela segunda.[82] Tanto em uma como na outra, a verdade e a identidade cristãs se expressam primeiro no culto — ou, se preferir, são dramatizadas no culto —, recebendo, consequentemente, tanto a orientação dos *loci* doutrinários como servindo para moldar essa doutrina historicamente. Conforme Paul Tillich observou também em seu livro *Dynamics of faith* [Dinâmica da fé], a fé é complexa e apresenta dimensões experienciais, práticas e racionais. Nenhuma delas pode ser completamente descartada em qualquer forma de discurso teológico.[83]

O método teológico de Wainwright nos ajuda a compreender de que forma a teologia que surge primeiramente em formas mais experienciais de expressão, como orações, cânticos, histórias e danças, tanto molda os símbolos doutrinários mais sistemáticos concebidos intelectualmente como é moldada por eles. Não há dúvida de que a importante discussão hermenêutica provocada pelo livro *The nature of doctrine* [A natureza da doutrina], de George Lindbeck, dificultou que se concebesse a experiência religiosa fora de uma estrutura simbólica que inclui profundas crenças doutrinárias sustentadas coletivamente, que servem não apenas para expressar, mas também para gerar essa experiência. Lindbeck tenta explicar as mudanças causadas pela experiência cristã entre os símbolos da fé, inclusive na doutrina, considerando corretamente a experiência cristã como prática. Ele conclui que podem se desenvolver anomalias entre os símbolos da fé cristã quando a experiência da fé entra em novos contextos. Essas anomalias doutrinárias podem desenvolver-se em meio à contextualização contínua da fé.[84]

Embora os pentecostais acolham esse entendimento voltado à práxis da experiência cristã, também queremos centrar a experiência cristã no impacto do Espírito Santo sobre nosso culto. Não se pode negar que o culto pode desempenhar papel revolucionário na transformação de nossos símbolos, inclusive de nossas formulações doutrinárias. Conforme afirma Lindbeck, as anomalias não surgem em nossas formulações doutrinárias

---

[82] WAINWRIGHT, Geoffrey. *Doxology: The praise of God in worship, doctrine, and life* (New York: Oxford University Press, 1980), esp. p. 218-50.
[83] TILLICH, Paul. *Dynamics of faith* (New York: Harper & Row, 1972). [No Brasil: *Dinâmica da fé* (São Leopoldo: Sinodal, 1996)].
[84] LINDBECK, George. *The nature of doctrine*, p. 24. [*A natureza da doutrina*, p. 89]; veja MACCHIA, Frank D. "Christian experience and authority in the world: a Pentecostal viewpoint", *Ecumenical Trends 31:8* (dez. 2002), p. 122-6.

somente por causa das exigências práticas da contextualização. Em todo caso, o ponto é que existe, entre os pentecostais, uma relação recíproca entre a experiência e os conceitos doutrinários mais do que Hollenweger reconheceu. Não se pode, na minha opinião, fazer uma distinção tão radical quanto a que Hollenweger propõe entre a experiência pentecostal pioneira e o símbolo doutrinário do batismo no Espírito.

O que os estudos acadêmicos de Hollenweger nos lembram de fato, como sugeriu Emil Brunner, é que, além da questão da continuidade da sã doutrina, existe também a continuidade na igreja da nova vida no Espírito Santo.[85] Na liberdade escatológica, o Espírito Santo trabalha na expansão e na continuidade tanto da vida como da doutrina (conforme já demos a entender, as duas são inseparáveis, embora sejam distintas uma da outra). A Palavra de Deus não chega até nós somente em palavras, mas em poder (1Coríntios 2:4; 4:20), que Paulo define como o poder do amor (1Coríntios 13). Brunner observa que, no *pneuma*, do qual a igreja tinha consciência, existiam poderes extraordinários "que fazem falta nos dias de hoje".[86] O Espírito Santo é o "filho rejeitado" da teologia atual, porque os teólogos estão acostumados a desenvolver a lógica da fé de modo a negligenciar seu dinamismo e poder.[87] Gary D. Badcock observa, além disso, que não há falta de estudos teológicos sobre o Espírito Santo, mas neles se verifica certa indisposição de integrar à discussão "a obra um tanto ilógica, imprevisível e indefinível do Espírito Santo no mundo".[88] Para ser corretamente pneumatológica (e corretamente *teo*lógica), a teologia precisa desenvolver uma linguagem que busca "glorificar a Deus e desfrutá-lo para sempre".

Usando uma analogia secular, segundo a leitura de algumas teologias da atualidade, pode parecer que estamos lendo manuais sobre o amor como um fenômeno psicológico e sociológico que nunca falam sobre o poder que ele exerce na vida para nos transformar e nos impulsionar de modo moral, estético, espiritual, e assim por diante. Esses manuais desempenham uma tarefa importante para que se entenda o amor, mas, sozinhos, são potencialmente reducionistas e frustrantes. Hollenweger quer chamar nossa atenção para uma linguagem teológica que se aproxima mais da experiência

---

[85] BRUNNER, Emil. *Das Missverständnis der Kirche* (Zurique: Theologischer Verlag Zürich, 1988), p. 53-4. [No Brasil: *O equívoco sobre a igreja* (São Paulo: Fonte Editorial, 2012)].
[86] Ibid.
[87] Ibid.
[88] BADCOCK, Gary B. *Light of truth and fire of love: a theology of the Holy Spirit* (Grand Rapids: Eerdmans, 1997), p. 6.

do amor de Deus do que muitas expressões da teologia acadêmica atual. É justamente isso que a teologia oral e dramática faz, embora essa não seja a única linguagem disponível nem tenha como ser, já que a teologia também é, como não poderia deixar de ser, uma disciplina intelectual.

A ideia que quero destacar nessa conjuntura é que a mudança que Hollenweger faz para a teologia oral e dramática não precisa abandonar o batismo no Espírito Santo. A igreja conviveu por séculos a fio tanto com as expressões narrativas da fé como com as doutrinárias, e o batismo no Espírito Santo como metáfora bíblica pode funcionar bem como nossa característica mais marcante nesses dois níveis. Minha reserva diante da análise que Hollenweger faz sobre o batismo no Espírito Santo recai sobre o fato de ele categorizá-lo somente no lado dos símbolos doutrinários conceitualmente formulados e definidos.[89] O batismo no Espírito também se constitui em uma metáfora nos textos bíblicos e em boa parte da pregação pentecostal, que expressa de várias maneiras uma "virada" especial na história cristã, a qual a grande maioria dos pentecostais acabou adotando globalmente.[90] Essa interpretação da história cristã vê a vitória de Deus em Cristo com um destaque pneumatológico. Ela também é escatológica, carismática e profundamente experiencial. No batismo no Espírito Santo, a interação entre Deus e o ser humano não equivale a uma questão abstrata a ser debatida, mas a uma participação impactante em Deus, que é santificadora e vai se expandindo e se diversificando de modo carismático.

Tanto de forma experiencial como de forma doutrinária, o batismo no Espírito pode funcionar variadamente para orientar o movimento pentecostal no sentido de uma versão trinitária e cristoforme de viver e de pensar, pneumatologicamente rica e diversificada. Isso porque o batismo no Espírito Santo leva a pessoa à esfera da presença de Deus e transforma sua vida com o amor de Deus. Tudo o que dizemos ou fazemos, desde a leitura da Palavra até a ação no mundo, acontece como um elemento funcional desse batismo. Esse batismo implica que não nos relacionamos com Deus como objeto de reflexão. Em vez disso, somos batizados em Deus como um poderoso campo de experiência, que proporciona diariamente uma série de alegrias e maravilhas.

---

[89] Hollenweger faz essa separação em "Priorities in Pentecostal research", p. 15-7.
[90] Veja ARCHER, Kenneth J. "Pentecostal story: The hermeneutical filter for the making of meaning", *Pneuma 26:1* (outono 2004), p. 36-59.

Prega-se e testifica-se nas igrejas pentecostais sobre essa presença também nas angústias e aflições, embora reconheçamos que isso não acontece com tanta frequência (ou pelo menos não com frequência suficiente). O batismo no Espírito Santo significa que, na alegria e na tristeza, a oração se torna fundamental para nosso modo de pensar e agir em relação a Deus. A pessoa é chamada a mergulhar na presença amorosa de Deus como um pássaro plana no ar ou um peixe mergulha na água. Ela se perde nesse amor para acabar tendo um reencontro pessoal.

POSFÁCIO: A MISSÃO INACABADA DA TEOLOGIA PENTECOSTAL

Enfim, qual é a missão inacabada da teologia pentecostal? Isso não passa somente pela teologia narrativa como característica proeminente, mas também pela teologia narrativa do batismo no Espírito Santo em Atos, em relação às outras vozes do cânon bíblico. Conforme mencionamos, e estudaremos nos próximos capítulos, Roger Stronstad e Robert Menzies defenderam um entendimento sobre o batismo no Espírito Santo em Atos cuja função não é soteriológica, mas carismática. Menzies restringe o batismo no Espírito Santo em Lucas ao acesso aos dons proféticos, inclusive ao falar em línguas, para afirmar que todos os cristãos são carismáticos por causa de sua conversão a Cristo.[91] Seu propósito mais amplo é garantir a base exegética para a experiência pentecostal do batismo no Espírito Santo como empoderamento para o serviço carismático, principalmente para o serviço profético. Pelo modo como eles veem a questão, essa experiência distinta pode perder-se na igreja se projetarmos na obra de Lucas o entendimento soteriológico que Paulo tinha sobre o batismo e a obra do Espírito Santo, e não reconhecermos o entendimento exclusivamente carismático lucano a respeito da metáfora do batismo no Espírito.

Seus argumentos foram bem recebidos nas igrejas e nos estudos pentecostais acadêmicos. As Assembleias de Deus chegaram até mesmo a recomendar o livro *The charismatic theology of St. Luke* [A teologia carismática de Lucas], de Stronstad, para se conhecer mais sobre o batismo no Espírito.[92] Entretanto, o que muitos não conseguem observar sobre as conclusões

---

[91] MENZIES, Robert P. "The Spirit of prophecy, Luke-Acts and Pentecostal theology: a response to Max Turner", *Journal of Pentecostal Theology* 15 (1999), p. 73.
[92] Veja o quadro "Q&A on the Holy Spirit", in: STRONSTAD, Roger. "They spoke in tongues and prophesied", *Enrichment Journal* 10:1 (2005), p. 82.

exegéticas de Stronstad e Menzies é o reconhecimento deles de que *o batismo no Espírito Santo, no contexto da pneumatologia de Paulo, tem caráter soteriológico*. Stronstad observa que a teologia de Paulo sobre o batismo no Espírito Santo (1Coríntios 12:13) e toda a sua pneumatologia relacionada a esse tema são "sempre iniciatórias e incorporativas" em Cristo e na vida da igreja.[93] De modo semelhante, Menzies observa que Paulo "não fala claramente sobre uma experiência de acesso distinta da conversão".[94] Harold Hunter, que é um estudioso pentecostal do batismo no Espírito, também tinha concluído anteriormente que o entendimento de Paulo, diferente de Lucas, só se refere à salvação.[95] Obviamente, esses estudiosos não queriam cometer o erro de projetar um entendimento lucano do batismo no Espírito sobre a obra de Paulo. Entretanto, esse objetivo valioso deixa em aberto a missão mais ampla de articular uma doutrina pentecostal do batismo no Espírito Santo que alie o lado soteriológico com o lado carismático.

As conclusões de Stronstad e Menzies parecem sugerir que o batismo no Espírito Santo consiste em uma metáfora fluida no testemunho narrativo das Escrituras, assumindo várias nuances de significado, mas não param por aí. Os autores estão interessados em distinguir entre a teologia de Lucas referente ao batismo no Espírito Santo e a teologia de Paulo, portanto eles não conseguem levantar a questão mais ampla a respeito de como integrar o entendimento carismático de Lucas e o entendimento soteriológico de Paulo a respeito dessa metáfora. Menzies afirma que essas duas visões "complementam uma à outra", mas é necessário mais do que isso para extrair o significado teológico disso ou perceber qual é a estrutura pneumatológica totalmente abrangente que pode ser útil para explicar a relação complementar entre elas.[96] Talvez essa tarefa esteja mais na esfera da teologia sistemática do que na dos estudos do Novo Testamento. É isso que quero começar a abordar logo em seguida neste estudo.

Ao nos envolvermos nessa tarefa, temos de levantar a questão sobre se a compreensão de Lucas sobre o batismo no Espírito Santo era *somente* carismática ou profética, ou se Lucas tinha em mente algo mais amplo do que as experiências de avivamento ou o empoderamento missionário pessoal dos

---

[93] STRONSTAD, Roger. *Charismatic theology of St. Luke*, p. 10. [*A teologia carismática de Lucas*, p. 27].
[94] MENZIES, Robert P. "The Spirit of prophecy", p. 72.
[95] HUNTER, *Spirit baptism*, p. 53.
[96] MENZIES, Robert P. *Empowered for witness*, p. 242.

cristãos. Lucas realmente situa o batismo no Espírito Santo dentro da inauguração e do cumprimento do reino de Deus (Atos 1:2-8; 2:17-21), e parece mais envolvido com a reconciliação dos vários grupos culturais dentro da igreja do que com a qualidade da experiência individual entre os cristãos.

O teólogo coreano Youngmo Cho, seguindo as conclusões exegéticas de Menzies, afirma que Lucas relaciona a inauguração do reino de Deus apenas indiretamente ao batismo no Espírito Santo. Para Lucas, o batismo no Espírito Santo não inaugura o reino de Deus, mas, em vez disso, consiste no "poder para proclamar o Reino".[97] Na análise de Cho, mais uma vez, a pneumatologia de Lucas se diferencia da de Paulo por considerar o batismo no Espírito como empoderamento para testemunhar, enquanto Paulo identifica o Espírito Santo como a fonte do reino de Deus. Ainda assim, será que a proclamação do reino que o Espírito Santo promove participa da inauguração desse mesmo reino? No mínimo, Lucas realmente sugere algum tipo de relação entre eles. Entretanto, Mateus os relaciona diretamente de forma clara. De acordo com seu Evangelho, João Batista prediz a vinda daquele que batizará com o Espírito Santo no contexto da proclamação que João faz do reino de Deus (Mateus 3:1-12) e apresenta Jesus falando sobre o Espírito como tendo a função de trazer o reino de Deus às pessoas em atos de livramento: "Mas se é pelo Espírito de Deus que eu expulso demônios, então chegou a vocês o Reino de Deus" (12:28).

O ponto principal é justamente este: se admitirmos que o conceito de Lucas a respeito do batismo no Espírito Santo é pelo menos principalmente carismático, exigindo uma experiência de empoderamento profético e carismático entre os cristãos, como se apresentaria uma doutrina sistemática do Espírito Santo, tendo como base Paulo e outras vozes do Novo Testamento? Essa é uma pergunta que muitos que seguem as conclusões exegéticas de Stronstad e de Menzies ainda não se fizeram. É essa questão que estou levantando aqui e que agora passarei a responder.

Basta dizer, nesse contexto, que a metáfora do batismo no Espírito Santo pode descrever tanto a ação de Deus inaugurando seu reino como nosso testemunho empoderado desse reino no mundo. A experiência pentecostal do batismo no Espírito moldada pelo livro de Atos pode situar-se em uma estrutura mais ampla da graça santificadora de Deus e da inauguração do

---

[97] CHO, Youngmo. "Spirit and the kingdom in Luke-Acts: proclamation as the primary role of the Spirit in relation to the kingdom of God in Luke-Acts", *Asian Journal of Pentecostal Studies* 6:2 (jul. 2003), p. 197.

reino de Deus em poder, estrutura implícita em Lucas, mas que é exposta de forma clara em Mateus e Paulo (isso sem mencionar João). Esse esforço exige considerar uma ampla gama de textos bíblicos.

Essa tarefa é urgente, já que a compartimentalização do entendimento pentecostal do batismo no Espírito Santo como um empoderamento carismático posterior à conversão não conseguirá enriquecer nossa compreensão das funções soteriológicas do Espírito Santo e vice-versa. Por exemplo, por um lado, o empoderamento carismático e missionário do Espírito Santo concede à vida do reino vivida pela igreja uma orientação voltada para fora, para alcançar o "outro"? Por outro lado, sem a vida do reino do Espírito Santo, que "poder" é esse que inspira o envolvimento carismático ou profético dos cristãos — mera energia bruta? Uma doutrina sobre o batismo no Espírito Santo que integre as funções soteriológica e carismática aperfeiçoará ambas na teologia pentecostal.

Na análise seguinte, passo a perguntar o que é sugerido pelos temas que surgiram, nas últimas décadas, em relação aos estudos pentecostais acadêmicos, a saber: O que une a santificação, o empoderamento carismático e a inauguração do reino de Deus com o poder na vida da igreja e por toda a criação? Qual é o maior dom de todos, o dom que purifica, inspira os demais e faz alcançar o cumprimento do reino de Deus por meio da criação até que vejamos o Senhor "face a face" (1Coríntios 13:12)?

Paulo observa o seguinte a respeito do poder envolvido na missão e da fonte da salvação: "Pois o amor de Cristo nos constrange, porque estamos convencidos de que um morreu por todos; logo, todos morreram. E ele morreu por todos para que aqueles que vivem já não vivam mais para si mesmos, mas para aquele que por eles morreu e ressuscitou" (2Coríntios 5:14-15). Esse amor foi derramado sobre nós pelo Espírito de Deus (Romanos 5:5), o Espírito que procede do Pai e é mediado a nós pelo Cristo que foi crucificado e que ressuscitou. É esse dom supremo do Espírito como dom do amor de Deus que pode servir como ponto de integração definitivo. Nossa conclusão final será a de que o batismo no Espírito Santo nada mais é que o amor de Deus que santifica, renova e capacita até que por ele toda a criação seja transformada no lugar da habitação última de Deus. Nesse trajeto, os pentecostais terão razão ao chamar os cristãos para um batismo no Espírito Santo como uma nova experiência de poder para testemunhar com os sinais carismáticos que o acompanham.

CAPÍTULO **TRÊS**

O REINO E O PODER

Alargando as fronteiras do batismo no Espírito Santo

Para onde vamos a partir daqui? A centralidade do batismo no Espírito Santo no movimento carismático e no pentecostal contrasta bastante com a negligência dessa metáfora em outras tradições. E, se abordado em outro contexto que não o das igrejas Holiness, pentecostais e carismáticas, o tema tenderia a ser debatido dentro do significado do batismo cristão. Mesmo aí, não se achará uma explicação clara a respeito do batismo no Espírito Santo. É difícil explicar essa negligência diante do fato de que os quatro evangelhos apresentam o ministério do Messias com a metáfora do batismo no Espírito Santo de um modo que não somente prediz os efeitos do batismo cristão, mas também explica, de forma mais ampla, o que inaugurará o reino de Deus (por exemplo, Mateus 3:2-12; cf. Atos 1:2-8).

Além disso, o fato de o batismo no Espírito Santo consistir na ênfase teológica principal das igrejas pentecostais e carismáticas, um dos maiores movimentos cristãos do mundo, deve atrair alguma atenção ecumênica. Entretanto, não se tem dado muita atenção a esse assunto, em parte, sem dúvida, por causa da relativa falta de envolvimento pentecostal nos debates ecumênicos. Por exemplo, a análise extensa que Emmanuel Lanne faz a respeito do batismo de uma perspectiva ecumênica global, no *Dictionary of the ecumenical movement* [Dicionário do movimento ecumênico], dedica uma frase ao batismo no Espírito Santo, somente para descartá-lo com o comentário de que o destaque pentecostal sobre esse assunto "cria problemas para outras comunidades cristãs".[1] Esse comentário isolado fica sem explicação. Não existe mais nenhum verbete sobre o batismo no Espírito nesse dicionário. A forma acidental que a ênfase pentecostal sobre o batismo no Espírito Santo é proposta, se é que foi proposta, e então descartada, está longe de ser incomum nas discussões ecumênicas ou teológicas sobre pneumatologia, ou mesmo sobre batismo.[2]

Conforme já vimos, a separação do batismo no Espírito Santo do estudo sobre a iniciação cristã realmente é problemática. Mas é necessário ressaltar que igualmente problemática é a incapacidade de enxergar algum sentido no batismo no Espírito como uma categoria distinta e digna de reflexão teológica atenta. As monografias recentes sobre o assunto têm sido fortemente motivadas pelo desafio pentecostal. Todos nós devemos agradecer a estudiosos como Killian McDonnell, George Montague e James Dunn pelo serviço que nos prestaram ao refletir sobre o batismo no Espírito Santo dos pontos de vista das tradições sacramental e não sacramental. As respostas pentecostais de especialistas como Harold Hunter, Howard Ervin, Roger Stronstad e Robert Menzies contribuíram bastante para estimular a discussão teológica dessa importante metáfora bíblica. Mas e agora? Para onde vamos?

Começamos reconhecendo algumas questões fundamentais que fazem parte das abordagens dominantes da doutrina pentecostal do batismo no Espírito Santo de forma a sugerir um caminho para prosseguir. Desde o início quero expressar minha convicção de que as fronteiras dessa discussão precisam ser alargadas. O debate abrangente com os pentecostais sobre a questão do batismo no Espírito Santo se inclinou a destacar a discussão sobre a iniciação cristã. Embora essa ênfase tenha seu valor, especialmente para os pentecostais que, com base nele, pesaram sua compreensão do batismo no Espírito Santo, já perdeu sua utilidade.

Isso porque a ênfase na iniciação cristã tende a atrelar a discussão a um impasse maior entre eclesiologias rivais. As eclesiologias da Palavra tendem

---

[1] LANNE, Emmanuel. "Baptism", in: LOSSKY, Nicholas et al. (eds.). *Dictionary of the ecumenical movement* (Grand Rapids: Eerdmans, 1991), p. 79.
[2] Por exemplo, o ótimo livro de G. C. Berkouwer sobre os sacramentos dedica duas páginas ao batismo no Espírito Santo (*The sacraments* [Grand Rapids: Eerdmans, 1969], p. 95-6), mas ele restringe sua discussão à questão restrita da relação entre o batismo de João e o batismo cristão. O batismo no Espírito Santo não recebe nenhuma reflexão teológica específica em sua longa análise do batismo.

a interpretar o batismo no Espírito Santo quanto à adequação da Palavra de Deus e da fé para constituir a igreja e proporcionar a iniciação a todas as bênçãos espirituais em Cristo (Efésios 1:3). As eclesiologias sacramentais se inclinam a interpretar o batismo no Espírito Santo com relação à igreja como sacramento da graça e incorporação ao corpo de Cristo mediante os sacramentos de iniciação. Os pentecostais veem a igreja como a comunidade empoderada e carismática. Portanto, o batismo no Espírito Santo é tomado como a renovação pessoal necessária para resgatar a igreja para a rica e poderosa vida carismática claramente estampada no livro de Atos dos Apóstolos. Será que somos capazes de superar esse impasse?

Podemos romper as limitações dos debates anteriores se mudarmos o contexto da discussão para aquilo que envolve, e transcende, a igreja, que é a inauguração e a implementação do reino de Deus. Conforme teremos a oportunidade de observar, o batismo no Espírito Santo tem profundas implicações na constituição e na *koinonia* da igreja. Mas estou convencido de que nem mesmo o interesse eclesiológico, embora seja valioso para promover o batismo no Espírito Santo acima das fronteiras das experiências individuais de renovação, é adequado para desfazer o impasse atual dessa discussão ou captar essa metáfora com todos os significados que seu uso neotestamentário lhe dá. O amor de Deus que é derramado em nós no dom do Espírito Santo (Romanos 5:5) não pode restringir-se à *koinonia* da igreja. A importância que o pentecostalismo atribui à escatologia e ao alcance missionário da igreja também deve receber atenção.

A necessidade de tornar a discussão mais ampla para se ver o batismo no Espírito Santo à luz do reino de Deus também repercute na espiritualidade pessoal. Na esfera individual, o debate a respeito das eclesiologias rivais se reflete na natureza da iniciação cristã e se existe ou não uma experiência de batismo que deve ser vivida pelos fiéis e que lhes dá acesso ao ministério carismático evidente em Atos, mas que, em certa medida, encontra-se ausente em muitas igrejas. Existem carismáticos defendendo posições que buscam integrar o desejo pentecostal da experiência do batismo no Espírito com outra eclesiologia, seja da Palavra, seja sacramental. Muitos diferenciam entre o batismo no Espírito Santo *definido teologicamente* como iniciação cristã e o batismo no Espírito Santo como *experiência* de renovação aberta a todos os cristãos. Acredito que essa linha de pensamento vai na direção certa, mas cria uma dicotomia infeliz entre teologia e experiência. Quando o que se tem em vista é a realização do reino de Deus, e não o interesse restrito da iniciação cristã, a teologia pode integrar-se à experiência do batismo no Espírito Santo em um nível mais elevado, dentro de uma teologia do reino de Deus com dimensões tanto coletivas como experienciais. Essa opção deve ficar cada vez mais clara ao longo da discussão deste e dos dois capítulos seguintes.

Neste capítulo, estabeleceremos a base para ampliar as fronteiras do batismo no Espírito Santo em preparação aos capítulos seguintes, os quais analisarão o batismo no Espírito sob vários aspectos da doutrina (trinitário/soteriológico e eclesiológico) e sua essência como batismo no amor de Deus. Analisaremos, por enquanto, os principais entendimentos dessa metáfora, consistentes na regeneração, na iniciação sacramental e no empoderamento para testemunhar, somente para concluir com uma reflexão breve sobre o reino de Deus como meio para expandir nossa discussão sobre o batismo no Espírito Santo.

BATISMO NO ESPÍRITO SANTO E REGENERAÇÃO

Na base do batismo no Espírito Santo, encontra-se a proclamação da promessa da nova vida em Cristo: "Pois a promessa é para vocês, para os seus filhos e para todos os que estão longe, para todos quantos o Senhor, o nosso Deus, chamar" (Atos 2:39). Essa promessa foi pregada e recebida por meio do arrependimento e da fé. Ela chega até nós, portanto, como um evangelho daquilo que Deus fez por nós para nos dar nova vida em Cristo. Esse evangelho é a premissa de toda recepção e de toda experiência humana do dom do Espírito. Portanto, nas tradições evangélicas que foram influenciadas pela teologia reformada, o batismo no Espírito Santo foi definido de acordo com a pressuposta regeneração pela fé em Cristo, conforme é proclamada pelo evangelho.

O vínculo entre o batismo no Espírito Santo e o evangelho implica uma ênfase na ação divina nesse batismo e a confiança nas promessas de Deus como a resposta necessária. A influência da teologia reformada pode ser vista a partir dos destaques à pregação da Palavra de Deus, à soberania e à liberdade da ação divina ao conceder o Espírito Santo para aqueles que aceitam Cristo, e a suficiência de Cristo para a vida espiritual quando ele é recebido pela fé. Dentro desse interesse evangélico, falar de um "meio de graça" sacramental como eficaz para se batizarem os crentes no Espírito Santo pode levar à suspeita de que a graça de Deus, de algum modo, possa ser colocada à disposição da igreja como uma capacidade inerente das formas sacramentais. O batismo nas águas, portanto, tenderá a ser visto como a resposta ou o testemunho humano do que Deus fez no batismo no Espírito Santo. Além disso, falar de uma "segunda bênção" pentecostal distinta da regeneração parece questionar a suficiência de Cristo para a salvação.

É óbvio que a teologia reformada é mais complexa do que a descrição que acabamos de apresentar sobre o batismo no Espírito Santo. Conforme observaremos em um capítulo posterior, João Calvino não hesitou em falar dos sacramentos como eficazes ou como *instrumentum* da graça. A visão do batismo no Espírito Santo como apresentamos acima é aquela que, em geral, muitos que pertencem às tradições "evangélicas" ou às "igrejas livres" adotam. Ainda assim, vários teólogos batistas também se movimentaram na direção de um entendimento sacramental do batismo como de algum modo instrumental, para que Deus implemente um relacionamento com Cristo por meio do Espírito Santo.[3] Mais recentemente, até mesmo o conceito de um símbolo sacramental tende a remeter à capacidade do símbolo de trazer à realidade aquilo para o qual ele aponta.[4]

Em relação ao desafio pentecostal, existem também teólogos reformados, como Karl Barth e Hendrikus Berkhof, que deram destaque à dimensão vocacional da fé para além das implicações da justificação ou até mesmo da santificação da forma que são tradicionalmente definidas. Nas questões do sacramento e do empoderamento, a tendência, entre os gigantes teológicos da Reforma, tem sido dar primazia à Palavra de Deus e à nossa fé no evangelho para suscitar o batismo no Espírito Santo e para entendermos batismo nas águas como "sinal e selo" da salvação. Portanto, a distinção do batismo no Espírito como o ato divino de nos incorporar a Cristo de graça, pela nossa fé no evangelho, exibe todas as marcas de uma influência teológica reformada.

Em resumo, o batismo no Espírito Santo, da perspectiva que acabamos de apresentar, equivale, essencialmente, à possibilidade de "arrependimento para a vida" (Atos 11:18). Trata-se de um ato de Deus pelo qual a identidade cristã é estabelecida pela graça e pelo dom do Espírito no contexto da fé em Cristo. Nessa doutrina, fica implícito o fato de que a fidelidade a Cristo

---

[3] Veja WAINWRIGHT, Geoffrey. *Christian initiation* (Richmond: John Knox, 1969), p. 50 em diante.
[4] Veja RAHNER, Karl. "Theology of the symbol", *Theological investigations*, v. 4, *More recent writings*, trad. para o inglês de Kevin Smyth (New York: Crossroad, 1982), p. 221-52.

se constitui em um milagre que tem como base o poder da Palavra de Deus como rio de nova vida, uma vida que é de graça, mas que também é cara em relação à jornada que ela exige daqueles que são levados por sua corrente.

Por exemplo, Karl Barth via o batismo no Espírito Santo como uma alteração fundamental na lealdade da pessoa, da escuridão para a luz. Ele o chamava de libertação e mudança radical na pessoa, uma passagem da morte para a vida.[5] Por causa de sua natureza milagrosa, o batismo no Espírito Santo significava, para Barth, ênfase na divina possibilidade da fidelidade a Deus em favor da criatura. Não se trata, acima de tudo, de uma melhoria de nossas possibilidades morais ou religiosas ou algo que possamos fazer com a ajuda da graça divina. Embora envolva a fé em Cristo, o batismo no Espírito Santo consiste em um ato divino antes mesmo de envolver a resposta de fé que o torna possível.[6] Por isso, não podemos começar a entender esse batismo se não chegarmos diante dele com um "assombro por nossa incapacidade".[7]

Barth sabia que destacar a natureza milagrosa do batismo no Espírito Santo levantaria questionamentos sobre a possibilidade da liberdade humana e da cooperação com Deus no contexto do ato soberano da redenção divina. Ele não queria abordar essas questões de maneira abstrata. Por isso, a possibilidade divina da fidelidade humana implícita no batismo do Espírito passou a ser, para ele, a possibilidade cristológica.[8] Essa possibilidade cristológica para nossa fidelidade a Deus fundamenta a discussão teológica sobre a ação divina concreta e específica na história, e não sobre prolegômenos teológicos abstratos.

Portanto, a questão principal que faz parte do batismo no Espírito Santo é, afinal, determinar de que forma a história da fidelidade divina e humana que teve lugar na vida, morte e ressurreição de Jesus se relaciona com a nossa vida. Como a história de Jesus passa a ser a nossa história? Curiosamente, Barth (à maneira de Oscar Cullman) veio a enxergar toda a história da vida de Jesus como um "batismo" geral, da morte para a vida, em favor da humanidade como um todo.[9] Portanto, a forma pela qual a

---

[5] BARTH, Karl. *Church dogmatics*, v. 4, parte 4, trad. para o inglês de G. W. Bromiley e T. F. Torrance (Edinburgh: T&T Clark, 1969), p. 6-9.
[6] Ibid, p. 3.
[7] Ibid.
[8] Ibid., p. 11-3.
[9] Ibid., p. 23.

soberania divina e a liberdade humana se relacionam é dramatizada, para nós, na história de Jesus e implementada, em nós, pelo Espírito Santo. Barth procurou evitar um "cristomonismo", que define a antropologia e outros *loci* teológicos somente de acordo com a cristologia, ou mesmo um "antropomonismo", que define a cristologia de acordo com a realização de um ideal abstrato e antropológico. A cristologia é fundamentalmente determinante para a liberdade humana com relação a Deus, mas a liberdade humana ainda traz consigo tudo o que é distintamente humano na vida de uma pessoa em particular.[10]

Como um teólogo reformado (e sob a influência do livro sobre o batismo escrito por seu filho Markus), Barth defendeu a liberdade e a soberania do Espírito no batismo no Espírito. Esse não é formalizado no batismo nas águas nem mediado pela igreja. A igreja não é "nem autora, nem fornecedora, nem mediadora da graça e da sua revelação".[11] No máximo, pode "participar como assistente e ministra" na "autenticação e na transmissão do próprio Jesus Cristo" no evangelho.[12] Mas a concessão do batismo no Espírito Santo, mediante a aceitação individual do evangelho pela fé, exige o batismo nas águas como a resposta adequada e obediente à autodoação graciosa de Deus. Assim, o batismo nas águas também dá testemunho da graça de Deus, concedida fundamentalmente pela proclamação da Palavra. O batismo no Espírito Santo consiste no ato livre de Deus mediado somente por Deus naquela Palavra da qual os sacramentos recebem seu poder e significado.

De acordo com uma análise amplamente discutida, de uma perspectiva semelhante de James Dunn, o batismo no Espírito Santo nada mais é que a concessão do Espírito Santo que opera como o ato decisivo de Deus de estabelecer a identidade cristã. Em seu clássico *Baptism in the Holy Spirit* [Batismo no Espírito Santo], Dunn se concentra mais na esfera pneumatológica da identidade cristã do que na possibilidade cristológica de nossa fidelidade a Deus.[13] O Espírito Santo se constitui no centro nevrálgico da vida cristã que marca a pessoa essencialmente como cristã. Dunn lida com a base cristológica da experiência pneumatológica em outra obra, que é seu

---

[10] Ibid., p. 19-20.
[11] Ibid., p. 32.
[12] Ibid.
[13] Dunn, James D. G. *The baptism in the Holy Spirit: a re-examination of the New Testament teaching on the gift of the Spirit in relation to Pentecostalism today* (London: SCM, 1970).

livro muito importante *Jesus and the Spirit* [Jesus e o Espírito Santo], especialmente com relação à filiação de Jesus e ao seu ministério carismático.[14]

No entanto, com a ênfase em seu livro sobre o batismo no Espírito posta na esfera pneumatológica da identidade cristã, Dunn integra, de forma mais rica do que Barth, o batismo no Espírito Santo nas experiências cristãs e concessões do Espírito. Barth não exclui essa consequência do batismo no Espírito Santo, observando de forma bem ampla que ele está vinculado à fidelidade em "pensamento, fala e ação com responsabilidade diante de Deus, em uma esperança viva nele, no serviço ao mundo, na confissão livre e na oração incessante".[15] Mas a ênfase de Barth, ao analisar o batismo no Espírito Santo, reside na possibilidade divina em Cristo para tais consequências, e não naquilo que pode ser compreendido pela experiência humana.

Por outro lado, Dunn enfatiza de modo importante a esfera do Espírito Santo como o lócus da identidade cristã e não hesita em observar que o dom do Espírito é sobremaneira experiencial no Novo Testamento. Ele sugere que, no Novo Testamento, "a recepção do Espírito Santo se constituía em uma *experiência* bem definida e geralmente dramática".[16] Dunn não desenvolve essa ideia somente com base nos textos de Lucas, mas em outros autores também, inclusive Paulo. A conclusão de Dunn, de que o batismo no Espírito Santo envolve uma experiência, equivale a uma virada importante na direção de um entendimento tipicamente pentecostal do batismo no Espírito Santo (conforme teremos a chance de explicar mais adiante).

Embora tenha sido um crítico da teologia pentecostal, Dunn dá algum crédito a ela, destacando que o batismo no Espírito tem pelo menos consequências experienciais e carismáticas para a vida cristã, e criticando as igrejas tradicionais por reduzirem a discussão sobre a experiência cristã a categorias sacramentais ou psicológicas.[17] A crítica que Dunn faz à teologia pentecostal reside em sua convicção de que o Espírito Santo é concedido em conexão com o arrependimento e a fé no evangelho. O batismo nas águas apresenta relação indireta com o batismo no Espírito Santo, no sentido de funcionar como cumprimento do ato individual de arrependimento e fé. Existem estudiosos pentecostais, como Gordon Fee, que adotaram a

---

[14] DUNN, James D. G. *Jesus and the Spirit: a study of the religious and charismatic experience of Jesus and the first Christians as reflected in the New Testament* (Philadelphia: Westminster, 1975).
[15] BARTH, Karl. *Church dogmatics*, vol. 4, p. x.
[16] DUNN, James D. G. *The baptism in the Holy Spirit*, p. 105, 113.
[17] Ibid., p. 225.

visão de Dunn sobre o batismo no Espírito Santo e, do mesmo modo que Dunn, encontram valor na experiência carismática do Espírito Santo cultivada pela herança pentecostal.[18]

Não há muita dúvida de que a ênfase desse entendimento geral do batismo no Espírito Santo está na fé em Cristo como o momento em que a pessoa recebe o Espírito Santo. De que outro modo se explicam os esforços extenuantes de Dunn para demonstrar que a fé dos samaritanos não era completa no capítulo 8 de Atos antes de eles terem recebido o Espírito? É improvável que Lucas tenha feito essa narrativa para destacar tal questão. Mas a ideia principal de Dunn quanto a Atos 8 é que, para Lucas, a concessão do Espírito Santo é mais decisiva para a identidade cristã. Nem a fé nem o batismo são adequados sem o principal sinal da identidade cristã: a presença do Espírito Santo.[19]

Dunn fala acertadamente sobre esse aspecto da teologia lucana. Entretanto, não é o ponto defendido por Lucas que a identidade cristã encontra sentido e se cumpre no Espírito Santo, que vem com poder para renovar o povo de Deus de forma carismática e impulsioná-lo para o mundo? Não há dúvida de que Lucas associa, de modo indissociável, o batismo no Espírito Santo ao arrependimento e à fé. Separar o batismo no Espírito deles acarretaria cortá-lo do ministério de João Batista, algo que Lucas tem o cuidado de evitar, apesar de sua ênfase na obra de Cristo como seu cumprimento (Atos 1:5). Assim, o batismo no Espírito Santo consiste em "arrependimento para a vida" (11:18). Mas, para Lucas, esse batismo também envolve os cristãos em um chamado profético e em um empoderamento para servir. De que outra maneira é possível explicar os vigorosos esforços de Lucas para demonstrar que a concessão do Espírito Santo era um acontecimento público manifesto em sinais de inspiração profética e de poder?

Portanto, o que precisa ser explicado a respeito das perspectivas de Dunn e Barth é em que sentido faz parte do batismo no Espírito Santo nosso empoderamento para o serviço capacitado no mundo. Hendrikus Berkhof observou corretamente que a soteriologia geral de Barth destaca o lado vocacional da vida cristã, porque a fé, para Barth, nada mais é que o primeiro passo da obediência cristã. Esse entendimento sobre a fé explica

---

[18] Veja FEE, Gordon. "Hermeneutics and historical precedent – a major problem in Pentecostal hermeneutics", in: SPITTLER, Russell P. (ed.). *Perspectives on the new Pentecostalism* (Grand Rapids: Baker, 1976), p. 119-32.

[19] DUNN, James D. G. *The baptism in the Holy Spirit*, p. 67.

o motivo pelo qual Barth não consegue separar a dogmática do testemunho ou da ética. Berkhof também observa que os pentecostais se esforçaram muito para destacar a dimensão vocacional da fé mediante sua doutrina do batismo no Espírito Santo. No entanto, ele rejeita a separação típica que os pentecostais fazem entre a esfera vocacional e os outros elementos da vida da fé, e deseja definir o batismo no Espírito Santo como algo que engloba justificação, santificação e vocação.[20]

É importante observar que, embora a *soteriologia* de Barth reserve um lugar importante para a vocação, sua análise do *batismo no Espírito Santo* não destaca a dimensão vocacional, apesar de isso fazer parte, como ele mesmo reconheceu, das amplas consequências de sua doutrina para a vida em geral. Barth observa que esse fator vocacional se constitui em um destaque da maior parte dos textos do Novo Testamento que falam sobre o batismo no Espírito, mas, em vez disso, ele escolhe concentrar seu ensaio a respeito da doutrina naquilo que ele define como "premissa" da preparação para o ministério no dom da nova existência em Cristo.[21]

A clássica análise de Dunn sobre o batismo no Espírito Santo se concentra na mesma premissa divina destacada por Barth, mas com uma ênfase bem maior na esfera pneumatológica da identidade cristã. Embora a premissa da capacitação vocacional e da concessão no ato divino de estabelecer nossa nova existência em Cristo seja importante para a doutrina do batismo no Espírito Santo (até mesmo para Lucas), será que o que procede dessa premissa deve receber pelo menos igual atenção em nosso entendimento da metáfora se quisermos ser fiéis ao Novo Testamento? Afinal de contas, Lucas destaca claramente o poder para o testemunho inspirado em sua teologia narrativa do batismo no Espírito Santo (por exemplo, Atos 1:8). Será que podemos analisar essa doutrina sem fazer dela algo profundamente experiencial e prático em relação à vida cristã?

Curiosamente, podemos observar um conflito, na análise de Dunn sobre o batismo no Espírito Santo, entre a premissa de que o batismo no Espírito Santo normalmente estabelece a identidade cristã no momento da fé e a de que o dom do Espírito Santo também era algo normalmente *experimentado* no Novo Testamento. Esse conflito se deve ao fato de que Dunn limita o

---

[20] BERKHOF, Hendrikus. *Doctrine of the Holy Spirit* (Louisville: Westminster John Knox, 1976), p. 46-56.
[21] BARTH, Karl. *Church dogmatics*, v. 4, parte 4, p. 31.

batismo no Espírito Santo à noção da iniciação cristã à vida do Espírito, não reconhecendo o cumprimento escatológico mais amplo da metáfora em Atos e em outras passagens do Novo Testamento. A iniciação à vida no Espírito não depende da experiência humana, mas a experiência do reino de Deus com poder certamente faz parte do batismo no Espírito Santo como um dom escatológico que diz respeito à participação sempre renovada na vida e na missão de Deus. Esse reconhecimento teria ajudado Dunn a ver de que forma o batismo no Espírito pode ser recebido somente pela fé e ainda ser experimentado de modo pleno para o cumprimento do sentido da metáfora na vida da igreja. O batismo no Espírito Santo implica uma iniciação à vida do Espírito e a incorporação ao corpo de Deus pela fé em Cristo, mas também consiste, em seu cumprimento escatológico mais amplo, em uma experiência de poder entre outras coisas que devem ser buscadas e desfrutadas em meio ao povo de Deus.

O que também carece de explicação nos entendimentos de Barth e Dunn a respeito do batismo no Espírito Santo é como a participação nos sacramentos faz parte dele. O batismo nas águas se limita a ter uma conexão *indireta* com o batismo no Espírito Santo mediante a função daquele em consolidar o arrependimento e a fé em Cristo? O batismo nas águas tem importância sacramental, como ato divino, além de sua importância humana? Encontra-se uma resposta afirmativa por indicação da complexidade teológica dos sacramentos na teologia reformada, especialmente no contexto da rica discussão que Calvino desenvolve a esse respeito. Em Romanos 6:4, lemos que fomos "sepultados com ele na morte *por meio do batismo*". Dunn admite que esse texto, à primeira vista, parece conceder ao batismo nas águas a função de *efetivar* o estabelecimento de nossa identificação com Cristo. Mas, "com algumas reservas", Dunn foi influenciado pelo que Paulo disse em outras passagens sobre a questão de considerar essa expressão, "por meio do batismo", de Romanos 6:4, uma referência à submissão do crente, pela fé e pelo arrependimento, "à ação de Deus" no batismo no Espírito Santo.[22]

A reserva de Dunn em situar o batismo nas águas somente do lado do arrependimento e da fé é justificada. Vemos a identificação do batismo nas águas em Romanos 6:3 e Colossenses 2:12 com ser "sepultado" e "ressuscitado" com Cristo *por Deus*. Pelo batismo, somos "sepultados", "ressuscitados"

---

[22] DUNN, James D. G. *The baptism in the Holy Spirit*, p. 145.

e "vestidos". Esses termos se encontram na voz passiva, dando a entender uma ação divina. Os textos batismais no Novo Testamento dão a entender que o batismo nas águas participa, de algum modo, da ação divina do batismo no Espírito Santo, e não somente da fé e do arrependimento humanos pelos quais se recebe o batismo no Espírito Santo como um evento transformador.

Portanto, encarar o batismo nas águas como "símbolo" da ação divina está muito aquém das riquezas da teologia reformada se for adotado um entendimento simplista de "símbolo", que negue sua participação no poder salvador de Cristo mediante a Palavra. Uma metafísica da participação na ação de Deus pela graça divina pode ser trazida aos sacramentos, cuja função simbólica é compreendida no sentido complexo de permitir o ato divino de trazer a realidade significada para a vida de quem os recebe. Do mesmo modo que um abraço transmite o amor por ele simbolizado para a experiência de quem o recebe, o batismo e a Eucaristia trazem o abraço divino para a vida dos cristãos que se acham presentes para recebê-los. Pode-se dizer o mesmo em relação ao batismo no Espírito Santo e ao batismo nas águas.

Os pentecostais estão começando a reconsiderar a importância do batismo nas águas para a iniciação cristã e para o dom do Espírito. No Relatório Final do Diálogo Internacional entre Católicos e Pentecostais, os pentecostais observaram:

> Todos os pentecostais consideram o batismo parte da experiência completa de se tornarem cristãos [...] Os pentecostais de fato sentem a necessidade de investigar de forma mais profunda a relação entre o batismo e a salvação com base em passagens específicas que parecem traçar um vínculo entre ambos (p. ex., João 3:5; Marcos 16:16; Atos 22:16; 1Pedro 3:21). (#50-51).

No entanto, essa declaração é seguida por outra que afirma que a maioria dos pentecostais considera o batismo mais um testemunho de identificação pessoal com Cristo do que o ato decisivo dessa identificação (#52). Posteriormente, outra declaração assinala: "Os pentecostais não encaram a unidade dos cristãos com base em um mesmo batismo nas águas, principalmente porque eles acreditam que o Novo Testamento não a baseia no batismo. Em vez disso, a base da unidade consiste em uma mesma fé e em uma mesma experiência de Jesus Cristo como Senhor e Salvador mediante o Espírito Santo" (#55). [23]

A base de tudo isso é que o batismo nas águas e o batismo no Espírito Santo parecem manter um vínculo mais profundo do que Barth e Dunn admitem. Em outras palavras, o Novo Testamento dá a entender que o batismo nas águas é elevado por Deus, de modo que participa da ação divina que nos une a Cristo como um corpo. O valor dos entendimentos de Barth e de Dunn a respeito do batismo no Espírito Santo é que eles corrigem qualquer pressuposto de que a graça de Deus esteja à disposição da igreja em sua vida sacramental ou que a fé pessoal não seja essencial para sua eficácia. A ação divina nunca deve ser ignorada em nenhuma de nossas ações, mesmo como igreja de Jesus Cristo. Entretanto, existe ainda a promessa concedida pela Palavra de Deus e implícita no evangelho de que as ações sacramentais recebidas pela fé participam da concessão da graça de Deus. Agora falaremos do batismo nas águas.

BATISMO NO ESPÍRITO SANTO E BATISMO NAS ÁGUAS

O Espírito Santo não somente nos une a Cristo mediante a proclamação do evangelho, mas também nos une por meio dos "sinais que se seguirão". Esses sinais equivalem principalmente aos sacramentos como o meio universalmente válido e instituído por Cristo pelo qual ele se faz presente na igreja. "Arrependam-se, e cada um de vocês seja batizado em nome de Jesus Cristo, para perdão dos seus pecados, e receberão o dom do Espírito Santo" (Atos 2:38). Aqueles que pertencem a tradições sacramentais, como Killian McDonnell e George Montague, buscaram entender o batismo no Espírito Santo como algo universalmente vivido entre os cristãos por meio do batismo nas águas (essencialmente), mas também, de forma mais ampla, para muitos, pelos ritos sacramentais de iniciação (batismo/confirmação e Eucaristia).[24]

A longa separação no Ocidente entre o batismo da criança e a confirmação criou uma controvérsia sobre quando o Espírito Santo é concedido:

---

[23] *Perspectives on koinonia: report from the third quinquennium of the dialogue between the Pontifical Council for promoting Christian unity and some classical Pentecostal churches and leaders 1985-1989*. Disponível em http://www.prounione.urbe.it/dia-int/pe-rc/doc/i_pe-rc_pent03.html.

[24] McDonnell Killian; Montague, George T. *Christian initiation and baptism in the Holy Spirit: evidence from the first eight centuries* (Collegeville: Liturgical, 1991). [No Brasil: *Iniciação cristã e batismo no Espírito Santo* (São Paulo: Louva a Deus, 1995)].

no batismo, na confirmação ou em meio ao conjunto de sacramentos de iniciação? Curiosamente, alguns teólogos sacramentais do Ocidente indicaram textos como o capítulo 8 de Atos para justificar uma diferenciação entre a iniciação batismal e a recepção do Espírito Santo (entendido normalmente como o protótipo da confirmação).[25]

Há uma óbvia semelhança entre essa interpretação e a exegese pentecostal de Atos 8, que diferencia a fé em Cristo da recepção do Espírito carismático. Essas duas visões separam a iniciação batismal da recepção do Espírito carismático para a vocação cristã. Apesar dessa semelhança, o dom do Espírito é vinculado à iniciação sacramental na tradição católica, enquanto a maioria dos pentecostais (os pentecostais unicistas são a exceção que se destaca) veria o batismo no Espírito Santo como posterior à iniciação. Os pentecostais também considerariam a iniciação sacramental entre crianças insuficiente em relação à necessidade de levar os mais jovens a uma experiência de novo nascimento e a uma experiência consciente de empoderamento para o testemunho de vida.

Esse problema é especialmente grave nos países em que boa parte da população pode ter sido batizada na infância, mas se manteve ausente da vida da igreja ou da fé ativa em Cristo. A mensagem pentecostal da regeneração pessoal e do empoderamento para o testemunho profético é extremamente necessária nesses contextos e não deve ser rejeitada. Mesmo assim, os pentecostais devem ter consciência do fato de que aqueles que foram batizados quando bebês, mas não estão ativos na igreja, já foram reivindicados por Deus no seio da igreja histórica. O evangelismo não deve ser realizado sem que se reconheça esse fato.

O desafio apresentado pela visão sacramental do batismo no Espírito Santo se baseia na observação de que o momento em que Jesus recebeu o Espírito Santo, em seu batismo, foi paradigmático com relação ao vínculo entre o batismo e a recepção do Espírito pelos cristãos (Atos 2:38; 19:5-6; 1Coríntios 12:13, entendido literalmente como o batismo nas águas). De modo incidental, o reconhecimento da natureza paradigmática do batismo de Cristo para entender o batismo cristão nas águas tem ampla importância ecumênica para a apreciação mais sacramental do batismo nas águas, inclusive de alguns teólogos de destaque da "igreja livre".[26]

---

[25] Veja WAINRIGHT, Geoffrey. *Christian initiation*, p. 34-5.
[26] Ibid., p. 50-1.

Existe "um só batismo" nas águas e no Espírito (Efésios 4:5). Conforme já observamos, fomos sepultados e ressuscitados com Cristo "por meio do batismo", o que remete a uma relação estreita entre o batismo nas águas e o batismo no Espírito Santo (Romanos 6:4; Colossenses 2:12).

Curiosamente, do mesmo modo que Dunn, McDonnell e Montague validam o movimento pentecostal levando em consideração o batismo no Espírito Santo da forma que é vinculado à experiência carismática no Novo Testamento e nos escritos dos pais da igreja. De acordo com o pensamento de McDonnell e Montague, a graça sacramental concedida na iniciação cristã acabará gerando (seja no momento de iniciação, seja posteriormente) experiências de poder carismático. Embora os pentecostais, em sua visão, tenham uma *teologia* falha sobre o batismo no Espírito Santo, por, equivocadamente, separá-lo da iniciação sacramental, fazem um chamado válido para a experiência do batismo no Espírito Santo por toda a vida.[27] Essa visão da teologia pentecostal se tornou popular entre os carismáticos, nas igrejas tradicionais, que prefeririam falar sobre o batismo no Espírito Santo como uma "liberação do Espírito Santo" na vida cristã.

Existem pentecostais, como Simon Chan, que se sentem atraídos pela doutrina do batismo no Espírito concedido de forma sacramental, mas liberado em experiências posteriores.[28] Outros pentecostais temem que essa visão do Espírito Santo concedido na iniciação cristã, mas liberado em experiências por toda a vida, exclua a necessidade de se buscar uma recepção definida do Espírito Santo para um testemunho empoderado. O teólogo católico Francis Sullivan apoia essa preocupação e citou Tomás de Aquino de forma convincente a favor de uma nova concessão do Espírito Santo que é posterior à iniciação sacramental e que não deve ser vista simplesmente como fruto da graça sacramental. Os pentecostais e os carismáticos que desejam ver o batismo no Espírito Santo verdadeiramente como um novo começo na vida cristã consideram os argumentos de Sullivan atraentes. Entretanto, de modo diferente da visão pentecostal do batismo no Espírito Santo como um acontecimento único depois da conversão a Cristo, Sullivan vê todo avanço ou renovação no Espírito como um novo batismo no Espírito Santo.[29]

---

[27] McDonnell Killian; Montague, George T. *Christian initiation and baptism in the Holy Spirit*, p. 376 *et seq.*

[28] Chan, Simon "Evidential glossolalia and the doctrine of subsequence", *Asian Journal of Pentecostal Studies* 2 (1999), p. 195-211.

[29] Sullivan, Francis A. *Charisms and charismatic renewal: a biblical and theological study* (Ann Arbor: Servant, 1982).

Essa comparação entre a posição de McDonnell e a de Sullivan traz a tentação de se buscar uma posição integrada que adote ambos os lados de como se entender a recepção constante do Espírito Santo durante a vida. Será que a graça pode surgir *tanto* do que é concedido na iniciação cristã *como* em um confronto posterior com algo verdadeiramente novo? Nesse contexto, acaso não estamos falando de duas faces da mesma moeda, já que o que é concedido na iniciação equivale a um relacionamento vivo com Deus, e não a um depósito "material" de graça que pode romper por toda a vida? Será que não estamos falando do dom do Espírito vivo e escatológico, que constantemente nos chama para novas fronteiras de renovação espiritual? O Espírito que habita em nós ainda não nos vem de um modo exclusivo, já que o novo nascimento em Cristo é inédito e continua a ser assim? Acredito que as coisas sejam dessa forma. No contexto de uma eclesiologia sacramental, o teólogo pentecostal Simon Chan se refere à invocação do Espírito Santo na Eucaristia como um modo de vincular a nova recepção do Espírito que flui naquele instante ao batismo como rito de iniciação.[30]

A posição de Chan pode ser útil para os pentecostais como um meio de descobrir a importância da vida sacramental da igreja para nossa vida no Espírito. Mesmo sem negar a importância dos sacramentos na experiência cristã do Espírito, existem teólogos carismáticos que prefeririam definir teologicamente o batismo no Espírito como um dom da graça recebido como uma experiência imediata. Morton Kelsey observou, por exemplo, que a glossolalia remete a uma realidade praticamente perdida para a teologia moderna: a de que é possível ter contato direto com o Espírito de Deus de um modo que penetre profundamente a essência do indivíduo.[31] Porém, conforme observou Donald Gelpi, essas experiências também são eclesiais e sacramentais. Como ele afirmou, "o cristão não encontra Deus simplesmente se isolando na sua própria psique, mas reconhecendo a presença salvadora de Deus na comunidade cristã histórica da qual ele faz parte".[32]

Além disso, o batismo e a Eucaristia nos lembram de que a redenção pessoal está relacionada com a renovação da criação, porque a criação aguarda a ressurreição dos filhos de Deus como as primícias de sua própria

---

[30] CHAN, Simon. "Evidential glossolalia and the doctrine of subsequence", p. 211.
[31] KELSEY, Morton. *Tongue speaking: the history and meaning of charismatic experience* (New York: Crossroad, 1981).
[32] GELPI, Donald L. *Pentecostalism: a theological viewpoint* (New York: Paulist, 1971), p. 145.

renovação (Romanos 8:19-21). Explicaremos esse conjunto de questões durante e após a nossa discussão sobre o entendimento pentecostal do batismo no Espírito Santo.

BATISMO NO ESPÍRITO SANTO E EMPODERAMENTO

O batismo no Espírito Santo não apenas assume uma promessa divina de nova vida pela fé em Cristo, com sinais sacramentais que o acompanham, mas também consiste em uma promessa de poder para testemunhar com sinais carismáticos: "Mas receberão poder quando o Espírito Santo descer sobre vocês, e serão minhas testemunhas" (Atos 1:8). "Todos ficaram cheios do Espírito Santo e começaram a falar noutras línguas, conforme o Espírito os capacitava" (2:4). Não há dúvida de que o testemunho de Atos não fala apenas sobre como o Espírito Santo leva alguém à fé em Cristo ou sela esse compromisso com o batismo. Há mais que um mistério oculto a ser afirmado pela fé que opera nessa narrativa: é o cumprimento da fé por meio do testemunho inspirado e da confirmação da fé com sinais da nova criação em Cristo.

A narrativa de Atos apresenta as comunidades cristãs envolvidas, em momentos decisivos, na presença poderosa do Espírito Santo, de um modo que as impulsiona ao louvor impactante; ao testemunho inspirado, acompanhado de sinais e maravilhas; e a corajosos atos de reconciliação. A presença do Espírito Santo não era assumida por causa da afirmação da mensagem do evangelho ou da prática de algum rito sacramental. A igreja sabia muito bem quando o Espírito Santo a visitava, porque se tratava de uma realidade que se fazia sentir, produzindo resultados tangíveis. Os acontecimentos provocados pelo Espírito Santo levavam até mesmo os incrédulos presentes a se perguntar, espantados: "Que significa isto?" (Atos 2:12). Do modo que é retratado por Lucas, o batismo no Espírito Santo equivale ao Espírito de *testemunho*.

Concordo com Stronstad e Menzies, no sentido de que o Espírito Santo em Atos é o *Charismageist* ("o Espírito carismático"), que inspira tanto a proclamação ousada como outros sinais da presença do ministério carismático e profético de Jesus na igreja. Para Lucas, a história da inauguração do reino de Deus por Jesus trata, tipicamente, de "como Deus ungiu a Jesus de Nazaré com o Espírito Santo e poder, e como ele andou por toda parte fazendo o bem e curando todos os oprimidos pelo diabo, porque Deus estava com ele" (Atos 10:38). Lucas destaca a presença poderosa de Deus com Jesus em sua missão por estar convencido de que Deus se encontra presente na igreja de Jesus Cristo da mesma forma. Ao resumir a mensagem de Pedro aos gentios, Lucas destaca a unção de Jesus "com o Espírito Santo e poder" para curar os doentes e libertar, de várias formas, os oprimidos pelo diabo, porque vê o Pentecoste como o empoderamento do povo de Deus para um ministério análogo. Os pentecostais têm certeza de que acontece o mesmo nos dias de hoje.

Os pentecostais fazem bem em destacar a capacitação para o testemunho profético em seu entendimento do batismo no Espírito Santo. Eles não se concentram na conversão inicial a Cristo, mas em se tornar igreja para o mundo. O ativista social pietista do século 19 Christoph Blumhardt escreveu que a pessoa deve converter-se duas vezes: a primeira, do mundo para Deus; a segunda, de Deus para o mundo. Os pentecostais veem o batismo no Espírito Santo como um chamado profético que nos aproxima do coração de Deus em louvor e empatia profética pelo mundo, mas enfatizando a "segunda conversão" pelo empoderamento para o testemunho no mundo.[33] Isso nos faz lembrar da inalação divina, aquela a que Moltmann se referiu, como o que une as pessoas em comunhão e louvor, e a exalação do Espírito como o que leva alguém ao mundo de forma vocacional e carismática.[34] A ênfase nos dons espirituais ressalta a liberdade do Espírito de forma escatológica, orientando o povo de Deus para um testemunho mais amplo. Conforme observa Moltmann, por meio dos seus dons, o Espírito Santo exerce a liberdade escatológica para expandir, diversificar e proliferar as várias expressões da graça divina no mundo.[35]

Nem todos os pentecostais concordam sobre como relacionar a primeira e a segunda "conversão". A tendência mais antiga era ver o batismo no Espírito Santo como uma recepção separada do Espírito Santo que funcionava como rito de passagem para a plenitude espiritual e para os dons espirituais. Considero que é uma tendência mais útil aquela que existe agora entre muitos pentecostais de destacar o dom do Espírito que é concedido na

---

[33] Citado por J. Harder na introdução de BLUMHARDT, Christoph. *Ansprachen, Andachten, und Schrifter*, hrsg. J. Harder (Neukirchen: Neukirchen-Vluyn, 1978), 1:12.
[34] MOLTMANN, Jürgen. *The Spirit of life: a universal affirmation* (Minneapolis: Augsburg Fortress, 2001), p. 45. [No Brasil: *O Espírito da vida: uma pneumatologia integral* (Petrópolis: Vozes, 2010)].
[35] Ibid.

regeneração e ver a experiência pentecostal do batismo no Espírito Santo como uma "liberação" para sua vida do Espírito Santo que já habita em seu interior. Debaixo da influência do movimento carismático, a linguagem da plenitude tende a ser substituída pela "liberação do Espírito" como uma "melhoria" ou uma "renovação" da vida carismática da pessoa.[36] De forma reveladora, Anthony Palma observa o seguinte:

> O Espírito Santo opera no interior de uma pessoa que se arrepende e crê para realizar o novo nascimento. Ele não se afasta posteriormente do crente para voltar em outro momento de renovação. Alguns se confundem por conta das imagens que o Novo Testamento usa, tais como: "batizados em", "derramado", "cair sobre alguém, "vir sobre alguém". Mas tudo isso não passa de figura de linguagem concreta para retratar uma experiência impactante do Espírito que já nos habita. Por isso alguns chamam isso de "liberação" do Espírito que já habita na pessoa.[37]

Com isso, fica subentendido que todos os cristãos são carismáticos.[38] Os cristãos, em qualquer nível de maturidade espiritual, têm seus ministérios aperfeiçoados com um poder e uma eficácia maiores por meio da experiência de batismo no Espírito Santo.

Os pentecostais, no entanto, ainda querem preservar a necessidade dos cristãos de buscar uma obra definida do Espírito Santo em suas vidas, a qual lhes dará experiências comparáveis àquelas descritas no livro de Atos. Eles sentem que, sem um "batismo no Espírito Santo" a ser buscado, a experiência lucana do testemunho empoderado, acompanhado pela multiplicação de dons espirituais extraordinários, poderia ser sensivelmente perdida. Crer que o batismo no Espírito Santo aconteceu no momento da regeneração pela fé em Cristo ou nos sacramentos de iniciação parece, para muitos pentecostais clássicos, condenar a permanência da experiência pentecostal nas igrejas.

O movimento crescente das igrejas da Terceira Onda, que defende algo próximo à espiritualidade pentecostal sem adotar a doutrina do batismo

---

[36] Veja, por exemplo, uma edição recente do *Enrichment Journal* (das Assembleias de Deus) sobre o batismo no Espírito Santo na qual predominam essas ideias: ANDERSON, Gordon. "Baptism in the Holy Spirit, initial evidence, and a new model", *Enrichment Journal* 10:1 (2005), p. 70-8.
[37] PALMA, Anthony. "Spirit baptism: before and after", *Enrichment Journal* 10:1 (2005), p. 94.
[38] MENZIES, Robert P. "The Spirit of prophecy, Luke-Acts and the Pentecostal theology: a response to Max Turner", *Journal of Pentecostal Theology* 15 (1999), p. 72.

no Espírito Santo como algo distinto da conversão, realmente parece questionar essa premissa. Ainda assim, até mesmo essas igrejas devem algo ao crescimento histórico do pentecostalismo, independentemente de escolher reconhecer isso ou não. É possível defender que os pentecostais pioneiros usavam, de modo eficaz, a categoria de "batismo no Espírito Santo" em Atos para apresentar a necessidade de se buscar a renovação e a capacitação carismáticas e ansiar por elas. Quando faziam isso, promoviam um avivamento global que possivelmente influenciou, de forma favorável, a espiritualidade cristã por toda a igreja global no final do século 20, chegando até mesmo a adentrar o século 21.

Os pentecostais viam esse batismo no Espírito Santo como distinto da conversão cristã inicial ou dos sacramentos de iniciação para apresentá-lo à igreja como um desafio sempre presente para a vida neste mundo. Houve avivalistas que tanto se preocupavam com as pessoas dentro da igreja quanto com a conversão dos pecadores. Portanto, os pentecostais teriam aprovado o desafio de Martyn Lloyd Jones aos cristãos, envolvendo a premissa de que "é tudo seu" quando se crê em Cristo:

> É tudo seu? Bem, já que "é tudo seu", simplesmente perguntarei em nome de Deus, por que você ainda é como é? Se é tudo seu, por que é tão diferente dos cristãos do Novo Testamento? É tudo seu mesmo! Desde a sua conversão! Aliás, onde ela está?[39]

Na pior das hipóteses, esse desafio pode ser arrogante e elitista. Na melhor, pode ser visto como uma defesa de um tipo de "segunda conversão", um despertar para a vocação no mundo e uma concessão que capacita a servir como testemunha de Cristo.

Conforme observou Roger Stronstad, os pentecostais defendem um "ofício profético de todos os crentes", já que todos são portadores do Espírito Santo para ter sonhos e visões, e falar debaixo da inspiração do Espírito Santo em louvor a Deus, e para dar testemunho de Cristo.[40] Os pentecostais corretamente se voltam para a superioridade numérica dos "esquentadores de

---

[39] Conforme foi citado em LEDERLE, Henry I. *Treasures old and new: interpretations of Spirit Baptism in the charismatic renewal movement* (Peabody: Hendrickson, 1988), p. 152.
[40] STRONSTAD, Roger. "The prophethood of believers", in: MA, Wonsuk; MENZIES, Robert P. (eds.). *Pentecostalism in context: essays in honor of William W. Menzies* (Sheffield: Sheffield Academic Press, 1997), p. 60-77.

banco" nas igrejas (inclusive nas pentecostais) e gostariam de incentivá-los a se batizar no Espírito Santo, para o louvor vivo e o poder carismático no serviço ao próximo. O batismo no Espírito, para os pentecostais, é apenas um elemento da discussão teológica a respeito da relação entre o Espírito Santo e o batismo nas águas no Novo Testamento. Trata-se de um chamado empoderador e de uma capacitação para o testemunho vivo de Jesus, que é o direito de filiação de todo cristão como portador do Espírito. Ele ainda se constitui em um desafio constante para toda igreja sem vida.

O desejo de preservar a experiência de empoderamento para as missões como força de renovação na igreja, no entanto, não deve negligenciar os temas pneumatológicos mais amplos (até mesmo em Lucas), necessários por atribuir a esse poder espiritual seu significado mais profundo. A questão importante a ser confrontada nesse contexto é se o Espírito Santo consiste ou não em um empoderamento para a missão profética em Atos. No início do livro, Lucas confronta o leitor com o fato de que, antes da ascensão, Jesus falou aos discípulos "sobre o reino de Deus" (Atos 1:3). Os discípulos estavam reunidos em Jerusalém, importante cidade para o cumprimento do reino. Trata-se de uma resposta de Jesus a eles, quando perguntam sobre o cumprimento do reino, orientando-os a testemunhar com o empoderamento do Espírito Santo vindouro (1:8). A presença poderosa do Espírito no batismo no Espírito Santo não era sentida somente na proclamação e na ministração dos dons. Em Atos, os momentos poderosos no Espírito enriqueciam a oração e a *koinonia*, criavam devoção ao ensino dos apóstolos, inspiravam a refeição comum e quebravam as barreiras entre pessoas que se estranhavam (cf. 2.42).

O derramamento do Espírito Santo no Dia de Pentecostes apresenta fronteiras amplas, embora o empoderamento para testemunhar pareça representar o objetivo sublime dos efeitos do batismo no Espírito Santo para Lucas. De importância para as raízes wesleyanas dos pentecostais, os ungidos para o serviço profético em Atos também são considerados consagrados para o uso do Senhor (Atos 15:8-9). Os poderes do reino relacionados ao Pentecoste são santificadores e não devem ser separados da bênção pentecostal.

O foco no chamado e na vocação proféticos coincide com a doutrina da santificação, já que o profeta nas Escrituras era separado do pecado e consagrado para uma missão santa. Já que todos os cristãos contam, de algum modo, com o chamado profético, como portadores do Espírito, a santificação como consagração para uma missão profética se aplica à igreja como um todo. Conforme observado no capítulo anterior, a maneira formal que a maioria dos pentecostais relacionava o batismo no Espírito Santo à santificação consistia em estabelecer uma nítida distinção entre as etapas da iniciação à vida no Espírito, até mesmo remetendo-as às pessoas da Trindade. Os pentecostais que seguiam essa abordagem mudaram a pneumatologia da santificação para o batismo no Espírito Santo como experiência carismática. Naquela época, a santificação foi colocada sob a obra de Cristo, independentemente de ser vista como formalmente distinta da regeneração ou não.

Em um breve ensaio intitulado "The Spirit follows the blood" [O Espírito vem depois do sangue], um autor pentecostal até mesmo negou que o Espírito Santo santifique, "porque ele não é o nosso Salvador". É o sangue de Cristo que limpa do pecado e purifica em preparação para o dom do poder do Espírito Santo.[41] Na verdade, é espantoso constatar como alguém pode dizer que Cristo faz alguma coisa na vida do cristão sem o agir do Espírito Santo. Além disso, os pentecostais pioneiros que seguiam essa linha de pensamento deixaram de notar que a limitação rígida da santificação a Cristo contradiz 1Pedro 1:2, bem como o retrato bíblico da inseparável operação da Palavra e do Espírito. Também negligencia a natureza simultânea das categorias soteriológicas do Novo Testamento.

Felizmente, o "evangelho quadrangular" da teologia pentecostal sugeria que Cristo é aquele que tanto salva como batiza no Espírito Santo mediante o agir do Espírito. Entretanto, esse ponto focal cristológico não chegou a impedir que muitos pentecostais dissociassem a obra salvadora de Cristo de sua função como aquele que batiza com o Espírito Santo. Na verdade, seria possível dizer que os pentecostais se distanciaram de seus antecessores do Holiness, definindo a santificação como uma categoria cristológica. Eles divorciaram o ministério santificador de Cristo de seu ministério batismal por razões eclesiológicas. Quiseram preservar sua exclusividade como comunidade empoderada e capacitada, bem como seu uso do batismo no Espírito Santo como desafio fundamental contra uma igreja dividida e espiritualmente preguiçosa. No entanto, acabaram ficando com um critério cristologicamente fraco para uma vida mais elevada.

Entretanto, essa distinção formal entre a obra santificadora de Cristo e a obra batismal do Espírito Santo não encerra a questão. William Seymour

---

[41] "The Spirit follows the blood", *The Apostolic Faith* (abril 1907), p. 3 (autor desconhecido).

sugeria uma conexão mais integral entre a santificação e o batismo no Espírito, declarando que este equivale ao dom de poder sobre "a vida limpa ou santificada".[42] Fica implícito nessa afirmação que o batismo no Espírito Santo dá poder, renova ou libera a vida santificada para uma expressão exterior e com sinais visíveis de renovação. Também encontrei várias referências, nos livros pentecostais pioneiros, ao batismo no Espírito Santo como um batismo no amor de Deus. Essa descrição do batismo no Espírito Santo refere-se especialmente a Romanos 5:5, que trata do amor de Deus "derramado" em nosso coração, uma linguagem "pentecostal" que não foge à atenção de vários representantes pioneiros do movimento.

A expressão pentecostal de um derramamento divino está vinculada, nesse contexto, ao entendimento que Wesley tinha a respeito da santificação como uma transformação pelo amor de Deus. Em 1908, Seymour escreveu a seguinte resposta a uma pergunta sobre qual é a evidência do batismo no Espírito Santo: "É o amor de Deus, que é caridade. A caridade é o Espírito de Jesus".[43] O jornal *Apostolic Faith*, de Seymour, afirmaria, mais de uma vez, a respeito do batismo no Espírito Santo: "Esse batismo nos enche do amor de Deus".[44] Esse periódico também dá testemunho de "um irmão nazareno" que chamou seu batismo de "batismo de amor".[45]

Essas não foram as únicas vozes entre os primeiros pentecostais que escreveram sobre o batismo no Espírito Santo como ser preenchido pelo amor divino. O pioneiro das Assembleias de Deus E. N. Bell, por exemplo, citou Romanos 5:5 para caracterizar o batismo no Espírito Santo como batismo no amor de Deus: "Não se trata de uma rápida aspersão, mas de um 'transbordamento' constante".[46] Em uma alusão implícita a Romanos 5:5, um irmão chamado Will Trotter escreveu um artigo intitulado "A revival of love needed" [Precisa-se de um avivamento de amor], no qual escreveu: "Quero lhes dizer que todo esse 'movimento de línguas', independentemente das posições a respeito das obras da graça que se adotem,

---

[42] SEYMOUR, William J. "The way into the holiness", *The Apostolic Faith* (out. 1906), p. 4.
[43] "Questions answered", *The Apostolic Faith* (jun.-set. 1907), 2.1. Agradeço a Cecil M. Robeck Jr. por me orientar a usar essa citação: "William J. Seymour and the 'Bible evidence'", in: MCGEE, Gary B. (ed.). *Initial evidence: historical and biblical perspectives on the Pentecostal doctrine of Spirit baptism*, (Peabody: Hendrickson, 1991), p. 81. [No Brasil: *Evidência inicial: perspectivas históricas e bíblicas sobre a doutrina pentecostal do batismo no Espírito* (Natal: Carisma, 2019)].
[44] "The Old Time Pentecost", *The Apostolic Faith* (set. 1906), p. 1; cf. também "Tongues as a sign", *The Apostolic Faith* (set. 1906), p. 1 (autores desconhecidos).
[45] "The old time Pentecost", *The Apostolic Faith* (set. 1906), p. 1 (autor desconhecido).
[46] BELL, E. N. "Believers in sanctification", *Christian Evangel* (set. 1914), p. 3.

precisa [...] se quebrantar e entender o que faz o coração amar, a chama divina lançada pelo Espírito Santo". Ele conclui da seguinte forma: "Que essa chama seja acesa, a chama pentecostal, ou seja qual for o adjetivo preferido — mas que seja acesa!".[47]

Outro exemplo de identificação do batismo no Espírito Santo com uma "infusão" do amor de Deus é a descrição do pioneiro pentecostal unicista Frank Ewart: "O Calvário liberou o fluir do amor de Deus, que se constitui na própria natureza divina, no coração de suas criaturas".[48] Stanley Frodsham classificou tanto o amor como o dom de línguas como consequências do Pentecoste: "É nisso que vemos com o maior brilho a união entre os dons e as graças nos crentes".[49]

É claro que essa linguagem é avivalista e não orientada pelo processo. Entretanto, o crescimento no amor realmente tem seus momentos dramáticos de renovação, êxtase e poder, não é verdade? Conforme observamos no capítulo anterior, não há dúvida de que o batismo no Espírito Santo tem sido interpretado, em geral, por todo o pentecostalismo com uma ênfase muito grande no Espírito como o *poder* de Deus para aprofundar o culto e a obra de Deus e superar os obstáculos à vida de fé, especialmente com a ajuda das manifestações poderosas e dos dons. Isso acontece com as igrejas pentecostais e carismáticas da Ásia, da África, dos Estados Unidos, da Europa e da América Latina. O "encontro poderoso" se constitui na palavra de ordem para a missão global pentecostal.[50] Em seu aspecto teológico, a ênfase no poder espiritual está vinculada a uma metáfora militar para a vida cristã, adotada pelos pentecostais. Conforme observa E. Kingsley Larbi em relação ao movimento em sua versão africana, o pentecostalismo não reconhece nenhuma "zona desmilitarizada", mas, em vez disso, acentua a batalha pela vitória do reino de Deus sobre as forças do pecado e da escuridão.[51]

Com isso, não desejo rebaixar o foco pentecostal no poder. O amor de Deus não é sentimental, nem mesmo pode ser reduzido a um princípio

---

[47] TROTTER, Will. "A revival of love needed", *The Weekly Evangel* (3 abril 1915), p. 1.
[48] Frank Ewart, "The revelation of Jesus Christ", in: *Seven Jesus only tracts*, ed. Donald W. Dayton (New York: Garland, 1985), p. 5.
[49] FRODSHAM, Stanley H. "Back to Pentecost: the effects of the Pentecostal baptism", *The Pentecostal Evangel* (30 out. 1920), p. 5.
[50] Um desenvolvimento representativo desse tema na literatura pentecostal é o artigo de CHIA, Anita. "A biblical theology of power manifestation: a Singaporean quest", *Asian Journal of Pentecostal Studies* 2 (1999), p. 19-33.
[51] LARBI, E. Kingsley *Pentecostalism: the eddies of Ghanaian Christianity* (Dansoman: Centre for Pentecostal and Charismatic Studies, 2001), p. 423.

ético, por mais valioso que isso seja; mas é poderosamente redentor e libertador. Também não está restrito à transformação interior do indivíduo, mas conduz as pessoas adiante, para que elas deem testemunho de Cristo. Em minha opinião, os elementos vocacionais e carismáticos ressaltados pelos pentecostais têm o potencial de ampliar nosso entendimento da santificação, de modo que o "chamado profético" faça parte dele.

Parte da razão pela qual os pentecostais resistiram a um vínculo formal da santificação com o batismo no Espírito Santo foi a conexão cultivada, a princípio, entre o batismo no Espírito e o falar em línguas. Às vezes, parecia que, na literatura pioneira, os que eram simplesmente "santificados" ainda não haviam sido batizados no Espírito Santo, somente pelo motivo de não falar em línguas. Porém, quando descreviam o motivo pelo qual só as línguas simbolizam o batismo no Espírito Santo, os pentecostais costumavam recorrer a uma ideia que pode ser classificada como a santificação da fala humana. A língua que estava descontrolada passa a ser domada e transformada em uma fonte de proclamação da verdade, louvor a Deus e testemunho de Cristo. Seymour via as línguas como um sinal de que Deus está fazendo com que o povo de Deus cruze fronteiras: "Deus não faz acepção de nacionalidades: os etíopes, os chineses, os indianos, os mexicanos e as outras nacionalidades cultuam juntos".[52]

Como observaremos mais adiante, esse vínculo entre o batismo no Espírito Santo e o falar em línguas (e outras formas de fala inspirada) podem ser teologicamente importantes. O teólogo católico Simon Tugwell, por exemplo, enxerga base bíblica para a ideia de que a fala inspirada é, "de algum modo, sintomática de toda a obra do Espírito Santo em nossa vida, um fruto típico da encarnação".[53] Além disso, Seymour e outros se referiram à cura divina do corpo, outro dom privilegiado entre os pentecostais, como a "santificação do corpo".[54] Essa linguagem ainda apoia a ideia de que os pentecostais da época caracterizavam o batismo no Espírito Santo como um aprimoramento na santificação, em vez de se tratar de alguma obra adicional.

Creio que os pentecostais pioneiros separavam a santificação do batismo no Espírito Santo somente por definirem a santificação de forma limitada e

---

[52] SEYMOUR, William J. "The same old way", *The Apostolic Faith* (set. 1906), p. 3.
[53] TUGWELL, Simon. "The speech-giving Spirit", in: TUGWELL, S. et al (eds.). *New heaven? New earth?* (Springfield: Templegate, 1976), p. 128.
[54] Por exemplo, SEYMOUR, William J. "The precious atonement", *The Apostolic Faith* (set, 1906), p. 2.

negativa, como uma limpeza ou uma separação do pecado. A santificação, porém, é positivamente uma consagração a Deus para se preparar para uma missão santa, do mesmo modo que os profetas do Antigo Testamento e o próprio Jesus de Nazaré. Como um aspecto da vida do discipulado ao qual todos nós somos consagrados e chamados, a santificação envolve a transformação, pelo Espírito de Deus, na própria imagem de Cristo "de glória em glória" (2Coríntios 3:18).

É interessante constatar que a diferença entre santificação e batismo no Espírito Santo só pode ser sustentada por meio de um entendimento reducionista da santificação como uma purificação interna e do batismo no Espírito Santo como um empoderamento externo para uma missão santa. Por um lado, a santificação foi fraturada por muitos pentecostais pioneiros segundo seus efeitos negativos e positivos (e segundo os internos e os externos). Essa ideia levanta a seguinte questão legítima: em que medida a separação entre a santificação e o batismo no Espírito Santo foi mais semântica que substantiva? Portanto, o pastor e teólogo pentecostal David Lim classifica o batismo no Espírito Santo como "santificação vocacional".[55] Nesse sentido, eu incluiria tanto o movimento Holiness como o movimento pentecostal entre os defensores de um entendimento vocacional e pelo menos implicitamente carismático do batismo no Espírito.

A base de tudo isso é que o batismo no Espírito Santo, por ser uma experiência de poder carismático e capacitação, não pode ser separado da regeneração/santificação e da iniciação cristã. Sua experiência é inseparável de sua estrutura pneumatológica mais ampla para a constituição da igreja e o cumprimento do reino de Deus. O batismo no Espírito Santo, de acordo com a experiência pentecostal, é como um "fluir" do Espírito na vida para experiências concretas de consagração e de capacitação ou de poder carismático. Essa experiência tanto é santificadora como empoderadora porque surge do Espírito do reino, o Espírito de Deus, que é amor. Os pentecostais devem continuar a incentivar os cristãos a experimentarem o batismo no Espírito Santo depois de virem a Cristo, mas também devem lembrar que o batismo no Espírito Santo, por ser um ato divino, ou uma obra eclesial e histórica do Espírito para inaugurar o Reino de Deus, apresenta limites mais amplos.

Já que a doutrina de Paulo sobre o batismo no Espírito Santo, no contexto de sua pneumatologia cósmica e eclesiológica, é soteriológica,

---

[55] Em conversa pessoal com o autor.

conforme concluem Stronstad e Menzies, nos deparamos com o desafio de integrar isso com a ênfase de Lucas sobre o empoderamento para testemunhar. A obra do Espírito Santo, de inauguração do reino em santidade e poder, faz justamente isso. O batismo no Espírito é um ato divino que transforma nossa vida e a criação no lugar da habitação de Deus como uma força poderosa na vida daquele que crê.

O que justifica nosso entendimento ampliado do batismo no Espírito Santo como um cenário para a experiência pentecostal? Já está na hora de chegarmos a algumas conclusões, a partir da reflexão sobre o texto bíblico, a respeito de como os pentecostais podem começar a desenvolver um entendimento sobre o batismo no Espírito que seja globalmente diversificado e ecumenicamente sensível. No entanto, deixo minhas reflexões mais construtivas para os capítulos seguintes.

ESTRUTURA ESCATOLÓGICA

O que justifica ampliar as fronteiras do batismo no Espírito Santo para além da experiência individual ou mesmo da vida da igreja? A essa altura, desejo observar que aqueles que veem o batismo no Espírito Santo basicamente como uma dinâmica eclesial entenderão o uso que João Batista faz dessa metáfora somente como uma predição do que aconteceu no Dia de Pentecostes. Gostaria de sugerir algo mais, a saber, um entendimento do uso da metáfora primeiro em seus próprios termos, antes de abordar o Dia de Pentecostes e a essência da igreja. Esse gesto nos permite definir o batismo no Espírito Santo como relacionado ao reino de Deus antes de ser aplicado à igreja. A pregação de João era a seguinte: "Arrependam-se, porque o Reino dos céus está próximo" (Mateus 3:1-2). Jesus também fala do batismo no Espírito Santo no contexto de seu ensino a respeito do reino (Atos 1:3) e da pergunta dos discípulos sobre o cumprimento desse reino (1:6), enquanto eles se reúnem em Jerusalém, o local associado à concretização do reino na tradição judaica. O modo que o batismo no Espírito Santo se relaciona com o que consideramos mais importante na vida da igreja deve ser desenvolvido depois de se reconhecer o sentido desse batismo como o ministério do Messias para inaugurar o reino de Deus.

Conforme Mateus 3:11-17 afirma, João Batista via a si mesmo como estando à beira do fim do mundo, anunciando o ato do Messias de "batizar no Espírito Santo" (apenas a forma verbal é usada) como o ato final de salvação. O Messias traria o fôlego divino como o ato final de redenção. João sabia que seu batismo nas águas não tinha o poder de fazer com que o Espírito Santo fosse derramado e a era terminasse. Trazer o Espírito Santo consistia em algo exclusivamente messiânico.

Na verdade, os profetas antigos disseram: "Nós circuncidamos o prepúcio, mas Deus circuncidará o coração". Portanto, João adota uma retórica profética semelhante para dizer: "Eu posso batizar em águas para arrependimento, mas o Messias batizará no Espírito Santo para juízo e purificação/restauração". O batismo de João era preparatório, justamente para reunir as pessoas arrependidas em preparação para o juízo final e a restauração. Mas a "transcendência apocalíptica" pertence somente ao Messias. É somente a partir dele que o vento do Espírito afastará a palha e juntará o trigo nos celeiros. Já fora profetizado que o Messias seria ungido pelo Espírito Santo, mas o detalhe de que a função do Messias seria conceder o dom do Espírito e batizar no Espírito é transmitido exclusivamente na mensagem de João Batista.

De modo coerente com nosso tema escatológico, a abertura dos céus no batismo de Jesus equivale a um sinal típico que retrata uma revelação apocalíptica.[56] O descer da pomba talvez se refira ao Espírito Santo pairando sobre as águas da criação e ao sinal da nova criação na história de Noé.[57] Jesus está sendo comissionado nessa passagem para introduzir o reino de Deus com poder, a fim de fazer novas todas as coisas: "Mas se é pelo Espírito de Deus que eu expulso demônios, então chegou a vocês o Reino de Deus" (Mateus 12:28).

Parece claro que o batismo no Espírito Santo, no capítulo 3 de Mateus e nos textos sinóticos paralelos, carrega grandes implicações escatológicas, as quais não se podem esgotar em nenhuma versão da doutrina da iniciação cristã ou da essência da igreja. Curiosamente, Donald Hagner indica que a igreja ligada ao Evangelho de Mateus via comparações entre o batismo cristão e a experiência de Jesus no rio Jordão. Mas Hagner observa, de forma perspicaz, que essa mesma igreja também reconhecia as consequências escatológicas peculiares no conjunto de acontecimentos no Jordão que ainda aguardavam seu cumprimento, no final da história da salvação.[58]

---

[56] NOLLAND, John. *Luke 1-9:20* (Word Biblical Commentary 35A; Dallas: Word, 1989), p. 162.
[57] HAGNER, Donald A. *Matthew 1-13* (Word Biblical Commentary 33A: Dallas: Word, 1993), p. 58.
[58] Ibid., p. 60.

Acredito que a percepção diferenciada de Hagner pode ser aplicada de maneira bem ampla. A visão sobre o batismo no Espírito Santo predita por João Batista e retratada na experiência que Jesus teve no rio Jordão apontava para o juízo final e a santificação final de toda a criação.

O batismo no Espírito Santo aponta para a redenção por meio de Cristo como algo substancialmente pneumatológico e escatológico. É claro que o Pentecoste batiza os discípulos no Espírito, mas Lucas é rápido em notar o horizonte apocalíptico final desse acontecimento (Atos 2:17-21). A teofania do Pentecoste de línguas, fogo e som de um vento (2:1-4) não passa de uma amostra da teofania final no grande Dia do Senhor, que consiste em "sangue, fogo e colunas de fumaça", contando também com sinais cósmicos (2:19-20). O batismo no Espírito Santo é sinalizado em Pentecoste por uma teofania escatológica da presença de Deus para restaurar e julgar. É concedido em Pentecoste, mas plenamente cumprido no ato final de salvação da vinda de Cristo.

Permite-se, no batismo no Espírito Santo, que a igreja participe e dê testemunho da santificação final da criação. A regeneração pela fé no contexto do evangelho e os sacramentos de iniciação não concedem graça ao indivíduo somente como um depósito daquilo que posteriormente se manifesta na experiência carismática. Em vez disso, a experiência de nova vida na fé, na esperança e no amor, no contexto do evangelho, dos sacramentos e da experiência pentecostal da consagração profética (acompanhada de sinais carismáticos), já permite que a pessoa participe do batismo no Espírito Santo que há de vir. Está sempre presente e a caminho, surgindo e encontrando. A crença pentecostal na conexão entre o batismo no Espírito Santo e a santificação, por um lado, e na chuva tardia do Espírito para encerrar a era, por outro, pode ser a base de uma doutrina ecumênica do batismo no Espírito Santo em que muitas vozes podem ter uma função importante a realizar.

O batismo no Espírito Santo é um tanto ambíguo como metáfora e fluido em seu sentido por todo o Novo Testamento, porque é uma metáfora escatológica, que retrata as várias maneiras pelas quais participamos da presença do Espírito nas ricas bênçãos de Cristo, situadas nos lugares celestiais (Efésios 1:3,12). Depois da descrição pitoresca do juízo e da restauração escatológicos do Messias feita por João, Atos descreve a participação da igreja nesse batismo no Espírito Santo por meio do arrependimento, da fé, do batismo nas águas, da Eucaristia, da *koinonia* e, especialmente, do empoderamento para o testemunho (Atos 2:37-47).

Embora Lucas enfatize a participação no batismo no Espírito Santo que flui da fé, especialmente em demonstrações visíveis, Paulo concentra sua atenção no ato do batismo no Espírito Santo que leva a fazer parte do corpo de Cristo pela fé (1Coríntios 12:13). Paulo não negligencia a dimensão carismática da participação na vida do Espírito. Nem Lucas omite a importância da fé e do batismo na recepção do Espírito missionário. Entretanto, a ênfase de Paulo está no batismo no Espírito como o que nos inicia na fé em Cristo, como membros de seu corpo, enquanto Lucas ressalta o poder do Espírito que procede da fé.

Apesar da diversidade de ênfases, há um testemunho coerente no Novo Testamento a respeito da centralidade do Espírito Santo para a realização do reino de Deus com poder. Nessa variedade, encontra-se a matéria-prima que alimenta várias eclesiologias. Analisarei as implicações do batismo no Espírito Santo para a eclesiologia em um capítulo posterior. As ênfases trinitárias diversas serão abordadas no capítulo seguinte, sobre o batismo no Espírito Santo e a vida cristã. Do começo ao fim, será possível ampliar nossa compreensão da pregação e dos sacramentos com base na experiência do Espírito carismático e profético, celebrado no entendimento pentecostal do batismo no Espírito Santo. O querigma e os sacramentos não se dirigem à formação de um culto em torno da redenção, mas ao cumprimento dos objetivos missionários e escatológicos de Deus para o mundo.

Observaremos que o Espírito Santo, e apenas ele, é o dom carismático que nos traz "os poderes da era que há de vir" (Hebreus 6:5). Os ossos secos voltam à vida (Ezequiel 37), e o indivíduo nasce de novo (João 3:1-8). O Espírito Santo que pairava sobre as águas, na face do abismo, e por quem toda a vida é sustentada também é o dom da vinda de Deus com nova vida, em meio ao seu atrito destituído de graça. Esse Espírito submerge a vida na vida. O batismo no Espírito Santo equivale a um batismo de morte para a vida do qual participamos pela fé, sendo acompanhado de sinais sacramentais e carismáticos. Procede tão somente da graça de Deus mediante a obra de Cristo e a proclamação do evangelho, embora não exclua nossa participação nesse processo; antes, libera-nos para essa participação.

Por isso, o batismo no Espírito Santo não consiste somente em uma ação divina, mas é também uma experiência humana; experiência que nos impacta e nos envolve, mas que não conseguimos entender por completo. Produz, assim, uma variedade de dons e vivências; expandindo e diversificando a vida, em vista da ressurreição dentre os mortos, e do novo céu e da nova terra.

CAPÍTULO **QUATRO**

CRISTO COMO O REI E O ESPÍRITO SANTO COMO O REINO

O batismo no Espírito Santo na perspectiva trinitária

Vamos analisar a estrutura pneumatológica mais ampla, no reino de Deus, da experiência pentecostal do batismo no Espírito Santo. Gregório de Nissa escreveu: "O Espírito Santo é um reino vivo, substancial, com vida própria, dentro do qual o Cristo unigênito é ungido e reina sobre todas as coisas que existem".[1] Se, do modo que Gregório nos diz, Cristo é o Rei e o Espírito é o reino, o batismo no Espírito Santo é o meio pelo qual a criação é transformada por esse reino e feita participante do governo da vida. O batismo no Espírito Santo traz o governo do Pai, o governo do Cristo crucificado e ressuscitado, e o governo da vida divina para toda a criação, por meio da habitação do Espírito Santo.

A morte reinava por toda a criação. Esse reino ainda não se retirou da criação, embora tenha sido decisivamente enfraquecido por Deus. A vida ressuscitada de Cristo interveio e já reina em algum sentido, de modo que

---

[1] Gregório De Nissa. *On the Lord's prayer* 3, citado em McDonnell, Kilian. *The other hand of God: the Holy Spirit as the universal touch and goal* (Collegeville: Liturgical, 2003), p. 226.

os dias do reinado da morte agora estão contados. O maligno dragão do Apocalipse sabe que seu tempo é curto (Apocalipse 12:12), pois Deus agiu de forma definitiva para fazer da criação um templo santo, a própria habitação de Deus.

O propósito deste capítulo é desenvolver essa breve declaração. Deve ficar claro, ao fim, que nenhum dos entendimentos teológicos sobre a iniciação cristã para a vida no Espírito estudados no capítulo anterior é capaz de esgotar o significado do batismo no Espírito Santo. O vínculo entre esse batismo e a inauguração do reino de Deus, atribuída a João Batista (Mateus 3:1-12) e ao próprio Jesus (Atos 1:2-8), confere expansividade e transcendência a essa metáfora. Até mesmo o anúncio inicial de João Batista não consegue dar conta por completo dessa metáfora. O anúncio da vinda de Jesus como aquele que batiza no Espírito Santo acabaria tendo um significado amplo para a fé e a vida do povo de Deus.

Iniciaremos este capítulo explicando, com mais detalhes, a conexão entre o batismo no Espírito e o cumprimento do reino de Deus sugerido pela expectativa messiânica de João Batista e subentendido em outras passagens do Novo Testamento. Existe uma incrível continuidade de pensamento no Novo Testamento a respeito da importância do batismo no Espírito Santo, apesar da ambiguidade e da fluidez dessa metáfora. Digo isso consciente do fato de que a metáfora, por si só, não desempenhou uma função importante em todos os autores neotestamentários. Concordo com James Dunn, no sentido de que ela é um tanto ambígua e fluida no Novo Testamento. Porém, conforme o próprio Dunn também demonstrou, os ricos horizontes de significado que surgem no testemunho do batismo no Espírito para Jesus como aquele que concede o Espírito Santo se juntam à convicção de que o próprio Espírito é o "centro nevrálgico" da vida cristã e o elemento decisivo de sua identidade. Há também continuidade nessa metáfora fluida que creio associar o batismo no Espírito Santo ao cumprimento escatológico do reino de Deus, ou seja, o governo da vida mediante a santificação e a habitação de Deus na criação.

Também é minha convicção que o batismo no Espírito Santo é decisivo para a identidade de Jesus no Novo Testamento como Salvador e Doador da vida. Esse batismo é essencial à identidade de Jesus como o "homem entregue aos outros", obediente à vontade amorosa do Pai da criação como "Deus entregue aos outros". Essa união de vontades entre o Pai e Jesus vem da essência única de ambos. Portanto, o batismo no Espírito Santo também é decisivo para a premissa cristã primitiva de que Jesus tem um relacionamento exclusivo com Deus Pai. Se Jesus tem ou concede o mesmo fôlego de Deus, ele se coloca do lado divino do relacionamento entre o Criador e a criação. Por isso, depois de explicarmos mais a fundo o relacionamento entre o batismo no Espírito Santo e o reino de Deus, daremos mais atenção à função do batismo no Espírito na formação inicial da fé em Jesus como Senhor e Salvador e, por fim, na confissão trinitária da igreja. É importante explicar a estrutura trinitária da igreja por causa do nosso desejo de chegar a uma soteriologia completa com base no batismo no Espírito.

Enfim, toda essa análise, desde a associação entre o batismo no Espírito Santo e o reino de Deus até a fé que a igreja tem em Jesus como a fonte de vida divina e a estrutura trinitária do batismo no Espírito Santo, construirá o pano de fundo deste capítulo para um entendimento trinitário e escatológico dos elementos da vida no Espírito (justificação, santificação, empoderamento carismático). Quando terminarmos, tenho certeza de que meu entendimento do batismo no Espírito como uma metáfora da vida no Espírito ficará bem claro. Tudo começa com o vínculo entre o batismo no Espírito Santo e o reino de Deus. Vamos dar início.

O VÍNCULO ENTRE O PENTECOSTES E O REINO DE DEUS

João Batista anunciou a vinda de Jesus como aquele que batiza no Espírito Santo dentro do contexto da função do Messias de implantar o reino de Deus (Mateus 3:1-12). Pouco antes de o Espírito Santo ser derramado no Dia de Pentecostes, Lucas situa a citação que Jesus faz do anúncio de João Batista a respeito do batismo no Espírito no contexto de seus ensinos a respeito do reino de Deus (Atos 1:3). Em seguida, Jesus passa a ensinar o batismo no Espírito com base no reino de Deus e de seu cumprimento (1:3-6), uma vez que os discípulos estão reunidos em Jerusalém, a cidade associada ao cumprimento do reino na tradição judaica, com a ressalva de que Jesus afasta a atenção dos discípulos dos detalhes do futuro, favorecendo o empoderamento presente do Espírito Santo mediante o qual os discípulos dariam testemunho da vinda desse reino com poder. O elo entre o batismo no Espírito Santo e o reino de Deus parece óbvio no Novo Testamento, mas não se pode dizer o mesmo da natureza do próprio vínculo. O que significa teologicamente dizer que Jesus, como aquele que batiza no Espírito Santo, implantará o reino de Deus?

Desde o começo, declaro que o reino de Deus nos apresenta um contexto teológico importante para o batismo no Espírito Santo, principalmente porque nas Escrituras a essência do reino é pneumatológica: "Pois o Reino de Deus não é comida nem bebida, mas justiça, paz e alegria no Espírito Santo" (Romanos 14:17). Como Gregório de Nissa observou anteriormente, o Filho é o Rei; o Espírito, o reino no cumprimento da vontade do Pai. Por meio de Cristo, como aquele que batiza no Espírito Santo, o Espírito leva a criação ao reino, fazendo com que tudo seja habitado pela presença de Deus, com o fim de libertar a criação do reino da morte para o reino da vida. No entanto, antes de chegarmos a essa conclusão, temos de estudar alguns passos preliminares.

Comecemos com a questão do senhorio, essencial à teologia do reino de Deus. Conforme observou George Eldon Ladd, o reino é "a soberania divina em ação".[2] Não se chega ao reconhecimento desse senhorio por alguma reflexão abstrata, mas, em vez disso, ele é discernido no meio do povo de Deus. Como uma categoria histórica e não espacial, o senhorio de Deus no Antigo Testamento foi reconhecido inicialmente em atos poderosos de libertação e redenção. A declaração a Moisés, de que Deus "será" o que Deus "será" (Êxodo 3:14), concretizou-se no que Deus provaria ser o cumprimento da promessa divina de salvação. Desse modo, Êxodo 6:1-13 define o nome divino ("Senhor") de acordo com o cumprimento da promessa de que Deus demonstrará ser o libertador que observa a misericórdia e a justiça: "Vocês saberão que eu sou o Senhor, o Deus de vocês, que os livra do trabalho imposto pelos egípcios" (6:7).

Esses atos da história da redenção formam o contexto para reconhecer o senhorio único de Deus no Decálogo: "Eu sou o Senhor, o teu Deus, que te tirou do Egito, da terra da escravidão. Não terás outros deuses além de mim" (Êxodo 20:2-3). A capacidade de obedecer à lei se baseia na fidelidade anterior de Deus em chamar Israel como povo e de libertá-lo da escravidão. A lei foi concedida como sinal da liberdade que Israel obteve a partir dos atos libertadores de Deus na história. A liberdade de Israel como povo dependia do reino libertador de Deus no contexto histórico.

O problema é que a liberdade da obediência à lei foi comprometida por Israel nas condições debilitantes de sua existência como nação, sob os

---

[2] LADD, George Eldon. *The gospel of the kingdom* (Grand Rapids: Eerdmans, 1959), p. 24. [No Brasil: *O evangelho do reino* (São Paulo: Shedd Publicações, 2008)].

efeitos negativos do pecado e da opressão. Com o passar do tempo, Israel teve dificuldade para interpretar o senhorio de Deus na história, diante dos fatos cruéis do cativeiro e do poder do mal no mundo. Conforme demonstrou Paul Hanson, o conflito por trás dessa dificuldade deu origem ao movimento apocalíptico ou à "escatologização" da crença no senhorio divino.[3] O impulso profético do cumprimento e da responsabilidade históricos foi posto em conflito com a esperança apocalíptica de uma libertação divina que traria a justiça e a restauração finais. Divulgou-se a esperança de que, um dia, o próprio fôlego de Deus viria habitar em seu povo, de modo que lhes permitisse apropriar-se da liberdade para obedecer à lei (Ezequiel 36:26).

A noção de justiça no Oriente Médio tinha tudo a ver com libertação, justiça e restauração. Ela não surgiu de decisões tomadas por um juiz imparcial, mas, em vez disso, de atos de misericórdia e libertação. Podemos chegar à conclusão, a partir dessas ideias, de que o reino no Antigo Testamento se faz presente onde Deus está presente para exercer seu senhorio divino de forma redentora.

O Antigo Testamento associa a vinda de Deus para remir o mundo e estabelecer seu reino como Senhor com um derramamento final do fôlego divino sobre toda a carne (Joel 2:28). Deus afirma que, um dia, o Espírito Santo revelaria a presença de Deus a Israel: "Não mais esconderei deles o rosto, pois derramarei o meu Espírito sobre a nação de Israel, palavra do Soberano, o Senhor" (Ezequiel 39:29). Deus purificará Israel e lhe dará o Espírito divino para que possa seguir a lei (36:25-27). O senhorio de Deus será revelado quando o Espírito conceder vida nova como a saída da sepultura do desespero: "E, quando eu abrir os seus túmulos e os fizer sair, vocês, meu povo, saberão que eu sou o Senhor. Porei o meu Espírito em vocês, e vocês viverão" (37:13-14a). Diz-se que esse fôlego divino repousará sobre o mensageiro escolhido de Deus (Isaías 61:1-3), uma promessa que assume importância messiânica.

Como a metáfora do batismo no Espírito Santo se associa a essa esperança em relação à presença vindoura de Deus como Senhor para purificar, preencher e redimir? Conforme observou Oscar Cullmann, o batismo de João surgiu mais provavelmente dos rituais judaicos de purificação,

---

[3] HANSON, Paul. *The dawn of Apocalyptic: the historical and sociological roots of Jewish apocalyptic eschatology* (Philadelphia: Fortress, 1979).

possivelmente do batismo de prosélito para os gentios convertidos.[4] João faz de seu batismo um meio de arrependimento para aqueles que desejam ser purificados em preparação para a vinda do fôlego divino no juízo e na restauração finais (Mateus 3:8). Muito provavelmente João derramava água sobre a cabeça daqueles que vinham ao Jordão para ser batizados como símbolo de lavagem e purificação. É possível encontrar referências à água derramada na purificação ritual nas descrições de Joel e Lucas da chegada do Espírito Santo para encerrar a era antiga e trazer salvação como um grande derramamento do Espírito divino sobre toda a carne (Joel 2:28; Atos 2:17).

Lucas, pelo menos de forma análoga, toma emprestada a promessa de que o Espírito será concedido para restaurar o povo de Deus à fidelidade esperada. Ele usará a metáfora da plenitude divina para aqueles que obedecem a Deus, de modo que sirvam como um templo santo da presença de Deus (Atos 1:8; 5:32). O batismo no Espírito Santo como metáfora está carregado de referências à presença divina, à purificação e ao testemunho profético, relatando que a revelação do senhorio de Deus nos últimos dias chegará de forma repentina e dramática, como um grande dilúvio da presença viva e redentora de Deus.

Não fica claro no Antigo Testamento de que modo a unção do Messias está relacionada ao derramamento final do Espírito de Deus antes do grande Dia do Senhor. Como a chegada do Messias ungido causará esse derramamento? Conforme observaremos, João Batista acaba respondendo a essa pergunta com seu novo anúncio do Messias como aquele que batiza com o Espírito Santo. Essa revisão pneumatológica da expectativa messiânica judaica não tem precedentes e trouxe consequências de alcance bem amplo para a fé primitiva em Jesus tanto como Messias (o Cristo) e Senhor quanto como aquele que inaugura o reino de Deus e está à frente dele com seu Pai celestial.

Por ora, basta dizer que o vínculo que João Batista estabelece entre Jesus como aquele que batiza com o Espírito e a inauguração do reino de Deus para estabelecer o senhorio de Deus na história se baseia na premissa do Antigo Testamento de que a presença divina tornará esse senhorio uma realidade como fonte de liberdade e redenção para a humanidade. Portanto, no Antigo Testamento, há a noção do reino de Deus como tendo sua chegada quando Deus vier em algum momento no futuro para restaurar

---

[4] CULLMANN, Oscar. *Baptism in the New Testament* (London: SCM, 1950), p. 62.

completamente a criação ao senhorio divino. Como observa Walter Kasper: "Na tradição do Antigo Testamento e do judaísmo, a vinda do reino de Deus significa a vinda do próprio Deus".[5]

Para cumprir as esperanças do Antigo Testamento, o reino, ou o senhorio, de Deus é revelado nos Evangelhos na vitória sobre a morte e a escuridão, mediante a presença do Espírito Santo nos atos libertadores de Jesus: "Mas se é pelo Espírito de Deus que eu expulso demônios, então chegou a vocês o Reino de Deus" (Mateus 12:28). A vontade e o governo de Deus não são alheios ao próprio Deus, como algo que ele transmite separadamente de sua presença. Jesus tinha certeza de que o tempo do reino estava próximo e, na verdade, já estava chegando com os sinais da presença de Deus em seu ministério, por meio do Espírito Santo, para libertar as pessoas (Mateus 12:28; Lucas 4:18). Pedir que a vontade soberana de Deus seja feita "assim na terra como no céu" equivale a pedir que a presença do próprio Deus a realize. Deus se constitui tanto em doador como no próprio dom da vida (Atanásio). O reino de Deus vem com poder, mediante a presença divina, para fazer novas todas as coisas (Apocalipse 21:5).

O reino de Deus era visto na teologia liberal do século 19 como uma realidade ética e comunitária. No século 20, o desenvolvimento, desde Albert Schweitzer até Johannes Weiss, colocou novo destaque sobre o fator apocalíptico e a natureza sobrenatural do reino de Deus no Novo Testamento. As duas tendências são unilaterais e distorcidas. O reino de Deus consiste em um ato divino e, por isso, está fora do nosso alcance. Entretanto, o testemunho, a comunhão e a justiça na igreja, por meio dela e até mesmo fora de seu contexto, também fazem parte do reino de Deus. Este envolvia a nova criação na presença dinâmica de Cristo pelo Espírito Santo. Gregório de Nissa afirmou corretamente que Cristo é o Rei e o Espírito Santo é o reino.

O reino de Deus nos Evangelhos é, em primeiro lugar, uma presença redentora. Por isso, a transformação pelo reino de Deus indica que a nova vida não surge simplesmente da velha. João diz que somos nascidos do alto, não "por descendência natural, nem pela vontade da carne" (João 1:13). Entra-se na vida do reino por meio do renascer pelo Espírito (3:5). De modo parecido, Paulo observa que a carne e o sangue não podem herdar o reino de Deus, "nem o que é perecível pode herdar o imperecível" (1Coríntios 15:42,50). Moltmann observa que, do mesmo modo que o Cristo

---

[5] KASPER, Walter. *Jesus the Christ* (Mahwah: Paulist, 1976), p. 78.

ressuscitado não evolui a partir do Cristo crucificado, a nova criação não surge simplesmente da velha criação, nem evolui dela.[6] O caminho para a glória é a cruz, e nada passará por essa porta sem primeiro ser purificado e transformado pelo fogo refinador da própria presença de Deus. Para nós, isso pessoalmente significa: "Arrependam-se, e cada um de vocês seja batizado em nome de Jesus Cristo, para perdão dos seus pecados, e receberão o dom do Espírito Santo" (Atos 2:38).

Moltmann usa a categoria do *advento* divino ou vinda como essencial ao reino de Deus para destacar a transcendência do novo e sua descontinuidade em relação ao velho. No entanto, ele tem cuidado para não defender um sentido radical de descontinuidade, como se a vinda de Deus devesse ser definida como uma "interrupção", como o termo "intervenção" pode sugerir. Em vez disso, a categoria apropriada pode ser a de *conversão*. A vinda de Deus com poder para cumprir o reino em nosso meio é sentida na transformação da criação em nova criação ou em novas possibilidades de vida.[7] Qualquer deus que busque preservar as coisas como sempre foram não é o Deus das Escrituras hebraicas ou cristãs. Em vez disso, o presente se destaca do passado mediante a esperança no Deus que acolhe, mas que também transcende o momento histórico.

Prefiro a palavra "presença" à palavra "advento", já que, na presença divina, é possível ter acesso tanto à continuidade da vida cristã como à renovação contínua possibilitada por nosso relacionamento vivo com Deus. Afinal de contas, essa é a presença de um Deus vivo que nos encontra com novidade, bem como nos mantém na graça. Portanto, existe uma continuidade entre a velha e a nova criação do lado divino. Conforme observa Moltmann posteriormente: "O que é escatologicamente novo cria sua própria continuidade, já que não aniquila o antigo, mas reúne seus elementos e os recria".[8] Entretanto, a palavra "advento" ainda é útil, não somente porque é bíblica ("venha o teu reino"), mas também porque simboliza a transcendência e a novidade de nossa experiência do Deus que permanece em nós e dentro da história.

---

[6] MOLTMANN, Jürgen. *The Trinity and the kingdom* (San Francisco: Harper & Row, 1981), p. 28. [No Brasil: *Trindade e reino de Deus: uma contribuição para a teologia* (São Paulo: Vozes, 2011)].

[7] MOLTMANN, Jürgen. *The coming of God: Christian eschatology* (Minneapolis: Fortress, 1966), p. 22-3. Quanto ao reino de Deus como um conceito de nova criação, observe também BRIGHT, John. *The kingdom of God: the biblical concept and its meaning for the church* (Nashville: Abingdon, 1957).

[8] Ibid., p. 29.

Os milagres que acompanham o ministério de Jesus prefiguram a presença do reino como uma nova criação que não somente abandona a velha, mas também a renova (Lucas 4:18). O mesmo se diz a respeito dos sinais e maravilhas que podem acompanhar a proclamação do evangelho na atualidade (1Coríntios 2:4-5) e nossa aceitação dele pela fé (Gálatas 5:5). Esses milagres não se limitam a "interromper" a ordem natural (criando uma "brecha" nas "leis naturais"). É mais o caso de que a ordem natural é transformada de forma extraordinária ou tomada pelo Espírito de Deus para que passe a funcionar de forma extraordinária (de modos que transcendem as capacidades "comuns") como um sinal profundo de que toda a criação está sendo agraciada pela presença do Espírito Santo, que geme com a criação e permite que ela alcance a liberdade vindoura (Romanos 8:22).

A linha entre o ordinário e o extraordinário é realmente tênue, não por existirem sinais e maravilhas, mas porque toda a criação é agraciada pelo Espírito de Deus de um modo que não conhecemos. Portanto, pode-se dizer que o reino está tanto presente na criação, pelo modo que ela é agraciada por Deus, como "está a caminho", com um novo impulso para ativar os "poderes da era que há de vir" (Hebreus 6:5) no momento presente. O fato de que o que é novo não aniquila a criação, mas a transforma, aponta para a continuidade da identidade em Deus por toda a jornada espiritual do indivíduo. Deus tanto habita como continua a vir de novas maneiras. Conforme observa Moltmann: "Deus já define o presente e o passado à luz de sua chegada escatológica, uma chegada que remete ao estabelecimento de seu reino eterno e de sua habitação na criação renovada justamente para isso".[9]

Em outras palavras, na renovação da criação para a morada divina, pode-se dizer que Deus já está presente para estabelecer seu reino de amor e de vida, depondo o reino do pecado e da morte. Essa transformação em curso envolve um senso de permanência constante em Deus e de Deus em nós, já que, por enquanto, Deus habita em nós penultimamente, como amostra de sua habitação final em todas as coisas. O reino de Deus, que foi inaugurado de forma decisiva na vida, na morte e na ressurreição de Jesus, passa a ser uma dinâmica dentro da história por meio do derramamento do Espírito Santo, com vistas à habitação divina em toda a criação, de modo que todas as coisas sejam conformadas à imagem de Cristo.

---

[9] Ibid., p. 23.

Portanto, podemos dizer que o reino "já" está presente, mas também que "ainda não" está. Conforme observa Ladd, o reino de Deus representa seu governo soberano, inaugurado pela obra redentora de Cristo, mas que ainda se cumprirá na sua vinda em poder para fazer novas todas as coisas.[10] Por exemplo, as parábolas do reino no capítulo 13 de Mateus revelam um reino que, ao mesmo tempo, já se encontra no mundo e que "ainda não" se manifestou. O reino equivale a uma semente que ainda crescerá, tornando-se uma árvore (Mateus 13:31-32). A nova criação, no entanto, não se limita ao futuro. Na escatologia, o futuro coincide com o presente e reinterpreta o passado (alterando sua influência sobre nós). Na proclamação que Jesus faz do reino, "o presente e o passado estão entrelaçados de maneira inseparável".[11]

O Espírito Santo liberta a criação dos laços da história rumo a novas possibilidades de uma existência livre e escatológica. Nas palavras de Jan Lochman, o Espírito Santo é o grande "dialético", que leva a existência histórica à liberdade e à transcendência.[12] Portanto, é importante notar que a relação entre o agora e o "ainda não" não é estática, mas dinâmica. Esse dinamismo está enraizado no fato de que o reino nada tem a ver com um lugar, mas, sim, com a própria *vida*, a vida do Espírito de Deus (Mateus 12:28; Romanos 14:17), abrindo a criação a novas possibilidades de renovação e esperança.

A vida do reino equivale à do Espírito, na qual o governo de Deus vence ativamente as forças da escuridão e liberta a vida para uma esperança nova (Mateus 12:28). Logo, não se trata somente de um atributo divino, mas da participação da criatura, pela graça de Deus, na natureza divina. Por conseguinte, não se trata principalmente de uma religião, mas de uma vida em Deus, cheia do fruto do Espírito e dedicada à justiça de Deus na terra: "Pois o Reino de Deus não é comida nem bebida [isto é, leis dietéticas], mas justiça, paz e alegria no Espírito Santo" (Romanos 14:17).

De modo semelhante, Jesus exaltou as virtudes do reino de Deus, como a justiça, a misericórdia e a fidelidade, sobre as leis cerimoniais de Israel como o dízimo (Mateus 23:23). De acordo com Jesus, a pessoa vive a lei

---

[10] LADD, George Eldon. *The gospel of the kingdom*, p. 24.
[11] PANNENBERG, Wolfhart. *Theology of the kingdom of God* (Philadelphia: Westminster, 1969), p. 53.
[12] LOCHMAN, Jan Milic, in: BURI, F.; OTT, H.; LOCHMAN, J. M. (eds.). *Dogmatik im dialogue* (Gütersloh: Gütersolher Verlangshaus Gerd Mohn, 1973), 1:135.

em uma vida que assume o reino de Deus e sua justiça, e não por meio da dedicação às formas externas da religião. Se o Dia de Pentecostes, na época de Jesus, era uma celebração da entrega da Lei no Sinai, o derramamento do Espírito Santo passou a ser um símbolo poderoso do fato de que a devoção adequada a Deus, para a qual a Lei aponta, pode ser prefigurada pela presença libertadora do Espírito Santo.

A essência pneumatológica do reino de Deus nos dá uma pista da razão pela qual João Batista associou aquele que viria batizar no Espírito à vinda do reino. Por trás do anúncio de João, encontra-se a indicação de que o batismo no Espírito Santo inaugura o reino de Deus porque, pelo batismo, o Espírito é concedido para encerrar o tempo presente e implementar a transformação de todas as coisas. João sabia que seu batismo nas águas não tinha essa importância apocalíptica. Não estava em suas mãos a autoridade de enviar o Espírito Santo, nem de executar o juízo final, muito menos de santificar a criação. Ele não tinha a pá nem podia limpar a eira. Só o Messias poderia batizar com o fôlego divino ou nesse fôlego. Só o Messias tinha esse direito. Só Deus tinha esse direito.

Usando retórica profética, João diz algo parecido com as palavras de Jeremias no Antigo Testamento, no sentido de que Israel deve circuncidar o coração na expectativa de que Deus o transforme de pedra em carne por meio do Espírito Santo (Jeremias 4:4; cf. Ezequiel 36:26). De modo semelhante, João podia batizar com água ou em água como sinal de arrependimento, mas somente o Messias podia batizar no fôlego divino para juízo, purificação e vida nova. É por meio desse batismo no Espírito que o reino viria em juízo e purificação. A única coisa a se aguardar seria aquilo que o reino soberano de Deus estabelecesse.

Estou partindo do princípio de que João Batista tinha algo em mente, a respeito do batismo no Espírito Santo, além do juízo. Argumenta-se que João só faz alusão ao julgamento divino. O fôlego de Deus virá por meio da aparição escatológica do Messias para destruir a resistência contra o governo de Deus, do mesmo modo que o vento natural afasta a palha do trigo. Nada que se opõe ao governo de Deus subsistirá.[13] O batismo com o Espírito Santo "e com fogo" (Lucas 3:16) significaria a mesma coisa, o juízo escatológico de Deus mediante a vinda do reino de Deus: "Ele traz a pá em

---

[13] DUNN, James D. G. "Spirit-and-fire baptism", *Novum Testamentum* 14 (1972), p. 81-92.

sua mão, a fim de limpar sua eira e juntar o trigo em seu celeiro; mas queimará a palha com fogo que nunca se apaga" (v. 17).

Conforme Lloyd Neve indicou, o sopro divino no Antigo Testamento (especialmente em Isaías) pode referir-se ao poder da ira e do juízo divinos.[14] Observe a semelhança entre a descrição da ira de Deus contra as nações em Isaías e a linguagem de João Batista: "Seu sopro é como uma torrente impetuosa, que sobe até o pescoço. Ele faz sacudir as nações na peneira da destruição" (30:28). O versículo anterior (30:27) observa que a língua de Deus é um "fogo consumidor".

Não há dúvida de que esse juízo é proeminente na associação implícita de João entre o papel do Messias como aquele que batiza no Espírito Santo e seu papel de inaugurador do reino de Deus. Esse fato pode estar por trás da pergunta que João fez enquanto estava na prisão: se ele deveria esperar ou não que "outro" cumprisse o estabelecimento do reino de Deus na terra (Lucas 7:18-19). Quando predisse a vinda daquele que batizaria com o Espírito Santo, João não queria sugerir, a princípio ou de forma principal, que o Espírito curaria ou libertaria os doentes e os oprimidos. A dimensão carismática da inauguração do reino de Deus pelo Messias se revestiu de uma importância bem maior que a do reino que João esperava. Obviamente, a "ambiguidade funcional" dessa metáfora bíblica assumiria, em seu cumprimento messiânico e escatológico, um significado muito mais rico do que o próprio João havia percebido.

Entretanto, há conotações na descrição poética de João do batismo no divino Espírito Santo que apontam tanto a purificação e a restauração quanto o juízo. Afinal de contas, o trigo é armazenado em celeiros, enquanto a palha é afastada pelo sopro poderoso de Deus (Lucas 3:17). O "Espírito e o fogo" podem ter funcionado para João como metáforas coincidentes que significam juízo e restauração. Por isso, o testemunho do Evangelho de João interpretou a vinda do Espírito Santo e do reino por meio de Jesus como penultimamente cumprida em um "novo nascimento" do alto, fazendo com que a pessoa participe do reino vindouro de Deus (João 1:13; 3:5). Na verdade, a mensagem dos Evangelhos de que aquele que batiza no Espírito Santo já está trazendo o reino de Deus para a vida e para a experiência humana (Mateus 12:28; Lucas 4:18) legitima, de forma

---

[14] NEVE, Lloyd. *The spirit of God in the Old Testament* (Tokyo: Sheibunsha, 1972), p. 45, 51.

significativa, a esperança apocalíptica que até mesmo João Batista tinha: a de que o Messias trará o Espírito Santo para colocar um ponto-final ao tempo presente com o juízo e a purificação finais.

Lucas usa a questão do reino de Deus como o contexto para que se entenda o cumprimento do batismo no Espírito Santo. Por meio de seu relato, Jesus expõe o reino a seus discípulos como o cenário do anúncio de João Batista a respeito do vindouro batismo no Espírito Santo (Atos 1:3). Como observei, o livro de Atos, escrito por Lucas, confirma ainda mais o contexto apocalíptico do batismo no Espírito Santo, que proporciona o sopro escatológico de Deus necessário para inaugurar seu reino em poder, prefigurando seu cumprimento na história por meio da metáfora de "ser cheio" do Espírito Santo (cf. Atos 2:4). Essas palavras significam mais do que arrependimento e purificação. O anúncio de João a respeito do batismo no Espírito Santo seria cumprido de maneiras que ele não poderia imaginar.

Conforme observarei posteriormente, a igreja primitiva se concentrava no Jesus que ressuscitou dentre os mortos como aquele que concede o Espírito divino (João 20:22; 1Coríntios 15:45) para a nova criação pela habitação de Deus. A função de Jesus como aquele que batiza no Espírito Santo transcende o batismo de João, mas não o abandona por completo. O arrependimento e a purificação implicados no batismo de João são incorporados pelo batismo no Espírito Santo com um acréscimo bem importante, que é o fato de que o povo de Deus é batizado no Espírito para passar a ser um templo novo habitado pelo próprio sopro de Deus. O batismo no Espírito envolve arrependimento e vida nova, purificação e preenchimento. Como os membros da igreja de Jerusalém observaram em Atos 11:18, o batismo dos gentios no Espírito lhes proporcionou o "arrependimento para a vida".

Portanto, para Lucas, o batismo no Espírito Santo não se limitava a purificar, como o de João, mas também encher o templo com a presença santa de Deus. Todo o debate em Atos se relacionará com a possibilidade ou não de que os gentios sejam considerados puros para fazer parte da missão e da comunidade messiânica. Quando o sopro santo de Deus passa a habitar nos gentios como templos vivos, oferece-se uma prova positiva de que eles, de fato, foram purificados por Deus. A conclusão do primeiro grande concílio da igreja cristã, o Concílio de Jerusalém, sobre os gentios depois de seu batismo no Espírito Santo foi a de que, ao purificar o coração deles pela fé, Deus "não fez distinção alguma entre nós e eles" (Atos 15:9). A transformação do coração realizada pela habitação do Espírito divino, predita em Ezequiel 36:26, tinha acontecido. Agora, Deus reina no coração tanto do judeu como do gentio por meio do batismo no Espírito Santo.

De acordo com os textos lucanos, o batismo no Espírito não apenas santifica, mas também empodera para o testemunho. Esse empoderamento traz os cristãos à santa presença de Deus, em louvor e declaração de seus grandes feitos (Atos 2:4-5), e os leva para fora, para os confins da terra, para dar testemunho de Cristo, com muitos sinais extraordinários da presença divina para salvar (1:8; 10:38-39). Como observou Moltmann, a metáfora do sopro, como a da água, é usada na Bíblia para falar a respeito do Espírito Santo, a fim de remeter a movimento e transformação.[15] Por meio do Pentecoste, o sopro de Deus inspira no povo de Deus a presença santa de Deus e os "expira" pelo mundo todo para proclamar as boas-novas e continuar o ministério de libertação de Jesus entre os doentes e oprimidos. A plenitude penúltima do batismo no Espírito Santo, para Lucas, é semelhante a um chamado profético que nos aproxima do coração de Deus, em louvor e empatia profética, a fim de nos empoderar para testemunhar no mundo.

Para Lucas, o batismo no Espírito Santo não apenas purifica e faz com que ele nos habite, de modo que o povo de Deus possa constituir-se em um templo santo, mas também empodera, de modo que possamos agir como um testemunho vivo. A chama do Espírito que arde dentro do povo de Deus como um templo santo é uma chama que se espalha. Isso é o que os pentecostais destacam em sua definição do batismo no Espírito Santo. Não negarei essa definição; simplesmente a colocarei dentro de uma estrutura teológica mais ampla.

Na verdade, é interessante constatar que Lucas não mantém o batismo de "fogo", em sua descrição do cumprimento do batismo no Espírito Santo no Dia de Pentecostes, como uma realidade restauradora e capacitadora (Atos 1:8). As línguas de fogo em Atos 2:4 equivaliam, principalmente, a sinais da presença santa de Deus, sem o destaque para o juízo da predição de João Batista.[16] Dunn observou que a omissão lucana do batismo de fogo deve ter como motivo o fato de a morte de Jesus já ser um batismo de juízo em favor dos outros (Lucas 12:49-50; cf. Mateus 20:22-23), de modo que os

---

[15] MOLTMANN, Jürgen. *The spirit of life: a universal affirmation* (Minneapolis: Fortress, 1992), p. 278. [No Brasil: *O Espírito da vida: uma pneumatologia integral* (Petrópolis: Vozes, 2010)].

[16] MENZIES, Glen. "Pre-Lukan occurrences of the phrase 'Tongue(s) of Fire'", *Pneuma* 22:1 (primavera 2000), p. 27-60.

cristãos só podem receber o batismo no Espírito como uma presença divina purificadora, restauradora e empoderadora.[17] No entanto, Lucas não hesita em observar que o juízo ainda se encontra na perspectiva do derramamento do sopro santo de Deus sobre toda a carne, porque haverá sinais na terra e no céu do grande Dia do Senhor quando esse derramamento alcançar seu cumprimento definitivo. O batismo no Espírito Santo é dirigido a *toda a carne*, não somente a todos os povos, mas a qualquer pessoa que invoque o nome do Senhor como primícias da renovação da criação em meio à revolução cósmica ("maravilhas em cima no céu" etc., Atos 2:17-21). A princípio, os seguidores de Jesus foram "batizados" no Espírito Santo em Pentecoste, mas Lucas ainda vê o batismo no Espírito como um derramamento final que tem como seu ápice o Dia do Senhor. No capítulo 2 de Atos, o batismo no Espírito ocorre "já" e "ainda não".

Muitos pentecostais podem não estar acostumados com um entendimento sobre o batismo no Espírito Santo tão cósmico ou escatológico. Entretanto, o batismo no Espírito como conceito escatológico e do reino tem essa importância cósmica conforme seu contexto teológico neotestamentário. Aprendi, com o grande Ernst Käsemann que existe um vínculo inseparável entre redenção/empoderamento pessoal e renovação cósmica no contexto teológico apocalíptico da obra do Espírito Santo no Novo Testamento, o que torna impensável restringir nossas categorias pneumatológicas às circunstâncias pessoais, existenciais ou até mesmo eclesiais (cf. Romanos 8:18-25). Este livro representa esforço semelhante em relação ao batismo no Espírito Santo. Se o anúncio que João Batista faz de Jesus como aquele que batiza no Espírito situar-se no contexto sugerido por Mateus 3 e Atos 1, será necessário desenvolver o batismo no Espírito Santo à luz do contexto apocalíptico da vinda do reino de Deus com poder dentro de toda a criação.

É claro que, conforme já observamos, a experiência pneumatológica do reino de Deus no tempo presente, especialmente em Lucas, ratifica, de forma considerável, o contexto apocalíptico. Durante minha pesquisa, o que me impressionou foi o modo pelo qual a plenitude divina que representava a ênfase lucana e a transformação cósmica implicada na esperança apocalíptica se juntaram, em Paulo, sob o símbolo do Pentecostes e do batismo

---

[17] DUNN, James D. G. *Baptism in the Holy Spirit: a re-examination of the New Testament teaching on the gift of the Holy Spirit in relation to Pentecostalism today* (London: SCM, 1970), p. 42-3.

no Espírito. Nessa perspectiva, preste muita atenção àquilo que Paulo diz nesta passagem que pode ser tomada como sua descrição do Pentecoste:

> E a cada um de nós foi concedida a graça, conforme a medida repartida por Cristo. Por isso é que foi dito:
>
> > "Quando ele subiu em triunfo às alturas,
> > levou cativo muitos prisioneiros,
> > e deu dons aos homens".
>
> (Que significa "ele subiu", senão que também descera às profundezas da terra? Aquele que desceu é o mesmo que subiu acima de todos os céus, *a fim de encher todas as coisas*.) (Efésios 4:7-10, grifo nosso)

Observe que a ascensão de Cristo e a concessão do Espírito Santo e de seus dons à igreja (o símbolo do Pentecoste) têm como objetivo final que Cristo "encha todas as coisas" com a sua presença. Visto como um conceito escatológico, o Pentecoste passa a ser um símbolo que não se limita ao sopro divino, preenchendo e empoderando o povo de Deus de forma carismática, mas que também fala sobre ele habitando toda a criação. Não se deve ignorar a descrição que Paulo faz do cumprimento penúltimo do batismo no Espírito Santo como a experiência do Espírito na iniciação da pessoa ao corpo de Cristo (1Coríntios 12:13), mas Paulo também encontra no Pentecoste o símbolo da habitação de Cristo em todas as coisas pelo Espírito de Deus. Assim, o reino envolve a igreja de forma central, mas também a transcende.

Para Paulo, o que o Pentecoste e a transformação que culmina na habitação divina em toda a criação têm a ver com o reino de Deus? Em suas palavras, o reino de Deus e a habitação divina na criação convergem para a libertação final da criação do domínio da morte (a escravidão ao pecado e à morte), para o domínio libertador da vida. Portanto, o objetivo definitivo do batismo no Espírito Santo acaba sendo também o objetivo do reino de Deus: o domínio final da vida sobre a morte, já que toda a criação passa a ser o lugar da morada do Espírito Santo de Deus. Observe como Paulo associa o cumprimento do reino a Deus finalmente habitando todas as coisas:

> Pois da mesma forma como em Adão todos morrem, em Cristo todos serão vivificados. Mas cada um por sua vez: Cristo, o primeiro; depois, quando ele

vier, os que lhe pertencem. Então virá o fim, quando ele entregar o Reino a Deus, o Pai, depois de ter destruído todo domínio, autoridade e poder. Pois é necessário que ele reine até que todos os seus inimigos sejam postos debaixo de seus pés. O último inimigo a ser destruído é a morte [...] Quando, porém, tudo lhe estiver sujeito, então o próprio Filho se sujeitará àquele que todas as coisas lhe sujeitou, *a fim de que Deus seja tudo em todos* (1Coríntios 15:22-26,28, grifo nosso; cf. Romanos 8:14-25).

Essa passagem termina com uma descrição do cumprimento do reino de Deus: "a fim de que Deus seja tudo em todos" (1Coríntios 15:28), ou seja, que o governo de Deus se manifeste completamente por toda a criação, por meio do Filho como aquele que concede o Espírito para que habite em todas as coisas. No cumprimento do reino, Deus liberta a criação do domínio da morte, habitando todas as coisas com a vida eterna. O apóstolo João relata uma visão parecida a respeito do fim. Quando o reino de Deus se cumpre, na descida da nova Jerusalém do céu, Deus faz seu tabernáculo na criação (Apocalipse 21:3). Deus proclama a partir do seu trono: "Estou fazendo novas todas as coisas!" (21:5). A teologia do templo é ampliada para abarcar o povo de Deus e, em última instância, toda a criação.

Deus reina sobretudo ao libertar a criação da morte para a vida, uma libertação que prefiguramos no "arrependimento para a vida" (Atos 11:18), em nossa participação penúltima no batismo do Espírito. Somos cheios do Espírito Santo numa prefiguração da habitação divina em toda a criação. Embora Deus já permeie toda a realidade (Atos 17:28; Colossenses 1:17), o objetivo final da habitação divina tem um significado redentor: que toda a criação seja trazida para a "vida eterna" ou para o relacionamento filial entre Jesus e seu Pai (João 17:4), sendo transformada à imagem do Cristo ressuscitado. Por isso toda a criação foi feita pelo e para o Filho (Colossenses 1:15-16). O reino de Deus vem, mediante a presença divina, na transformação de todas as coisas pelo Espírito Santo, conforme a imagem de Cristo.

Essas passagens escatológicas unem, com grande beleza, o reino de Deus e o preenchimento divino implicado no batismo no Espírito Santo e no símbolo do Pentecoste. Não negarei a ideia de Moltmann de que o reino de Deus consiste em uma metáfora histórica e política. Por essa razão, ele precisa ampliá-lo com uma visão de transformação cósmica.[18]

---

[18] MOLTMANN, Jürgen. *The coming of God*, p. 132.

Entretanto, segundo a minha leitura do Novo Testamento, o cumprimento do reino, quando é definido de forma mais ampla, engloba a transformação cósmica. Também é possível ampliar a metáfora do reino com uma noção mais pessoal de união com Deus ou participação em Deus.

É interessante constatar, conforme observou H. Richard Niebuhr, que o reino de Deus tem sido o aspecto distintivo do protestantismo, mas é a união com Deus a principal ênfase do catolicismo.[19] De modo semelhante, Stanley Grenz reconheceu que a predominância do tema do reino de Deus no século 20 apresenta um componente de ambiguidade que exige outros conceitos na busca do pesquisador para elaborar um princípio integrador da teologia. Grenz deseja unir tanto o reino como a comunhão para formar um princípio mutuamente esclarecedor, em torno do qual seja possível discutir outros *loci* teológicos.[20] Na verdade, conforme observaremos, o reino como uma realidade estabelecida mediante o derramamento da presença de Deus implica que o reino é conduzido pelo amor e pela comunhão. Especialmente à luz do contexto trinitário do reino de Deus e do batismo no Espírito, podemos desenvolver a ideia de que a comunhão do amor de Deus que transforma a vida é o núcleo do reino de Deus estabelecido por meio do batismo no Espírito.

Essa ampliação não substitui o tema do reino de Deus nas Escrituras, mas acaba completando-o. Outra declaração importante para nossa época é a de K. Blaser, que afirma ter sido o reino de Deus o problema teológico central do século 20.[21] No que diz respeito à transformação cósmica, Paulo expande a metáfora do reino para descrever exatamente a nova criação em sua vastidão, como acabamos de observar. O pecado e a morte são vistos como poderes alheios que submetem a criação ao reino da escuridão, enquanto o transformador reino de Deus conduz a criação ao domínio da vida. Esse novo domínio é o reino de Deus consumado, que vem em poder para depor os poderes do pecado, da doença e da morte, e preencher toda a criação com a própria presença do Espírito de Deus, a vitória definitiva da vida sobre a morte, o governo da vida depondo o da morte (cf. Romanos 8:18-25).

---

[19] Isso faz parte da tese principal do livro de NIEBUHR, H. Richard. *The kingdom of God in America* (Middletown: Wesleyan University Press, 1988).

[20] GRENZ, Stanley J. *Revisioning evangelical theology: a fresh agenda for the 21st century* (Downers Grove: InterVarsity Press, 1993), p. 137-62. Agradeço a Gary Tyra, meu colega na Vanguard University, por me chamar a atenção para essa referência.

[21] BLASER, K. "Mission und Erweckungsbewegung", in: BRECHT, M. et al. (eds.). *Pietismus und neuzeit* (Göttingen: Vandenhoeck & Ruprecht, 1981), p. 144.

Já que o reino de Deus tem essência pneumatológica, o amor, mais precisamente o amor entre o Pai e o Filho e pela criação, também faz parte dele. Já que o reino é manifestado pela presença amorosa e redentora de Deus, a participação na própria presença de Deus também faz parte dele. A implementação do governo de Deus equivale ao cumprimento definitivo do batismo no Espírito. Como seres cheios do Espírito e comprometidos com a vida de Cristo, somos precursores da nova criação vindoura e do reino de Deus que há de se cumprir: "Mas se é pelo Espírito de Deus que eu expulso demônios, então chegou a vocês o Reino de Deus" (Mateus 12:28).

Todas as nossas categorias soteriológicas e carismáticas alcançam sua coerência no casamento entre o reino de Deus e o batismo no Espírito Santo, que se inicia na mensagem de João Batista e se cumpre, com diferentes nuances, em outras passagens do Novo Testamento. Os pentecostais intuíram esse casamento, destacando a experiência do batismo no Espírito como a presença de Deus com o propósito de nos empoderar para o testemunho de Cristo como aquele que vence o pecado, a doença e a morte. Desde longa data, os pentecostais associaram o batismo no Espírito Santo aos sinais e às maravilhas da inauguração do reino de Deus que prefiguram a nova criação.

Por conseguinte, um entendimento "carismático" do batismo no Espírito Santo se opõe à redução do cristianismo a um culto antropocêntrico em torno da redenção como o que se tinha nas antigas religiões de mistério ou gnósticas. Os debates a respeito da "iniciação" cristã, compreendida como redenção pessoal ou até mesmo como incorporação à graça da igreja, exigem o entendimento pentecostal do batismo no Espírito Santo como um empoderamento e uma força vocacional para ampliar as fronteiras da discussão. O batismo no Espírito Santo está longe de constituir um ritual secreto de iniciação que faça a distinção entre "nós" e "eles".

O batismo no Espírito é uma força libertadora que alinha nossa vida com o governo amoroso de Deus no mundo. Ele se cumpre na renovação da criação, com sinais apocalípticos no céu e na terra. Até então, filhos e filhas, ricos e pobres, jovens e idosos são envolvidos no serviço libertador do governo amoroso de Deus para sua glória (Atos 2:17-21). Esse batismo constitui a igreja, estimulando-a a fazer missões em nome do reino. Entretanto, também transcende a igreja justamente por inaugurar o reino.

Embora o batismo no Espírito Santo envolva questões pessoais, não se limita a isso. A totalidade da criação está destinada a ser habitada por Deus para glorificá-lo e desfrutá-lo para sempre. Portanto, o reino está presente na atualidade, libertando e transformando em todas as dimensões da vida. Pelo Espírito, os pobres recebem esperança, os coxos andam e os cegos veem (Lucas 4:18). O objetivo holístico da obra do Espírito Santo é pessoal, relacional e até mesmo político. A rigor, o reino é uma metáfora parcialmente derivada da política. Envolve o cumprimento das aspirações humanas pela nova Jerusalém na terra e pela iluminação espiritual, a intimidade com Deus, a justiça universal e a misericórdia nos relacionamentos humanos que a nova pólis de Deus inspira. O cumprimento do reino de Deus na nova criação é retratado como um templo no qual Deus habita, mas também como uma cidade ou sociedade governada pela vida, pelo amor e pela justiça (Apocalipse 21:1-5).

Caminhando na direção desse cumprimento escatológico, o reino de Deus apresenta uma justiça que alinha a vida com os "preceitos mais importantes da lei" (Mateus 23:23). A misericórdia e a justiça de Deus se constituem nos valores do reino que desejamos e priorizamos em nossa vida. "Busquem, pois, em primeiro lugar o Reino de Deus e a sua justiça", e todas as coisas serão providenciadas para o dia o dia na expectativa da vitória final da vida sobre a morte e da justiça sobre a injustiça.

O reino de Deus também é o reino de Cristo, porque ele é a Palavra encarnada e o principal portador do Espírito Santo. Ele inaugura o reino de Deus em sua pessoa e obra tanto como o Filho santificado quanto como o Cristo carismático. O poder transformador do reino, portanto, tem um objetivo e uma dimensão *cristoformes*. O território do Espírito Santo e do reino é o campo da presença cada vez mais diversificada do Cristo que ressuscitou e ascendeu aos céus. Trata-se também do território do Cristo crucificado, significando que ele se cumpre entre nós no poder do Cristo ressuscitado, quando levamos as cargas uns dos outros e alcançamos outras pessoas em solidariedade às vítimas que sofrem em todos os lugares. Portanto, o reino tem sua raiz eterna na relação amorosa entre o Pai e o Filho no Espírito Santo. O batismo no Espírito Santo nada mais é que a vontade do Pai de habitar a criação por meio do Espírito Santo, para que, pelo Espírito, a criação possa participar do relacionamento entre o Pai e o Filho (João 17:20-23).

Então, já fica óbvio que chegou o momento de especificar o batismo no Espírito Santo de forma mais trinitária. Para fazer isso, temos de começar com a função do Espírito Santo no surgimento da fé em Jesus como Salvador e fonte da nova vida.

BATISMO NO ESPÍRITO SANTO
E A FÉ QUE A IGREJA TEM EM JESUS

O batismo no Espírito Santo pode ser visto como de inspiração decisiva para o desenvolvimento da confissão primitiva de fé da igreja. Não deve ser tomado somente como o principal elemento distintivo da teologia pentecostal, mas também como implicitamente fundamental para a confissão que a igreja faz de Cristo como o enviado do Pai para transformar todas as coisas por meio do Espírito Santo. Por terem redescoberto a metáfora do batismo no Espírito Santo, os pentecostais em geral podem ajudar a igreja ocidental a apreciar, com maior profundidade, uma característica um tanto negligenciada pela primitiva confissão de Jesus como Senhor. No fim das contas, a importância do pentecostalismo pode demonstrar envolver bem mais do que um simples fortalecimento da vida cristã.

Reflita sobre o seguinte: todos os quatro Evangelhos anunciam a importância da vinda do Messias no papel daquele que batiza no Espírito Santo. O leitor, desde o princípio do cânon do Novo Testamento, é impactado por uma reivindicação cristológica sem precedentes. Em nenhuma passagem do Antigo Testamento ou na expectativa messiânica judaica, o Messias é esperado como o agente de transmissão ou de derramamento do Espírito Santo. Com base nisso, Atos começa de forma apropriada com Jesus afirmando a caracterização que João Batista faz do Messias como aquele que batiza no Espírito Santo (1:5-8). O restante de Atos pode ser visto como um esforço de adequação teológica a esse entendimento de Cristo, especialmente nos termos da nova unidade no Espírito alcançada entre judeus e gentios.

Não é incidental, para a mensagem de Atos, que o Concílio de Jerusalém se tenha encontrado com o propósito de discutir as consequências do batismo no Espírito Santo para a inclusão dos gentios na comunidade messiânica com base na fé compartilhada por judeus e gentios (Atos 15). Ao descrever o caminho para o Concílio de Jerusalém, Atos 11:16-17 se refere especificamente à designação, feita por João Batista, de Jesus como aquele que batiza no Espírito Santo, apresentada em Atos 1:5-8 para justificar a inclusão dos gentios nas bênçãos do Espírito escatológico pela fé em Cristo. Os primeiros cinco livros do Novo Testamento podem ser vistos como desempenhando um papel semelhante àquele desempenhado pelo Pentateuco no Antigo Testamento, que é definir o evangelho como algo que será explicado pelo restante do Novo Testamento. Todos esses livros básicos destacam o batismo no Espírito Santo como a característica central da identidade de Jesus como Messias e a base cristológica para a fé da igreja que une judeus e gentios.

No entanto, o batismo no Espírito Santo, na visão de Atos, significa que a igreja costumava encontrar sua essência e unidade em Cristo como aquele que concede o Espírito Santo, não na lei judaica. Essa ideia era inspiradora para a formação da fé inicial da igreja. Para os primeiros judeus cristãos, era nada mais nada menos que uma mudança de paradigma muito importante. É apenas por estarmos tão separados do debate primitivo sobre as condições adequadas à inclusão dos gentios na comunidade messiânica que não conseguimos enxergar como o batismo no Espírito era tão importante para a aceitação inicial dos gentios pela igreja dentro dos limites estritos de uma confissão, no Espírito, de Cristo como Senhor (1Coríntios 12:1-3).

Parece que a questão palpitante para as igrejas do primeiro século tinha a ver com o batismo no Espírito Santo, ou as consequências de se receber o Espírito Santo pela fé em Cristo, e não por obediência à lei. Em outras palavras, a questão tinha a ver com as implicações inerentes ao papel de Jesus como aquele que batiza no Espírito para a identidade e a missão cada vez mais diversificada da igreja. Em continuidade ao Concílio de Jerusalém, Paulo isolou a questão da recepção do Espírito Santo da parte de Cristo "somente pela fé" como chave para se entender a revelação do evangelho que lhe foi confiado e que foi proclamado pelos apóstolos (Gálatas 3:1-5; 1:6-9). Paulo chega ao ponto principal de sua defesa do evangelho em Gálatas quando pergunta: "Gostaria de saber apenas uma coisa: foi pela prática da lei que vocês receberam o Espírito, ou pela fé naquilo que ouviram?" (3:2).

Conforme demonstrou Charles Cosgrove, é a recepção do Espírito Santo pela fé que representa a questão principal no esforço de Paulo para definir o evangelho em Gálatas.[22] O que importava para Paulo não era a circuncisão, mas a nova criação (Gálatas 6:15), porque o modo pelo qual alguém entra na esfera do Espírito, ou do favor divino, era a questão palpitante dessa carta de Paulo. Para Paulo, Jesus nos redimiu da maldição da lei "para que em Cristo Jesus a bênção de Abraão chegasse também aos gentios, para que recebêssemos a promessa do Espírito mediante a fé" (3:13-14). Na verdade, a vida do Espírito que é recebida pela fé em Cristo consiste na prin-

---

[22] COSGROVE, Charles *The cross and the Spirit: a study in the argument and theology of Galatians* (Macon: Mercer University Press, 1989), p. 40-5.

cipal característica da participação da igreja no reino de Deus para Paulo (Romanos 14:17). Sob todos os aspectos, o Concílio de Jerusalém chegou, essencialmente, a um acordo. Os judeus e os gentios eram unidos por sua fé em Jesus como aquele que batiza no Espírito.

Gostaria de destacar o fato de que o reino de Deus estava presente em Cristo e em sua proclamação por meio do Espírito Santo (Mateus 12:28), que também foi aquele que o ressuscitou (Romanos 1:4). Ele foi ressurreto para quebrar as cadeias do pecado e da morte e para transmitir o Espírito da nova vida. Esses fatos remetem à convicção neotestamentária de que é principalmente Jesus, o Comunicador da nova vida, que deu origem à ênfase da igreja *nele* como objeto de adoração e meio pelo qual Deus redime a criação. Como Kilian McDonnell observou: "A mediação universal do Espírito Santo possibilita que Cristo seja o centro do evangelho".[23] Infelizmente, uma negligência crescente quanto à importância do Espírito Santo na identidade de Cristo como o Senhor da salvação se deu a partir do segundo século por causa da reação da igreja aos adocionistas, que viam Jesus simplesmente como um homem inspirado pelo Espírito Santo. Esse ofuscamento da cristologia do Espírito pela cristologia do Logos é amplamente conhecido.

Trata-se de algo irônico, já que especialmente João, a principal voz neotestamentária por trás do desenvolvimento da cristologia do Logos, vincula, de forma implícita, Jesus como o Logos do Pai (João 1:1-14), tendo sua identidade como fonte da vida (1:13; 3:16; 10:10; 11:25-26), ou como aquele que sopra o Espírito de Deus para a redenção (20:22), da forma que Deus inspirou o sopro de vida na criação da humanidade (Gênesis 2:7). A caracterização do sopro ou do derramar do Espírito de Deus como atividade divina se encontra bem destacada na memória de Israel (p. ex., Gênesis 2:7; Joel 2:28). Esse é o motivo pelo qual o detalhe de o Messias ser aquele que transmite o Espírito não fazia parte da expectativa messiânica. Embora os judeus esperassem que o Messias fosse ungido pelo Espírito Santo (p. ex., Isaías 61:1-3), a ideia de que o Messias transmitiria o batismo no Espírito Santo não tem precedentes no judaísmo. Essa prerrogativa era atribuída a Deus nos escritos judaicos antigos.

---

[23] McDonnell, Kilian. *The other hand of God*, p. 206-7.

Pannenberg observou de forma convincente que as declarações cristológicas posteriores sobre a preexistência do Filho com o Pai se desenvolveram a partir da proclamação primeira de Jesus como aquele que ressuscitou dentre os mortos.[24] Desejo observar que a ênfase na ressurreição de Jesus inclui o conceito daquele que ressuscitou dentre os mortos *para conceder o Espírito Santo*: "Assim está escrito: 'O primeiro homem, Adão, tornou-se um ser vivente'; o último Adão, espírito vivificante" (1Coríntios 15:45). Os anúncios da vinda do Messias como aquele que batiza no Espírito Santo, nos Evangelhos, representam uma sombra que vem da importância da ressurreição. Aliás, seria possível dizer que Jesus como aquele que batiza no Espírito é um privilégio cristológico singular dos Evangelhos, porque prefigura e cumpre o propósito principal da ressurreição, que é fazer de Jesus um "espírito vivificante" (15:45).

Desse modo, o batismo no Espírito Santo desempenha papel fundamental na definição da essência pneumatológica da obra de Cristo de encaminhar o reino de Deus, preparando o cenário para a conclusão da igreja de que o Deus desse reino subsiste como Pai, Filho e Espírito Santo. Afinal de contas, o conceito de Deus como Pai não era totalmente alheio ao judaísmo, nem mesmo a ideia de uma presença divina por meio do sopro poderoso de Deus. É Deus Filho, como aquele que batiza no Espírito, que passou a ser o único vínculo entre o Pai e o Espírito Santo e, de forma indireta, com a doutrina da Trindade.[25]

Portanto, por um lado, pode-se dizer que a divindade de Cristo foi deduzida, em boa parte, de sua ressurreição dentre os mortos como "espírito vivificante" (1Coríntios 15:45). A pessoa de Jesus como a Palavra do Pai encarnada (João 1:14) pode ser vista do mesmo modo que se vê sua pessoa como o homem que foi ressuscitado segundo o Espírito Santo para ser o Senhor que transmite o próprio sopro de Deus (João 20:22). De modo similar, o Jesus que foi concebido no ventre de Maria pelo Espírito Santo (Lucas 1:35) pode ser visto, em sua própria interpretação, como aquele que ressuscitou para revestir os discípulos com o Espírito de Deus (Lucas 24:49). Um aspecto

---

[24] PANNENBERG, Wolfhart. *Systematic theology*, 3 vols. (Grand Rapids: Eerdmans, 1998-), v. 1, p. 265. [No Brasil: *Teologia sistemática* (São Paulo: Paulus, 2009). 3 v.].
[25] Gostaria de agradecer a Jerry Camery-Hoggatt, meu colega na Vanguard University, por plantar a semente dessa ideia em minha mente. Ele me mostrou que os conceitos de Deus tanto como Pai quanto como fôlego se encontram no Antigo Testamento, mas não se pode dizer o mesmo do conceito de Deus como Filho.

importante da identidade de Jesus como Salvador (e, por isso, identificável como Senhor) reside no fato de que ele foi ressuscitado para comunicar o Espírito Santo. Esse é o motivo pelo qual é somente pelo Espírito Santo que podemos confessar Jesus como Senhor, porque foi pelo próprio Jesus que o Espírito foi concedido como testemunha viva desse senhorio. A essa altura, podemos adotar a tese de Pannenberg de que a divindade de Jesus era lida historicamente a partir do evento da ressurreição de Cristo como aquele que recebeu o privilégio de conceder o Espírito de Deus em nome do Pai.

A ressurreição apenas não é suficiente para levar a igreja a uma confissão da unidade ontológica de Cristo com o Pai. Também é objetivo da ressurreição, mais propriamente, fazer de Jesus aquele que transmite o Espírito da nova vida que vem do Pai, o que sugere essa unidade. A rigor, somente Deus pode transmitir o sopro divino. Agostinho disse a seguinte frase memorável a respeito de Cristo: "Então, como pode aquele que concede o Espírito não ser Deus? Com efeito, como é necessário que aquele que concede Deus seja o próprio Deus! Nenhum de seus discípulos jamais concedeu o Espírito Santo; eles oravam para que ele pudesse vir sobre aqueles em quem impunham as mãos [...] Ele o recebeu como homem, mas ele o derramou como Deus" (A Trindade, 15.46). De forma implícita, a igreja teve de rejeitar a heresia adocionista do século 2, porque um homem inspirado pelo Espírito Santo que não se identifica com o Deus que é Senhor da Salvação não pode comunicar o Espírito Santo. O Cristo adocionista reside do nosso lado do relacionamento entre o Salvador e a pessoa salva e, por esse motivo, não pode transmitir seu Espírito para os outros, não pode salvar e nem mesmo fundar uma igreja. Jesus não pode passar da categoria de salvo para Salvador se não for a pessoa que não somente recebeu o Espírito Santo, mas que também concedeu o sopro divino. Portanto, a unção de Jesus teria de envolver a encarnação para que ele passasse a ser, pela ressurreição, aquele que transmite a vida do Espírito Santo para outras pessoas.

A primeira regra de fé na igreja se baseava nas confissões e fórmulas de batismo primitivas. Certamente, foi no batismo de Jesus que Cristo foi ungido de forma pública e dramática como aquele que seria o Filho de Deus, predito como aquele que batizaria com o Espírito Santo. A alocação batismal da regra de fé olha implicitamente para o Cristo batizado como aquele que recebeu o Espírito Santo para depois concedê-lo. Sem essa lembrança em sua base, o batismo cristão como evento para confessar a regra de fé perderia toda a importância. Conforme observou Pannenberg, é a presença do Espírito Santo no batismo de Jesus e sua nomeação como o Cristo que preservou a igreja do binitarismo.[26]

De certo modo, a confissão posterior de Niceia a respeito da união ontológica de Jesus com o Pai tinha um vínculo histórico (pelo menos de forma implícita) com a observação da igreja de que o Senhor ressuscitado soprou ou transmitiu o próprio sopro de Deus à igreja, uma atividade designada por todos os quatro Evangelhos e pelo livro de Atos como um batismo no Espírito Santo. Sem a função de Jesus como aquele que concede o Espírito, a ressurreição perderia seu objetivo escatológico e o relacionamento de Jesus com seu Pai celestial perderia sua mais forte indicação.

Portanto, não devemos nos admirar de que a ortodoxia trinitária encontre suas raízes, no primeiro século, no papel de Jesus como Senhor ressuscitado para batizar no Espírito Santo e inaugurar o reino de Deus em nome do Pai. Toda a história de Jesus como ungido pelo Espírito Santo para ser a Palavra do Pai situa o evento culminante da ressurreição de Cristo como "espírito vivificante". Com isso, não estamos afirmando nenhuma cristologia docética, já que Cristo derramou o Espírito Santo como homem ressuscitado e glorificado para a renovação da criação. O batismo no Espírito Santo aponta uma visão do reino de Deus tanto como ação divina quanto como renovação da criação em Deus.

Tudo o que sabemos sobre a vida triúna de Deus vem da trajetória dessa história de Jesus, desde sua concepção pelo Espírito no ventre de Maria (como enviado do Pai) até sua ressurreição para conceder o Espírito e inaugurar o reino de Deus em poder de forma decisiva. A identidade triúna de Deus, como uma vida aberta que suporta o sofrimento, redime e inaugura o reino de Deus, é lida, pelo menos de forma implícita, na história de Jesus como aquele que batiza no Espírito Santo. Quando Moltmann afirmou que a teologia trinitária nada mais é que uma teologia "batismal", na minha opinião ele estava dizendo mais do que talvez quisesse dizer.[27]

O que acabo de explicar dá a entender que o batismo no Espírito Santo pode providenciar a pentecostais de todas as tradições um modo de contribuir com sua ênfase única nessa metáfora poderosa, especialmente com relação à diversidade e à plenitude carismática, para uma fé ortodoxa vigorosa, da qual também façam parte outras vozes cristãs. Refiro-me aqui a uma fé ortodoxa

---

[26] PANNENBERG, Wolfhart. *Systematic theology*, v. 1, p. 268.
[27] MOLTMANN, Jürgen. *The Trinity and the kingdom*, p. 90.

baseada na vontade do Pai como Criador, centrada no Filho como aquele que batiza no Espírito Santo e inaugura o reino de Deus, e ricamente orientada para a vida do Espírito escatológico que conduz a criação a ser a habitação final de Deus. Com sua resistência a esse *Geistvergessenheit* do Ocidente,[28] essa ortodoxia seria orientada implicitamente tanto à "ortopatia" (os afetos corretos na espiritualidade e no culto) como à "ortopraxia" (o viver correto em santidade, testemunho vibrante e participação na justiça social). Já que o cenário para nossa fé comum não é somente a igreja, mas também o governo de Deus no mundo (que é o reino), nossa fé também se abre para o testemunho do Espírito Santo fora dos limites da igreja.

A essa altura, já deve ter ficado óbvio que nenhuma teologia do batismo no Espírito Santo é completa sem uma explicação de sua estrutura trinitária. A definição de Cristo como rei e do Espírito como reino requer uma explicação trinitária. Também creio que seria produtivo observar a teologia trinitária pelo prisma do batismo no Espírito Santo em relação com o reino vindouro. Passaremos a discutir exatamente isso.

BATISMO NO ESPÍRITO SANTO COMO UM ATO TRINITÁRIO

Qual é a estrutura trinitária do batismo no Espírito Santo? Como o vínculo bíblico entre o batismo no Espírito Santo e o reino de Deus nos ajuda a responder a essa pergunta? Já que os pentecostais não dão muito destaque ao Pai na criação, sendo mais orientados à obra escatológica da nova criação em Cristo e no Espírito Santo, geralmente confrontam a estrutura trinitária para o batismo no Espírito Santo por meio de questões sobre a relação entre a Palavra e o Espírito. Nesse contexto, todos os pentecostais reconhecem que o Espírito Santo é o agente pelo qual somos incorporados a Cristo e regenerados. Na busca de um modo de diferenciar a habitação do Espírito Santo do empoderamento carismático, alguns pentecostais criaram uma distinção entre o Espírito Santo nos batizando em Cristo, na regeneração (1Coríntios 12:13), e Cristo nos batizando no Espírito, no batismo no Espírito Santo, como poder entre os cristãos para o testemunho (Atos 1:8).

Essa diferenciação passa a ser metafórica pelo modo que o batismo no Espírito reflete a plenitude da experiência espiritual que, supostamente, não é característica de uma existência anterior "em Cristo". Isso faz lembrar a

---

[28] Ou seja, o fato de que, na igreja ocidental, todos os teólogos esqueceram ou abandonaram a doutrina do Espírito Santo.

premissa medieval de que os místicos e os ascéticos experimentavam uma plenitude maior do Espírito do que os cristãos comuns. Os pentecostais, no entanto, vincularam essa plenitude maior principalmente aos que estão envolvidos pelo impulso missionário global do Espírito Santo. Apesar de as premissas elitistas não terem lugar no corpo de Cristo, acaso não existe um fundo de verdade nessa pressuposição pentecostal? Não é verdade que cristãos (sejam eles pentecostais ou não) que se envolvem no ministério carismático e em missões no mundo experimentam o Espírito Santo com uma plenitude maior do que aqueles que simplesmente esquentam o banco das igrejas aos domingos?

Mas ainda é preciso tratar das premissas elitistas do avivalismo pentecostal. Dale Bruner observou que a diferença entre a habitação do Espírito Santo e o batismo questiona a suficiência de Cristo para a vida espiritual.[29] Paulo diz que toda sorte de bênçãos espirituais está em Cristo (Efésios 1:3). Portanto, não é possível haver estágios de bênção espiritual "além" da fé em Cristo. No entanto, os pentecostais podem responder que Cristo é suficiente para a vida cristã exatamente porque é dele e nele que recebemos o Espírito Santo (Gálatas 3:1-5) e experimentamos o Espírito Santo com uma plenitude cada vez maior. Portanto, não existe necessariamente contradição entre dizer que Cristo é totalmente suficiente para a vida cristã e afirmar que os crentes devem buscar maior "plenitude" da obra do Espírito Santo, operando por meio de nós da parte de Cristo e em Cristo.

Alguém poderia argumentar que, em geral, os pentecostais não pretendem buscar uma experiência com o Espírito Santo "além de Cristo", ainda que suas palavras deem essa impressão, com resultados negativos (conforme observei em um dos capítulos anteriores). Parece-me que o desafio em questão é afirmar que Cristo é o ponto de partida e o objetivo final de nossa vida no Espírito e que podem acontecer experiências novas com o Espírito de Cristo dentro dessa estrutura escatológica. Afinal de contas, nessa liberdade escatológica, o Espírito Santo continua a dar acesso a novas dimensões da vida espiritual que nos viabilizam a vida de Cristo de maneiras novas e inusitadas.

Muitos pentecostais buscaram articular a relação entre Cristo e o Espírito Santo na redenção, criando uma distinção entre a obra do Espírito

---

[29] BRUNER, Dale. *The theology of the Holy Spirit: the Pentecostal experience and the New Testament witness* (Grand Rapids: Eerdmans, 1973), p. 61 *et seq.*

nos unindo a Cristo e a obra de Cristo nos batizando com o Espírito. O que é questionável nessa distinção é o uso inadequado da doutrina trinitária da apropriação. Essa doutrina envolve a ideia de que as pessoas da divindade têm funções que lhes são atribuídas de forma exclusiva. Por exemplo, ao Pai, é apropriada a criação; ao Filho, a redenção; e, ao Espírito Santo, a renovação da vida. É claro que todas as três pessoas participam de cada ação, em operação comum, e cada uma das ações envolve o Deus único. É válido, dentro da doutrina da apropriação, dizer que as pessoas da divindade podem ser associadas a passos da iniciação à vida de Cristo, com o Espírito Santo nos colocando em Cristo e, depois Cristo, em um segundo momento, nos batizando no Espírito Santo? Biblicamente, parece sábio atribuir todas as bênçãos da vida cristã à concessão que Cristo faz do Espírito como um ato primário (e não secundário), que, então, estabelece a base para que o Espírito nos conduza a Cristo e depois, em Cristo, disponha nossa vida no fluir desse testemunho vivo. Na minha opinião, fazer do batismo no Espírito Santo uma categoria mais ampla pode ajudar os pentecostais a elaborarem o envolvimento de Deus na salvação em uma linguagem mais bíblica.

A questão do batismo no Espírito Santo levantou outra, sobre a Trindade, para os pentecostais. A estrutura trinitária do batismo no Espírito também foi recebida com certa urgência pelos pentecostais bem no início, em meio à controvérsia unicista. O pentecostalismo unicista se afastou das Assembleias de Deus no começo de sua história, por sua convicção recém-descoberta de que o batismo só deve ser realizado em nome de Jesus e que Jesus consiste na plena corporificação da única Pessoa da divindade (Colossenses 1:9). Nesse processo, afirmou-se um entendimento modalista da Trindade. A Assembleia de Deus recém-fundada fez questão de manter sua posição quanto à importância da fórmula batismal trinitária (mesmo nutrindo alguma simpatia pela fórmula "em nome de Jesus") e manteve sua crença na Trindade ontológica.

Em certo sentido, toda a controvérsia unicista pode ser vista como girando em torno da questão do batismo no Espírito Santo. Embora não houvesse uma soteriologia uniforme entre os pentecostais unicistas,[30] havia a premissa comum de que a plenitude da presença de Deus habitava em

---

[30] Veja FUDGE, Thomas. *Christianity without the cross: a history of salvation in oneness Pentecostalism* (Parkland: Universal, 2003).

Cristo, sendo canalizada aos cristãos pelo batismo no Espírito. As relações trinitárias entre as pessoas de Deus eram negadas porque se pensava entre os unicistas que essa doutrina trinitária limitava a encarnação somente a um terço ou mesmo a uma parte de Deus, que é um "Filho" pré-encarnado. Conforme a reclamação de Frank J. Ewart a respeito da teoria trinitária, "a parte triste de sua vã teoria sobre a Divindade é que fazem de Jesus um indivíduo separado, na forma espiritual, do Pai — a SEGUNDA pessoa —, se me permitem dizer". Ewart conclui que Cristo não é o segundo: "Ele é o PRIMEIRO e o ÚLTIMO — 'Deus sobre todos, bendito para sempre. Amém!'".[31]

Para os unicistas do início do movimento, a encarnação de um "Filho" subordinado ou separado parecia anular a base teológica para assumir que a plenitude de Deus habitava em Jesus (Colossenses 1:9) e estava disponível pelo batismo no Espírito Santo para a experiência dos cristãos. Em outras palavras, ao restringir, supostamente, o envolvimento de Deus na história a uma parte de Deus ou mesmo a um "deus" subordinado (o Filho), a presença de Deus pelo Espírito para capacitar a redenção em Cristo e preencher os cristãos perderia valor teológico. Cristo não pode agir de forma adequada como aquele que batiza no Espírito Santo para transmitir o Espírito plenamente se ele mesmo não for a plenitude de Deus feito homem.

Ao associar a divindade de Cristo a seu papel de batizar no Espírito Santo, os unicistas compreenderam algo essencial à fé ortodoxa da igreja. Embora tenham negado o Credo Niceno, eles realmente tiveram a intuição de algo essencial de seu fundamento. O fato de o batismo no Espírito Santo ser implicitamente crucial à rejeição unicista das relações trinitárias em Deus é um testemunho de quanto essa doutrina é importante para a teologia pentecostal e para a ortodoxia cristã como um todo.

Além dessa percepção, permaneço ambivalente a respeito dos protestos unicistas. Por um lado, realmente acho, concordando com David Reed, que a importância do nome de Jesus para o batismo nas águas e no Espírito Santo tem de receber mais atenção entre os pentecostais trinitários.[32] Se nós, que somos pentecostais, cremos que as orações convictas em nome

---

[31] EWART, Frank J. *The revelation of Jesus Christ* (St. Louis: Pentecostal Publishing, s. d.), p. 4; reimpresso em uma coleção fac-símile intitulada DAYTON, Donald W. (ed.). *Seven Jesus-only tracts, the higher Christian life: sources for the study of holiness, Pentecostal and Keswick movements* (Nova York: Garland, 1985).

[32] REED, David. "Oneness Pentecostalism: problems and possibilities for Pentecostal theology", *Journal of Pentecostal Theology* 11 (1997), p. 81-3.

de Jesus trazem o poder do Espírito Santo, por que não usá-lo nesse ato batismal, no qual nos identificamos com Cristo em sua morte e ressurreição? Por outro lado, no entanto, os pentecostais unicistas não conseguiram reconhecer completamente o fato de que o nome de Jesus, em Atos dos Apóstolos, nada mais era que uma abreviatura do ato *trinitário* de Deus em Cristo, pelo qual o Pai ungiu o Filho com o Espírito Santo para trazer a redenção (Atos 4:12; 10:38). Por isso, a expressão "em nome de Jesus" remete à fórmula trinitária de Mateus 28:19, impossibilitando que se deixe a segunda para ficar com a primeira. Em vez disso, a última interpreta a primeira como essencialmente trinitária.

Entretanto, minha opinião é que os unicistas se equivocaram sobretudo em seu entendimento da teologia clássica trinitária, como se ela afirmasse somente um "terço" de Deus ou um "deus subordinado" que se fez carne em Cristo, algo típico do politeísmo, e não da Trindade clássica. Embora o Filho seja aquele que se fez carne (João 1:1-18), ele subsiste com o Pai e o Espírito Santo em só uma natureza divina, de modo que os trinitários também podem afirmar a plenitude da presença divina por meio da encarnação do Filho em Cristo. Apesar disso, os unicistas viram, mais claramente que seus colegas trinitários dentro do movimento pentecostal, que a função de Cristo como aquele que concede o Espírito é essencial e decisiva para a identidade cristã. A função de Cristo como doador do Espírito não pode ser reduzida à experiência do *Charismageist* ("Espírito carismático"), embora a experiência do Espírito carismático faça parte dela.

Tenho certeza de que os pentecostais serão beneficiados por uma reflexão mais completa sobre a estrutura trinitária do batismo no Espírito Santo à luz da função de Cristo como aquele que inaugura o reino de Deus. Peço licença para fazer duas observações a esse respeito e explicá-las com maior profundidade.

Em primeiro lugar, é importante destacar que o batismo no Espírito Santo acentua a ideia de que a vida triúna de Deus não se isola, mas se envolve na abertura do amor que se doa. Portanto, o batismo no Espírito Santo corresponde à metáfora do derramar (Atos 2:33; Romanos 5:5). O reino de Deus vem por meio de um derramamento abundante do próprio Espírito de Deus sobre nós para nos transformar e orientar nossa vida, a fim de sermos fiéis à imagem de Cristo. Com base na comunhão trinitária entre o Pai e o Filho, o Espírito Santo é derramado para estender o amor de Deus e a comunhão com ele a toda a criação. Esse derramamento prefigura a habitação escatológica de Deus na totalidade da criação. Na verdade, "a esperança não nos decepciona, porque Deus derramou seu amor em nossos corações, por meio do Espírito Santo que ele nos concedeu" (Romanos 5:5). Nossa participação em Deus por meio do Espírito Santo nos dá coragem para continuar acreditando na transformação final de toda a criação no próprio templo de Deus (Apocalipse 21:3).

Participação em Deus? Sim, minha segunda observação é que o batismo no Espírito Santo também enfatiza a ideia singular de que a participação na vontade redentora de Deus equivale a uma participação na presença de Deus. Ao sermos batizados no Espírito Santo, somos "batizados em Deus"! A vida do Espírito significa que Deus é tanto o Doador como o Dom da vida eterna. Faz parte do evangelho e da vontade de Deus a doação da própria presença de Deus como dom da vida para se desfrutar e viver em comunhão com as pessoas. O batismo no Espírito Santo nos fornece uma lente com a qual podemos ver esse Deus e sua vontade para a criação. A visão que essa lente proporciona exige atenção especial daqueles que estão acostumados a ver Deus de longe, como Rei soberano, aquele que impõe unilateralmente seu reino divino sobre o mundo. O batismo no Espírito remete a um Deus que busca batizar o mundo em sua presença e por meio dela, a fim de liberar os poderes de redenção, libertação e esperança, e assim aprontar a criação para ser a habitação do próprio Deus.

Logo, a estrutura trinitária do batismo no Espírito Santo apresenta um movimento de mão dupla: do Pai, pelo Filho, no Espírito; e, depois, do Espírito, pelo Filho, para o Pai. Oramos desse modo e nos relacionamos, a partir de Deus, em Deus e para Deus (Romanos 11:36). O batismo no Espírito Santo envolve todas as três pessoas. O Deus do batismo no Espírito nos envolve e nos enche. Portanto, esse Deus não é uma "divindade distante e isolada eternamente", conforme observa Robert Jenson, mas um ser que participa da vida da criação, levando-a à participação divina. Como Jenson afirmaria posteriormente, "o Deus das Escrituras não nos observa de longe; ele nos envolve. Além disso, é somente pela estrutura completa desse envolvimento que temos esse Deus".[33]

O objetivo é que Cristo "encha todas as coisas" (Efésios 4:10) e Deus seja "tudo em todos" (1Coríntios 15:28). É nesse ponto que reside a força

---

[33] JENSON, Robert W. *The triune identity* (Philadelphia: Fortress, 1982), p. 51.

da metáfora do "batismo" no Espírito Santo. O objetivo final é que a criação passe a ser o templo da presença de Deus. Essa habitação é o objetivo do reino de Deus, conforme afirma Moltmann: "O reino de glória tem de ser entendido como a consumação da criação do Pai, como a implementação universal da libertação do Filho e como o cumprimento da habitação do Espírito Santo".[34]

O primeiro movimento se estende por toda a história de Jesus, desde a sua concepção, no ventre de Maria, até o evento do Pentecostes. O Deus trinitário surge na história de Jesus como o Cristo, o homem do Espírito, constantemente responsável diante do Pai como fonte de toda a vida. Conforme afirma Jenson: "Não há maneira nem necessidade de ir além do que acontece com Jesus no decorrer do tempo, de modo que se deve deixar a estrutura temporal desse acontecimento ser definida por Deus".[35] Essa ideia impulsionou todos os mestres trinitários da igreja. Pannenberg concorda, observando que a Trindade começa pelo modo "como o Pai, o Filho e o Espírito Santo entram em cena e se relacionam entre si no evento da revelação".[36] Como observamos anteriormente, Pannenberg demonstra que a participação do Espírito Santo no relacionamento entre o Pai e o Filho na história de Jesus impediu que a igreja primitiva se tornasse binitária.[37]

A extravagante concessão amorosa do Espírito, pelo Pai ("sem limites", João 3:34), a Jesus, em seu batismo, como sinal do amor e da graça de Deus, e para declarar a filiação de Cristo (Mateus 3:17), encontra-se no núcleo da estrutura trinitária da história de Jesus, uma unção que tem início na concepção (Lucas 1:35), está presente na crucificação (Hebreus 9:14) e tem seu auge na ressurreição (Romanos 1:4).

Também se encontra nesse núcleo o retorno constante da devoção do Filho, como homem do Espírito, ao Pai. Por exemplo, ao ser levado pelo Espírito ao deserto, o Filho mantém sua devoção à vontade do Pai em meio a essa tentação (Mateus 4:1-11). Então, Jesus se entrega na cruz em cumprimento à vontade do Pai "pelo Espírito eterno" (Hebreus 9:14). O Pai responde, ressuscitando Jesus dentre os mortos e declarando-o seu Filho amado "pelo espírito de santidade" (Romanos 1:4). Como observou Amos Yong, o Espírito, que é o vínculo de amor entre o Pai e o Filho, realmente

---

[34] MOLTMANN, Jürgen. *The Trinity and the kingdom*, p. 212.
[35] JENSON, Robert W. *The triune identity*, p. 26.
[36] PANNENBERG, Wolfhart. *Systematic theology*, v. 1, p. 299.
[37] Ibid., v. 1, p. 268.

surge da própria trama da história de Jesus, não sendo uma ideia abstrata e especulativa.[38] No entanto, conforme observaremos mais adiante, essa noção do Espírito Santo como elo do amor tem de ser definida com o fim de ampliar o senso de dependência mútua e reciprocidade entre o Espírito Santo, o Pai e o Filho, preservando, assim, a personalidade do Espírito Santo.

O que a estrutura trinitária da história de Jesus tem a ver com o batismo no Espírito Santo? O batismo no Espírito consiste, basicamente, na função de Jesus ao derramar o Espírito, que procede do Pai, para cumprir o reino de Deus. Entretanto, a função de Jesus como aquele que batiza no Espírito Santo para cumprir o reino de Deus surge da jornada da vida de Jesus como a Palavra do Pai ungida pelo Espírito, uma vida que flui desde a sua concepção, no ventre de Maria, até seu batismo e sua vida ministerial, morte e ressurreição. Conforme observou Karl Barth, Jesus batiza no Espírito Santo, revelando sua narrativa para a história. Barth busca andar pela linha estreita entre um cristomonismo — que simplesmente arruína a História na história de Jesus, fazendo que o Pentecoste e a história não sejam vistos como caminhos da revelação de forma adequada — e um antropomonismo, que interpreta Jesus a partir de um ideal antropológico, extraído de uma antropologia ou de uma filosofia da história preconcebidas, o que resulta em ver Jesus e sua história engolidos por alguma construção conceitual humana. Barth vê o batismo no Espírito Santo como o "batismo" de vida de Jesus, da morte para a vida, tornando-se uma força na história, que leva todas as coisas a seu cumprimento escatológico.[39]

O Pai não deve ser esquecido em nosso entendimento desse drama redentor. Nos bastidores da história de Jesus como aquele que batizará no Espírito Santo, está o Pai como o Criador. Ao criar todas as coisas pela Palavra e pelo Sopro divinos (Gênesis 1:1-2; João 1:1-3), o Pai imprimiu na criação a marca do vínculo de amor, pelo Espírito, existente entre o Pai e o Filho. A criação foi feita para essa Palavra e esse Sopro divinos, e permanecerá incompleta até ser aperfeiçoada por eles. Por isso, essa criação é feita, por meio do Espírito Santo, pelo Filho eleito e para ele (João 1:1-14; Colossenses 1:15-16).

---

[38] YONG, Amos. *Spirit-word-community: theological hermeneutics in trinitarian perspective* (Burlington: Ashgate, 2003), p. 49-81.
[39] BARTH, Karl. *Church dogmatics*, trad. para o inglês de Geoffrey W. Bromiley, v. 5, parte 4 (Edimburgo: T&T Clark, 1969).

A própria criação já é, de algum modo, o "palco da glória de Deus". Embora prisioneira do pecado e da morte, a criação ainda vive pela graça de Deus e resplandece essa bondade (Atos 17:24-28). Esse conflito entre a bondade da criação, fruto da graça de Deus, e sua escravidão ao pecado e à morte produz um "gemido" no anseio da liberdade vindoura, um gesto com o qual o Espírito Santo se solidariza (Romanos 8:22-23). A obra de Cristo e do Espírito Santo para redimir a criação não a abandona, mas a aperfeiçoa e cumpre seu propósito. O batismo no Espírito Santo atende ao clamor da criação por liberdade. No meio dessa resposta redentora, o Pai não age diretamente no mundo, mas continua a ser transcendente. Contudo, o Pai age no mundo por meio do Filho e do Espírito Santo como "a mão direita e a mão esquerda de Deus".

Para se entender de forma mais profunda o que dissemos até agora sobre a estrutura trinitária do batismo no Espírito Santo, podemos nos basear no fato interessante de que a teologia trinitária tem sido citada na recente discussão a respeito da inauguração do reino de Deus. Esse vínculo foi criado por Karl Barth mediante o relacionamento implícito que ele fez entre a Trindade e a revelação do senhorio divino sobre a criação e a salvação. De forma perspicaz, Barth viu no Deus triúno uma confirmação tripla de Deus como Senhor da salvação. O Pai exerce o senhorio do reino como aquele que revela. O Filho exerce seu senhorio como aquele que é revelado. Já o Espírito exerce esse mesmo senhorio como o poder da revelação ou a capacidade pela qual se acessa e se assimila a revelação em Cristo. Assim, Deus é o Senhor da salvação ou é entronizado sobre o reino três vezes, sem deixar espaço para a criatura salvar a si mesma ou exercer o senhorio, que só pertence a Deus.[40]

Embora isso não seja reconhecido, esse entendimento diferenciado do senhorio divino entre Pai, Filho e Espírito Santo teria profunda influência sobre as teologias relacionais trinitárias recentes de Moltmann e Pannenberg. Além disso, o destaque de Barth ao exercício do senhorio divino por meio da *revelação* significa que a vida triúna de Deus não é fechada ou recolhida, mas dinâmica e aberta à criação. Conforme já vimos, essa descoberta é essencial ao batismo no Espírito Santo.

Existe pouca dúvida de que a percepção que Barth teve da explicação trinitária do senhorio divino é imensamente importante para nossa

---

[40] BARTH, Karl. *Church dogmatics*, v. 1, parte 1, p. 299 *et seq.*

associação entre a Trindade e a inauguração do reino de Deus como um "batismo no Espírito Santo". Mas Moltmann também deseja corrigi-la. Em um importante estudo sobre a relação entre o reino de Deus e a Trindade, Moltmann sugere que o senhorio divino, no centro do drama do reino de Deus na história, não é o de um único sujeito reinando, supremo, sobre a criação. Ele acusa Barth de aplicar essa noção de senhorio à Trindade na forma de uma repetição tríplice do único sujeito soberano. Essa premissa barthiana é falha porque interpreta a Trindade a partir do ponto de vista de uma noção preconcebida do senhorio divino, em vez de permitir que a própria participação trinitária na história de sofrimento e redenção defina esse senhorio.[41]

A unidade entre as pessoas da Trindade não se encontra em alguma essência divina abstrata nem em um sujeito divino absoluto, já que isso subordinaria e até mesmo dissolveria as diferenças entre as pessoas divinas. As pessoas que se relacionam dentro dela constituem tanto suas diferenças como sua unidade. O conceito antigo de *perichoresis* ("habitação mútua") é usado para explicar a vida divina que o Pai, o Filho e o Espírito Santo têm em comum.[42] Nesse protesto contra Barth, surge o conflito entre uma noção do Deus triúno como um único sujeito em uma autodiferenciação tríplice e sujeitos profundamente relacionais ou centros de consciência em uma unidade pericorética. O senhorio que surge dessa segunda visão é relacional e governado pelo amor sacrificial e sofredor. Pannenberg fez críticas semelhantes à teologia trinitária de Barth, de uma perspectiva semelhante à de Moltmann.[43]

Acho que existem recursos na teologia de Barth para responder às preocupações de Moltmann, embora Moltmann mereça o crédito de interpretar o drama trinitário real do reino de Deus na história como o meio de se definirem Deus e a natureza libertadora do senhorio divino. Esse método de permitir que a história redentora defina Deus para nós em vez de definir Deus *in abstracto* tem uma base tipicamente barthiana. De certo modo, Moltmann buscou corrigir Barth utilizando o próprio Barth. A anterior distinção barthiana entre Deus como aquele que revela, aquele que é revelado e aquele que tem o poder de revelar parte de um

---

[41] MOLTMANN, Jürgen. *The Trinity and the kingdom*, p. 92-5.
[42] Ibid., p. 175.
[43] PANNENBERG, Wolfhart. *Systematic theology*, v. 1, p. 296-7.

entendimento mais linear da manifestação de Deus como o Pai que envia o Filho e derrama o Espírito Santo. Posteriormente, Barth buscou chegar a um entendimento mais relacional da vida trinitária que observava uma *analogia caritatis* (analogia de amor) entre o Deus triúno e a criação da humanidade como seres relacionais.

Quanto à *imago Dei* da humanidade, Barth escreve posteriormente que a humanidade nada mais é que a "cópia e a reflexão" de uma vida divina da qual a coexistência, a cooperação e até mesmo a reciprocidade fazem parte.[44] Barth nunca procurou integrar essa visão mais interativa das três pessoas com seu entendimento sobre o Deus único em três modalidades do ser. Os desafios de Moltmann e Pannenberg nos fazem pensar se o entendimento que Barth tinha sobre Deus, como o Sujeito divino em autodiferenciação tríplice (como modalidades do ser), no ato da revelação, é ou não adequado para descrever a interação pessoal entre o Pai, o Filho e o Espírito Santo retratada no drama da redenção.

O fato mais relevante para nossa análise é que tanto Moltmann como Pannenberg veem a inauguração do reino de Deus na história como o lócus para se chegar a um entendimento pericorético da vida de Deus. Moltmann aceita a noção oriental da monarquia do Pai como pertencendo somente ao Pai, enquanto o Filho é visto como gerado do Pai e o Espírito como procedente do Pai. Ele se alinha com o Oriente ao resistir a um entendimento indiferenciado da processão do Espírito a partir do Pai e do Filho. Ele também se recusa a transferir a monarquia do Pai à vida trinitária interna de Deus a fim de evitar um "monopatrismo" que confunda as distinções das relações intratrinitárias. Apesar de não ver necessidade de falar explicitamente da monarquia como indicativa do papel único do Pai como o Não Originado de quem o Filho e o Espírito Santo eternamente procedem, ele realmente considera essa distinção do Pai implícita à natureza das relações intratrinitárias.[45]

A esta altura, é possível perguntar se o fato de Moltmann pressupor ou não a monarquia como exclusiva do Pai e a natureza das relações pessoais em Deus como discerníveis de acordo com sua origem não sugere, ainda, algum tipo de inferioridade ontológica do Filho e do Espírito em relação ao Pai. Na verdade, Pannenberg acusa Moltmann de tentar se ater a uma

---

[44] BARTH, Karl. *Church dogmatics*, v. 3, parte 1, p. 185.
[45] MOLTMANN, Jürgen. *The Trinity and the kingdom*, p. 188-9.

visão da divindade de acordo com a origem (dando a entender uma inferioridade ontológica do Filho e do Espírito Santo que prejudica a mutualidade e a reciprocidade). Em vez disso, Pannenberg busca ver a monarquia do Pai como uma realidade dependente e compartilhada que não existe em nenhum nível fora da comunhão das pessoas em Deus. Ele observa que a monarquia do Pai não é uma premissa, mas, pelo contrário, o resultado da operação comum das três pessoas. De fato, "a própria monarquia do Pai é mediada pelas relações trinitárias", porque a comunhão das três pessoas encontra seu próprio conteúdo na monarquia do Pai.[46]

Pannenberg observa que um conceito sobre a divindade primária e abstratamente baseado na origem sujeita o Filho e o Espírito Santo ao Pai e torna extremamente difícil captar o tipo de reciprocidade e mutualidade indicadas na história da inauguração redentora do reino de Deus no mundo. Pannenberg via, de forma bem perspicaz, que a monarquia do Pai se relaciona teologicamente com a inauguração do reino de Deus na história. Se faz parte da história de Jesus como aquele que batiza no Espírito uma participação mútua entre o Pai, o Filho e o Espírito Santo para estabelecer o reino de vida de Deus no mundo, então a monarquia do Pai pareceria envolver todas as três pessoas em comunhão e ação mútua. Pareceria ser uma realidade da qual as três pessoas fazem parte de um modo adequado a cada uma delas e mutuamente dependente.

Esse é exatamente o tipo de dependência mútua que Pannenberg contempla na história da inauguração do reino de Deus. Pannenberg toma de Atanásio a percepção de que o Pai somente é Pai em relação ao Filho. A dependência do Pai em relação ao Filho, na paternidade, é a base da reciprocidade mútua entre eles.[47] A divindade do Filho e do Espírito Santo, portanto, não apenas deriva do Pai, mas também o condiciona.[48] O Pai não tem monarquia alheia a eles, mas somente neles e por meio deles.

De acordo com a história da inauguração do reino de Deus por meio de Cristo, o Pai entrega o senhorio ao Filho para tê-lo de novo no Filho. De modo semelhante, o Filho devolve o reino ao Pai (1Coríntios 15:20-28).[49] Pannenberg observa que a devolução do reino não encerra a participação do Filho na monarquia do Pai, tampouco seu senhorio; antes, caracteriza-o.

---
[46] PANNENBERG, Wolfhart. *Systematic theology*, v. 1, p. 325.
[47] Ibid., p. 311-2.
[48] Ibid., p. 322.
[49] Ibid.

O senhorio do Filho é exercido exatamente na devoção humilde e sacrificial ao Pai. Portanto, a cruz é essencial ao senhorio do Filho, bem como à ressurreição. Ao devolver o reino a seu Pai, o senhorio do Filho é aperfeiçoado e estabelecido eternamente, porque seu reino não terá fim (Lucas 1:33).

Ao longo de sua análise, Pannenberg parte do princípio de que é pelo Espírito que acontece o segundo movimento de devolver o reino ao Pai, mas a função essencial do batismo no Espírito Santo, na inauguração do reino de Deus pelo Filho, exige que esse ponto receba uma explicação mais profunda. Em harmonia com a análise de Pannenberg, podemos dizer que, por um lado, o Filho submete seu senhorio ao Espírito Santo, porque o Senhor é o Espírito (2Coríntios 3:17). O Espírito Santo exerce soberania no testemunho vivo em favor do Filho ao cumprir a vontade do Pai. O senhorio do Espírito se realiza em nossa submissão à sua oração para confessar Jesus Cristo como Senhor (1Coríntios 12:1-3).

Portanto, o Filho não é Senhor sem o Espírito Santo, do mesmo modo que o Filho não é Senhor sem o Pai. Em outras palavras, Jesus é o Senhor como aquele que batiza no Espírito Santo e devolve o reino ao Pai como homem ungido pelo Espírito Santo e, na culminação do reino de Deus, por meio da habitação do Espírito e da renovação da criação de acordo com a imagem do Filho. O Espírito Santo exerce senhorio em testemunho ao Filho, do mesmo modo que o Filho exerce o senhorio pelo Espírito em devoção sacrificial ao Pai e como primícia da nova criação. O Filho e o Espírito participam da monarquia do Pai em dependência mútua e operando de um modo que sugere que o Pai também depende deles.

A noção que Pannenberg tem da monarquia do Pai como mediada pelas pessoas faz de Deus, como Origem sem Origem do amor que se doa, uma realidade pericorética, já que as pessoas fruem da plenitude das demais e a derramam para envolver a criação — uma excelente definição da estrutura trinitária do batismo no Espírito Santo. Nesse batismo, a devoção do Filho ao Pai envolve a devoção ao mundo, porque Deus Pai amou o mundo assim (João 3:16). O testemunho que o Espírito dá do Filho, em nome do Pai, envolve a transformação e a habitação na criação porque Deus assim amou o mundo e quer, sem abandonar a transcendência divina, erguer seu tabernáculo com a criação por meio da ação do Filho e do Espírito. Enfim, o batismo no Espírito Santo, no contexto da inauguração do reino de Deus, sugere que a monarquia divina do Pai não é algo abstrato, mas, sim, mediado pelo Filho e pelo Espírito. Trata-se de uma vida divina mediada e mutuamente dependente. Ela se caracteriza essencialmente pela comunhão recíproca e mutuamente dependente do amor divino para a qual a criação é conduzida pela deposição da morte como o princípio governante e pelo estabelecimento do reino da vida por meio da transformação e da habitação divinas.

De forma significativa, Pannenberg rejeita a cláusula *filioque*, com base na natureza única do senhorio de Jesus como recebido do Pai e manifesto em devoção ao Pai. Mas ainda se pode dizer que o Espírito Santo está envolvido na devoção que se expressa na devolução do senhorio ao Pai, bem como no amor expresso do Pai pelo Filho. O Espírito Santo como elo do amor entre o Pai e o Filho, bem como do amor entre Deus e o mundo (Romanos 5:5), não exclui sua reciprocidade, como Pessoa divina, em relação ao Pai e ao Filho, porque a monarquia do Pai e do Filho depende do Espírito Santo para aperfeiçoar seu reino de vida como movimento para fora, "para os outros". Por meio do Espírito Santo e do Filho, o Pai é o Deus para os outros. Pelo Espírito, Jesus como a revelação do Logos é o homem para os outros. No Espírito Santo, a monarquia do Pai convida a criação ao discernimento e à participação, por sondar as profundezas de Deus para todos nós (1Coríntios 2:10). O papel de Jesus como aquele que batiza no Espírito Santo consuma a monarquia divina como uma dinâmica aberta, redentora e amorosa. A monarquia tem como núcleo a comunhão.

Não gostaria de atrelar minha teoria de forma dogmática demais a uma versão particular da vida interior do Deus triúno. Se Deus é caracterizado ou não como três consciências distintas, isso depende de como se define "consciência". Existe alguma margem para negociar as noções da vida divina de Barth e Pannenberg na inauguração do reino de Deus pelo batismo no Espírito Santo. Se, no entanto, como eu mesmo afirmo, a implementação do governo divino na história (o estabelecimento do reino de Deus) é biblicamente definida como um batismo no Espírito, esse senhorio nao pode ser definido de forma abstrata e com certeza não pode ser definido por um ego solitário que age de forma unilateral no mundo.

O batismo no Espírito Santo relembra a concessão amorosa do Espírito pelo Pai a Jesus e a vida ungida de Jesus como Filho fiel ao Pai como resposta. Ele resgata a abertura trinitária ao mundo e o drama de como Deus poderia finalmente derramar a presença divina para habitar em todas as coisas por meio do papel do Filho como aquele que batiza no Espírito Santo. Ele envolve Deus no sofrimento humano, bem como em sua redenção e em seu empoderamento, e empodera para que outras pessoas possam ter empatia para com aqueles que sofrem e buscam ser canais de graça. O reino e o senhorio de Deus não pareceriam ser algo alienante ou opressor, mas libertador e redentor, abraçando ou batizando todas as coisas no amor de Deus. Até aí tudo me parece bem claro. Na minha opinião, se Moltmann e Pannenberg podem aperfeiçoar essa visão para nós, serão muito úteis às nossas reflexões.

Particularmente, aprecio o discernimento de Moltmann e de Pannenberg a respeito da vulnerabilidade de Deus, podendo ser afetado pelo mundo. Podemos desenvolver esse entendimento de Deus com a ajuda da visão de Michael Welker sobre Deus e os seres humanos como *sujeitos empáticos*. Ele critica o entendimento do objetivo da consciência, de Aristóteles a Hegel, como dirigido ao conhecimento de si ou à *referência a si*. Apesar de Hegel defender uma noção complexa de autorreferência que envolve comunidade, o "conhece-te a ti mesmo", a grande injunção do oráculo de Delfos, ainda era o objetivo definitivo e o contexto todo-abrangente da realização pessoal. Welker deseja, à luz da pneumatologia, compreender o eu como não se realizando na referência a si mesmo, mas, em vez disso, desenvolvendo empatia com os outros. Alguém vem a ser pessoalmente completo pela empatia com outras pessoas na vida do Espírito. Gememos com os outros e com toda a criação, ansiando pela libertação que há de vir (Romanos 8:26).[50]

O entendimento que Welker tem a respeito do eu traz consequências para nossa discussão sobre o batismo no Espírito Santo. A postura de mudar o objetivo final do eu, da referência a si para a empatia em comunhão amorosa com as outras pessoas, ajuda-nos a entender a participação trinitária no batismo no Espírito. De forma específica, essa ideia pode basear-se no ato do Pai de enviar seu Filho em solidariedade à criação debaixo da unção do Espírito Santo. O objetivo de Cristo no Espírito era andar pelo caminho dos marginalizados e oprimidos, e demonstrar solidariedade por eles mediante o Espírito na cruz (Hebreus 9:14). Do mesmo modo que os pecadores são "entregues" ao pecado (Romanos 1:24-28), o Filho é "entregue" por suas transgressões, mas ressuscitado para nossa justificação (4:25; 8:32).

Portanto, mediante a história de Jesus, a situação e o sofrimento da criação são trazidos à presença redentora de Deus, a qual, conforme demonstrou

---

[50] WELKER, Michael "The Spirit in philosophical and theological perspectives", palestra proferida na Consulta Internacional sobre a Obra do Espírito Santo (New York: Yale University Club, 13 e 14 nov. 2004).

Kazoh Kitamori, já estava implícita na tristeza de Deus por causa da humanidade infiel no Antigo Testamento.[51] No batismo no Espírito Santo, Deus busca levantar seu tabernáculo na criação, demonstrando empatia com a criação que sofre na direção de sua libertação final. Por fim, o Espírito que batiza é aquele que geme com a criação que sofre para receber, por fim, sua libertação por meio de Cristo. O batismo no Espírito Santo revela profundamente o que está implícito na encarnação e na cruz.

Por meio dessa empatia trinitária com a criação, Jesus passa a ser aquele que batiza no Espírito Santo. Portanto, fazem parte de sua função como batizador essa empatia e o sofrimento. Conforme explica Jaroslav Pelikan, os pais da igreja tinham dificuldade com a ideia de que Deus "sofre" em Cristo, até que encerraram o Concílio de Éfeso no século 5 com a declaração de que o Logos "sofreu na carne, foi crucificado na carne e passou pela morte na carne".[52] Essa evolução no pensamento deu um golpe na tendência helenista de considerar Deus impassivo e estático. No século 20, a noção do sofrimento do Logos na carne foi ampliada para envolver uma capacidade no coração de Deus, em parte para proteger a imutabilidade de Deus (a encarnação não concede nenhuma capacidade que já não esteja em Deus) e para explicar o sofrimento de Deus no Antigo Testamento por causa da infidelidade dos seres humanos. Considero, aqui, de influência fundamental a rejeição de Barth do entendimento de Schleiermacher a respeito do pecado como simplesmente a falta da consciência de Deus, e não como uma força que fere o coração de Deus. A crítica de Barth merece ser citada de forma completa:

> Do modo que Schleiermacher entende isso, Deus não tem parte nessa questão, mas permanece acima dela, inviolável. Ele simplesmente providencia para que tenhamos consciência dela, de sua graça e, portanto, em contraposição ao nosso pecado. Por causa de sua santidade, ele faz com que a discordância de nossa existência passe a ser pecado para nós por meio da consciência. O próprio Deus não tem nem ajudador nem adversário. Ele não é atacado. Ele não se ofende, muito menos sofre.[53]

---

[51] KITAMORI, Kazoh. *Theology of the pain of God* (Richmond: John Knox, 1965).
[52] PELIKAN, Jaroslav. *The emergence of the Catholic tradition, the Christian tradition: a history of the development of doctrine* (Chicago: University of Chicago Press, 1971), v. 1, p. 261. [No Brasil: *A tradição cristã: uma história do desenvolvimento da doutrina* (São Paulo: Vida Nova, 2018). 5 v.]
[53] BARTH, Karl. *Church dogmatics*, v. 3, parte 3, p. 329.

Para Barth, a condição humana não se restringe ao autoconhecimento, mas, na verdade, afeta um Deus que, amorosamente, vai ao encontro do pecador e tem compaixão por aqueles que sofrem com os efeitos do pecado. Aqui está implicada a capacidade divina de se compadecer da criação que sofre, a ponto de se engajar nela e, por meio do senhorio da comunhão amorosa, libertá-la para a paz e a alegria da salvação. Kitamori e outros teólogos influenciados por Barth, como Eberhard Jüngel e Hans Urs Balthasar, observaram que a participação de Deus no sofrimento de Jesus tem base na capacidade divina, retratada no Antigo Testamento, de se compadecer e de ser afetado negativamente pela infidelidade humana e pelo sofrimento. Essa tendência atingiu sua expressão mais poderosa na teologia de Moltmann, que entende a onipotência de Deus como amor onipotente, que é a capacidade ilimitada que Deus tem de sofrer.

Essa metáfora do batismo no Espírito Santo não é a única capaz de descrever o ato redentor de Deus e a participação da criação nele, mas, com certeza, acentua a essência pneumatológica e o objetivo desse ato. Ela mostra que não se pode conceber a cristologia fora da pneumatologia. Em uma herança teológica ocidental, na qual se espera de forma implícita que o Espírito Santo desempenhe uma tarefa subordinada, essa guinada na visão sobre a essência pneumatológica do ato redentor em Cristo consiste em uma alternativa renovadora.

Além disso, em uma cultura de morte e terror, a ênfase em Deus como a presença de nova vida e esperança, por meio de Cristo, mesmo em contextos em que o nome de Jesus não é explicitamente celebrado ou mencionado, também pode ser uma ampliação importante do *kerygma* evangélico de conversão a Cristo pela fé. O teólogo pentecostal Amos Yong me ajudou a ver que uma ênfase teológica no Espírito Santo concede a presença redentora e empoderadora, por meio de Cristo, implicitamente bem mais ampla do que a que reconhecemos existir entre aqueles que, conscientemente, invocam o nome do Senhor.[54] Geoffrey Wainwright observou, de forma semelhante, que voltar a atenção ao Espírito Santo na liturgia histórica da igreja "ajudou a manter aberta a possibilidade de reconhecer que o Espírito de Deus pode estar presente no culto em um plano mais amplo do que o cristianismo histórico".[55]

---

[54] Veja YONG, Amos. *Beyond the impasse: toward a pneumatological theology of religions* (Grand Rapids: Baker, 2003).
[55] WAINWRIGHT, Geoffrey. *Doxology: the praise of God in worship, doctrine, and life* (New York: Oxford University Press, 1980), p. 106.

Essa constatação não apoia necessariamente uma concessão a inclusões indiscriminadas, mas realmente implica a existência de um mistério no envolvimento de Deus, por meio da graça de Cristo, na vida das pessoas fora da igreja que nós deixamos por conta da liberdade escatológica de Deus. A função daquele que batiza no Espírito Santo, no cumprimento do reino de Deus, tem como lócus central a vida da igreja, mas não se restringe a ela.

É exatamente a liberdade escatológica que constitui a esfera do Espírito e a ênfase soteriológica/missiológica do batismo no Espírito Santo. Mas essa liberdade escatológica não é vaga, nem desprovida de conteúdo ou de direção. Ela é determinada e avaliada de acordo com as especificidades e as consequências da história da redenção dramatizada em Cristo. Logo, a cristologia é a área do livre compromisso de Deus, que nos ajuda a discernir a liberdade escatológica destacada pela pneumatologia. A pneumatologia equivale à liberdade de Deus que direciona o compromisso revelado escatologicamente em Cristo para uma participação cada vez mais diversificada e expansiva na presença do Deus doador da vida.

De certo modo, Jesus de Nazaré pode até ser visto como a revelação do "laço de amor" entre o Pai amoroso e a liberdade escatológica do sopro divino para cumprir o reino de Deus na história e no futuro escatológico.[56] Jesus é o dom divino do amor concedido pelo Espírito Santo para definir a obra futura do Espírito por todo o cosmo. Na fonte eterna do compromisso e da liberdade escatológica, está o Pai, cujo amor tanto é escatologicamente livre em sua fidelidade como é fiel em sua liberdade escatológica.

Ao articularmos o avanço livre e crescente do reino que o Espírito promove no mundo, teremos de ser específicos sobre como descrever nossa participação nessa obra. É importante, nesse contexto, explicar a importância do batismo no Espírito Santo para os vários elementos da vida do Espírito: justificação, santificação e empoderamento carismático. De forma sábia, Hendrikus Berkhof isolou esses três como elementos do batismo no Espírito. Ele culpou a história ocidental da pneumatologia por se ocupar exclusivamente da justificação e da santificação (a *duplex gratia* de Calvino), a ponto de negligenciar a ênfase tipicamente pentecostal na dimensão

---

[56] Observe a análise perspicaz de Jeremy Ive sobre o uso que Robert Jenson faz desse conceito, "Robert W. Jenson's theology of history", in: GUNTON, Colin E. (ed.). *Trinity, time, and church: a response to Robert W. Jenson* (Grand Rapids: Eerdmans, 2000), p. 153.

vocacional ou carismática da vida no Espírito.[57] Mais importante que isso, a justificação, em particular, foi explicada nos contextos protestantes de um modo que negligencia a obra do Espírito Santo. Em nosso desenvolvimento do significado escatológico do batismo no Espírito na inauguração do reino de Deus, é importante expor elementos da vida no Espírito em um contexto plenamente trinitário. É claro que podem ser incluídos outros elementos, mas esses três nos permitem abarcar os elementos principais que têm sido mais discutidos na história da pneumatologia.

BATISMO NO ESPÍRITO SANTO E OS ELEMENTOS DA VIDA NO REINO

A estrutura trinitária do batismo no Espírito Santo está relacionada à participação da criação, pelo Espírito, no ato redentor do Filho, com o objetivo de tomar parte no elo de amor entre o Filho e o Pai. O propósito final é o cumprimento do reino de Deus em justiça como habitação divina. Vamos começar pela justificação, o elemento da vida cristã que mais precisa de uma reinterpretação trinitária à luz do vínculo entre o batismo no Espírito e o reino de Deus discutido até agora. Em seguida, passaremos para a santificação e, por fim, para o empoderamento carismático. Ao analisarmos cada elemento, retomaremos o que foi dito a respeito do primeiro movimento trinitário, a saber, a fundamentação sobre a história de Jesus como homem do Espírito, mas destacaremos o segundo movimento, a participação da criação pelo Espírito no elo de amor entre o Pai e o Filho.

A JUSTIFICAÇÃO BATIZADA NO ESPÍRITO SANTO

A justificação à luz do batismo no Espírito Santo revela a coincidência entre justificação e santificação como metáforas da renovação da criação para ser a morada de Deus. O artigo 15 da *Joint Declaration of the Doctrine of Justification by Faith* [Declaração Conjunta sobre a Doutrina da Justificação pela Fé] de 1999 demandava, de forma perspicaz, uma interpretação trinitária, embora, conforme observei em outras ocasiões, a Declaração não apresentasse uma pneumatologia suficiente

---

[57] BERKHOF, Hendrikus. *Doctrine of the Holy Spirit* (Richmond: John Knox, 1964), p. 85-90.

para desempenhar essa tarefa.[58] Robert Jenson buscou proporcionar essa estrutura trinitária, falando do interesse de Paulo na justificação do Pai de si mesmo (vindicação) como Criador e Deus de Israel (Romanos 1—2), na obra de justificação do Filho em nosso favor (ênfase protestante) e na obra do Espírito Santo em nós para produzir retidão para a nova vida (ênfase católica).[59] Conforme também observei em outros lugares, seria, na verdade, interessante refletir sobre como esses três elementos se unem na história de Jesus como homem do Espírito e na concretização do novo céu e da nova terra nos quais a retidão finalmente habitará.[60] Em nosso esforço para fazer isso, temos de definir o foro que qualifica essa justificação como justiça do reino, a retidão inspirada pelo Espírito Santo na obra de Cristo em cumprimento à vontade do Pai.

Justificação significa, literalmente, ser "alinhado" por Deus. Acredito que o batismo no Espírito Santo como o cumprimento do "reino de Deus e sua justiça" nos fornece, para entender a justificação pela fé, uma estrutura mais rica do que é possível dentro dos limites estreitos de uma noção forense de justificação extraída de um punhado de textos paulinos.

A primeira vez que me dei conta do vínculo entre o batismo no Espírito Santo e a justificação foi por meio de um artigo provocador de D. Lyle Dabney, que se baseou em Romanos 4:25 para observar que a ressurreição de Jesus pelo Espírito de vida nos justifica. Curiosamente, Dabney se referiu à justificação como uma "justificação pelo Espírito Santo".[61] Decidi basear-me nesse ensaio para explicar, de forma mais completa, a justificação de uma perspectiva pneumatológica. Em minha tentativa inicial de elaborar esse tema, tomei o entendimento apocalíptico de Ernst Käsemann a respeito da justificação como pano de fundo para compreender como a justiça (ou a retidão) da justificação[62] pode ser vista como um dom escatológico para

---

[58] MACCHIA, Frank D. "Justification and the Spirit of life: a Pentecostal response to the Joint Declaration", in: RUSCH, William G. (ed.). *Justification and the future of the ecumenical movement: the Joint Declaration on the doctrine of justification* (Collegeville: Liturgical, 2003), p. 133-49.

[59] JENSON, Robert W. "Justification as a triune event", *Modern Theology* 11 (1995), esp. p. 421.

[60] MACCHIA, Frank D. "Justification through new creation: the Holy Spirit and the doctrine by which the church stands or falls", *Theology Today* 58 (jul. 2001), p. 202-17.

[61] DABNEY, D. Lyle. "'Justified by the Spirit': soteriological reflections on the resurrection", *International Journal of Systematic Theology* 3 (mar. 2001), p. 46-68.

[62] No original, "the righteousness of justification". Na língua inglesa, há dois termos correntes para "justo": "righteous" (que também significa "reto" ou "alinhado", tanto no sentido moral como no sentido material) e "just" (mais erudito, porque de origem latina). Ao empregar os dois termos juntos, e valendo-se da ambiguidade de "righteous", o autor aponta para o "alinhamento" ou a "retidão" que a justificação promove no cristão. (N. T.)

a nova criação por meio do Espírito de Deus.[63] Naquela época, o conceito de justiça do reino de Deus não tinha um destaque tão grande em minha análise, apesar de estar por trás de muita coisa que eu tive de dizer.

Em resposta ao que publiquei sobre esse assunto, Jürgen Moltmann me enviou graciosamente um ensaio instigante no qual relatava sua mudança, na identidade evangélica, da "justificação para o reino de Deus".[64] Sua nova identidade evangélica tinha, basicamente, a ver com uma mudança de ênfase, no cânon bíblico, de Paulo para o ensino dos Evangelhos sobre a justiça do reino de Deus. Por exemplo, a categoria de "pecador" nos Evangelhos tinha o sentido de socialmente marginalizado, o que não aparece na universalização da categoria do pecado em Romanos 3:23. Além disso, a justiça que caracteriza a devoção a Deus nos Evangelhos nada mais é que a vida do reino de Deus, que tende a ser mais claramente social do que o ensino mais supostamente forense de Paulo, relacionado à nossa posição correta diante de Deus. Ao transferir sua "fidelidade fundamental" das cartas de Paulo para os Evangelhos, Moltmann mudou sua identidade evangélica, da justificação pela fé para as consequências radicais do reino de Deus que surge no mundo para a renovação social e a vitória completa da vida sobre a morte.

Respondendo ao que diz Moltmann, acho que é possível ler Paulo pelas lentes de um entendimento apocalíptico do evangelho que tem uma continuidade básica com a doutrina do reino de Deus nos Evangelhos, como acho que Ernst Käsemann e, mais recentemente, Douglas Harink (entre outros) deram a entender.[65] Na verdade, Harink observou, corretamente, que o contexto apocalíptico da justificação preserva o foco teocêntrico de Paulo na justificação como um juízo e um ato de Deus, o que equivale a uma alternativa melhor do que as tendências antropocêntricas das "novas perspectivas" sobre Paulo.[66] O próprio Moltmann sugeriu isso no que escreveu anteriormente sobre a natureza cristológica e escatológica da justificação no Novo Testamento.[67]

---

[63] MACCHIA, Frank D. "Justification through new creation".
[64] MOLTMANN, Jürgen. "Was heist heute 'evangelisch?' Von der Rechtfertigungslehre zur Reich-Gottes-Theologie", *Evangelische Theologie 57* (1997), p. 41-6.
[65] KÄSEMANN, Ernst. "The righteousness of God in Paul", in: *New Testament questions of today* (Philadelphia: Westminster, 1969), p. 168-82; HARINK, Douglas. *Paul among the postliberals: Pauline theology beyond Christendom and modernity* (Grand Rapids: Baker, 2003), esp. p. 15-8.
[66] HARINK, Douglas. *Paul among the postliberals*, p. 17-8.
[67] MOLTMANN, Jürgen. *The Spirit of Life*, p. 149.

Com essa qualificação em mente, podemos considerar a "mudança" de identidade evangélica de Moltmann como de suma importância para nosso entendimento da justificação, com a ressalva de que proporei uma mudança no significado de justificação com base no reino de Deus, e não uma mudança da justificação para o reino de Deus. Nesse aspecto, é sugestivo assumir a ordem do cânon como significativa para o modo de lermos o Novo Testamento no que se refere à justificação como dom do Espírito Santo. Considero relevante a separação canônica entre Lucas e Atos, de modo que Lucas faça parte do *corpus* do Evangelho. Lucas não funciona mais, nessa ordem canônica, como uma preparação isolada para a leitura de Atos, mas agora é lido como uma voz no conjunto mais amplo do *corpus* do Evangelho que abre caminho para a interpretação do evangelho no restante do Novo Testamento.

Até mesmo João pode ser compreendido como um relato mais complexo do Evangelho, que prepara o leitor para avançar para Atos e Romanos. Por sua vez, esse esclarecimento concede ao evangelho do reino apresentado em Lucas uma profundidade e uma amplitude maiores como a base para que se compreenda esse cumprimento nas páginas de Atos e Romanos. Esse é exatamente o método que estou adotando até agora para definir o batismo no Espírito Santo e se constitui no método que também desejo empregar para definir a justificação no contexto do dom do Espírito e do cumprimento da justiça que surge com a vinda do reino de Deus.

Essa mudança canônica para os Evangelhos (e para Atos) e para a realidade do reino de Deus do modo que é inaugurado por aquele que batiza no Espírito Santo nos permite ver a "justiça/retidão" envolvida na justificação de maneira mais profunda, como uma noção hebraica, e não como uma ideia romana, a saber, como um conceito libertador e redentor que alinha a vida à justiça e à misericórdia. Conforme já observamos, a justiça do reino de Deus no Novo Testamento equivale a um conceito libertador que situa a pessoa no caminho do Deus de amor e do próximo com seu coração, sua alma, sua mente e todas as suas forças.

Essa justiça vem de Deus como um turbilhão poderoso em atos divinos de libertação dos poderes das trevas (Mateus 12:28). Ela nos transforma por dentro, para que, como odres novos, possamos carregar o vinho novo (9:17). Somos tão transformados por ela que, diariamente, temos fome e sede de mais, até mesmo acima das coisas essenciais para o sustento físico, porque vivemos diariamente pela simples confiança de que a graça de Deus nos suprirá todas as necessidades (6:33). Ela inspira devoção à lei de Deus como uma questão viva do coração (Mateus 5); começa pelo reconhecimento de que somos pecadores, em necessidade constante da misericórdia de Deus, sem nenhuma vantagem, diante de Deus, sobre outras pessoas (Lucas 18:9-14); estimula a reforma das relações sociais, de modo que os centuriões romanos, cobradores de impostos, mulheres e fariseus sejam esperados à mesa na casa do Pai para que participem, juntos e igualmente, de sua herança (15:1-2,11-31). Assim, a justiça do reino é uma pérola preciosa pela qual a pessoa fica disposta a se desfazer de tudo para possuí-la (Mateus 13:45-46). Ela não se restringe a uma renovação pessoal ou até mesmo comunitária, mas um dia cumprirá a vontade do Pai em toda a terra, do mesmo modo que ela reina no céu (6:10), porque até mesmo as nações serão submetidas a esse juízo (25:32).

De igual modo, no Antigo Testamento, espera-se que a justiça de Deus flua como correntes poderosas do cume das montanhas até os vales sedentos para inspirar uma vida rica em verdadeiras adoração e devoção à justiça e à misericórdia (Amós 5:24). Essa justiça renovada na terra tem início pelos atos fiéis de libertação da parte de Deus. Alister McGrath afirmou que o entendimento hebraico da justiça de Deus é o de uma justiça salvadora, ou seja, a justiça que é revelada nos atos redentores de Deus no meio de seu povo.[68] De modo semelhante, Brevard Childs escreveu que a justiça no Antigo Testamento "consiste, acima de tudo, nos atos salvadores de redenção", pelos quais Deus mantém e protege a promessa divina de cumprir as obrigações pactuais com Israel".[69] Por isso, a justiça no Antigo Testamento é uma ordenação da vida pelo poder de Deus. Pode até mesmo ser chamada de "nova criação".[70] O sentido forense de juízo não está ausente no Antigo Testamento. Deus declara de antemão o que fará, e essas palavras sustentam as pessoas na fé, mesmo sem haver nenhum sinal visível. Portanto, aqueles que aguardam o cumprimento das promessas de Deus não se cansam, mas são renovados em sua força, porque o Senhor eterno não se cansa (Isaías 40:28-31).

---

[68] McGrath, Alister. *Iustitia Dei: a history of the Christian doctrine of justification*, v. 2, *From 1500 to the present day* (Cambridge: Cambridge University Press, 1982), p. 33-4.

[69] Childs, Brevard. *Biblical theology of the Old and New Testaments: theological reflection on the Christian Bible* (Minneapolis: Fortress, 1992), p. 488.

[70] Schmid, Hans Heinrich. "Rechtfertigung als Schöpfungsgeschehen: Notizen zur altestamentlichen Vorgeschichte eines neutestamentlichen Themas", in: Friedrich, G. et al. (eds.). *Rechtfertigung: Festschrift für Ernst Käsemann zum 70. Geburtstag* (Tübingen: Mohr, 1976), p. 406.

Essa justiça prometida, alcançada por Deus como justo juiz em meio aos gestos redentores, proporciona libertação aos pobres e oprimidos. Ela também alcança, de acordo com Childs, toda a criação, uma "ordem cósmica" que abrange a lei, a sabedoria, a natureza e a política. O objetivo cósmico da justiça sugere uma dimensão escatológica para a justificação. Childs observa que, nos períodos pós-exílico e helenista, "o anseio escatológico pela manifestação da salvação justa de Deus vai crescendo em importância".[71] Quando alcançamos o testemunho do Novo Testamento, a justificação acaba sendo definida como a justiça ou a retidão que o ato final de Deus de redenção criará pelo Espírito Santo na ressurreição dos fiéis e na transformação da criação.

Esse entendimento do Antigo Testamento e dos judeus antigos a respeito da justificação foi transferido para o Novo Testamento. Como observa Childs, "o uso do Novo Testamento claramente permanece na tradição, em continuidade com o Antigo Testamento, nunca destacando a justiça vindicativa de Deus, mas [sua] justiça salvadora".[72] Conforme vimos, esse entendimento da justiça divina prevalece nos Evangelhos em todas as suas referências à justiça do reino de Deus.

Käsemann observa que o Antigo Testamento e os cenários apocalípticos judaicos inspiram a referência de Paulo à justiça salvadora de Deus como dom e como o poder redentor por meio do qual se manifesta a atividade salvadora escatológica na criação.[73] De acordo com Käsemann, Paulo tinha certeza de que a justificação seria alcançada por meio da morte e da ressurreição de Cristo, o qual instaurou a "esperança escatológica de uma restauração cósmica", que "já apareceu como uma realidade presente a ser compreendida pela fé".[74] Em outras palavras, o nascimento, a vida, a morte e a ressurreição de Cristo, pelo Espírito da nova vida, promovem uma orientação cristológica ao cumprimento escatológico da justificação. Por um ângulo escatológico, a justificação pode ser vista como a justiça salvadora de Deus alcançada em cumprimento de suas obrigações pactuais para com a criação por meio da nova criação.

---

[71] CHILDS, Brevard, *Biblical theology*, p. 488-99.
[72] Ibid., p. 494.
[73] KÄSEMANN, Ernst. "The righteousness of God in Paul", p. 168-82.
[74] KÄSEMANN, Ernst. "Justification and salvation history in the Epistle to the Romans", in: *Perspectives on Paul* (London: SCM, 1971; reimpr., Mifflintown: Sigler, 1996), p. 74-5.

De maneira mais específica, a justificação como a "retidão" do reino de Deus inaugurado como um "batismo no Espírito Santo" pode ser compreendida em três dimensões:

- Consiste, primeiro, no favor do Pai expresso na concessão transbordante do Espírito Santo sobre Jesus para declará-lo Filho de Deus. Isso se dá quando Jesus é gerado no ventre de Maria pelo Espírito Santo (Lucas 1:35), em sua unção batismal (3:22) e em sua ressurreição dentre os mortos (Romanos 1:4).
- Em segundo lugar, o alinhamento do reino de Deus consiste na devoção que o Filho devolve ao Pai como homem do Espírito e seu Filho feito homem, chegando ao clímax na obediência que conduz à cruz. Esse drama histórico de amor entre o Pai e o Filho no Espírito equivale ao "batismo" de vida da mortalidade para a imortalidade. Já que esse elo de amor no Espírito entre o Pai e o Filho não é um círculo fechado, mas aberto e redentor, o batismo de vida de Jesus fica aberto à história e à criação, no papel de Cristo como aquele que batiza no Espírito. O favor divino é derramado a partir do relacionamento filial entre Filho e Pai, em gestos de livramento que transformam as pessoas. Assim, Jesus inaugura para a criação o ano da graça do Senhor em sinais e maravilhas de cura e libertação (Lucas 4:18).
- Portanto, a inauguração da retificação do reino de Deus consiste na participação da criação, mediante o Espírito de Cristo, no favor do Pai por meio de sinais libertadores de renovação. Também é um empoderamento para uma vida vivida com confiança diária em Deus e com amor a Deus e ao próximo.

Ao se recusar a basear a justificação em um *decretum absolutum* atemporal e abstrato, Karl Barth deu margem a um entendimento da eleição que representa uma decisão divina articulada e revelada na história redentora de Jesus. Em harmonia com Barth, G. C. Berkouwer afirmou, a respeito do decreto absoluto, que sua metafísica atemporal "dá um golpe mortal tanto na escatologia como no caminho da salvação, chegando até mesmo a destruir a própria doutrina da justificação".[75] Para apoiar essa conclusão tão brilhante, Barth afirmou categoricamente: "Não existe *decretum absolutum*".

---

[75] BERKOUWER, G. C. *Faith and justification* (Grand Rapids: Eerdmans, 1954), p. 156.

Para Barth, a eleição de Deus nada mais é que a eleição de Jesus Cristo. Como se constitui, ao mesmo tempo, no Deus que elege e na pessoa eleita, Jesus representou o momento de reconciliação entre Deus e a humanidade.[76]

Esse entendimento histórico e dinâmico da eleição como realizada na história de Jesus exige um papel ativo do Espírito Santo. A unção do Espírito faz parte da autoeleição do Pai como parte fiel da aliança na encarnação da Palavra em Jesus (Lucas 1:35). Portanto, Jesus, como a revelação do Deus que elege, também envolve a encarnação mediada pela unção do Espírito. Jesus como homem eleito o é pelo Espírito Santo, pois foi pelo Espírito que o Filho foi revelado como o escolhido de Deus em sua concepção (1:35), no rio Jordão (Mateus 3:16-17), em sua vida fiel (Lucas 4:18), em sua morte (Hebreus 9:14) e em sua ressurreição (Romanos 1:4). A eleição de Jesus se cumpre quando ele ressuscita como "espírito vivificante" (1Coríntios 15:45) ou como aquele que batiza no Espírito Santo. A eleição é um drama tanto cristológico como pneumatológico. Ela se cumpre no papel de Jesus como aquele que batiza no Espírito.

Assim, a justificação é realizada por Jesus como o homem do Espírito Santo. No Espírito, Cristo foi entregue à morte por nossas transgressões, mas foi "ressuscitado para a nossa justificação" (Romanos 4:25). Ele foi revelado na carne, mas "justificado no Espírito" (1Timóteo 3:15). Como a Palavra encarnada do Pai que é ungida pelo Espírito, Jesus inaugura a justiça do reino de Deus como uma força libertadora no mundo que acabará renovando todas as coisas para a glória de Deus. Isso é realizado em resposta não apenas à vontade amorosa do Pai, mas também ao Espírito amoroso que geme com a criação, sofrendo em nome de sua libertação e de sua justa reordenação (Romanos 8:22-26).

Nesse aspecto, intriga-me a recusa de Wilhelm Dantine de limitar a função do Espírito Santo na justificação à apropriação interior da justificação pela fé. Ele se referiu à "estrutura forense" da obra do Espírito Santo na criação como advogado, intercessor e testemunha.[77] Para explicar melhor essa ideia de Dantine, podemos nos referir à unção que o Espírito derrama sobre Jesus em nome do Pai para responder ao clamor da criação, com a qual o Espírito permanece solidário como advogado e intercessor. Em sua obra redentora, o Filho ungido responde ao clamor do Espírito Santo soli-

---

[76] BARTH, Karl. *Church dogmatics*, v. 5, parte 2, p. 115.
[77] DANTINE, Wilhelm. *Justification of the ungodly* (St. Louis: Concordia, 1968), p. 116-8.

dário à criação que geme pela justiça do reino de Deus. É possível ver o batismo no Espírito Santo como seu derramamento, por meio do qual se dá essa resposta. Observe, com base nisso, que o *locus classicus* da eleição, que é Efésios 1:3-14, começava com a ideia de que somos "abençoados [...] com todas as bênçãos espirituais" em Cristo (1:3) e terminava com o fato de que em Cristo, como o Amado (1:5-6), recebemos a garantia de nossa herança no selo e no dom do Espírito Santo (1:13-14). Esse derramamento do Espírito é essencial para a eleição divina, a eleição de Jesus como aquele que batiza no Espírito Santo.

Em penúltimo lugar, recebe-se a retidão do reino de Deus pelo dom do Espírito. Até mesmo a justificação é concedida "em nome de Jesus Cristo e no Espírito Santo" (1Coríntios 6:11). Essa retidão também é recebida pela fé, porque o Espírito Santo é recebido, como garantia da redenção vindoura, sem que se possa vê-lo (Gálatas 3:1-5). De fato, é interessante ver como Paulo, em Gálatas, identifica a justificação pela fé com a recepção do Espírito. Somos justificados pela fé, e não pela lei (2:16), e recebemos o Espírito pela fé, e não pela lei (3:1-5). Do mesmo modo que Cristo inaugurou o reino com sinais e maravilhas do favor de Deus vindo à terra em justiça (Mateus 12:28), os cristãos agora também recebem o Espírito pela fé com sinais extraordinários da nova criação futura (Gálatas 3:5; cf. 1Coríntios 2:4-5). Além disso, diz-se que a bênção de Abraão se constitui *tanto* na justificação (Gálatas 3:8) *como* no dom do Espírito igualmente sobre judeus e gentios (3:14).

Com base nessas associações, Ronald Fung observou, em seu comentário de Gálatas, que Paulo parece igualar a justificação ao dom do Espírito.[78] O que muitos acham surpreendente é que Lutero teve essa mesma ideia bem antes. Veja a citação completa de Lutero:

> Então não é o fato de que a fé é creditada como justiça um recebimento do Espírito? Portanto, ou ele [Paulo] falha em seu argumento, ou a recepção do Espírito e o fato de que a fé é creditada como justiça acabam sendo *a mesma coisa*. E é verdade; isso é introduzido para que a imputação divina não seja considerada um nada, a despeito de Deus, como alguns imaginam que a palavra "graça", usada pelo Apóstolo, significa uma disposição

---

[78] FUNG, Ronald Y. K. *The epistle to the Galatians* (New International Commentary on the New Testament; Grand Rapids: Eerdmans, 1988), p. 136, 152.

favorável em vez de um dom. Porque, quando Deus é favorável e imputa, recebe-se realmente o Espírito Santo, tanto o dom como a graça.[79]

Aqui, Lutero diz que a recepção do Espírito e o fato de que a fé é creditada como justiça acabam sendo *a mesma coisa*! Além disso, ele até observa que isso faz da retificação um dom, e não somente uma "disposição divina". Na verdade, essa ideia de Lutero faz da justificação uma realidade tão pneumatológica como cristológica. Para Lutero, trata-se de um dom transformador e de uma realidade baseada em Deus "que não vem de nós".

Infelizmente, Lutero não explicou essa ideia revolucionária com maiores detalhes. A ênfase cada vez maior das obras posteriores de Lutero e da dogmática luterana sobre uma justificação abstrata e forense, baseada em uma transferência dos méritos de Cristo para os cristãos, negligenciou o papel do Espírito Santo na inauguração e na recepção da justiça do reino. O vácuo criado por essa negligência foi preenchido por uma declaração abstrata associada somente à ideia medieval de uma transferência dos méritos de Cristo para nós. A justificação perde a conexão com toda a amplitude de sua essência concreta na vida de Jesus como aquele que inaugurou o reino de Deus debaixo da unção do Espírito Santo se ela for definida basicamente como uma declaração abstrata realizada em uma transferência jurídica de méritos.

Além disso, não existe nenhuma base bíblica para falar de uma transferência de "méritos" de Cristo a nós. Na verdade, o que é creditado para nós, pela fé, de acordo com Paulo não são os méritos de Cristo, mas a vitória de Cristo sobre o pecado e a morte. Leia com atenção, tendo em mente o que Paulo diz sobre a certeza que Abraão tinha a respeito do poder de Deus para cumprir suas promessas em Romanos 4:21-25:

> [...] estando plenamente convencido de que ele era poderoso para cumprir o que havia prometido. Em consequência, "isso lhe foi creditado como justiça". As palavras "lhe foi creditado" não foram escritas apenas para ele, mas também para nós, a quem Deus creditará justiça, a nós, que cremos naquele que ressuscitou dos mortos a Jesus, nosso Senhor. Ele foi entregue à morte por nossos pecados e ressuscitado para nossa justificação.

---

[79] LUTERO, Martinho. *Lectures on Galatians 1519*, in: PELIKAN, J. (ed.). *Luther's works* (St. Louis: Concordia, 1963), v. 27, p. 252.

De acordo com a passagem acima, qual é a natureza da ação divina que nos justifica em nossa fé: uma creditação dos méritos de Cristo ou uma atribuição da vitória de Cristo sobre a morte na ressurreição "de acordo com o Espírito de santidade", mesmo que vivamos na presente era da morte? A decisão fica a critério do leitor.

A lei, para Paulo, se cumpre de forma adequada na vitória da vida sobre a morte em Jesus, e não por uma transferência de méritos abstratos. A lei não pode justificar porque a lei não pode vencer a morte e conceder vida. A lei não pode transmitir o Espírito. Ela é enfraquecida pela carne pecaminosa que mantém a pessoa cativa até a morte (Romanos 7:14—8:4). Conforme Paulo observa: "Porque aquilo que a lei fora incapaz de fazer por estar enfraquecida pela carne, Deus o fez, enviando seu próprio Filho, à semelhança do homem pecador, como oferta pelo pecado" (Romanos 8:3; cf. Hebreus 2:14). A justificação se dá pela fé, porque é na fé em Cristo que se recebe o Espírito Santo, concedendo-nos acesso à justiça do reino inaugurado por Jesus como aquele que batiza no Espírito. Já que nossa participação por meio do Espírito no amor entre o Pai e o Filho é escatológica, o fato de crermos naquilo que não vemos também nos dá acesso à justiça que ainda será revelada na nova criação. Porque "é mediante o Espírito que nós aguardamos pela fé a justiça que é a nossa esperança" (Gálatas 5:5).

Portanto, essa questão urgente relacionada à justificação não se constitui na circuncisão, mas, em vez disso, na "nova criação" (Gálatas 6:15). A justiça do reino de Deus vem para a experiência contemporânea por meio de atos libertadores do Espírito de Deus, e não por formas externas de religião (cf. Romanos 14:17). Assim, a essência da lei se cumpre em uma vida reformulada pelo Espírito em função do amor de Deus e das questões principais da lei, como a compaixão, a justiça e a misericórdia, porque o que realmente conta é "a fé que atua pelo amor" (Gálatas 5:6; cf. Mateus 23:23).

Por isso a existência justificada equivale à existência pneumática ou batizada no Espírito Santo. Ela permite que participemos do "batismo" do nascimento, da vida, da morte e da ressurreição de Cristo, que se abre amplamente para a criação por meio do papel de Cristo como aquele que batiza no Espírito Santo e inaugura o reino de Deus. Permite também que participemos da ressurreição dos mortos e do novo céu e da nova terra que virão quando Deus habitar todas as coisas e todas as coisas portarem a imagem do Filho. Na época atual, o encaminhamento que a justificação proporciona produz uma vida dedicada ao reino de Deus na terra, para as principais questões da lei, para as comunidades cristãs reconciliadas e que reconciliam, e para a justiça e a misericórdia de Deus pelo mundo.

Depois de reconhecer a inauguração trinitária da justificação como o "alinhamento" do reino de Deus, o conceito de Lutero sobre a fé como união e participação em Cristo pode desempenhar papel fundamental em nosso entendimento a respeito dos efeitos transformadores da justificação. Como o teólogo pentecostal Veli-Matti Kärkkäinen demonstra, a fé faz com que a pessoa participe em Cristo, permitindo-nos discernir a interseção entre a justificação e a santificação/*theosis*.[80] Essa é a grande percepção dos luteranos finlandeses. Na verdade, é interessante constatar que um mestre pentecostal de uma geração anterior, E. S. Williams, também simpatizava com o vínculo entre a justificação e a *theosis* por desejar evitar usar a justificação a serviço do que ele poderia classificar como "graça barata".[81]

A retificação de Cristo é estranha para nós por causa do nosso pecado e da nossa fraqueza na carne (ênfase protestante), mas é experimentada entre nós pela fé dentro da esfera do Espírito de vida (ênfase católica). Logo, tanto os impulsos católicos como os protestantes se baseiam nesse entendimento pneumatológico sobre a justificação. A justiça de Cristo e a vida no Espírito são a mesma coisa, conforme o testemunho dos Evangelhos sobre a vida no reino de Deus nos demonstra. O reino de Deus e sua justiça vêm a nós por meio da presença libertadora e renovadora do Espírito Santo (Mateus 12:28; Romanos 14:17).

Então, a questão passa a ser como a justificação, por meio do batismo no Espírito, coincide com a santificação. Vamos explorar isso rapidamente.

A SANTIFICAÇÃO BATIZADA NO ESPÍRITO SANTO

Boa parte do que foi dito sobre justificação também pode ser dito a respeito da santificação. Na verdade, conforme Peter Toon demonstra, a justificação e a santificação não equivalem a estágios da iniciação cristã, mas, antes, consistem em metáforas coincidentes de toda a vida

---

[80] KÄRKKÄINEN, Veli-Matti. *One with God: salvation as deification and justification* (Collegeville: Liturgical, 2005). Observe também a significativa comparação de Edmund Rybarczyk entre a soteriologia pentecostal e a ortodoxa: *Beyond salvation: Eastern orthodoxy and classical Pentecostalism on becoming like Christ* (Paternoster Theological Monographs, Waynesboro: Authentic Media, 2004).

[81] WILLIAMS, E. S. *Systematic theology* (Springfield: Gospel, 1953), v. 2, p. 248.

cristã. A justificação demonstra que a humanidade transgrediu sua relação de aliança com Deus e se afastou dele. Ela descreve como a humanidade é trazida novamente à relação pactual e ao favor de Deus. A santificação envolve o culto no templo como sua inspiração. A humanidade está presa pelo pecado e precisa separar-se dele e se consagrar a Deus, a fim de dar a glória que lhe é devida. Toda a vida cristã pode ser descrita a partir de qualquer uma dessas metáforas que se sobrepõem.[82]

As ideias de Toon nos ajudam a questionar a dicotomia tradicionalmente promovida na dogmática protestante entre justificação e santificação. Nessa distinção, diz-se que a justificação é o lado objetivo de nossa aceitação por Deus (*extra nos*, "independente de nós"), envolvendo a justiça de Cristo "imputada" a nós pela fé. A justificação por meio da imputação serve como base da santificação, iniciada pelo Espírito subjetivamente (*in nobis*, "em nós"), envolvendo nossa transformação para uma vida justa ou a própria imagem de Cristo. O elemento de verdade nessa distinção aponta para o fato de que a justificação tende a destacar o juízo escatológico de Deus ao nos "alinhar" em Cristo, enquanto a santificação implica o ato divino de nos consagrar, afastando-nos do pecado e nos transformando em um templo vivo de louvor. Talvez seja necessário distinguir entre a ênfase da justificação sobre o julgamento divino e a ênfase da santificação sobre a obra divina na vida do cristão.

Entretanto, falamos somente de uma mudança de ênfase, por causa do entendimento pneumatológico e transformacional óbvio de justificação que acabamos de notar nas Escrituras. Refiro-me, nesse contexto especialmente, ao entendimento do Antigo Testamento sobre os juízos justos de Deus como atos divinos de redenção e o desenvolvimento dessa compreensão na descrição que os Evangelhos fazem a respeito da justiça do reino de Deus vindo a nós como o sopro divino libertador para alinhar nossa vida ao reino ativo da vida de Deus. Também não compreendido é o fato de que a santificação nas Escrituras é tão baseada "objetivamente" na graça de Deus revelada somente em Cristo quanto a justificação. A santificação pela graça, por meio da fé, também pode desempenhar papel relevante em nossa teologia. Cristo santificou a si mesmo para o Pai na verdade do Pai, para que, por essa mesma verdade, possamos ser consagrados (João 17:17-18).

---

[82] TOON, Peter. *Justification and sanctification* (Wheaton: Crossway, 1984).

Por esse motivo, Paulo agrupa indiscriminadamente a santificação e a justificação sob o "nome de Jesus e do Espírito Santo" (1Coríntios 6:11). Sua diferença não deve ser determinada por um paradigma "objetivo/subjetivo" de representação da vida da graça, mas, antes, por uma questão de ênfase, bem como de nuança teológica e temática.

Na verdade, a santificação se baseia no fato de Jesus ter sido separado e consagrado como o santo Filho de Deus desde que foi gerado pelo Espírito Santo no ventre de Maria (Lucas 1:35). Os profetas antigos também foram separados desde o ventre de sua mãe para dar testemunho (Jeremias 1:5). No entanto, no caso de Jesus, ele não foi separado somente para dar testemunho, como alguém que simplesmente aponta para Deus, mas também para transmitir vida em nome dele. João Batista foi cheio do Espírito Santo desde o ventre de sua mãe (Lucas 1:41), não para ser a luz, mas para apontar para aquele que é a luz; nem para dar vida, mas para apontar para aquele que a concede, que é Jesus, aquele que batiza no Espírito Santo (Lucas 3:1-17; João 1:1-18; 3:22-30). Desse modo, Jesus dá testemunho do Pai como aquele que concede vida abundante às pessoas em cumprimento da vontade do Pai (João 10:10; 11:25-26).

Portanto, Jesus é a testemunha fiel para a qual todas as outras apontam (Apocalipse 1:5). Seu testemunho é de primeira mão, porque ele dá testemunho da luz, sendo ele a própria luz. Já nosso testemunho reside em outro nível: no poder do Espírito Santo, apontamos para Jesus e nos atemos a ele como o tesouro em vaso de barro (2Coríntios 4:7). Consequentemente, devemos receber o Espírito Santo para nosso testemunho, enquanto Jesus, em sua função de testemunha, não apenas recebe o Espírito Santo no rio Jordão, mas também concede o Espírito como o Senhor ressuscitado (João 20:22). Seu testemunho apresenta continuidade com o nosso pelo Espírito, mas também é qualitativamente diferente do nosso pela função desse mesmo Espírito. A unção de Jesus pelo Espírito implica unidade ontológica com o Pai, como a Palavra do Pai, que também concederá o Espírito Santo.

Qual era especificamente a essência da santificação de Jesus em nosso favor? Em Mateus 3:13-15, Jesus cumpre a justiça identificando-se com os injustos no batismo. Lembre-se da ideia de Pannenberg de que Cristo exerce o senhorio por meio da obediência sacrificial ao Pai, a qual, como poderíamos acrescentar, se cumpre na identificação de Cristo com os pecadores. João disse que não deveria estar batizando Jesus, dando a entender que Jesus não devia ser contado entre aqueles que se arrependiam diante de Deus. Porém, Jesus respondeu que isso era necessário "para se cumprir toda a justiça". Logo, sua santidade não é vivida pelo afastamento dos pecadores, mas buscando-os como uma presença redentora (Lucas 15). Na verdade, sua santidade é vivida pela expressão de amor a Deus e ao próximo, duas faces da mesma moeda, já que Jesus ama o próximo em harmonia com a vontade do Pai e em devoção ao Pai.

O Pai expressou seu prazer no Filho quando este foi às águas para se identificar com os pecadores no batismo (Mateus 3:16-17). Os fariseus que se opuseram a Jesus achavam que os efeitos santificadores encontravam-se principalmente nas formas exteriores da devoção religiosa. Jesus os acusou de estarem mortos por dentro e de negligenciarem as "principais" questões da lei, como misericórdia e justiça (23:23,27). Jesus entrou em conflito com os líderes religiosos que se afastavam dos pecadores em nome de uma devoção imaginária à lei de Deus. Nesse conflito, Jesus disse que nossa devoção à lei deve "exceder" a dos fariseus que se opunham a ele; caso contrário, não podemos acessar a presença do reino por meio de sua mediação (5:20).

Para demonstrar o que dizia, em Lucas 15:1-2 Jesus se contamina, de acordo com a interpretação tradicional da lei cerimonial, para compartilhar a ceia com os pecadores e convidar todos eles à mesa do banquete do Pai. Mais adiante, nos versículos 11 a 32, Jesus passa a se dirigir aos fariseus que o criticavam, implorando a eles, postos na posição do orgulhoso "filho mais velho", que se juntem a ele no banquete do Pai, que celebrava a volta do filho mais novo, o qual andara desviado, havendo desperdiçado toda a sua herança. Somente assim, eles entenderiam o espírito da lei e o coração do Pai celestial. Tudo o que o Pai tem realmente lhes pertence, se eles procurarem ver onde isso pode ser encontrado.

Por fim, a santificação se encontra na cruz, onde Jesus, como o homem de dores, faz a oração do desamparo: "Por que me abandonaste?". Na ressurreição, o Pai responde que o Filho não será abandonado na sepultura (Atos 2:27). Já que Jesus fez essa oração em solidariedade com os pecadores, para estes também vale a resposta do Pai a Jesus na ressurreição. De fato, se o Espírito do Pai que ressuscitou Jesus habita em nós, o Pai também ressuscitará nossos corpos mortais (Romanos 8:11). Jesus foi entregue por nossas transgressões, mas ressuscitou segundo o Espírito de santidade para nossa justificação (Romanos 1:4; 4:25).

Afinal, não há conflito entre Jesus como inaugurador do reino de Deus — aquele que batiza no Espírito Santo — e Jesus como o homem de dores destinado a morrer em solidariedade com os pecadores. O primeiro sem o último é triunfalismo; e o último sem o primeiro, fatalismo. Em santidade, Jesus inaugura o reino de Deus com poder, em solidariedade ao pecador e ao excluído. A retidão do reino é vivida em misericórdia e justiça para os abatidos e quebrantados (Mateus 23:23). O Espírito de santidade que ressuscitou Jesus dentre os mortos (Romanos 1:4) também o capacitou em seu caminho em direção à cruz (Hebreus 9:14). O Espírito que Jesus derrama, como aquele que batiza no Espírito Santo, nos crucifica com Cristo para viver em novidade de vida no poder da ressurreição (Gálatas 2:20). Ele nos capacita a carregar os fardos uns dos outros (Gálatas 6:2), desejando, desse modo, a liberdade da graça de Deus e lutando por ela com todos aqueles que sofrem (Romanos 8:22).

Jesus permanece devotado a seu caminho como o Filho santificado, não importando o que aconteça. Depois da unção no rio Jordão, o Espírito o conduziu ao deserto, onde sua consagração à vontade do Pai, especialmente no caminho de sofrimento, é testada de forma severa pelo diabo. Jesus se santificou a Deus, resistindo à tentação do diabo de viver somente pelo pão (uma "morte só de pão") em vez de viver pelas palavras de Deus, ou de aceitar os reinos do mundo em vez de dar sua vida para a inauguração do reino de Deus. No deserto, Cristo teve uma experiência de santificação. Quando, posteriormente, Pedro o repreendeu, para que ele renegasse suas palavras sobre a necessidade de sofrer e morrer pela humanidade, Jesus disse a Satanás que fosse "para trás" dele (Mateus 16:23). Como a tentação de Satanás não funcionou no deserto, acabou também não funcionando depois, na companhia dos discípulos, mesmo que as palavras tenham sido proferidas, involuntariamente, pela boca de um companheiro íntimo.

Conforme observamos, Jesus foi obediente ao Pai até mesmo em sua morte de cruz como um malfeitor (Filipenses 2:8). Ele foi "entregue", assim como os pecadores, ao abandono de Deus (Romanos 1:26-28; 4:25; 8:32) para justificá-los para a justiça libertadora de Deus por meio do Espírito de vida (4:25). Ele foi ressuscitado dentre os mortos "de acordo com o Espírito de santidade" (1:4) para que possamos ser santificados do pecado e consagrados a Deus pelo mesmo Espírito (1Pedro 1:2). De fato, somos lavados, somos santificados, somos justificados "no nome do Senhor Jesus Cristo e no Espírito de nosso Deus" (1Coríntios 6:11).

Jesus orou para que seus discípulos fossem santificados pela verdade, que é a Palavra de Deus (João 17:17). Jesus se santificou em devoção à

Palavra do Pai para que os discípulos fossem santificados (17:18). E, assim como Jesus, os discípulos foram santificados pela fidelidade neste mundo, e não por fugirem do mundo (17:15-16). Sua santificação e sua consagração eram realizadas para um propósito santo que exigia seu engajamento com o mundo, e não que eles o evitassem. Já que Jesus cumpriu toda a justiça levando os fardos dos pecadores, como poderíamos interpretar a santificação do reino como um afastamento dos pecadores?

Jesus, como aquele que batiza no Espírito Santo, foi implicitamente retratado como aquele que santifica ou aquele que, pela presença do Espírito, afastaria tudo o que se levantasse contra o reino de Deus (Mateus 3:2,12). No evento do Pentecostes, as chamas de fogo que repousaram sobre os discípulos enquanto eles falavam em línguas apontavam para a presença santa de Deus (Atos 2:3). O grupo de discípulos que falou em línguas estava sendo moldado para constituir um templo santo de louvor a Deus, consagrado a uma missão santa. No entanto, a igreja em Jerusalém tinha uma lição a aprender com o Espírito, que é chamado o "Santo" Espírito de Deus. O que Deus purificou não pode ser chamado de comum (10:15). A tradução é a seguinte: o que Deus lavou para um propósito santo não pode ser considerado impuro por não serem observadas as cerimônias religiosas preestabelecidas. Cristo é o sacrifício perfeito que foi empoderado pelo próprio sopro de Deus para se oferecer pelos pecados do mundo (Hebreus 9:14), e o Espírito que ele concede faz daquele que o recebe uma pessoa consagrada a Deus para cumprir uma tarefa messiânica. Essas questões são governadas pela verdade e pela ação de Deus, e não pela religião ou por aqueles que a administram.

Portanto, enquanto Pedro ainda estava pregando, antes que qualquer coisa "religiosa" pudesse ser realizada (inclusive o batismo cristão!), o Espírito Santo encheu visivelmente os gentios de forma tão transbordante que eles também foram capacitados para exercer a missão messiânica como coparticipantes dela (Atos 10:44-46). Os judeus que estavam presentes naquele lugar ficaram admirados! Os gentios também estavam sendo preparados para ser um templo de louvor para Deus pelo Espírito Santo (Atos 10:46), a fim de que pudessem ser usados de forma eficaz para o serviço de Deus. Pedro testemunhou posteriormente, no Concílio de Jerusalém, que o coração dos gentios tinha sido purificado pela fé, e não pela lei (15:9), porque eles se haviam arrependido para a vida (10:18). O Espírito Santo era o sinal de que seus poderes santificadores tinham envolvido judeus e gentios em uma comunidade que tanto é reconciliada como reconcilia, consagrada a Deus como um templo de louvor e empoderada para o serviço no mundo. Essa igreja santificada se tornou símbolo visível da habitação final de Deus em todas as coisas renovadas e moldadas conforme a imagem de Cristo — o governo final de Deus estabelecido por meio da nova criação (1Coríntios 15:20-28).

Então, o que diremos da vida empoderada? Para completar nossa análise dos elementos da vida no Espírito, temos de estudar a questão do empoderamento profético ou carismático.

O TESTEMUNHO BATIZADO NO ESPÍRITO SANTO

A ampla estrutura pneumatológica para a experiência pentecostal do batismo no Espírito Santo nos ajuda a apreciar a riqueza do empoderamento para o testemunho. Esse empoderamento para o serviço faz parte da inauguração do reino de Deus com poder para transformar as pessoas e conceder dons para o serviço por meios maravilhosos. Sem essa estrutura ampla destinada ao batismo no reino de Deus, antes discutida, o empoderamento pode parecer inútil, como uma energia bruta para operar sinais e maravilhas orientadas por pouca coisa além de considerações pragmáticas. Por exemplo, qualquer separação entre o empoderamento e a obra santificadora do Espírito é uma aberração que certamente conduzirá ao fracasso do ministério. O empoderamento do profeta sempre implicava sua separação e consagração para uma missão santa.

Além disso, a santificação demonstra um testemunho poderoso. A pessoa é santificada para um propósito. Desse modo é que Jesus foi separado pelo Espírito de Deus (Lucas 1:35). Jesus é o supremo Profeta de Deus, que veio criar uma comunidade de profetas pela transferência do Espírito. Assim, Jesus soprou o santo sopro de Deus sobre os discípulos como prelúdio do envio deles ao mundo como testemunhas vivas do reino de Deus (João 20:22). Esse é o símbolo do Pentecostes. Do mesmo modo que Moisés, que teve seu Espírito transferido de si para os anciãos que os auxiliavam em uma missão profética (Números 11), Jesus transfere o Espírito de Deus a seus seguidores, para que eles possam agir como profetas (Atos 2:17).

Acrescento que a obra santificadora do Espírito deve ser liberada na vida por meio de experiências de renovação e enriquecimento carismático que nos impulsionem ao louvor vibrante, às reconciliações que curam, a uma *koinonia* cada vez mais fortalecida e à concessão de dons para a capacitação ao serviço. Já que o reino de Deus se constitui em uma realidade complexa, o empoderamento para o testemunho precisa ter muitas dimensões, tanto individuais como comunitárias. Os pentecostais pioneiros notaram que o testemunho empoderado do reino de Deus surgindo no mundo era acompanhado por sinais visíveis do justo favor de Deus nas esferas materiais e sociais, antecipando a nova criação definitiva de todas as coisas (Mateus 12:28). A santificação como separação do pecado e consagração era um sinal de empoderamento para um testemunho vibrante no mundo e que explode com sinais de renovação. Lucas favoreceu a metáfora de ser cheio do Espírito Santo para relatar como a igreja era empoderada para falar de forma inspirada e agir como Jesus, curando todos os oprimidos do diabo (Atos 4:29-31; 10:38). Com essa ênfase pneumatológica e carismática, Lucas passou a ser o teólogo dos pentecostais. Essa é a experiência do batismo no Espírito Santo destacada pelos pentecostais no livro de Atos e que está disponível a todos que aceitam Jesus pela fé como Senhor e Salvador. Passarei agora a explicar de forma mais completa esse fluir carismático ou vocacional do Espírito na vida do indivíduo.

É importante observar, de início, que, em Atos, a proliferação de dons espirituais, incluindo o que pode ser identificado como "sinais e maravilhas", integra a experiência do batismo no Espírito Santo. Os sinais e as maravilhas não eram incidentais ou supérfluos para o ministério de Jesus. Antes, equivaliam à própria essência de sua missão para inaugurar o reino de Deus no mundo e para depor o reino da morte, do pecado e do diabo. Essa vitória não pode ser reduzida às camadas interiores da imaginação moral ou religiosa; ela traz uma amostra da renovação da criação em sinais extraordinários de redenção, cura e reconciliação. A imaginação religiosa ou a moral cristã somente se revestem de importância em um contexto redentor.

Esse é o impulso do testemunho bíblico. De acordo com Lucas, a proclamação apostólica de Cristo consistia em testemunho ao fato de que "ele andou por toda parte fazendo o bem e curando todos os oprimidos pelo diabo, porque Deus estava com ele" (Atos 10:38). Lemos ainda em Hebreus 2:14 que Jesus se fez carne para provar a morte, a fim de que, por meio de sua vitória sobre ela, o reino do diabo pudesse ser destruído e a humanidade pudesse escapar de suas garras. Gustaf Aulen observou corretamente que o tema do *Christus Victor* é a teoria "clássica" de expiação que se destaca no Novo Testamento, por meio dos escritos, desde os pais da igreja até a teologia de Lutero.[83] Porque Cristo, "tendo despojado os poderes e as autoridades, fez deles um espetáculo público, triunfando sobre eles na cruz" (Colossenses 2:15). Como já observamos, o auge do reino de Deus consiste na vitória final da vida sobre a morte e na presença de Deus em "tudo e todos" para estabelecer o reino da vida por toda a criação (1Coríntios 15:20-28).

Dada a abundância de referências às obras miraculosas de Jesus apresentadas em Marcos e nos outros Evangelhos, os ofícios de Jesus como aquele que batiza no Espírito Santo e que inaugura o reino de Deus parecem essencialmente ligados aos sinais e maravilhas de seu ministério (Mateus 12:28). O teólogo católico Walter Kasper fez uma análise imensamente perspicaz dos milagres de Jesus, em fundamental harmonia com o que acabo de observar. Ele sugere que Marcos relata os primeiros milagres de Jesus imediatamente depois de sua mensagem do reino iminente (Marcos 1:15ss.). Como podemos explicar teologicamente esse vínculo?

Para explicar a importância dos milagres de Jesus para a inauguração do reino de Deus, Kasper frisa quatro aspectos importantes. O primeiro é que os milagres dizem algo a respeito do bem-estar ou da salvação proporcionada pelo reino de Deus, ou seja, que ela afeta os seres humanos como um todo. O reino de Deus tem uma dimensão física e visível. O segundo é que os milagres se constituem em *signa prognostica*, ou sinais da nova criação vindoura, "uma amostra do futuro inaugurado por Cristo". Podemos chamá-los de "poderes da era que há de vir" (Hebreus 6:5). Logo, são uma garantia de nossa esperança atual em relação à libertação futura da morte e da decadência (Romanos 8:21). Já o terceiro é que é precisamente a essa esperança humana, clamando das profundezas, que os milagres se dirigem, e não à nossa "memória intelectual" científica ou observacional. A esperança em relação àquilo que é novo, sem paralelo nem precedente, é essencial para a liberdade humana de buscar transcendência no momento em que vivemos. Por fim, os milagres revelam que "toda a realidade do mundo foi transportada para a economia histórica de Deus".[84]

Conforme já observamos, os milagres passam longe de ser interrupções da realidade que suspendem o curso da natureza. Muito pelo contrário, eles

---

[83] AULEN, Gustav. *Christus Victor: a historical study of the three main types of the idea of atonement* (New York: Macmillan, 1969).
[84] KASPER, Walter. *Jesus the Christ* (Mahwah: Paulist, 1976), p. 95-8.

envolvem toda a natureza como um cenário já favorecido por Deus, mas que, com seus sinais maravilhosos de renovação futura, é transformado de forma inédita. A realidade comum não é destituída de graça, nem abandonada em meio aos sinais extraordinários e às maravilhas. Ela é envolvida na presença renovadora de Deus, para que possa funcionar em outro nível e em um sentido diferente do que podemos explicar de forma exaustiva e racional. Os milagres representam a natureza no poder do Espírito Santo, buscando alcançar uma amostra de sua renovação futura.

O principal ponto, para Kasper, é que os sinais extraordinários, como as curas, que caracterizaram o ministério profético ou carismático de Jesus, eram essenciais para a inauguração do reino de Deus por meio dele. Podemos, portanto, considerar essenciais esses sinais para as funções de Jesus como Redentor e como aquele que batiza no Espírito. Os pentecostais já observaram, de longa data, que o prevalecimento dos atos extraordinários do Espírito Santo no livro de Atos era essencial para a participação contínua da igreja na vida do Espírito que foi transferida da vida de Jesus no Pentecostes (Atos 3:7-8; 8:4-8; 11:28; 13:11-12; 14:8-13; 16:9,18; 19:11-12; 21:8-12).

Quando Jesus foi questionado, no início de Atos, a respeito do reino de Deus, respondeu que os discípulos seriam suas testemunhas com poder (Atos 1:8). O último versículo de Atos observa de forma adequada que a proclamação apostólica tratava do "reino de Deus" e de "Jesus Cristo". Os sinais que se seguiram à inauguração do reino realizada por Jesus acompanhavam a proclamação apostólica do reino de Cristo entre o primeiro e o último capítulo de Atos. Se esse destaque relativo aos sinais extraordinários do Espírito não for desprezado como um elemento entusiástico de Lucas, o mesmo pode ser observado também em Paulo, como sinal de que a vida do reino reside no poder de Deus, e não nas nossas próprias capacidades (cf. 1Coríntios 2:4-5; Gálatas 5:1-5).

O fato de que Jesus demonstrou força em meio à fraqueza e ao sofrimento em solidariedade aos pecadores e marginalizados não relativiza nem relega a segundo plano os sinais miraculosos da nova vida que caracterizaram seu ministério empoderado pelo Espírito Santo, tampouco os que acompanharam o ministério de seus seguidores. Jesus expressou de modo marcante a graça pelos sinais e maravilhas como um sinal do favor de Deus que buscava alcançar principalmente os pobres e oprimidos (Lucas 4:18). Devemos acrescentar que a força em meio à fraqueza que faz parte da vida no Espírito costuma passar despercebida aos olhos carnais, mas é algo que se discerne por meio da fé. O fato de que a graça de Deus é suficiente para tudo tem de ser vivenciado em todas as coisas, inclusive nos momentos de sofrimento e desespero (2Coríntios 12). O reino não passa de uma semente ou de um tesouro que está escondido e é descoberto pela fé. Entretanto, os sinais pontuais da nova criação que há de vir confirmam que a força interior e o significado oculto da fé apontam para o cumprimento dessa nova criação, que virá a ser a habitação final de Deus.

Existe uma tensão criativa entre o sentido oculto da fé e os sinais visíveis pelos quais a fé se estende à nova criação vindoura. Ela não deve ser resolvida por meio de uma redução da fé a significados ocultos ou a triunfos visíveis sobre o sofrimento. Se for adotada a primeira redução, a fé pode tornar-se passiva, glorificando o sofrimento sem nenhuma resistência ou esperança por uma cura visível no presente. No segundo caso, a fé poderia tornar-se triunfalista, incapaz de confortar aqueles que vivem inevitavelmente em um estado de intensa necessidade ou de sofrimento. Tanto a força oculta como os sinais de renovação fazem parte da fé em Deus, porque a presença divina acaba sendo suficiente tanto na abundância como na necessidade (Filipenses 4:12-13). No triunfo interior, bem como nos sinais exteriores de libertação, Deus manifesta liberdade para transcender o momento presente de sofrimento e oferecer à criação a transcendência em Cristo e na obra do Espírito Santo.

De acordo com os pentecostais, o vínculo entre os dons extraordinários do Espírito Santo e a inauguração do reino de Deus depõe a favor da importância duradoura dos dons na vida comum da igreja. Esses dons estão tão íntima e teologicamente ligados à inauguração, por Jesus, do reino de Deus e à experiência primitiva do Espírito Santo que não podem ser reduzidos a um tipo de concessão dispensável em favor de outras mais comuns. A liberdade da esperança humana de alcançar, pelo Espírito, de forma extraordinária, a nova criação vindoura não pode ser limitada por suspeitas arbitrariamente impostas pela igreja. Não estamos falando de um entusiasmo tolo ou descontrolado, como uma busca "insensata" por dons extraordinários. Também não estamos negando o fato de que o amor é o maior milagre ao qual todos os dons espirituais servem. Entretanto, todo amor verdadeiro, de vez em quando, participa de sinais e maravilhas de renovação quando o Deus que faz novas todas as coisas está em ação.

Esse fato demonstra que as igrejas, culturalmente localizadas, não têm a opção de decidir que os sinais extraordinários de renovação são totalmente irrelevantes para sua mensagem. Tampouco elas devem, com base nisso, descartá-los tranquilamente ou marginalizá-los da vida da igreja. Seus membros que talvez recebam dons extraordinários do Espírito Santo podem ser expulsos ou marginalizados no processo. Na maioria das culturas do hemisfério sul em que o cristianismo está ganhando força, uma atitude dessas com relação aos sinais extraordinários do reino de Deus é considerada por muitos algo impensável. Esse fato revela que a premissa tradicional do Ocidente a respeito do desaparecimento "moderno" desses dons no plano soberano de Deus é culturalmente provinciana e até mesmo presunçosa.

É claro que não devemos negligenciar nenhuma categoria de dons espirituais, desde os mais comuns até os mais extraordinários. Conforme observou o diálogo internacional entre pentecostais e reformados de 1996 a 2000, nenhuma matriz de dons do Novo Testamento em particular deve ser imposta sobre as igrejas como algo totalmente abrangente.[85] A função dos dons extraordinários de sinalizar a inauguração do reino de Deus com poder se relaciona com as necessidades contextuais da igreja. Sua manifestação variará de acordo com os desafios enfrentados pela igreja. Sua natureza e sua frequência podem variar de acordo com o tempo e o contexto, mas eles nunca devem ser suprimidos, muito menos ignorados.

Emil Brunner defendeu, de forma veemente, a adoção desses dons "paranormais" no corpo de Cristo por causa dos recessos da alma humana que são alcançados pelo Espírito de vida.[86] O reino de Deus não vem com poder somente por causa da intimidade com que o Espírito nos encontra, mas também por causa da margem de liberdade que o Espírito Santo nos concede para nos colocar em contato com os poderes da era vindoura. Falamos em línguas, profetizamos, curamos os doentes e expulsamos demônios. Não somente proclamamos as boas-novas; buscamos também fazer parte de sua explosão em nosso meio como um campo de poder e de libertação.

---

[85] Veja a declaração 54 em "Word and Spirit, church and the world: the final report of the international dialogue between the representatives of the World Alliance of the Reformed Churches and some classical Pentecostal churches and leaders, 1996-2000", *Pneuma 23* (primavera 2001), p. 9-43. De modo semelhante, a consulta do Conselho Mundial de Igrejas sobre o movimento carismático observa: "Nos encontros ecumênicos, cada confissão percebe, ao encontrar os dons das outras confissões, as limitações e a unilateralidade de seus próprios dons" (veja BITTLINGER, Arnold (ed.). *The church is charismatic: the World Council of Churches and the charismatic renewal* (Geneva: World Council of Churches, 1982), p. 54).

[86] BRUNNER, Emil. Das *Missvertändnis der Kirche* (Zürich: Theologischer Verlag Zürich, 1988), p. 53 *et seq*. [No Brasil: *O equívoco sobre a igreja* (São Paulo: Fonte Editorial, 2012)].

Não tenho dúvida de que Lucas apresenta o batismo no Espírito como esse tipo de experiência espiritual. É poder para testemunhar, um poder que se revela no testemunho corajoso e nos dons extraordinários como o discurso inspirado e a cura divina. A igreja primitiva, enquanto se encontrava debaixo de perseguição, orava: "Considera as ameaças deles e capacita os teus servos para anunciarem a tua palavra corajosamente. Estende a tua mão para curar e realizar sinais e maravilhas por meio do nome do teu santo servo Jesus" (Atos 4:29-30). Nessa oração, a igreja busca dar continuidade ao ministério de Jesus, que eles proclamavam como algo que apresentava a obra redentora de Cristo como aquele que batiza no Espírito Santo. Pedro proclamou que "Deus ungiu a Jesus de Nazaré com o Espírito Santo e poder, e [...] ele andou por toda parte fazendo o bem e curando todos os oprimidos pelo Diabo" (10:38). A igreja primitiva viu sua própria recepção do Espírito como um empoderamento para prosseguir em seu ministério messiânico. Simplesmente não existe razão bíblica convincente para não se ter o mesmo pensamento em relação à igreja de hoje.

Com isso, não quero dizer que um cristão cuja vida não se encontra repleta de ocorrências de milagres esteja aquém do padrão divino. Isso representaria uma premissa absurda. O Espírito santificador se manifesta em sinais que são milagrosos, mas seus sinais mais profundos são os gestos de amor. Entretanto, afirmo que os cristãos devem permanecer abertos à possibilidade de uma experiência da presença e do poder do Espírito que transcenda as expectativas culturais, inclusive aquelas que pertencem ao racionalismo pós-iluminista no Ocidente. A voz de Lucas no cânon chama todos os cristãos a uma experiência de Pentecostes que se assemelha a um chamado profético, sentido de forma tão profunda quanto a experiência de Jeremias de fogo em seus ossos.

Para os pentecostais, esse fogo é tipicamente liberado no falar em línguas, na profecia, nos dons de conhecimento e de sabedoria, e na cura dos doentes. Muitos de nós percebemos que existem fatores históricos, culturais e providenciais que nos levam, como movimento cristão, a acentuar esses dons em particular. Não afirmo que todas as famílias cristãs devam ser exatamente como nós. No entanto, acredito que fomos chamados para inspirar o cristianismo global para maior apreciação desses dons.

Percebo que há dons valorizados na Bíblia que não são tão claramente extraordinários em sua natureza, e que também há certa cautela em relação ao entusiasmo por obras ou sinais extraordinários como fins em si mesmos

(1Coríntios 2:4-5; Gálatas 3:5). Eles também têm sido usados para concretizar uma esperança que reside de forma mais profunda na alma humana do que o pensamento racional é capaz de compreender (Romanos 8:26) e para auxiliar na amostra da nova criação que há de vir.

Além disso, nós, pentecostais, temos sido abençoados com dons que outras tradições admiram, como a rica herança intelectual valorizada pela tradição reformada. Esperamos que outros grupos cristãos possam ser abençoados pelas ênfases cultivadas em nossa família cristã, de maneira que os membros dessas igrejas que recebem dons nessas áreas possam também sentir-se valorizados, e que todos possam ser abençoados com uma diversidade maior de dons espirituais. Temos acompanhado certa tendência nessa direção e aplaudimos sua continuidade.

Nessa diversidade cada vez maior de dons em nosso meio, todos podemos concordar que o maior fluir do Espírito se dá na forma do amor de Deus, para o qual todos esses dons apontam e a partir do qual eles extraem sua força como indicadores do poder do reino de Deus para transformar as pessoas. Até mesmo o conhecimento pode "inflar" e ser usado como uma arma destrutiva no corpo de Cristo se for desvinculado de sua função de servir em amor (1Coríntios 8:1; cf. Efésios 4:15). Sem o amor de Deus que foi praticado por Jesus e revelado na cruz, os dons do Espírito Santo se tornam inúteis e a espiritualidade a eles vinculada se restringe a uma energia nebulosa e destituída de qualquer relação com a vida humana debaixo do governo de Deus.

Entretanto, o entendimento carismático pentecostal do batismo no Espírito Santo tem dois pontos válidos a apresentar. Em primeiro lugar, é necessário que, na iniciação cristã, se inclua o sentido de que a graça de Deus capacita os cristãos para o ministério e a missão. Como observou o documento *The nature and purpose of the church* [A natureza e o propósito da igreja], da Comissão Fé e Ordem do Conselho Mundial de Igrejas, o batismo nas águas é a "ordenação" de todos os cristãos. Ainda afirma: "Todos os cristãos que foram batizados têm de levar a sério seu potencial de exercer os dons que recebem do Espírito Santo — nunca somente em seu próprio nome, mas em favor da vida e da missão de toda a comunidade".[87] Não há iniciação cristã pela fé nem batismo no sentido pleno da palavra

---

[87] Statement 100, *The nature and purpose of the church* (Faith and Order Paper n° 181; Geneva: World Council of Churches, 1998).

sem algum senso de comissionamento para o serviço. Sem isso, fica faltando algo fundamental nessa iniciação.

Conforme Lucas sugere em Atos, a recepção do Espírito Santo na iniciação cristã deve ser considerada uma preparação para a entrega de si a Deus, em louvor, no serviço ao próximo. Muitos pentecostais minimizam o poder de sua ênfase sobre o batismo no Espírito, retirando-o por completo da iniciação e da identidade cristã e limitando-o ao aumento de poder em acréscimo à vida na graça. A ordenação de todo cristão como profeta inspirado não pode ser reduzida a um *supper-additum* ou a uma experiência complementar da graça não intrínseca à identidade cristã.

Em segundo lugar, os pentecostais observam que o batismo no Espírito Santo não é apenas um ato divino, uma participação da criatura profunda demais para ser acessada pela consciência; é também algo conscientemente experimentado. Embora não se consiga avaliar de antemão que tipo de experiência esse entendimento da iniciação trará ou quando e como surgirá na vida do cristão, certamente se manifesta em algum momento por meios como a fala inspirada, os gestos de amor e outros sinais da presença poderosa do Espírito. Sem essa expectativa, a igreja tenderá a não experimentá-los em grande medida.

Isso não quer dizer que não exista uma diferenciação teológica entre a iniciação cristã e a experiência do batismo no Espírito Santo como um fluir de poder do Espírito na vida. Curiosamente, João Calvino estabelece uma distinção entre o Espírito de adoção e as "graças extraordinárias do Espírito [...] que são acrescentadas como um ponto culminante", como fica claro em textos como o capítulo 8 de Atos.[88] Os pentecostais têm visto corretamente que o cristão alcança certa plenitude na experiência do Espírito Santo por meio da consciência carismática, de seu poder e do ministério/missão. Essa ideia é extremamente necessária para uma igreja que ainda se encontra muito fechada em si mesma e complacente com sua identidade cristã, com sua "posse" do Espírito.

---

[88] CALVINO, João. *Acts of the Apostles*, trad. para o inglês de J. W. Fraser e W. J. G. McDonald (Grand Rapids: Eerdmans, 1965), p. 236; citado no livro de HUNTER, Harold. *Spirit baptism: a Pentecostal alternative* (Lanham: University Press of America, 1980), p. 164. [No Brasil: *Batismo no Espírito*: uma experiência pentecostal (Natal: Carisma, 2022)]. O teólogo reformado Henrikus Berkhof acompanha Calvino ao observar uma experiência de batismo no Espírito Santo em Atos profundamente carismática e vocacional; veja seu livro *Doctrine of the Holy Spirit* (Atlanta: John Knox, 1964), p. 89.

Na verdade, não possuímos o Espírito Santo; é ele que nos possui. Logo, só podemos experimentar a vida em Deus se seguirmos a orientação do Espírito de glorificar a Deus e dar testemunho de seu amor pelas pessoas. Buscar uma renovação no poder no Espírito, com esse propósito em vista, tem de ser a busca diária do cristão, já que uma plenitude maior da vida do Espírito deve ter importância substancialmente maior do que uma simples confissão vazia. Não se pode usar a teologia da iniciação cristã para silenciar a referência válida ao poder do Pentecostes, que deve ser experimentado na igreja e por meio dela.

CONCLUSÃO

Apelarei para minha identidade pentecostal nesse contexto e insistirei que, mesmo tendo outras características, o batismo no Espírito é uma experiência poderosa recebida juntamente com a iniciação cristã ou em algum momento posterior a ela. Isso não quer dizer que a experiência pentecostal não se relacione com a iniciação, nem mesmo que não sirva para confirmá-la ou mesmo para complementá-la. No entanto, a iniciação cristã pela graça mediante a fé não pode ficar restrita a certa experiência ou compreensão desta para ser validada. Deus não depende da adequação de nossa experiência ou de nossa resposta de fé julgadas segundo padrões bíblicos precisos para nos unir a Cristo pelo poder do Espírito Santo. A maioria dos pentecostais reconhece isso. No entanto, o batismo no Espírito como uma participação escatológica no reino de Deus pela fé envolve a iniciação cristã e um fluir do Espírito Santo na vida para que haja poder no testemunho.

Não é preciso interpretar que os pentecostais — quando pedem que a igreja busque uma experiência definida do batismo no Espírito como renovação da fé e unção profética para o serviço no momento da iniciação cristã ou em um momento distinto — estejam retirando algo dessa iniciação como o ponto inicial e decisivo de identificação com Cristo como aquele de quem vêm todas as bênçãos espirituais (Efésios 1:3). Em vez disso, a experiência do batismo no Espírito Santo, tão valorizada pelos pentecostais, nos fornece percepções teológicas inerentes ao sentido dessa iniciação.

Quando uma mulher pentecostal cai de joelhos, falando em línguas, em submissão a Deus e à vontade divina em sua vida, seu ato inicial de fé pela confissão e pelo batismo pode ser visto em retrospecto, à luz dessa experiência, como de ordenação a uma "ministra" batizada no Espírito Santo para Deus. De forma semelhante, a iniciação cristã deve ser interpretada nas igrejas de modo que se cultive a expectativa de experiências conscientes do Espírito com poder. A experiência pentecostal do batismo no Espírito tem consequências teológicas para o modo de vermos a iniciação cristã, bem como a jornada de fé que desenvolvemos ao longo da vida.

É pela iniciação cristã que se entra na existência batizada no Espírito. No entanto, a experiência do batismo no Espírito associada à iniciação e posterior a ela tem o propósito de trazer à participação consciente a justiça do reino, o crescimento na graça santificadora e a abertura carismática para abençoar as pessoas e glorificar a Deus.

A iniciação cristã não consegue esgotar a realidade ou mesmo a teologia do batismo no Espírito Santo por causa da visão escatológica a respeito desse batismo que foi explicada anteriormente. O batismo no Espírito tem raízes decisivas na iniciação cristã, mas também deve ser reafirmado na caminhada diária com o Espírito, bem como em momentos definidos em que se fica cheio do Espírito Santo. Sua realização final se situa na transformação cósmica. À luz de uma teologia do batismo no Espírito como uma dinâmica escatológica (tanto "já" como "ainda não"), podemos confirmar tanto o acontecimento da iniciação como as experiências constantes do Espírito que caracterizam o batismo no Espírito Santo como participação em Cristo, o Rei, e no Espírito, o Reino.

CAPÍTULO **CINCO**

OS SINAIS DA GRAÇA EM UM MUNDO QUE CARECE DELA

Na direção de uma eclesiologia batizada no Espírito Santo

"Aigreja existe no derramamento do Espírito Santo."[1] Essa declaração de Ralph Del Colle nos faz questionar a premissa de muitos pentecostais de que o batismo no Espírito Santo não passa de uma experiência individual de poder ou renovação entre os cristãos. Porém, curiosamente, os pentecostais sempre admitiram um vínculo bem profundo entre o batismo no Espírito Santo e a vida interativa de uma igreja carismaticamente rica sob a grande "chuva" do Espírito. Com seu entendimento individualista a respeito do batismo no Espírito Santo, ficaram privados da estrutura conceitual para compreender sua conexão com a vida da igreja capacitada para a comunidade. A tese central deste capítulo, portanto, é a de que *o batismo no Espírito Santo deu origem à igreja global e continua*

---

[1] DEL COLLE, Ralph. "The outpouring of the Holy Spirit: implications for the church and ecumenism", in: DONNELLY, D.; DENAUX, A.; FAMERÉE, J. (eds.). *The Holy Spirit, the church, and Christian unity: proceedings of the consultation held at the Monastery of Bose, Italy, 14-20 October, 2002* (Leuven: Leuven University Press, 2005), p. 249.

a ser a própria essência da vida da igreja no Espírito, inclusive de sua vida e missão carismáticas.

Os pentecostais precisam de uma eclesiologia mais desenvolvida à luz da pneumatologia. Tradicionalmente, eles anseiam que um avivamento venha sobre as "igrejas que dormem", mas deixaram de apreciar a constituição pneumatológica mais básica da igreja. É fundamental, nesse contexto, a conhecida declaração de Ireneu, de que, "onde o Espírito de Deus está, é nesse lugar que se encontram a igreja e toda a graça" (*Contra os hereges* 3.24.1). Apesar de a obra do Espírito ser imensa e orientada, em primeiro lugar, ao reino de Deus no mundo, sua natureza é central e singularmente eclesiástica. Nesse aspecto, é útil a observação de Simon Chan, de que o Espírito presente na e pela igreja é "o Espírito na igreja e segundo a igreja", que podemos chamar de *Espírito eclesial*, redentoramente ativo para possibilitar a comunhão com Deus e com o próximo.[2] Logo, a igreja encontra sua essência no Espírito eclesial, que também é o Espírito missionário. O Espírito Santo na *koinonia* e na missão empoderada da igreja busca levar a humanidade à comunhão com Deus e inspirar anseio pelo dia em que toda a criação será o templo da presença de Deus para sua glória.

Portanto, toda análise a respeito do batismo no Espírito Santo e do papel central que ele pode desempenhar em uma teologia pentecostal global precisa discutir a igreja. Pela importância da *koinonia* para o governo de Deus no mundo, a igreja passa a ser o fruto natural do derramamento pentecostal do Espírito Santo no mundo. Por ser incorporada ao relacionamento filial de Cristo com o Pai, a igreja pode participar da plenitude espiritual de Cristo. Aqui, aplica-se o comentário perspicaz de Leslie Newbigin: "Com certeza é um fato de importância inesgotável que o legado do Nosso Senhor não foi um livro, nem um credo, muito menos um sistema de pensamento ou uma regra de vida, mas uma comunidade visível".[3] A igreja não é incidental para o batismo no Espírito Santo, mas seu fruto integral. Como uma dinâmica relacional, o batismo no Espírito não somente empodera e renova o povo de Deus, mas também lhe deu origem como sinal da graça em um mundo cada vez mais destituído dela (para usar uma declaração que

---

[2] CHAN, Simon. "Mother church: towards a Pentecostal ecclesiology", *Pneuma* 22:2 (outono de 2000), p. 198.
[3] NEWBIGIN, Leslie. *The household of God: lectures on the nature of the church* (London: SCM, reimpr. 1964), p. 27.

ouvi mais de uma vez de Jan Lochman, meu orientador). Portanto, passaremos a explicar a importância da igreja para o batismo no Espírito Santo, discutindo, em primeiro lugar, a função da *koinonia* nesse batismo.

BATISMO NO ESPÍRITO SANTO E *KOINONIA*

O Espírito Santo é o Espírito de comunhão; e o batismo no Espírito implica comunhão. Por isso ele leva a um mesmo amor, uma mesma refeição, uma mesma missão e à proliferação/ampliação de uma vida carismática interativa. Logo, o batismo no Espírito aponta para um relacionamento de unidade entre o Senhor e a igreja que não se constitui fundamentalmente em uma questão de identidade, mas de comunhão. A solidariedade entre Jesus ou o Espírito Santo e a igreja, portanto, é uma qualidade de comunhão. Essa constatação previne a igreja contra uma escatologia tornada realidade que simplesmente identifica o reino com a igreja ou com sua hierarquia, sem uma dialética adequada ou um fundo escatológico. Está implicada uma dialética dinâmica entre a vida no Espírito e a igreja em sua existência visível e histórica, que explicaremos a seguir. A comunhão demonstra a participação pela fé no amor de Deus em meio à fraqueza. A unidade que ela oferece é um dom, mas também uma vida e uma missão a serem buscadas: "para que todos sejam um, Pai, como tu estás em mim e eu em ti. Que eles também estejam em nós, para que o mundo creia que tu me enviaste" (João 17:21).

Nunca é demais destacar a importância da comunhão dos santos para a teologia do batismo no Espírito e seu impacto em levar adiante a missão de Deus no mundo. Curiosamente, o historiador social Rodney Stark sugeriu a tese de que o cristianismo primitivo se espalhou rapidamente e impactou seu mundo de modo eficaz, nos primeiros séculos da era cristã (a uma taxa aproximada de crescimento de 40% por década), *principalmente como fruto da qualidade de sua vida comunitária*. Stark teoriza que a "base para os movimentos de conversão de sucesso é o crescimento por meio de conexões sociais, em *uma estrutura de vínculos interpessoais diretos e íntimos*".[4]

É claro que a igreja como uma *communio* é mais profunda em importância do que uma rede de vínculos pessoais. Entretanto, Stark está no caminho

---

[4] STARK, Rodney. *The rise of Christianity* (San Francisco: HarperSanFrancisco, 1996), p. 20. (grifo do autor). [No Brasil: *O crescimento do cristianismo* (São Paulo: Paulinas, 2006)].

certo ao apontar a vida comunitária da igreja como a chave para um alcance missionário eficaz. A igreja não se limitava a proclamar o evangelho; ela *participava* e *dava exemplo* desse evangelho em sua vida comunitária e em seu testemunho. Podemos dizer que ela oferecia uma profundidade de comunhão e de relacionamentos "graciosos" com base na caridade e na esperança, tornando o evangelho atraente para uma população que precisava desesperadamente de uma comunidade. Lucas parece concordar com isso ao relatar que, como resultado do Pentecoste,

> eles se dedicavam ao ensino dos apóstolos e à comunhão, ao partir do pão e às orações [...] Os que criam mantinham-se unidos e tinham tudo em comum. Vendendo suas propriedades e bens, distribuíam a cada um conforme a sua necessidade. Todos os dias, continuavam a reunir-se no pátio do templo. Partiam o pão em suas casas, e juntos participavam das refeições, com alegria e sinceridade de coração, louvando a Deus e tendo a simpatia de todo o povo. *E o Senhor lhes acrescentava todos os dias os que iam sendo salvos* (Atos 2:42,44-47, grifo nosso).

Como se sabe, atualmente existe uma mudança global em curso, rumo a uma "nova cristandade", que tem sua força maior (embora de modo algum exclusivamente) no hemisfério sul e tende a incentivar congregações carismáticas, amplamente participativas e orientadas às missões. Os dons múltiplos e extraordinários entre os cristãos comuns, como profecia, expulsão de demônios e cura divina, estão surgindo como mais importantes para a vitalidade da igreja missionária em escala global do que poderiam imaginar os teólogos da América do Norte e da Europa trabalhando sob os desafios do Iluminismo. A força desse cristianismo renovado não reside em seu senso de tradição ou brilhantismo teológico (por mais que essas coisas sejam importantes), mas em uma experiência poderosa de louvor comunitário, libertação e missão. Essa renovação inclina-se a leigos fortalecidos e ativos na esfera do Espírito de formas variadas e inéditas, com o fim de edificar o corpo de Cristo e atuar como testemunhas de Cristo para o mundo.

Esse novo desenvolvimento no cristianismo global, do qual o pentecostalismo é parte fundamental, está atendendo a uma necessidade urgente. Thomas Finger corretamente observou que a "globalização dá continuidade à dissolução da solidariedade dentro das comunidades e dos relacionamentos", separando "inúmeros indivíduos de qualquer sentido de conectividade".[5] Christopher Lasch nos informa, além disso, que até mesmo a família, que tradicionalmente era um "refúgio" em meio a um mundo "sem coração", está cedendo às influências de um mundo impessoal, governado por imensas instituições capitalistas. Por exemplo, os pais exigem que os filhos respeitem sua autoridade em troca dos serviços prestados, como alimento, roupa e abrigo. Os membros da família, então, parecem ter pouco em comum além do fornecimento desses "serviços".[6]

Além disso, as crianças nascem em um processo de socialização que, injustamente, privilegia uma raça, um gênero, uma classe social ou outra discriminação qualquer, distorcendo suas almas desde o princípio e dando um novo sentido à doutrina do "pecado original". Se existe uma época em que a igreja tenha de exemplificar, para o mundo, uma comunidade de "relacionamentos graciosos" no Deus que concede toda a graça de forma livre e abundante, é a época atual. Cristo, como aquele que batiza no Espírito Santo, nos dá esperança, já que, ao conceder o Espírito, transmite a *communio* da vida divina em toda a sua graça e em seu poder curador. Ele "concedeu dons" à humanidade, de modo que enche todo o universo com sua presença redentora (Efésios 4:7-10). Ele enche com o Espírito Santo para melhorar a vida comunitária: "Deixem-se encher pelo Espírito, falando entre si com salmos, hinos e cânticos espirituais" (5:18-19). Esse pode ser o momento para um foco distintamente pentecostal sobre o Cristo carismático como aquele que batiza no Espírito se levantar como um tema importante no movimento ecumênico. Entretanto, em primeiro lugar, temos de ajudar os pentecostais a desenvolver a conexão implícita que eles fazem entre o batismo no Espírito e a vida e a missão da igreja.

O batismo no Espírito Santo, quando é entendido como uma dinâmica comunitária, pode ajudar os pentecostais a integrarem teologicamente suas ênfases concomitantes no batismo no Espírito Santo e na igreja cheia de dons. O batismo no Espírito como dinâmica relacional se constitui em algo essencial em sua função de dar nascimento à igreja como um corpo cheio de carismas diversificados. De fato, é interessante constatar que o batismo no Espírito é descrito por Lucas em termos relacionais, como um "revestimento" divino (Lucas 24:49) ou um "enchimento" (Atos 2:4) com a presença

---

[5] FINGER, Thomas N. *A contemporary anabaptist theology* (Downers Grove: InterVarsity Press, 2004), p. 157.

[6] LASCH, Christopher. *Haven in a heartless world: the family besieged* (New York: Basic, 1975), p. 33-4.

divina. Não se trata de um "batismo" como algo externo a nós, mas de algo intimamente participativo e interativo, que envolve Deus em nós e a nós em Deus. O Espírito Santo nos abraça ou nos enche com a presença divina para nos santificar e empoderar, para sermos testemunhas vivas de Cristo, que é o Filho de Deus e aquele que batiza no Espírito. Quando Deus nos envolve e nos enche com sua presença, isso nos leva, em retorno, a uma entrega a Deus em adoração e testemunho. Há uma dinâmica relacional em ação no batismo no Espírito: *Deus derrama sua presença dentro de nós para recebê-la de volta com a plenitude de nosso espírito renovado em línguas de fogo de louvor e testemunho* (Atos 2:4). Em seguida, devemos nos derramar uns nos outros: "falando entre si com salmos, hinos e cânticos espirituais".

Conforme observou Geoffrey Wainwright, faz parte da ideia clássica da *pericorese* trinitária as pessoas divinas se esvaziarem de si mesmas nas outras para receber a plenitude umas das outras.[7] Como vimos no capítulo anterior, o Pai compartilha o reino divino com o Filho para redescobri-lo neste. De modo semelhante, o Espírito, como elo de amor entre o Pai e o Filho, é derramado do Pai, pelo Filho, para que a devolução do reino pelo Filho ao Pai possa envolver a criação redimida como habitação de Deus. Por isso, diz Wainwright, à luz da pericorese, que o culto é "um acesso participativo à oferta que Cristo fez de si mesmo ao Pai e, de forma correlata, um encher-se da vida de Deus".[8] O batismo no Espírito Santo apresenta uma estrutura relacional que tem como essência a comunhão, a comunhão do amor sacrificial.

A dinâmica relacional do batismo no Espírito não se dá somente entre nós como indivíduos e Deus; trata-se também de uma realidade compartilhada entre nós em Deus. Quando Cristo derramou seu Espírito, concedeu dons interativos à humanidade para que pudessem edificar uns aos outros no amor descoberto na pessoa de Cristo (Efésios 4:7-16; cf. Romanos 5:5). O Espírito Santo é o "Deus intermediário", de modo que, começando pelo terceiro artigo do Credo Apostólico, a igreja batizada no Espírito Santo é constituída pelo Espírito de acordo com a essência e o padrão da vida trinitária. O batismo no Espírito Santo como experiência relacional explica como esse batismo deu origem à igreja e continua a renová-la e empoderá-la em sua

---

[7] WAINWRIGHT, Geoffrey. *Doxology: the praise of God in worship, doctrine, and life* (New York: Oxford University Press, 1980), p. 23.
[8] Ibid.

vida carismática diversificada e vibrante. Por isso, a *koinonia* na própria essência do batismo no Espírito revela como este nos oferece um vínculo entre o reino e a igreja.

A *koinonia* é uma categoria antiga redescoberta entre os interessados por uma eclesiologia ecumênica. Conforme diz Lorelei Fuchs, a reflexão ecumênica recente "situa esse conceito no núcleo do simbolismo da igreja como um reflexo do Deus Triúno".[9] Esse destaque ecumênico sobre a *koinonia* é importante, já que não pode haver separação radical entre o reino e a igreja à luz da estrutura trinitária do batismo no Espírito Santo. Como observamos no capítulo anterior, Jesus é o mediador do Espírito que procede do Pai. Ao mediar o Espírito, Jesus leva os cristãos à comunhão que o Pai desfruta com o Filho, e o Filho amplia o círculo desse amor no processo de incluir "o outro".

Batizada no Espírito, a igreja também busca o próximo no avanço missionário. A igreja batizada no Espírito imita o Deus que a batiza. Jesus veio em nome do Pai buscar e salvar o perdido (Lucas 15). Jesus concede o Espírito para que também nós possamos, em testemunho dele, buscar os perdidos. Toda suposição de que o reino proclamado por Jesus não leva integralmente à igreja e à sua missão revela negligência do papel bíblico de Jesus como Senhor ressurreto que batiza no Espírito.

Na verdade, o batismo no Espírito Santo como o vínculo entre o reino proclamado por Jesus e a igreja se encontra no âmago da mensagem de Lucas. Conforme observamos anteriormente, o capítulo 1 de Atos mostra o Cristo ressurreto apresentando o batismo no Espírito Santo no contexto do estabelecimento do reino (1:3-8). Os discípulos perguntam sobre a restauração do reino, uma vez que se encontram reunidos em Jerusalém (1:6-7), o local tradicional do cumprimento do reino. A resposta de Jesus a essa pergunta sugere que os detalhes a respeito do cumprimento em relação a Israel estão ocultos na vontade do Pai. Revelado no coração do batismo no Espírito, como o meio pelo qual esse reino se cumpre, é o estabelecimento de uma comunidade que será definida como de testemunhas de Jesus como o ungido pelo Espírito para curar e libertar (1:8; 10:37-38).

---

[9] FUCHS, Lorelei. "The Holy Spirit and the development of communion/*koinonia* ecclesiology as a fundamental paradigm for ecumenical engagement", in: DONNELLY, D.; DENAUX, A.; FAMERÉE, J. (eds.). *The Holy Spirit, the church, and Christian unity: proceedings of the consultation held at the Monastery of Bose, Italy, 14-20 October, 2002* (Leuven: Leuven University Press, 2005), p. 160.

A igreja participa do reino libertador de Deus evidente no ministério de Jesus por meio do batismo no Espírito Santo. De uma perspectiva mais ampla, podemos dizer que o amor e a *koinonia* no coração do reino tanto constituem a igreja como são exemplificados e proclamados por ela ao mundo pelo batismo no Espírito. Em consonância com o Relatório Final dos Reformados e Católicos de 1977, podemos afirmar que o evangelho de Cristo "reúne, protege e mantém a *koinonia* de seus discípulos como um sinal e um princípio de seu Reino".[10]

O batismo no Espírito Santo demonstra que a *koinonia* de Deus não está fechada, mas aberta ao mundo. Conforme observa Moltmann: "Deus não deseja glória sem sua glorificação por meio do homem e da criação no Espírito. Ele não deseja encontrar descanso sem a nova criação do ser humano e do mundo mediante o Espírito. Deus não quer ser unido consigo mesmo sem a união de todas as coisas com ele".[11] Esse batismo aponta para uma vida triúna motivada pelo amor, não somente como uma dinâmica interna, mas também externa, na direção do outro. O batismo no Espírito busca o outro em favor deste, para libertação e comunhão.

Mas alguém ainda poderá perguntar: "Por que a igreja como comunhão dos santos e como "sinal e selo" do reino?". Podemos imaginar que Deus, com seu poder soberano, poderia forçar a criação a aceitar a graça santificadora. No entanto, esse gesto não seria coerente com seu amor divino. O governo de Deus revelado em Cristo não é impositivo, mas quenótico ou sacrificial. Não força a obediência, mas busca convencer. Não é tão óbvio, mas inspira fé em meio à ausência daquilo que se vê. E o mais importante: não domina, mas leva o outro a uma comunhão de edificação mútua.

Portanto, faz parte desse reino, para o agrado de Deus, a eleição de um povo em Cristo que pode agir como sinal e selo desse reino ou que pode "encarná-lo" como uma comunidade santificada e dar testemunho dela com poder. Esse reino inspira uma igreja a anunciar e transmitir a graça do amor em um mundo ainda oprimido por falta de graça, alienação, dominação e morte. Mesmo em fraqueza, essa comunidade se gloriará na graça

---

[10] "The presence of Christ in church and world: final report of the dialogue between the World Alliance of Reformed Churches and the Secretariat for Promoting Christian Unity, 1977", #75, in: MEYER, Harding; VISCHER, Lucas (eds.). *Growth in agreement: reports and agreed statements of ecumenical conversations on a world level* (New York: Paulist, 1984), p. 451.

[11] MOLTMANN, Jürgen. *The church in the power of the Spirit* (New York: Harper & Row, 1977), p. 63. [No Brasil: *A igreja no poder do Espírito* (Santo André: Academia Cristã, 2013)].

e no poder de Deus. Ela olhará para Deus e o Cordeiro, e proclamará que "a salvação pertence ao nosso Deus, que se assenta no trono, e ao Cordeiro" (Apocalipse 7:10). Nessa fraqueza, a igreja aponta para o reino como o mistério oculto, mas também revelado em seu testemunho vivo. No poder do Espírito, a igreja creditará tudo o que é e o que será ao batismo no Espírito, e não a seus próprios recursos.

Essa igreja será "um reino de sacerdotes para Deus" somente como resultado da graça redentora e em serviço a Deus na imagem do Cordeiro crucificado (Apocalipse 1:5-6). Essa igreja vencerá as forças do mal pelo sangue sacrificial do Cordeiro no testemunho vivo dele (12:11), não por agressão ou violência. Ela participará, pelo batismo no Espírito Santo, do governo do amor que se doa, conforme foi revelado no caminho da cruz. O reino confiado ao Filho em amor sacrificial pelo Pai e devolvido ao Pai pelo Filho em amor sacrificial é disponibilizado, pelo batismo no Espírito, à igreja, que, então, o aceita humildemente como um "reino de sacerdotes" e profetas. A igreja batizada no Espírito Santo "encarna" o reino em testemunho vivo ao Senhor da glória crucificado. Na *koinonia* viva do amor no Espírito, a igreja exemplifica e testemunha o governo de Deus no mundo.

É importante observar que, tipicamente, os pentecostais não formulariam sua eclesiologia segundo um conceito de *koinonia* trinitária. Esse não é um conceito usado em seu ensino ou pregação. Como observou Miroslav Volf, em caráter geral: "A ideia da correspondência entre a igreja e a Trindade permaneceu, em grande parte, ausente da tradição das igrejas livres".[12] Apesar de a *koinonia* ser um conceito do Novo Testamento, este, com certeza, não é usado, de forma explícita, no texto bíblico como descrição da vida interior de Deus ou da participação da igreja em sua autorrevelação na história. O Evangelho de João sugere uma correspondência entre nossa comunhão com Cristo e a comunhão de Cristo com o Pai (14:11,20; 17:21), mas a explicação da analogia (ou do relacionamento participativo) entre a vida trinitária de Deus e a comunhão da igreja é uma percepção teológica deduzida a partir da teologia trinitária posterior.

Esse fato não é, por si só, necessariamente problemático, já que essa participação fica implícita no Novo Testamento. Porém, serve para explicar o motivo pelo qual os pentecostais, que tendem a ser biblicistas, não chegaram

---

[12] VOLF, Miroslav. *After our likeness: the church as an image of the trinity* (Grand Rapids: Eerdmans, 1998), p. 195.

a enfatizá-lo. Esse uso de *koinonia* não deixa de ter seus problemas, conforme observou Volf. Alguns têm questionado a proposta de que o mistério transcendente da vida interior de Deus possa ser usado para explicar a *koinonia* da igreja.[13] Na verdade, tanto a diferença como a semelhança entre a *koinonia* divina e a *koinonia* humana estão relacionadas a uma dialética dinâmica entre o Espírito Santo e a igreja. Por isso, considero que a *koinonia* é útil para a eclesiologia, mas indago se não existe uma tendência para discuti-la em contextos ecumênicos como um conceito abstrato, e não como uma realidade descoberta de baixo para cima, a partir da narrativa libertadora de Jesus e do campo diversificado da presença do Espírito Santo.

Conforme já observado, a *koinonia* é, implicitamente, um conceito *pneumatológico* nas Escrituras. A igreja, depois de ter recebido o Espírito Santo no Dia de Pentecostes, desfrutou a *koinonia* (Atos 2:42). Os pentecostais não começam com uma noção da vida interior de Deus, mas antes, do mesmo modo que o terceiro artigo do Credo Apostólico, com a igreja como a dimensão do Espírito Santo (o perdão dos pecados e a fé para a vida eterna, bem como, devemos acrescentar, os múltiplos dons do Espírito). Os pentecostais começam com o batismo no Espírito Santo, a história da real autoentrega de Deus em Cristo como aquele que batiza no Espírito Santo. Assim, observam, a respeito da natureza da igreja no Relatório Final do Diálogo entre Católicos e Pentecostais de 1989, que os católicos "destacam a concessão divina da *koinonia* e seu caráter trinitário", enquanto os pentecostais "destacam que o Espírito Santo convence as pessoas do pecado, trazendo-as por meio do arrependimento e da fé pessoal à comunhão com Cristo e umas com as outras".[14]

Mesmo assim, como observado, o batismo no Espírito Santo apresenta uma estrutura trinitária. Portanto, tem a *koinonia* em sua essência. Embora a *koinonia* se constitua claramente em um conceito pneumatológico no Novo Testamento, ela sugere uma conexão com a relação entre Jesus e o Pai, um relacionamento que é de suma importância para a compreensão da própria essência da vida de Deus (João 17:21). Portanto, a *koinonia* ainda pode ser um conceito útil para os pentecostais. Curiosamente, a equipe pentecostal concluiu, no mesmo relatório que acabamos de mencionar, que

---
[13] Ibid., p. 198-9.
[14] "Perspectives on *koinonia*: final report of the international Roman Catholic/Pentecostal dialogue (1985-1989)", 31, 32, *Pneuma* 12:1 (1990), p. 119.

"os pentecostais têm sido lembrados da importância da dimensão comunitária do entendimento da *koinonia* no Novo Testamento".[15] Já que se diz que a *koinonia* acontece "no Espírito" como o laço de amor (em Deus, entre Deus e a humanidade, e na criação), esse destaque do movimento ecumênico não está, necessariamente, em conflito com o culto e a teologia pentecostais.

Volf tentou demonstrar que a *koinonia* pode enriquecer uma eclesiologia da igreja livre ao aprofundar seu entendimento sobre a comunhão eclesial. Na verdade, ele caracterizou como a intenção básica de seu livro *After our likeness: the church as the image of the trinity* [À nossa semelhança: a igreja como imagem da Trindade] trazer "uma contribuição para a reformulação trinitária da eclesiologia das igrejas livres".[16] Como confirma o documento da Conferência de Fé e Ordem intitulado *The nature and the purpose of the church* [A natureza e o propósito da igreja]: "A igreja não é a soma dos indivíduos fiéis em comunhão com Deus. Não é primariamente uma comunhão de cristãos entre si. Trata-se de uma participação comum na própria vida de Deus, cujo ser mais profundo consiste na comunhão".[17]

Talvez o próximo passo para os pentecostais responderem a esse destaque ecumênico da *koinonia* seja seguir o conselho de Walter Kasper, no sentido de lutar por "uma eclesiologia criada sob a influência da pneumatologia, de acordo com o arquétipo da Trindade".[18] É claro que o desafio proposto aos pentecostais está no modo que a sugestão de Kasper influirá no relacionamento entre os pentecostais trinitários e os unicistas, que rejeitam uma trindade ontológica. Se, como parece ponto pacífico entre todos os pentecostais, Jesus como a encarnação de Deus e homem do Espírito se encontra em comunhão com o Pai celestial, certamente uma invocação de seu nome no batismo implica nossa entrada, à sua imagem, na comunhão de amor e de devoção desfrutada entre ele e o Pai. O unicista não admitirá transferir o relacionamento entre Jesus e o Pai à vida interior de Deus. Porém, acho que isso não descarta a possibilidade de que a comunhão entre Jesus como homem do Espírito e o Pai na história de Jesus não tenha nenhuma importância para o entendimento unicista da nova vida proporcionada pelo batismo no Espírito Santo.

---

[15] "Perspectives on *koinonia*", 33, p. 119.
[16] VOLF, Miroslav. *After our likeness*, p. 197.
[17] "The nature and the purpose of the church: a stage on the way to a common statement", *Faith and Order Paper* n. 181 (Geneva: WCC Faith and Order, 1998), #13, p. 10.
[18] KASPER, Walter Cardinal. "Present day problems in ecumenical theology", *Reflections* 6 (primavera de 2003), p. 80.

É claro que os pentecostais trinitários reconhecerão a importância da *koinonia* como algo que se reveste de peso para nosso entendimento da vida essencial de Deus. Conforme propõe *A natureza e o propósito da Igreja*, a *koinonia* nos ajuda a entender o motivo pelo qual a igreja é fundamental para o plano redentor divino: "A comunhão é o dom de Deus pelo qual ele traz a humanidade à órbita do amor generoso, divino e sacrificial que flui entre as pessoas da Trindade".[19] Pode-se também afirmar que o Deus da *koinonia* "predispôs" a criação à comunhão. Desse modo, a *koinonia* une a igreja com a humanidade e a própria criação, porque há um "vínculo natural entre os seres humanos, e entre a humanidade e a criação, no qual se baseia e transforma a nova vida de comunhão, sem nunca ser substituído".[20] Por isso, a *koinonia* também se constitui em uma esperança escatológica: "O destino da igreja é ser envolvida na relação íntima entre o Pai, o Filho e o Espírito Santo para louvar e desfrutar a presença de Deus para sempre".[21]

A *koinonia* proporciona ao batismo no Espírito sua dinâmica relacional e nos ajuda a entender como o derramamento do Espírito constitui a igreja e envolve sua estrutura carismática, interativa e diversificada, no testemunho vivo a respeito do reino. A natureza trinitária e escatológica do batismo no Espírito Santo, do modo que é retratada nos Evangelhos, nos dá a base teológica para compreender a função da *koinonia* na redenção. Já que a *koinonia* faz parte da redenção pelo impacto libertador do reino do Pai no Filho e por meio dele como aquele que batiza no Espírito Santo, não podemos tomar a ascensão e a vida da igreja como algo casual ou complementar à redenção. É Cristo, e não a igreja, que nos salva, mas a igreja é o sinal ordenado e o instrumento de salvação no mundo.

Quando a pessoa nasce de novo, nasce no contexto de uma família, que é a igreja. Essa é a família nomeada pelo Pai (Efésios 3:14), em solidariedade com o Filho (Romanos 8:29) e nascida do Espírito pela graça de Deus (João 1:12-13). Ela se constitui em uma família eleita pelo Pai, redimida pelo Filho e santificada no Espírito Santo (1Pedro 1:2; Efésios 1:4-14). A nova vida do Espírito permite que nós "permaneçamos" em Cristo e ele em nós, do mesmo modo que o Pai permanece em Cristo e Cristo no Pai (João 14:20; 17:21). O Pai nos leva ao Filho pela atuação do Espírito

---

[19] "The nature and the purpose of the church", #54, p. 25.
[20] Ibid., #60, p. 27.
[21] Ibid., #59, p. 26.

Santo (6:44), de modo que possamos clamar "Aba" ao Pai celestial em Cristo (Romanos 8:15-16).

Um dia, seremos conformes à imagem do Filho por meio da ressurreição, tempo no qual nossa adoção será completa (Romanos 8:23). Isso levará aos novos céus e à nova terra, porque a criação moldada conforme o Cristo glorificado passará a ser a habitação de Deus (Apocalipse 21:1-4). O batismo no Espírito Santo terá atingido seu auge no juízo final e na purificação como um derramar do Espírito sobre "toda a carne". Nesse momento, a igreja cumpre seu propósito, sendo envolvida na nova Jerusalém mais ampla, a manifestação visível do reino de Deus na terra. Observe como a noiva do Cordeiro se transforma do povo de Deus vestido de justiça (19:7-8) na nova Jerusalém, que funciona como símbolo da nova criação (21:1-4). Até então, a igreja, como a comunhão dos santos batizados no Espírito Santo, será portadora do testemunho profético da redenção por meio de Cristo (Atos 2:17-21).

À luz da *koinonia*, o batismo no Espírito não faz com que os indivíduos iniciados na igreja sejam dissolvidos em um *Geist* ou espírito coletivo. A *koinonia* consiste em uma comunhão diversificada e interativa que respeita tanto a singularidade de cada um, de acordo com a graça que lhe foi dada (Romanos 12:6), como a dinâmica grupal de comunhão no Espírito. Logo, para Paulo, a edificação íntima e individual tem seu lugar com a edificação do corpo (1Coríntios 14:4,18).

O batismo no Espírito Santo é uma experiência profundamente pessoal, mas não individualista. O grupo original de discípulos judeus responde a essa experiência, em seu testemunho empoderado, falando as línguas das nações (Atos 2:4-11), o que simboliza sua reconciliação com pessoas de outras culturas e nações. Também se diz que o batismo no Espírito Santo aproxima o homem da mulher, o jovem do idoso e o escravo do livre (2:18-19). Os samaritanos são cheios do Espírito Santo pela imposição de mãos dos representantes da igreja de Jerusalém (8:14-17). Aconteceu a Paulo como uma experiência individual, mas, curiosamente, pela imposição de mãos de um profeta em uma época na qual a igreja como um todo ainda não estava preparada para confiar nele (9:17). A reconciliação comunitária e a comunhão surgiram com o batismo no Espírito até mesmo na experiência pessoal de Paulo, em um abismo de dor, medo e suspeita.

É interessante que, à luz disso, o próprio uso da metáfora do batismo no Espírito Santo pode ser traduzido da seguinte forma: "Em um Espírito fomos todos batizados em um corpo, sejam judeus ou gregos, sejam escravos ou livres" (1Coríntios 12:13). O significado desse texto, de acordo com Robertson e Plummer, é o seguinte: "O Espírito Santo é o elemento no (*en*) qual o batismo acontece, e o corpo único é a finalidade para (*eis*) a qual o ato se dirige".[22] Thayer também observa que a palavra *eis* de 1Coríntios 12:13 sugere um "efeito", ou seja, "nós todos fomos batizados em um Espírito tendo como efeito participarmos plenamente em um corpo".[23] Por isso, o batismo no Espírito Santo é teologicamente anterior ao batismo no corpo, porque o batismo no Espírito é a incorporação todo-expansiva e transcendente no reino de Deus que constitui o corpo e da qual o corpo participa para sua vida e missão. Ainda assim, o batismo no Espírito é, ao mesmo tempo, uma iniciação e uma comunhão reconciliada de pessoas, transcendendo fronteiras e também reconciliando.

O batismo no Espírito Santo é um batismo que inclui a pessoa em uma dinâmica eclesial, o Espírito eclesial. Pela graça, o Espírito se aproxima de nós com empatia e solidariedade, para que façamos o mesmo no Espírito uns com os outros e com o mundo, especialmente entre aqueles que sofrem. Para Paulo, o Espírito é afetado por nós e se une a nós, mesmo em nossa fraqueza mais profunda e em nosso gemido interior por libertação (Romanos 8:26). Ao se solidarizar conosco, o Espírito transmite o testemunho de Jesus, que veio em solidariedade a nós, pela graça, para nossa redenção. Jesus, como o homem voltado ao outro, está presente no Espírito como o Espírito voltado ao outro, santificando e capacitando a igreja como uma igreja voltada ao outro. Essa "presença para o outro" se encontra no núcleo de uma eclesiologia batizada no Espírito Santo.

Paulo, portanto, associa ser cheio do Espírito à vida comunitária e ao compartilhar: "Não se embriaguem com vinho, que leva à libertinagem, mas deixem se encher pelo Espírito, falando entre si com salmos, hinos e cânticos espirituais" (Efésios 5:18). Portanto, o conceito do batismo no Espírito Santo, à luz da *koinonia*, demonstra que a igreja no poder do Espírito

---

[22] ROBERTSON, A. T.; PLUMMER, Alfred. *A critical and exegetical commentary on the first epistle of St. Paul to the Corinthians*, 2. ed. por DRIVER, Samuel Rolles; PLUMMER, Alfred; BRIGGS, Charles Augustus (International Critical Commentary; Edinburgh: T&T Clark, 1963), p. 272. Agradeço a Howard M. Ervin pela seguinte referência: *These are not drunken as ye suppose* (Plainfield: Logos, 1968), p. 45.
[23] THAYER, J. H. *A Greek-English Lexicon of the New Testament* (New York: American Book Co., 1889), p. 94. Agradeço a Howard M. Ervin, pela seguinte referência: *These are not drunken as ye suppose*, p. 45.

não é apenas uma associação voluntária de indivíduos que creem, mas uma comunhão crescente e cheia de empatia que reconcilia vários povos, que podem levar os fardos uns dos outros no amor de Cristo. Existe uma dinâmica de grupo no Espírito que deve ser nutrida e cultivada por meio da pregação, dos sacramentos e de uma variedade de dons em suas expressões. O batismo no Espírito não é vivenciado pela pessoa isoladamente, mas trata-se de uma preparação para a *koinonia*. É experimentado por uma igreja em comunhão, mas sempre de modo a atender às necessidades concretas e às interações individuais. No entanto, acima dessas experiências, o batismo no Espírito também é o evento constitutivo da igreja. A *koinonia* sugere um entendimento diferenciado do batismo no Espírito Santo como uma dinâmica multiforme, relacional e polifônica de constituição e renovação pelo Espírito de Cristo.

Não existe plenitude espiritual quando a pessoa se aliena da koinonia. A plenitude vem quando "todos alcançarmos a unidade da fé [...] atingindo a medida da plenitude de Cristo" (Efésios 4:13). Quando o batismo no Espírito Santo é visto dessa forma, ele contempla a vida em toda a sua concretude, diversidade e riqueza carismática. Ele atende à necessidade profunda da humanidade e de toda a criação de serem renovadas pela relação graciosa e pela comunhão. É à luz disso que uma breve investigação de uma antropologia relacional pode ajudar-nos a compreender melhor a vida criada no *creator Spiritus*, que corresponde ao batismo no Espírito Santo como uma doutrina de renovação da vida comunitária.

O CAMINHO PARA UMA ANTROPOLOGIA BATIZADA NO ESPÍRITO SANTO

"No princípio era a relação." Essas palavras, escritas pelo grande filósofo judeu Martin Buber, em seu clássico *I and Thou* [Eu e tu], representam um jogo lexical extraído do relato da criação de Gênesis.[24] O sentido de Buber é claro: "relação" não é um luxo humano ou um adendo à existência humana. Existe algo a respeito dos relacionamentos que é "ontológico" ou essencial à existência humana ou ao modo de ser que chamamos de "humano" ou "criado". O anseio por alguma relação nasce com o ser humano, surgindo

---

[24] BUBER, Martin. *I and Thou* (New York: Charles Scribner's Sons, 1970), p. 78. [No Brasil: *Eu e tu* (São Paulo: Centauro, 1974)].

da interdependência de toda a vida, o que é visível, por exemplo, na experiência do bebê no ventre da mãe.[25] O batismo no Espírito Santo como uma ponte para a comunhão pressupõe uma antropologia relacional.

Por isso, não é difícil entender o fato de o relacionamento ser fundamental para a existência e a identidade humana. Os psicólogos infantis nos informam que a vida da criança floresce ao criar laços com as pessoas importantes de sua vida e ganha identidade ao observar isso espelhado nos rostos e nas atitudes daqueles com quem ela constrói relacionamentos. Existe até mesmo uma espécie de vínculo com o outro ainda no ventre da mãe. Essa criança nasce dentro de uma linguagem e de uma estrutura social que molda seu modo de perceber a si mesma e o mundo. O eu é "eu em relação", "eu em comunidade", para o bem e para o mal. À medida que a pessoa vai se envolvendo em uma rede cada vez mais complexa de relacionamentos humanos, seu senso de identidade também vai se complexificando. Uma pessoa é pai ou mãe, amiga, irmã, vizinha e assim por diante — são todos rótulos que colocamos em vários tipos de relacionamento, fluidos e em constante mudança. Ela pode entrar em contato com comunidades diferentes da sua, criando uma colisão de mundos e uma expansão cada vez maior da consciência de si mesma.

O ser humano é constantemente lembrado que ninguém é uma ilha. Os relacionamentos não são alheios a nós, mas representam um campo complexo da vida no qual definimos nossa própria existência, quer gostemos disso ou não. Oscilamos entre a alienação e a assimilação, que são dois sinais de uma realidade decaída, bem como fatores que pervertem nossas almas ou nosso senso interior de identidade. Essa realidade decaída é essencialmente relacional, do mesmo modo que os sintomas de destruição e opressão que sentimos nela. O anseio pela graça de Deus, bem como as amostras que recebemos dela, tudo isso é relacional. Gememos com toda a criação por liberdade (Romanos 8:26). Tudo isso nos ajudará a entender a linguagem relacional implícita na redenção por toda a Bíblia (o batismo no Espírito, inclusive), bem como o papel essencial da comunhão dos santos para dar oportunidade a essa redenção.

Portanto, tudo o que dissemos até agora sobre como os relacionamentos são essenciais para a existência humana não tem o propósito de

---

[25] Ibid., p. 76-7.

promover a ideia de que não há sentido de se distinguir o indivíduo dos demais. Na verdade, o relacionamento pressupõe um eu que exista de forma distinta (embora seja essencialmente inseparável) dos outros. Bonhoeffer expressou isso melhor em seu livro *Sanctorum communio* [A comunhão dos santos]: "Pode-se [...] dizer que, ao reconhecer um Você, um ser de consciência alheia, como separado e distinto de mim mesmo, reconheço a mim mesmo como um 'Eu', e assim minha própria consciência desperta".[26] Na verdade, é natural em nosso desenvolvimento tanto acolher como manter as pessoas à distância. As fronteiras de nossa existência têm tanto barreiras como pontes.[27]

A consequência da dialética entre a distinção e a conexão do eu em relação é que a unidade nunca precisa de uniformidade ou da dissolução do eu diferenciado. Na verdade, isso significaria a destruição do eu, como uma alienação da personalidade das outras pessoas. Um eu saudável é vivenciado em uma interação construtiva entre distinção e conexão. Apesar de o "eu" somente vir a conhecer a si mesmo em relação a "você", dando a entender o papel essencial da relação na autoconsciência, o "eu" e o "você" não perdem sua distinção em um "espírito" impessoal que envolve tudo.[28] Nunca perdemos nossa capacidade de discriminar, até certo ponto, escolher ou viver em nossos relacionamentos, nem essa discriminação é algo necessariamente prejudicial. Em outras palavras, o conceito de relacionamento contém em si as duas realidades de interdependência entre as pessoas para gerar a consciência do eu (o papel relacional essencial da vida humana) e a existência distinta de um eu em relação aos outros (um eu que não se perde em um eu ou em um espírito coletivo, incapaz de algum grau de liberdade para se relacionar sabiamente com os outros).

Vamos explicar um pouco mais essa ideia da existência distinta do eu separado dos outros. Se não houver um eu distinto, não há liberdade. Isso porque o eu que não se distingue dos outros se perde ou se prende às expectativas alheias. Por exemplo, eu vivo em uma multidão de relacionamentos que medeiam minha própria vida para mim. Sou marido, pai,

---

[26] BONHOEFFER, Dietrich. *Sanctorum Communio: a theological study of the sociology of the church*, trad. para o inglês de Reinhard Krauss e Nancy Lukens (Minneapolis: Fortress, 1998), p. 71. [No Brasil: *A comunhão dos santos* (São Leopoldo: Sinodal, 2017).]

[27] VOLF, Miroslav. *Exclusion and embrace: a theological exploration of identity, otherness and reconciliation* (Nashville: Abingdon, 1996), p. 47. [No Brasil: *Exclusão e abraço: uma reflexão teológica sobre identidade, alteridade e reconciliação* (São Paulo: Mundo Cristão, 2021)].

[28] BONHOEFFER, Dietrich. *Sanctorum Communio*, p. 73.

amigo, professor e assim por diante. Entretanto, eu me envolvo em todos esses relacionamentos a partir de um centro autoconsciente que às vezes redescubro e cultivo quando estou sozinho. Sem esse senso do eu à parte dos outros, eu me sinto totalmente dependente da aceitação alheia para ter qualquer senso de identidade. Essa dependência pode tornar-se facilmente uma realidade opressiva, na qual as pessoas importantes em minha vida podem me controlar, ameaçando deixar de me aceitar se eu não ceder a seus desejos. Uma manipulação opressora dos indivíduos também pode ser conduzida pelo Estado ou por influências sociais e culturais poderosas. Carl Jung escreveu o livro *The undiscovered self* [O si-mesmo oculto] como uma impressionante crítica da "mentalidade massificada", que busca dissolver a psique individual em uma identidade coletiva opressora.[29] O fato de que eu "tenho uma vida" distinta das outras pessoas e das forças coletivas me concede o eu livre a partir do qual posso me entregar de forma incondicional aos outros, independentemente de eles corresponderem ou não.

Entretanto, como obtenho essa "vida" ou esse núcleo dentro de mim que me concede a liberdade necessária para estabelecer relacionamentos sem ser vencido pela alienação ou assimilação? No contexto dos relacionamentos, a pessoa busca descobrir um núcleo interior, um "eu autônomo". Porém, essa autonomia não passa de uma ilusão modernista que conduz à alienação e à opressão. Aquilo de que realmente precisamos é um eu em *solitude*. Solitude implica um espaço seguro no qual é possível desenvolver o eu sem ameaças de abandono, muito menos de opressão. Pressupõe um contexto de apoio, proporcionado idealmente pela confiança e pelo amor incondicional, algo que poderia até mesmo ser chamado de "sagrado". Contudo, onde se pode achar esse contexto?

O livro de Anthony Storr, intitulado *Solidão: a conexão com o eu*, proporciona uma base para a busca desse contexto seguro para a solitude na capacidade precoce da criança de, na esfera de relacionamentos de confiança, ficar *sozinha*. Durante o desenvolvimento inicial da criança, a figura de apego passa a fazer parte de seu mundo interno como alguém com quem ela pode contar, mesmo na *ausência* da figura.[30] Em outras palavras, a capacidade de ficar sozinha é um aspecto essencial do desenvolvimento

---

[29] JUNG, C. G. *Undiscovered self*, trad. de R. F. C. Hull (Boston: Little, Brown & Company, 1958). [No Brasil: *O si-mesmo oculto* (Petrópolis, RJ: Vozes, 2019)].

[30] STORR, Anthony. *Solitude: a return to the self* (New York: Free Press, 1988), p. 18-9. [No Brasil: *Solidão: a conexão com o eu* (São Paulo: Benvirá, 2013)].

saudável da criança em um ambiente de segurança. Storr conclui, a partir da experiência infantil, que "a capacidade de ficar sozinho passa, então, a se associar à descoberta e à realização de si; à conscientização de nossos mais profundos sentimentos, impulsos e necessidades".[31] Ele julga unilateral a premissa comum de que a maturidade implica somente a capacidade de estabelecer relacionamentos saudáveis. Storr também considera a capacidade de ficar sozinho um sinal de maturidade emocional. *A solitude tanto pressupõe como é pressuposta para a formação de relacionamentos seguros e graciosos.*

A capacidade de resistir à alienação ou à assimilação à mentalidade massificada é a capacidade para a solitude, que é o contexto no qual se cultiva o sentido do eu distinto dos outros. Logo, a solitude como o contexto que conduz à autorrealização passa a ser essencial para a vida, da mesma forma que o tempo investido no cultivo de relacionamentos. Sem a solitude, é possível ficar desorientado da identidade entre uma multidão de relacionamentos, com todas as suas expectativas e exigências, sem a capacidade de encontrar na solitude um centro de confiança incondicional no qual se cultive um senso de autorrealização livre e criativo. A solitude é o centro a partir do qual alguém pode doar-se ao próximo.

Afinal de contas, não faz sentido conversar sobre autossacrifício se, a princípio, não existir um eu que possa ser sacrificado. Apesar de Storr não dizer isso, podemos acrescentar que a solitude em relação a Deus concede a esse centro de confiança incondicional um nome e uma narrativa para apoiá-lo. Cultiva-se uma autorrealização ligada a uma fonte constante de graça e de amor incondicional.

Aprendemos isso com Jesus. Sua solitude com o Pai formou um núcleo a partir do qual ele se entregou aos outros, resistindo às expectativas egoístas deles. Carl Jung fez a pergunta certa nesse sentido: "Tenho qualquer experiência religiosa e relação imediata com Deus, e essa certeza impedirá que eu, como indivíduo, me dissolva na multidão?".[32] Lucas nos conta, registrando a pregação de Paulo em Atenas, que todos somos descendência de Deus, observando que todos vivemos, nos movemos e existimos nele (Atos 17:28). Isso quer dizer que, de uma perspectiva teológica, é nosso nascimento de Deus e para Deus que define a segurança básica na qual

---

[31] Ibid, p. 21.
[32] UNG, C. G. *Undiscovered self*, p. 33.

desenvolvemos uma percepção saudável de quem somos na solitude. Na capacidade de confiar em Deus e de receber de Deus nosso chamado e nossos talentos para a vida, descobrimos quem nós somos diante dos outros.

O batismo no Espírito Santo tem de ser uma experiência intensa, tanto pessoal como comunitária. Como sinal privilegiado do batismo no Espírito, o falar em línguas demonstra ser esse tipo de experiência, ou seja, constitui uma edificação do eu diante de Deus (1Coríntios 14:3), *além de ser* uma experiência comunitária em comunhão com muitas outras pessoas (Atos 2:4ss.). É essa âncora na relação fundamental em Deus que nos concede poder para mantermos nossa rota em meio às águas das comunidades humanas com o leme do nosso chamado em Cristo e de nossos dons no Espírito. Também alcançamos sobriedade para resistir à mentalidade do mundo e não pensar de nós mesmos mais do que devemos (Romanos 12:1-3). Descobrir-nos em Deus, especialmente pela solitude, nos proporciona o local sagrado para uma autoentrega livre aos outros. Descobrimos a justificação no Espírito pela graça, e não pela lei ou pela cultura humana. Somos justificados pelo Espírito de Deus por nossa participação em Cristo pela fé. O batismo no Espírito Santo nos liberta para que doemos a nós mesmos de forma sábia e redentora, amando ao próximo.

Já que somos seres relacionais, então é necessário haver uma dinâmica relacional tanto para nossa doença espiritual como para a cura de que precisamos. Harry Stack Sullivan é conhecido por sua teoria interpessoal, segundo a qual os relacionamentos figuram com proeminência na compreensão do adoecimento humano e da cura.[33] Em âmbito popular, o conhecido filme *David e Lisa* dramatizou, para muitos, como a cura pode acontecer no contexto dos relacionamentos. David e Lisa, duas pessoas internadas em um hospital psiquiátrico, acabam não recebendo muita ajuda de seus terapeutas. De forma irônica, no entanto, eles melhoram ao encontrar um ao outro, sendo capazes, ao fim do filme, de dar início, juntos, a uma caminhada de cura.

A cura interpessoal e a integridade que podem ser alcançadas fora de um compromisso consciente de servir a Cristo devem-se à existência da graça comum no mundo. Toda a vida recebe graça, porque no Deus Criador todas as pessoas "vivem, se movem e existem" (Atos 17:28). Cristo, como

---

[33] SULLIVAN, Harry Stack. *The interpersonal theory of psychiatry* (New York: Norton, 1968).

aquele que batiza no Espírito, consuma a graça comum redentoramente para que ela possa florescer em comunhão com Deus e com os outros na igreja. O Espírito Santo criará equivalentes desses relacionamentos graciosos no mundo como um modo de prepará-lo para a missão da igreja batizada no Espírito. É claro que também estamos feridos, já que a igreja é um hospital para os enfermos (conforme diz Lutero). Somos uma comunidade de pessoas feridas que curam.

Temos de explicar esse processo de cura e redenção interpessoal de forma mais específica. Mencionei anteriormente que a discriminação e a aceitação fazem parte de todos os relacionamentos. A princípio, esse processo é natural. No entanto, ele passa a ser problemático quando as fronteiras distintivas da existência de alguém se transformam em exclusão pecaminosa. Conforme Volf nos ensinou, a solução reside na vontade redentora de acolher. Esse desejo de acolhimento, que vem do Espírito Santo e que se encontra em Cristo, busca dar margem para o outro ser parte de mim sem que nenhuma das partes experimente alienação ou assimilação.

Volf menciona que essa graça se expressa na *vontade* de abraçar, já que o verdadeiro abraço exige duas pessoas ou mais que desejem conectar-se de tal maneira que não precise oprimir ou explorar o outro.[34] Também fala do eu refeito à imagem de Cristo, um "eu descentralizado" que se sujeita ao senhorio de Cristo e deseja ser transformado, permitindo que as pessoas entrem em sua vida, sem oprimi-las nem destruí-las. O Espírito de Deus se encontra em ação nessa transformação graciosa dos indivíduos em relação. Volf observa: "O Espírito entra na cidadela do eu, descentraliza-o, moldando-o à imagem do Cristo que entrega a si mesmo, e liberta sua vontade, de modo que possa resistir ao poder da exclusão no poder do Espírito do acolhimento".[35]

A proposta cristã de um eu descentralizado situa, em um relacionamento com Cristo no Espírito, a confiança para a autorrealização indispensável à solitude. O Espírito Santo possibilita a confissão viva de Cristo como Senhor. Desse modo, a solidão escapa à preocupação narcisista com a identidade pessoal, obtendo seu apoio seguro de uma fonte incondicional de amor e graça que nos afirma em nosso chamado singular, mas também nos impulsiona para além de nós mesmos para alcançar o outro. Portanto, a

---

[34] VOLF, Miroslav. *Exclusion and embrace*, p. 66.
[35] Ibid., p. 91.

solitude está vinculada à comunhão por meio do batismo no Espírito Santo. *O objetivo não é a autorreferência, mas a dedicação a Deus e a empatia profética com o outro no Espírito.* A empatia implica convivência, a capacidade de sentir parte da agonia e do êxtase das outras pessoas, a capacidade de levar o peso uns dos outros. Por meio do batismo no Espírito Santo, evitamos tanto a alienação (a busca da solitude à custa da comunhão) como a assimilação (a busca da comunhão à custa da solitude).

Por isso, já que a cura é relacional, nossa doença espiritual também o é. De fato, é interessante, conforme Walter Brueggemann nos mostra, que a narrativa de Gênesis faz com que a serpente envolva Adão e Eva em uma conversa sobre Deus, com o objetivo de incutir dúvida a respeito das intenções divinas. Essa é a primeira conversa "sobre" Deus, e não uma conversa "com" Deus, e sua motivação não é positiva. Na verdade, ela é concebida para excluir Deus ou, na prática, ter lugar "às costas de Deus". Com base nas ideias perspicazes de Brueggemann, podemos notar que havia realmente uma quebra fundamental de confiança entre Deus e a humanidade, mesmo antes do ato de desobediência da humanidade de comer do fruto proibido.[36] A solitude verdadeira se perdera, do mesmo modo que a comunhão verdadeira, porque as duas somente são possíveis no contexto de um relacionamento confiante com Deus. Elas foram substituídas por alienação e opressão.

É digno de nota o fato de que a confiança também parece se haver rompido entre Adão e Eva como consequência de terem comido o fruto em desobediência, buscando conhecimento fora da vontade e da orientação de Deus. Embora Deus os houvesse destinado como portadores da imagem divina *juntos*, por meio da procriação e do senhorio responsável sobre a criação (Gênesis 1:27-28), Adão agora decide fazer tudo sozinho. Em vez de ter tudo sujeito a ele e ter Eva como sua parceira, sendo portadores da imagem de Deus juntos, Eva é subordinada a ele, enquanto ele governa sozinho. O desejo de Eva seria para ele, mas tudo o que ela receberia seria a dominação dele sobre ela (3:16). A parceria deles se havia rompido, e ela foi humilhada pela subordinação.

Já que Adão não confiava mais na mulher, ele tinha de colocá-la em seu lugar. Essa é a maldição de Eva como a oprimida; desse modo, Adão, como o opressor, deve suportar viver alienado da mulher e da vontade do Criador.

---

[36] BRUEGGEMANN, Walter. *Genesis*, ed. James Luther Mays (Interpretation; Atlanta: John Knox, 1982), p. 97.

Os relacionamentos em geral passaram a ser um campo minado, cheio de perigos, com exploração e manipulação potenciais. As comunidades, os idiomas e as estruturas sociais em que nascemos condicionam nossos relacionamentos e os pervertem desde o princípio. Já que a relação é ontológica para nós como seres humanos, a imagem de Deus é deformada como uma realidade compartilhada, e sua corrupção passa a ser a dinâmica social. Somos nascidos no pecado e em sua opressão, não somente em relação a Deus, mas também uns em relação aos outros. A promessa do batismo no Espírito é justamente a libertação dessa maldição, substituindo a opressão por uma comunhão justa e amável. O batismo no Espírito Santo tem a igreja como seu lócus natural e necessário enquanto nos encaminhamos para a transformação da criação, onde habitará a justiça.

Em sua entrega perfeita a Deus e aos outros, Jesus dá o exemplo da imagem divina para nós. Apesar de Jesus ter sido condicionado por seu contexto, ele resistiu aos males e ao impacto opressivo do entorno para ser uma força redentora. Ele não deixou que seu ambiente cultural ou as expectativas que as pessoas cultivavam sobre ele definissem sua identidade; somente a vontade do Pai era seu sustento diário. Na tentação do deserto, Jesus afirma várias vezes sua identidade como Filho de Deus contra as definições de seu ser moldadas pelo interesse do inimigo. Se ele tivesse aceitado as ofertas de Satanás, as definições de seu ser e de sua missão recebidas nesse processo o teriam escravizado e destruído. No discernimento seguro de sua identidade em comunhão com o Pai, distinta da expectativa exploradora dos outros, Jesus pôde derramar-se redentoramente em favor dos outros e, depois, intermediar o Espírito de Deus para a redenção deles. Seu papel como aquele que batiza no Espírito Santo surgiu de sua devoção inabalável ao Pai, que concedeu o Espírito por meio dele.

Em um contexto cristão, falamos, por isso, de morrer para si, para o eu escravo do pecado e da morte, a fim de despertar para um novo sentido do "eu em relação com Deus", por meio de Jesus Cristo. Esse novo sentido do eu em Cristo não exclui nossa humanidade anterior, mas, em vez disso, a transforma e cumpre seu propósito. O eu singular, que clama desde a infância por relacionamento e liberdade, vem à completude em uma relação íntima com Deus por meio de Jesus Cristo. Paulo resume essa questão ao afirmar que foi crucificado com Cristo: "Assim, já não sou eu quem vive, mas Cristo vive em mim. A vida que agora vivo no corpo, vivo-a pela fé no filho de Deus, que me amou e se entregou por mim" (Gálatas 2:20). A crucifação com

Cristo não elimina o eu humano que clama por relacionamento e liberdade; esse eu continua vivendo, completado pela participação no relacionamento filial de Jesus com Deus no poder do Espírito Santo. Essa preservação e essa realização da singularidade individual são a razão pela qual o batismo no Espírito não dissolve a diversidade de línguas ou a diversidade de dons possíveis em meio à comunidade de indivíduos. Essa comunidade cheia de dons que surge do derramamento do Espírito Santo, da parte de Cristo, é uma comunhão interativa em que "cada junta" contribui para a edificação da igreja, em amor, "na medida em que cada parte realiza a sua função" (Efésios 4:16). O batismo no Espírito Santo aperfeiçoa esses membros que atuam de forma singular e os preserva enquanto são levados à comunhão da vida divina. As pessoas que vêm a Cristo não têm sua identidade única abolida, nem são transformadas em uma comunidade de zumbis uniformes. "Se todo o corpo fosse olho, onde estaria a audição?" (1Coríntios 12:17). O Espírito Santo é um entre muitos. Ele traz as pessoas ao convívio da comunhão divina, de modo que sua alteridade não é abolida, mas, antes, acaba sendo aperfeiçoada e cumpre seu propósito. Elas são despojadas de suas tendências egocêntricas e libertadas para ser tudo aquilo para o qual foram criadas, em sua singularidade.

A esta altura, importa observar as consequências da ressurreição do corpo de Jesus para um entendimento holístico do batismo no Espírito como algo que envolve não somente o "eu interior", mas também toda a dimensão de nossa vida corporal ou na carne, incluindo a rede de relacionamentos em meio à qual nós vivemos e florescemos como indivíduos. O movimento gnóstico dos primeiros séculos da história da igreja isolou a redenção na esfera da mente ou do "espírito", afastando a esfera da carne. Desde então, a separação helenista entre mente e corpo tem assolado a teologia cristã. Assim, a obra do Espírito Santo foi rigidamente limitada à esfera da iluminação espiritual. A esfera social e a esfera física da existência foram retiradas da obra de Cristo e do Espírito, anulando a importância dos sofrimentos físicos e da morte de Jesus, além de sua ressurreição corporal pelo Espírito de Deus para uma vida nova, e o derramamento do Espírito Santo mediante sua existência glorificada sobre toda a carne. Por isso, o eu relacional saiu de cena em nossa compreensão da obra do Espírito. Foi fácil enxergar a obra da igreja como um simples acessório da vida do Espírito.

Entretanto, o evangelho gnóstico nada tem a ver com o evangelho do Novo Testamento. O evangelho bíblico proclama um Deus que se envolve com nosso pecado e nossa morte, inclusive nos relacionamentos prejudicados e divididos que clamam pela graça. O Espírito Santo providencia o meio para a redenção e a vida nova por meio da ressurreição corporal de Jesus dentre os mortos. Não existe possibilidade, na mensagem da ressurreição de Jesus, de que a graça de Deus se limite ao eu individual diante de Deus. Essa limitação afetaria uma esfera da existência irreal e abstrata, separada da vida como ela é, encarnada, vivida em carne e osso.

Conforme demonstrou Michael Welker, de forma perspicaz, a especificação de "toda a carne" que seria batizada no Espírito Santo no capítulo 2 de Atos é relacional: jovens e idosos, homens e mulheres, ricos e pobres.[37] Rompem-se as barreiras, e a reconciliação acontece na comunhão de Deus por meio do batismo no Espírito Santo. Além disso, Murray Dempster observa que há importantes avanços nos relacionamentos graciosos sempre que as pessoas são cheias do Espírito no livro de Atos.[38] Os pobres recebem acesso a recursos, e há reconciliação entre judeus e samaritanos, entre Paulo e os cristãos que ele perseguiu, entre judeus e gentios, entre os seguidores de João Batista e os seguidores de Jesus, e assim por diante, por meio da vida batizada pelo Espírito Santo. A graça batizada pelo Espírito Santo toca e influencia nossos relacionamentos e, por outro ângulo, também pode vir a nós por meio de relacionamentos. A vinda do Espírito Santo, por meio da imposição de mãos, é um símbolo adequado da dinâmica relacional do batismo no Espírito.

O Espírito Santo é o "Deus intermediário" e, como tal, batiza as pessoas em uma esfera de relacionamentos moldados pelo amor de Deus. O batismo no Espírito inspira parte da existência eclesiástica, ou seja, da existência dentro de uma rede de relacionamentos graciosos, como um meio de nos proporcionar uma amostra da redenção vindoura e nos permitir que sejamos testemunhas vivas dessa redenção no mundo agora mesmo. Já que as pessoas são seres relacionais, John Zizioulas observa que "a igreja não se limita a ser uma instituição. Ela, na verdade, é um 'modo de existência', *um jeito de ser*".[39] A vida da igreja é essencial para nossa vida em Cristo,

---

[37] WELKER, Michael. *God the Spirit* (Minneapolis: Fortress, 1994), p. 148. [No Brasil: *O Espírito de Deus*. São Leopoldo: Sinodal, 2010].
[38] DEMPSTER, Murray W. "The church's moral witness: a study of glossolalia in Luke's theology of Acts", *Paraclete* 23 (1989), p. 1-7.
[39] ZIZIOULAS, John D. *Being as communion* (Crestwood: St. Vladimir's Seminary Press, 1997), p. 15.

porque os relacionamentos renovados fazem parte da nova vida. O batismo no Espírito Santo não se limita a nos empoderar como algum tipo de energia bruta aplicada à vida a partir de fora. Somos empoderados ao sermos transformados e moldados em uma pessoa capaz de formar e cultivar relacionamentos graciosos com outros portadores da imagem de Deus. O poder para testemunhar é o poder do amor em ação entre nós. Existe, de fato, uma conexão integral entre o batismo no Espírito Santo e a proliferação de dons espirituais na igreja.

À luz do profundo anseio pela comunhão graciosa no mundo, somos capazes de fazer de Jesus o único que batiza no Espírito Santo e transmite o Espírito de comunhão? Nossa antropologia relacional não faria de Jesus somente um símbolo, entre muitos, na história de como os homens encontram a comunhão redentora para a satisfação do anseio básico de sua alma? Além disso, não seria prepotente ou mesmo opressor supor que a igreja é eleita, dentre todas as comunidades de fé e/ou de boa vontade no mundo, para ser o sinal central e o instrumento da vida e da comunhão batizada no Espírito? O Pentecoste é pluralista por natureza, expresso na variedade de línguas. Mas esse pluralismo eclesiológico sugere um pluralismo religioso mais radical, que faz de Cristo somente uma via do Espírito entre outras? O testemunho que o Espírito dá do reino de Deus relativiza tanto a igreja que ela não pode reivindicar nenhum chamado eletivo para ser a principal testemunha de Cristo no mundo? Abordaremos essas questões à luz do batismo no Espírito Santo.

A IGREJA BATIZADA NO ESPÍRITO SANTO: O DESAFIO PLURALISTA

Aqueles que consideram seriamente o batismo no Espírito Santo e o símbolo do Pentecoste como ponto de partida para a eclesiologia serão levados, desde o início, ao desafio do pluralismo, à legitimidade da igreja e à sua proclamação, especialmente em seu suposto relacionamento integral com o Jesus histórico e o reino de Deus por ele proclamado. Afinal de contas, como já vimos, o batismo no Espírito e o Pentecoste se relacionam inteiramente com a pluralidade e a diversidade, e também com o cumprimento histórico do reino de Deus proclamado por Jesus. Muitos interpretam o pluralismo envolvido na redenção do reino como o contexto no qual se rejeita o papel singular da igreja como *o* sinal central e *o* instrumento do reino do mundo. De que forma o batismo no Espírito Santo pode nos ajudar a combater essa rejeição?

Ao abordarmos o desafio do pluralismo à igreja, ficaremos assombrados pela conhecida declaração de Alfred Loisy, de que Jesus proclamou o reino de Deus, mas o que ganhamos foi a igreja.[40] Apesar de o comentário de Loisy não ter o propósito de emitir um juízo negativo sobre a igreja, certamente tem sido usado nesse sentido. Não há nada de novo na suposição de que a proclamação que Jesus fez do reino de Deus questiona a eleição da igreja em Cristo. Por exemplo, Herman Ridderbos observou, em seu estudo sobre a relação entre o reino e a igreja, que a visão escatológica do entendimento de Jesus sobre o reino de Deus exclui qualquer antecipação, em sua pregação, da futura ascensão da igreja, apesar das implicações de Mateus 16:17-19.[41]

Também se partiu do princípio de que a ascensão da igreja e sua proclamação de Jesus como o Salvador divino vieram como uma ação substitutiva para reagir ao fracasso da expectativa de Jesus de que o reino de Deus viria em breve. O proclamador Jesus passou a ser o objeto da proclamação porque o reino de Deus proclamado fracassou em sua materialização. Então, ele foi espiritualizado, desenvolvendo-se um culto em torno de Cristo para nos conceder acesso a isso.[42] Àqueles que não aceitam o que a igreja diz sobre a ressurreição de Cristo e o fato de ele a ter comissionado para proclamá-lo às nações, nada restou além do nobre exemplo de coragem de Jesus ao sonhar o impossível.

Entretanto, especialmente da perspectiva popular, essa suposta discrepância entre o reino proclamado por Jesus e a igreja assumiu uma aura de conspiração da igreja primitiva para exaltar Cristo a uma posição divina, a fim de ganhar poder político no mundo. Essa crítica foi propagada nos últimos anos, com um viés anticatólico particularmente forte. Por exemplo, o livro *Código da Vinci*, de Dan Brown, nos oferece, em um ponto

---

[40] LOISY, Alfred. *L'evangile et l'église* (Paris: A. Picard, 1902), p. 111; citado em KÜNG, Hans. *The church* (New York: Sheed & Ward, 1967), p. 43.

[41] RIDDERBOS, Hermann. *The gospel of the kingdom* (Philadelphia: Presbyterian & Reformed, 1976), p. 337. Oscar Cullmann observa, corretamente, que a palavra *ekklesia* era um conceito judaico que prefigurava a igreja, mas que também se revestia de importância no contexto histórico de Jesus. Portanto, não existe razão sólida para se duvidar da historicidade desse texto. *Peter, disciple-apostle-martyr: a historical and theological Study*, trad. para o inglês de Floyd V, Filson (Philadelphia: Westminster, 1962), p. 194-5.

[42] RIDDERBOS, Hermann. *The gospel of the kingdom*, p. 337.

crucial da narrativa, uma breve "lição" sobre as consequências políticas do dogma cristológico. O papel de Cristo como Redentor e todo o drama da Semana Santa são apresentados como "roubados dos pagãos" ou das seitas pagãs de redenção. Assim, a confissão da divindade de Cristo em Niceia é identificada como resultado de uma "votação bastante apertada" no esforço controvertido dos líderes da Igreja Católica de formar "uma nova base de poder ao Vaticano". "Até aquele momento na história", continua a lição, "Jesus era visto por seus seguidores como um profeta mortal [...] um grande homem, poderoso, mas, apesar de tudo, um homem. Um mortal".[43]

É claro que essa falta de conhecimento das afirmações a respeito da divindade de Cristo antes do século 4 e a caracterização do Concílio de Niceia como um golpe político do "Vaticano" revelam pouca noção do desenvolvimento real do dogma cristológico. Não podemos negar que a igreja da época de Constantino recebeu privilégios e buscava o poder. Entretanto, esse desdobramento exige maior atenção, além de uma descrição e uma análise mais adequadas do que se reflete na teoria da conspiração de Dan Brown.

Com certeza, não devemos ignorar algumas questões fundamentais em torno do desenvolvimento inicial da cristologia, especialmente aquelas relativas à percepção da igreja quanto ao relacionamento do Filho com o Pai. Não é minha intenção agora analisar a miríade de questões sobre a evolução diversificada da cristologia no cânon do Novo Testamento e além. Farei uma pausa para observar que I. Howard Marshall questionou corretamente, como destituídos de provas, alguns desenvolvimentos "evolucionários" bem definidos do cristianismo judaico da Palestina, passando pelo cristianismo judaico da Diáspora e o cristianismo gentílico pré-paulino, até os desenvolvimentos pós-paulinos.[44]

Mais problemática, em minha opinião, é a suposição geral, dentro dessa sequência cronológica, de uma evolução, na história da igreja primitiva, de um Cristo puramente humano para um humano e divino. Essa evolução de uma cristologia baixa para uma cristologia alta tem sido questionada não somente por Marshall, mas também por especialistas como Richard

---

[43] BROWN, Dan. *The Da Vinci code* (New York: Doubleday, 2003), p. 232-3. [No Brasil: *O Código Da Vinci* (Lisboa: Bertrand, 2004)].

[44] MARSHALL, I. Howard "Palestinian and Helenistic Christianity: some critical comments", *New Testament Studies* 19 (1973), p. 271-87. Veja também, do mesmo autor, "The development of Christology in the early church", *Tyndale Bulletin* 18 (1967), p. 77-93.

Bauckham e C. F. D. Moule, que constatam uma identificação implícita de Jesus com Deus tão presente por todo o Novo Testamento que é preciso remontar, como uma conclusão bem difundida, à proclamação inicial da igreja, até mesmo, em alguma medida, ao próprio Jesus.[45] Moule conclui da seguinte forma:

> [...] da forma que eu as leio, as provas sugerem que Jesus foi, *desde o princípio*, alguém que poderia ser adequadamente descrito como, mais cedo ou mais tarde, veio a ser descrito no período do Novo Testamento — por exemplo, como "Senhor" e mesmo, em algum sentido, como "Deus". Independentemente de essas palavras terem sido usadas cedo ou tardiamente, minha proposta é que elas não foram evoluindo para longe, por assim dizer, das palavras originais, mas representam o desenvolvimento de percepções verdadeiras a partir das originais.[46]

Considerando que a crucificação parece ter sido motivada pela acusação de blasfêmia, algum sentido da identificação que Jesus apresentou de si mesmo com a presença e o reino de Deus tem de ser essencial às suas realizações e à proclamação (inclusive a purificação do templo), bem como ao impacto que ele causou sobre aqueles que o ouviram. Em outras palavras, concordo com o grande Oscar Cullmann quando ele afirma que as reivindicações cristológicas "altas" do Novo Testamento que levaram às declarações confessionais da igreja a respeito de Jesus se baseiam na "originalidade" do próprio Jesus e não se limitam a frutos da cultura religiosa helenística.[47]

Na verdade, embora Jesus atribuísse tudo o que fazia a Deus Pai ou a Deus Espírito Santo, sua pessoa não fica totalmente transparente em nenhum dos relatos neotestamentários a respeito de sua proclamação e suas realizações. Seria mais preciso dizer que ele assumiu uma identidade entre suas palavras e obras, e as palavras e obras de Deus, de um modo sem precedentes. A autoridade que Cristo reivindicou para si mesmo, bem como a premissa do Novo Testamento a respeito de Cristo como Salvador ou Mediador do Espírito de Deus, implicam sua identificação com Deus.

---

[45] BAUCKHAM, Richard. *God crucified: monotheism and christology in the New Testament* (Grand Rapids: Eerdmans, 1999); MOULE, C. F. D. *The origin of christology* (Cambridge: Cambridge University Press, 1977), p. 1-46.

[46] MOULE, C. F. D. *Origin of christology*, p. 4.

[47] CULLMANN, Oscar. *Christology of the New Testament* (London: SCM, 1959), p. 5; veja MOULE, C. F. D. *Origin of Christianity*, p. 8.

Conforme observamos no capítulo anterior, a premissa básica de todo o Novo Testamento, de que Jesus ressuscitou como aquele que transmite o Espírito ou nele batiza, é o maior indicador da identificação de Jesus com Deus. Como já sugerido, Agostinho reconheceu essa conexão no Novo Testamento: "Como, então, aquele que concede o Espírito pode não ser Deus? Na verdade, isso mostra que aquele que concede Deus tem de ser também Deus! Nenhum de seus discípulos concedeu o Espírito Santo; eles oravam para que ele pudesse vir sobre aqueles em quem eles impunham as mãos [...] Ele o recebeu como homem, mas o derramou como Deus" (*Sobre a Trindade*, 15.46). Com base no próprio testemunho de Paulo sobre uma unidade essencial da fé ou do querigma a respeito de Cristo na igreja desde o princípio (1Coríntios 15:3-4; Gálatas 2:6-10; Efésios 4:5), o ônus da prova se desloca para aqueles que desejam questionar essa declaração. A meu ver, todos os esforços nesse sentido, recorrendo-se à fonte Q ou a algum dos "evangelhos perdidos", permanecem especulativos e pouco convincentes.[48]

É óbvio que a teoria da conspiração de Brown é muito menos convincente. Entretanto, temos de afirmar de antemão que não é tão fácil refutar o tipo de crítica cultural à igreja que ela representa. Muitos acham ser a igreja, e seu dogma da divindade exclusiva de Cristo, uma visão limitada, ultrapassada e autoritária, sob todos os aspectos. Os esforços históricos de aliançar a igreja ao poder do Estado, além das noções hierárquicas

---

[48] Para o "Q" e os cristianismos alternativos no período formativo da igreja primitiva, veja MACK, Burton. *The lost gospel: the book of Q and Christian origins* (San Francisco: HarperSanFrancisco, 1993), texto no qual ele afirma que "o que é bom ser observado sobre as pessoas que redigiram o Q é que elas não eram cristãs. Elas não viam Jesus como Messias ou Cristo. Não julgavam os ensinos dele como uma acusação ao judaísmo. Não consideravam sua morte um acontecimento divino, trágico ou mesmo salvífico. Nem mesmo imaginavam que ele tinha sido ressuscitado dentre os mortos para reinar sobre um mundo transformado. Em vez disso, pensavam nele como um mestre cujos ensinos possibilitaram viver com vigor em tempos difíceis" (p. 4). Luke Timothy Johnson observa corretamente que partir do princípio de uma comunidade Q primitiva que não sabe nada a respeito da morte expiatória, da ressurreição ou do relacionamento diferenciado de Jesus com Deus implica que Q seria o único documento que informava a comunidade ou as comunidades que o preservaram. Veja JOHNSON, Luke Timothy. *The real Jesus: the misguided quest for the historical Jesus and the truth of the traditional gospels* (San Francisco: HarperSanFrancisco, 1997), p. 50-4. A premissa de Mack se opõe até mesmo à indicação de Paulo de que seu evangelho era de "suma importância" desde o princípio (1Coríntios 15:3-4). Quanto à ideia de os evangelhos gnósticos perdidos servirem como indicação de cristianismos rivais primitivos, veja PAGELS, Elaine. *Beyond belief: the secret gospel of Thomas* (New York: Random, 2003). [No Brasil: *Além de toda crença: o evangelho desconhecido de Tomé* (Objetiva: São Paulo, 2009)]. Sem nenhuma evidência histórica sólida, ela também parte do princípio de que havia uma comunidade cristã gnóstica, na época em que o Evangelho de João foi escrito, que poderia ter proporcionado o contexto para a redação e a preservação do Evangelho de Tomé, um texto gnóstico geralmente datado do final do século 2 ou até mesmo posterior.

e jurídicas da estrutura eclesiástica, apenas alimentam essa impressão. O desafio pluralista que veio a dominar essas críticas tem um forte apelo ao coração de muitas pessoas por causa dos fracassos da igreja em manifestar a liberdade e a justiça do reino de Deus anunciado por Jesus. É possível entender por que muitos querem dissociar o reino proclamado por Jesus da igreja e, de maneira simplista, vincular a divindade exclusiva de Cristo à dominação política, para, então, associar a liberdade democrática ao pluralismo religioso.

O problema é que, ao desvincular a igreja (especialmente sua proclamação e seu dogma) do reino que Jesus proclamou, é preciso dissociar o próprio Jesus do reino por ele proclamado, de modo que ele possa ser substituído por outras figuras com a mesma importância. Minha proposta é que a convicção do Novo Testamento a respeito do papel do Cristo ressuscitado como aquele que transmite a nova vida do Espírito torna impossível afrouxar a conexão entre a pessoa de Jesus e o reino que ele proclamou.

Um representante que se destaca nesse esforço de dissociar o reino da igreja é John Hick. Ele observa que uma nova consciência global deu origem à grande variedade de crenças e culturas que florescem ao redor do mundo, dificultando cada vez mais a adesão a ideias obsoletas, como a da exclusividade de Cristo como Deus e a do chamado único da igreja para ser o sinal e o instrumento do reino de Deus para o mundo. Essa nova consciência global supostamente "destruiu a lógica do senso tradicional de superioridade cristã e, por meio disso, colocou um ponto de interrogação contra seu núcleo teológico no dogma de Jesus de Nazaré como Deus encarnado".[49] Hick afirma que o senhorio por trás da suposta proclamação de si mesmo como Filho de Deus que veio para redimir o mundo "se dissolveu sob a investigação histórica".[50]

Hick rejeita a ideia de James Dunn de que as afirmações posteriores sobre a divindade de Cristo estão implícitas no papel que Jesus assumiu ao inaugurar o reino,[51] já que essa premissa cristológica, para Hick, "parece ficar longe de Jesus pensar que era Deus".[52] Hick aceita a teoria

---

[49] HICK, John. *The metaphor of God incarnate: christology in a pluralistic age* (Louisville: Westminster John Knox, 1993), p. 9.
[50] Ibid., p. 29.
[51] Ibid., p. 31: veja Dunn, James. *Christology in the making* (Philadelphia: Westminster, 1980), p. 60.
[52] HICK, John. *The metaphor of God incarnate*, p. 32.

de que, "como a segunda vinda de Cristo não aconteceu, Jesus foi sendo gradativamente elevado na igreja gentílica a uma posição divina, e 'Cristo' veio a ser equivalente em significado ao título pré-trinitário 'Filho de Deus' e finalmente ao trinitário 'Deus Filho'".[53] Jesus, o profeta que proclamou o reino vindouro de Deus, passou a ser o próprio objeto da proclamação. A proclamação que ele fez do reino acabou sendo substituída por um complexo dogmático de "Encarnação-Trindade-Expiação", o qual garantiu a importância duradoura de Jesus para a igreja, bem como a superioridade da igreja no mundo como principal mediadora da graça.

Então, quem é Jesus para Hick? Sua própria descrição é reveladora. Hick segue o pensamento de E. P. Sanders ao ver Jesus como um profeta ungido, proclamando o Dia do Senhor vindouro.[54] Hick também acredita que Jesus tinha uma profunda consciência da presença de Deus como Pai. Na verdade, "a extrema consciência de Deus [...] sustentou a sólida certeza profética e seu poder carismático".[55] No entanto, Hick encontra algum valor em uma cristologia encarnacional, já que esta aponta para o envolvimento de Deus na vida, especialmente na de Jesus. Jesus "reflete tanto o amor de Deus" que seria possível concluir que ele "encarnou" Deus em algum sentido metafórico.[56] Com certeza, Hicks também considera razoável assumir outras "encarnações" metafóricas também entre figuras notáveis na história das religiões.

Seria interessante começar perguntando a Hick como, dentro dos limites de seu entendimento do papel de Jesus como profeta dos últimos tempos, ele diferenciaria Jesus e João Batista. Afinal de contas, João também era um profeta do fim dos tempos com intensa consciência da presença de Deus. Embora Jesus provavelmente acentuasse a paternidade e o amor de Deus mais que João, com certeza os Evangelhos são unânimes (isso sem mencionar Atos dos Apóstolos) ao afirmar que a diferença entre eles vai além da mera ênfase teológica.

A premissa que prevalece no Novo Testamento (especialmente no próprio testemunho de João) é que Jesus se distingue de João por ser aquele que batizaria no Espírito Santo, ou aquele que inauguraria o reino de Deus

---

[53] Ibid., p. 4-5.
[54] Ibid., p. 5. Veja SANDERS, E. P. *Jesus and Judaism* (Philadelphia: Westminster, 1985), esp. p. 156, 319.
[55] HICK, John. *The metaphor of God incarnate*, p. 18.
[56] Ibid., p. 9-12.

e transmitiria uma nova vida a todo aquele que crê. João dá testemunho daquele que viria para dar vida, mas deixa claro que não é essa pessoa. Limitar-se a dizer que Jesus era um profeta dos últimos tempos, alguém que nutria intensa consciência de Deus, compromete o retrato que o Novo Testamento traça de Jesus e negligencia a função do Cristo ressuscitado, que é ser aquele que batiza no Espírito Santo. Essa omissão é grave, dado o testemunho presente em todo o Novo Testamento da importância de Jesus como aquele que concede o Espírito da era vindoura para ser o Salvador do mundo.

Como afirmei anteriormente, o ato de receber de Jesus o Espírito da nova vida, pela fé nele, é uma premissa que percorre a literatura neotestamentária do evangelho. A pergunta central proposta pelo evangelho é: "De que forma vocês receberam o Espírito?" (cf. Gálatas 3:2), e a resposta é: pela fé em Cristo, e não pela obediência à lei. Uma pergunta relacionada a essa é a seguinte: "O que leva à nova criação?" (cf. 6:15). O ofuscamento da pneumatologia bíblica e a separação entre mente e matéria no Ocidente mudaram a pergunta para: o que modela ou imita, para nós, a qualidade da consciência humana de Deus? Essa é a pergunta de Hick, mas não a questão central do evangelho. A pergunta fundamental do evangelho é redentora, a saber, como alcançar a vida no Espírito. A resposta que se encontra em praticamente todo o Novo Testamento é que Jesus é aquele que batiza no Espírito Santo, aquele por meio de quem o Espírito é transmitido.

À luz disso, parece estranho que Hick use uma descrição moderna da importância de Jesus centrada em sua "consciência" de Deus, ao reconstruir historicamente o papel de Jesus como profeta do reino de Deus, já que essa especulação é bem mais grega do que judaica, e se encontra a uma distância razoável do interesse explícito do Novo Testamento. O que é mais fácil de se acreditar, mesmo como tese histórica, é que Jesus se vinculava ao Espírito de Deus, associado, no apocaliticismo judaico, à salvação dos fins dos tempos (p. ex., Joel 2:28). Jesus não se limitava a refletir ou revelar a consciência intensa de Deus. Pelo contrário, sua originalidade estava na premissa de que ele a transmitia com a cura da vida no corpo, mediando o poder curador do Espírito de Deus para os outros: "Mas se é pelo Espírito de Deus que eu expulso demônios, então chegou a vocês o Reino de Deus" (Mateus 12:28).

O foco de Hick na consciência religiosa de Jesus é ainda mais historicamente desvinculado do papel de Jesus como profeta judeu do que a afirmação nicena de que ele era *homoousios* com o Pai, que Hick acha estar bem longe do modo que Jesus realmente entendia a si mesmo. O fato de Jesus ter consciência de Deus, de forma intensa ou não, não é uma premissa profética singular nem mesmo original para nenhuma figura religiosa digna de menção. Que ele possa ser o mediador do Espírito, em nome de Deus, seria bem mais impactante, além de explicar teologicamente, para Hick e para outros, o motivo pelo qual a igreja veio a identificar Jesus como Deus. A raiz de Niceia é o Pentecostes. Sem o Pentecostes, não há como explicar Niceia, exceto como uma consequência da religião helenística ou, pior ainda, como um golpe de poder político.

Também temos boas razões para questionar a abordagem igualmente problemática das aparições de Jesus depois da ressurreição. A afirmação de Jesus como aquele que batiza no Espírito Santo passa pela ressurreição e a glorificação, já que é por meio da humanidade glorificada de Jesus que ele concede o Espírito para inaugurar o reino como nova criação e morada final de Deus. Também é a ressurreição que essencialmente conecta Jesus, como aquele que batiza no Espírito, com o reino que ele proclamou de um modo que o torna insubstituível e único, algo que Hick precisa negar para permanecer como um pluralista religioso. Assim, Hick especula que as aparições de Jesus depois da ressurreição resultaram de estados mentais daqueles que afirmam tê-las testemunhado, como "versões acordadas" de algo análogo a experiências de quase-morte.[57]

O fato de esse fenômeno ter sido experimentado por muitas pessoas, diversas vezes e em vários lugares, a ponto de ter dado início ao movimento cristão e aos documentos do Novo Testamento, é fantástico demais na minha opinião para ser levado a sério e exige mais fé do que a crença em uma ressurreição corporal dos mortos, que foi a base do que os apóstolos disseram (p. ex., Romanos 8:11). É verdade, como afirma Hick, que os mártires no judaísmo antigo, pode-se dizer, tiveram impacto expiatório sobre os outros, mas esse tipo de mártir dificilmente seria considerado o Messias no pensamento judaico![58]

De forma semelhante, sob a mesma ótica, também deve ser questionada a ideia de Hick de que a morte de Jesus sem uma ressurreição literal não teria levado seus seguidores ao desespero, nem o movimento cristão primitivo ao fracasso. Reconheço que a morte de João Batista não trouxe um

---

[57] Ibid., p. 24.
[58] Ibid., p. 23.

fim a seu movimento (pelo menos em curto prazo).[59] Mas novamente afirmamos que não há reivindicações messiânicas claras da parte de João, nem mesmo posteriormente, por seus seguidores. É a declaração dos primeiros discípulos de Jesus, de que o crucificado é o Messias esperado de Israel, que realmente impressiona e, a meu ver, é ininteligível dentro do cenário da tradição judaica sem que algo inesperado explicasse tudo isso, como a ressurreição, um ponto que Hick não leva suficientemente a sério.

Se Hick quer interpretar as aparições de Jesus depois da ressurreição como uma experiência mental, ele tem plena liberdade de fazer isso. Mas, com toda a honestidade, deve-se admitir que essa visão fica extremamente distante da definição que o próprio Paulo deu do assunto (ou qualquer pessoa dentre os seguidores pioneiros de Jesus). Paulo pode ter visto o Cristo ressuscitado em uma visão, mas ele tinha certeza de que o corpo mortal de Jesus fazia parte dela (Romanos 8:11). Admito, conforme afirma Hick, que os *strata* mais antigos do Novo Testamento não mencionam um túmulo vazio ou o corpo visível e tangível de Jesus.[60] Paulo até mesmo contrasta o corpo "espiritual" da ressurreição com o corpo carnal desta vida (1Coríntios 15:44). Mas, na verdade, é um grande salto passar desses fatos à redução das aparições de Jesus depois da ressurreição a um estado mental coletivamente experimentado.

Esse salto até mesmo contraria todas as sugestões a respeito da crença cristã primitiva sobre a natureza do corpo ressurreto. Embora Paulo acreditasse que o corpo espiritual da ressurreição transcendesse o corpo terreno (de modo que a carne e o sangue não respondam pelo novo nascimento nem o herdem), o corpo terrestre ainda fazia parte de sua transformação (Romanos 8:11; 1Coríntios 15:51-54). Paulo, como um judeu apocalíptico, via como parte da ressurreição de Jesus a transformação de seu corpo mortal. Ele acreditava que o corpo era convertido à condição mais elevada e escatológica de existência "espiritual".

Hick considera difícil demais assimilar o desenvolvimento de Jesus como profeta do reino vindouro para Jesus como encarnação do Logos divino, porque ele rejeitou o vínculo entre esses dois estados mediado pelo testemunho do próprio Novo Testamento — a saber, Jesus ressurreto dentre os mortos pelo Pai, no Espírito, para que, como Senhor da vida e homem

---

[59] Ibid., p. 26.
[60] Ibid., p. 23-4.

glorificado, pudesse conceder o Espírito de Deus para a renovação da criação. O problema básico é que Hick rejeita o papel de Jesus como aquele que batiza no Espírito Santo. Conforme vimos no capítulo anterior, esse papel medeia Jesus como profeta do reino de Deus, e a vida e o dogma posteriores da igreja, especialmente o complexo "Encarnação-Trindade-Expiação", que Hick considera uma reivindicação muito distante da consciência que Jesus tinha do reino. Essa consciência, para Hick, se situa bem longe do dogma posterior de sua identificação como Deus, somente porque o elo entre as duas coisas no papel de Jesus como aquele que ressuscitou para batizar no Espírito Santo foi negligenciado ou eliminado.

O batismo no Espírito Santo não se limita a nos ajudar a criticar o entendimento de Hick sobre o conflito entre Jesus como profeta do reino de Deus e a ascensão da igreja e de seu querigma de Jesus como o Salvador divino. Ele também nos proporciona os recursos para lidar com a associação que Hick sugere entre esse querigma e a autoridade hierárquica da igreja e o golpe para o poder político. Como é descrito no Novo Testamento, o batismo no Espírito não pode ser usado para justificar uma ideologia política ou cultural dominante. As línguas de Pentecostes (Atos 2) são um sinal de que a igreja constituída pelo batismo no Espírito envolve uma variedade global de vozes no discernimento da verdade de Cristo. O Pentecostes está centrado no Cristo glorificado como aquele que ministra a nova vida, mas também inspira muitas línguas, cada qual em seu próprio cenário cultural, para transmitir a importância de Jesus para a salvação humana.

O centro do testemunho multilíngue no Pentecostes reside na pessoa viva e transcendente de Cristo, não em alguma ideologia. Nenhuma língua em particular pode dar testemunho adequado desse centro ou fazer reivindicação absoluta sobre seu significado final. O Espírito Santo é a pessoa em muitas pessoas ou aquele que leva a criação, em toda a sua diversidade e capacidade relacional, à renovação da vida. Portanto, o batismo no Espírito "encarna" a presença de Cristo em um corpo de fiéis do qual muitas culturas e expressões de fé fazem parte. A implicação do Pentecostes é pluralista e interativa, não hierárquica e não autoritária.

Lucas também dá a entender que as culturas globais (inclusive as religiões) não se limitam a acidentes da história ou truques de Satanás, mas, na verdade, são guiadas pela providência divina como uma busca legítima por Deus e uma resposta real à presença divina no mundo mediante o Espírito, porque em Deus "vivemos, nos movemos e existimos" (Atos 17:28). Esse viver, esse mover e esse existir historicamente em meio à humanidade certamente se referem às migrações dos povos por todo o mundo, entre várias línguas e culturas referidas no relato da mensagem de Paulo nos dois versículos anteriores (17:26-27). Em outras palavras, Lucas parte do princípio de que a cultura do indivíduo é conectada a seu modo de estar no mundo, e ele situa esse modo de estar em Deus como Criador e na divina providência, que, graciosamente, o orienta.

No Pentecostes, a busca legítima de Deus implicada em várias culturas e expressões religiosas encontra seu cumprimento na graça de Deus revelada no Cristo crucificado e ressurreto como aquele que transmite o Espírito nos últimos dias. Os históricos e as diferenças dessas pessoas não são dissolvidos, mas confirmados, recebendo um novo compromisso e uma nova direção. Nesse processo, os ídolos são abandonados; as culturas, podadas. No entanto, a poda avaliativa também é exigida da igreja. Embora ela seja o lócus central do reino de Deus no mundo, também é terna companheira de viagem das religiões mundiais, apontando-lhes a superioridade de Cristo. O batismo no Espírito pode ser articulado de modo a responder à crítica da superioridade eclesiástica, de Hick, mas rejeitando sua redução de Jesus a um símbolo do sagrado entre outros.

A questão da superioridade da igreja, no entanto, tem de ser levada a sério. Existem exemplos mais do que suficientes do abuso de poder ou da insensibilidade da igreja ao longo dos séculos para alimentar as preocupações de Hick. Nesse contexto, o batismo no Espírito Santo não deve ser visto de forma triunfalista, sem nenhuma sensibilidade às questões de poder político e influência. O batismo no Espírito Santo tem de ser visto como a transmissão do Espírito do Cristo crucificado que ressuscitou para conceder vida e liberdade, especialmente em solidariedade com aqueles que sofrem. Conforme Moltmann escreveu: "Não se pode deixar que a transfiguração de Cristo no Espírito da glória lance uma luz tão ofuscante que torne cegos nossos olhos à sua morte em entrega a Deus".[61]

Portanto, Zinzendorf escreveu que Jesus concedeu o Espírito a partir de suas feridas.[62] Que linguagem adequada para a conexão entre o reino e

---

[61] MOLTMANN, Jürgen. *The church in the power of the Spirit*, p. 37.
[62] ZINZENDORF, Nicholas Ludwig Count von. *Ein und Zwanzig Discurse über die Augsburgische Konfession, 1748, Der achte Discurs, Haupschriften*, Bd. VI (Hildesheim, 1963), p. 159ff, observe esp. p. 160-1, 163, 165-6. Confira minha análise sobre isso em *Spirituality and social liberation: the message of the Blumhardts in the light of Wuerttemberg pietism* (Metuchen: Scarecrow, 1993), p. 16.

o Espírito de Cristo, e a entrega pessoal de Cristo em devoção ao Pai e ao mundo na cruz! Na verdade, é "pelo Espírito eterno" que Cristo ofereceu a si mesmo na cruz (veja Hebreus 9:14). O Espírito derramado do Cristo ressurreto e glorificado manteve o vínculo com a importância do Cristo crucificado, bem como com o amor sacrificial demonstrado por ele. A igreja batizada no Espírito Santo não reivindica privilégio, exceto o de dar testemunho de outra pessoa, o Cristo crucificado e ressurreto, e de viver a vida crucificada em solidariedade com as pessoas que sofrem e que são oprimidas no mundo.

Percebo que essa postura não atenderá a todas as pessoas que foram ofendidas pelas declarações exclusivistas de salvação somente por Cristo como aquele que batiza no Espírito Santo. Mas temos de lembrar que nenhuma postura religiosa, nem mesmo a opção pluralista de Hick, está totalmente imune à acusação de privilégio injustificado. Os ateus que acham que todas as conversas sobre religião ou fontes de amor transcendente são absurdas e opressivas acusarão o pluralista religioso por dar a entender que a pessoa religiosa é mais sábia ou mais alinhada com a essência do amor do que aqueles que rejeitam qualquer noção de divindade. Alguns seriam rápidos em afirmar que o que atrasa a cultura e a política não são somente as declarações exclusivistas a respeito de Cristo, mas também toda a religião em geral — qualquer religião ou ideia de transcendência. A questão da superioridade não pode ser ignorada pela pessoa de fé, de qualquer crença religiosa — quer aquelas que se concentram em "Deus", quer aquelas que creem em uma "realidade" transcendental. Hick também tem de enfrentá-la em relação à sua fé de modo análogo à questão que ele levanta aos cristãos. A pessoa que tem fé em Deus só precisa ter cuidado para interpretar sua fé de modo que ela se volte à graça, e não ao privilégio.

Com certeza, ainda temos de enfrentar a questão de o dogma cristão fixar ou não fronteiras por demais estreitas. Restringir os limites daquele que batiza no Espírito Santo a Cristo é algo cristologicamente exclusivista, mas acredito, com Jan Lochman, que lidamos aqui com um exclusivismo *de Cristo*, "e não com o princípio egoísta do sectarismo". Trata-se de um exclusivismo daquele que é singularmente *inclusivo* do ponto de vista eclesiástico, uma "solidariedade incondicional com os outros além de todas as barreiras e obstáculos".[63] O resultado é que a claridade das fronteiras ao redor de Cristo produzirá um desfoque das fronteiras da igreja. Esse é o

---

[63] LOCHMAN, Jan M. "Theology and cultural contexts", *Reflections* 2 (primavera de 1999), p. 30.

máximo que podemos alcançar cristologicamente em resposta a Hick sem nos afastar da proclamação do evangelho. Simplesmente, não há um modo de descartar, do evangelho, o Cristo ressurreto como *aquele* que batiza no Espírito Santo sem afirmar outro evangelho.

O vínculo singular do Espírito Santo com o Cristo crucificado e ressurreto como aquele que batiza no Espírito e inaugura o reino de Deus demonstra que a igreja veio a existir pela graça de Deus e tem de viver de uma maneira que exalte Cristo, e não a si mesma, como aquele que inaugura e aperfeiçoa o reino de Deus no mundo. Ele é o autor e o consumador da fé porque venceu a morte com uma vida indestrutível (Hebreus 2:14-15; 7:16; 12:2). A ênfase na graça, e não no privilégio, significa que a igreja não se atreve simplesmente a se identificar com o reino de Deus no mundo. A igreja batizada no Espírito Santo como o sinal da graça na ausência de graça no mundo vive a partir do reino como sua testemunha principal.

Nossa defesa da eleição especial da igreja como corpo de Cristo para ser a comunidade batizada no Espírito Santo não pode ser tomada com o propósito de supor uma identificação irrestrita entre a igreja e Cristo, o Espírito Santo ou o reino de Deus. A igreja é o resultado natural do derramamento do Espírito e da irrupção do reino de Deus, mas não pode simplesmente ser identificada com esse reino. Somente o testemunho de *Cristo* é completamente idêntico ao do reino de Deus. Somente nele, o Espírito Santo é concedido sem medida. Como afirma Donald Baillie em sua estimulante tentativa de redefinir a divindade de Cristo, somente nele a obra de Deus e a obra da humanidade se encontram, sem discrepância nem paradoxo.[64]

A relação entre Cristo e a igreja não é essa. Na comunhão entre a igreja e Cristo, existe uma dialética crítica entre um "sim" e um "não". É nessa dialética que a igreja se constitui em sinal e instrumento de renovação também em constante renovação. Conforme observa Lochman, o Espírito é a "grande dialética" em relação à igreja. Na seção seguinte, gostaria de desenvolver esse tema com mais profundidade.[65]

---

[64] BAILLIE, Donald. *God was in Christ* (New York: Charles Scribner's & Sons, 1948), p. 117-8; John Hick (*The metaphor of God incarnate*, p. 106-8) acha essa formulação útil porque torna a identificação de Cristo com Deus funcional e não metafísica. A meu ver, uma identificação funcional com Deus implica uma unidade "metafísica", já que é idólatra pressupor uma identidade absoluta, sem paradoxo ou dialética, entre as palavras e as ações de Deus e aquelas de um simples ser humano.

[65] LOCHMAN, Jan Milic. "Kirche", in: BURI, F.; OTT, H.; LOCHMAN, J. M. (eds.). *Dogmatik im Dialogue* (Gütersloh: Gütersolher Verlangshaus Gerd Mohn, 1973), 1:135.

A IGREJA BATIZADA NO ESPÍRITO SANTO: POR UMA DIALÉTICA CRÍTICA

Existem dois extremos a serem evitados quando comparamos Cristo ou o reino e a igreja. O primeiro extremo é uma separação ou um dualismo. Conforme acabamos de observar, não se pode separar Cristo de seu corpo. Nem podemos ver o reino de Deus e a igreja como duas esferas completamente separadas. No entanto, o segundo extremo consiste na identificação entre Cristo ou seu reino e a igreja. Essa identificação resulta em uma escatologia super-realizada e na perda da ênfase adequada na igreja sob renovação como humilde serva de Cristo. Mostrarei a influência de Karl Barth sobre meu pensamento e proporei, entre esses dois extremos, uma dialética no papel da igreja como *testemunha ou sinal*, em que a igreja leva seu tesouro em vasos de barro.

Em sua fraqueza, a igreja carrega um testemunho quebrado e caído no Espírito. O batismo no Espírito Santo, portanto, é habitação e empoderamento no Espírito, que não se constitui em posse absoluta da igreja, mas, antes, possui a igreja em ondas constantes de renovação. A igreja em comunhão com Cristo enfrenta um "não" divino em relação à sua fidelidade, mas também um abrangente "sim" ao ser sustentada pela graça de Deus e pela presença graciosa do Espírito. Como veremos, essa dialética não é estática, mas dinâmica, e tem um alcance cada vez maior na direção do cumprimento escatológico, pois é certo que vamos deixando de ver através de um espelho para ver tudo "face a face".

Contudo, em primeiro lugar, permita-me explicar essa dialética fundamentando-a na prioridade teológica de Cristo, do Espírito Santo e do reino para a igreja. Quando usamos a expressão "igreja batizada no Espírito Santo", estamos dizendo que o batismo no Espírito Santo não é algo administrado pela igreja, mas, pelo contrário, é ele que administra a igreja, de modo que o batismo no Espírito Santo será limitado demais se for *simplesmente* concebido como o lado espiritual do batismo nas águas ou como regeneração individual, até mesmo como empoderamento espiritual para o testemunho carismático. Não negarei a importância da igreja na proclamação, nos sacramentos e no testemunho empoderado para que o batismo no Espírito Santo venha a ser uma realidade na vida das pessoas, porém foi o batismo no Espírito que inicialmente a trouxe à existência.

Por isso, o batismo no Espírito Santo, como é mediado pelo Cristo ressurreto e consumado em sua vinda no "Dia do Senhor" (Atos 2:17-21), não pode ser reduzido ao que está teologicamente implícito na regeneração individual, no batismo nas águas ou simplesmente no empoderamento pessoal. O batismo no Espírito constitui *a igreja como igreja*, definindo o próprio núcleo de sua essência, mas também transcendendo-a, por se estender à nova criação. Ao ser igreja como habitação do Espírito Santo/reino de Cristo, ela nada mais é que o testemunho consagrado e empoderado de Cristo e de seu reino no mundo. Ela se encontra na linha de frente da transformação da criação na morada de Deus.

Assim, o Espírito Santo e o reino de Deus são anteriores à igreja e determinam sua jornada escatológica como povo peregrino. Como observa Lorelei Fuchs: "O Espírito Santo forma a igreja como a presença contínua de Cristo no mundo, transformando-a na manifestação proléptica do governo escatológico de Deus".[66] Mais especificamente, a instituição da igreja por Cristo como aquele que batiza no Espírito Santo aponta para o compromisso de Deus com Cristo como centro da vida carismática, querigmática e sacramental da igreja como meio principal de renovação no mundo. A constituição pneumatológica da igreja mediante o batismo no Espírito Santo aponta para a presença divina na instituição da igreja e para a liberdade e a expansividade divinas, que fazem com que a igreja busque e simbolize a transformação global e escatológica de todas as coisas na própria habitação de Deus. No caminho dessa consumação, a igreja é sinal de graça no meio de um mundo que carece muito dela.

O termo "sinal" é cuidadosamente escolhido como análogo a "testemunho". Essas duas palavras sugerem que a igreja batizada no Espírito Santo participa da inauguração e do cumprimento do reino de Deus no mundo e pode, pela graça, ser um testemunho vivo dele, exemplificando-o e apontando para ele. O batismo no Espírito vincula, essencialmente, a igreja a Jesus e ao reino que ele proclamou. Por um lado, não se pode negar ou afastar a igreja como um corpo singularmente chamado para ser sinal e instrumento do reino de Deus no mundo. O dogma da igreja não pode ser rejeitado sem que se rejeitem elementos essenciais da verdade de Cristo. Por outro lado, a igreja como sinal e instrumento do reino de Deus envolve uma reserva escatológica em relação a qualquer tipo de identificação absoluta entre o reino proclamado por Cristo e a igreja. A igreja proclama uma palavra verdadeira, mas não se trata da palavra que encerra ou esgota o assunto.

---

[66] FUCHS, Lorelei. "The Holy Spirit", p. 164-5.

Não existe uma dialética crítica entre Jesus e o Espírito Santo. Ele é o rei; o Espírito Santo, o reino. Mas, conforme já observamos, existe essa dialética entre o Espírito/reino e a igreja. Portanto, a igreja não tem a palavra final, mas é o testemunho imediatamente anterior à palavra do reino, que é Cristo. Por essa razão, sem negar a relação integral entre o reino e a igreja, temos de acrescentar que não pode haver nenhuma identificação irrestrita da igreja com o reino ou o Espírito de Cristo. Como observou Hans Küng, "uma igreja que se identifica com o Espírito não precisa escutar, nem crer, nem obedecer".[67] Tudo o que a igreja teria a fazer seria ouvir a si mesma. De acordo com Küng, Cristo seria visto como alguém que abdica de seu poder em favor de uma igreja que tomou seu lugar. Essa igreja "está tentando deixar a postura de humildade para ser autossuficiente, e deixar toda a sua modéstia para ser autônoma. A igreja que sabe tudo substituiu a igreja que crê; a igreja cheia de posses substituiu a igreja necessitada; e a autoridade total tomou o lugar da obediência".[68] Acredito que essa identificação entre Cristo e a igreja elimina o relacionamento crítico necessário entre o reino e a igreja, retirando, desse modo, a necessidade constante da igreja de buscar renovação ou reforma, e concedendo-lhe uma autoridade absoluta e inquestionável.

Também é útil a rejeição de Miroslav Volf a transferir a subjetividade de Cristo para a igreja, formando um sujeito coletivo, um "Cristo total". Em vez disso, Volf fala de uma "justaposição" entre Cristo e a igreja que "precisamente é o elemento constitutivo de sua unidade". Volf se baseia no ecumenista Lukas Vischer para observar que o conceito bíblico de unidade não é uma identidade indeterminada, mas, antes, uma comunhão de um com o "outro", que não dissolve as diferenças entre eles. Jesus falou a respeito de nossa unidade com ele, de modo que nós estamos nele, assim como ele está em nós (João 14:20). Nossa unidade com Cristo se dá por meio da habitação mútua, não na igualdade de identidades.[69]

Isso não tem o propósito de negar que Cristo estabelece uma solidariedade real com seu povo (como, por exemplo, quando ele pergunta a Paulo "por que você *me* persegue?", em Atos 9:4). Ele também pede à igreja para não deixá-lo do lado de fora, mas para convidá-lo à mesa da comunhão (Apocalipse 3:20). O batismo no Espírito Santo como revestimento divino

---
[67] KÜNG, Hans. *The church*, p. 175.
[68] Ibid., p. 239.
[69] VOLF, Miroslav. *After our likeness*, p. 141-4, 158.

demonstra solidariedade de amor e comunhão, de habitação mútua, exigindo nossa participação fiel. Isso nunca pode ser ignorado; deve, sim, ser cultivado e vivido, envolvendo uma realidade escatológica do "já" e do "ainda não", porque agora vemos em espelho, de forma obscura, mas, então, veremos "face a face" (1Coríntios 13:12). Nossa unidade com Cristo, por meio do batismo no Espírito, é dinâmica, não estática; e implica uma dialética entre graça e queda, por isso devemos ser constantemente renovados.

O conceito do batismo no Espírito Santo também pode ajudar-nos a negociar esse conflito entre separação e identificação na relação entre o reino e a igreja. O batismo no Espírito é uma metáfora participativa dinâmica, interativa e escatológica, evocando compreensões da igreja que evitam tanto sua separação do reino de Cristo como sua identificação equivocada com ele. Uma determinação apenas cristológica da igreja tende a promover um entendimento estático do relacionamento entre o reino e a igreja, causando tanto rejeição intelectualista de um relacionamento positivo como rígida afirmação dogmática de uma identificação entre os dois. Uma articulação pneumatológica do relacionamento entre o reino e a igreja nos fornece o dinamismo e a dialética escatológica necessários para negociar esse relacionamento de forma mais bíblica.

Entretanto, uma constituição apenas pneumatológica da igreja corre o risco de aliená-la da autorrevelação de Deus em Jesus de Nazaré, fazendo com que ela perca sua identidade concreta e seu senso de direção. O evangelho de Jesus Cristo é a resposta a esse entusiasmo, situando essa constituição na autorrevelação objetiva de Deus em Jesus. Assim, o Espírito escatológico posto na essência do reino envolve a conexão da igreja com Cristo como seu corpo e a reserva crítica necessária para impedir a identificação idólatra com a autoentrega divina em Cristo, de modo que a igreja possa agir como sinal eficaz e instrumento de testemunho vivo. A igreja como "povo peregrino" está, por assim dizer, "no caminho", como sinal dinâmico e instrumento de renovação que também vai renovando a si mesmo. Conforme Ralph Del Colle escreveu sobre a igreja que subsiste pelo derramamento do Espírito: "As graças, as energias, os dons e os poderes do Espírito Santo ajudam a constituir a igreja, encaminhando-a para o Reino, estabelecendo sua *koinonia*, ou comunhão, e capacitando sua vida e seu testemunho até a plenitude".[70]

---

[70] Del Colle, Ralph. "The outpouring of the Holy Spirit", p. 250.

Esses sinais da graça na proclamação, no sacramento e nos *charismata* têm sua origem e seu poder contínuo no Deus que batiza no Espírito Santo ou que doa a vida triúna para habitar na criação e levá-la à *koinonia* divina. Essa compreensão da igreja é regnocêntrica. As palavras de Jürgen Moltmann são representativas: "Não é a igreja que tem uma missão de salvação a cumprir para o mundo. Essa é a missão do Filho e do Espírito mediante o Pai, que inclui a igreja, criando uma igreja enquanto prossegue nesse caminho".[71] Observe também a ideia de Harvey Cox sobre a prioridade do reino de Deus sobre a igreja:

> Uma doutrina da igreja é um aspecto secundário e derivativo da teologia que vem depois de se discutir a ação de Deus ao chamar o homem para cooperar para trazer o Reino. Ela vem depois, não antes, de um esclarecimento da ideia do Reino e das respostas adequadas ao Reino em uma era particular.[72]

Não é a igreja que administra o Espírito, mas é o Espírito, por meio de seu batismo, a partir do Pai e pelo Filho, que administra a igreja.

A prioridade do reino de Deus pode ter uma função poderosa a desempenhar em uma teologia pentecostal do derramamento do Espírito Santo, conforme demonstrado na mensagem dos Blumhardts, pai (Johann) e filho (Christoph), pietistas alemães do século 19. Os Blumhardts desenvolveram um ministério de cura divina em um cenário de fervoroso desejo do derramamento do Espírito nos últimos dias e uma visão de transformação global. Depositaram suas esperanças fundamentalmente no reino de Deus e olharam para a igreja como sua serva. Essa prioridade concedida ao reino fez com que lidassem de forma ambivalente com a igreja. O mais novo até mesmo "se voltou para o mundo", em seu esforço de encontrar servos fiéis do Reino fora da igreja.[73]

Como ficou claro até o final de sua vida, Christoph era contrário à igreja para ser a favor dela. Ele fez um apelo para que a igreja "andasse lado a lado com o Reino de Deus, que é o grande movimento do governo de Deus no mundo".[74] No entanto, o reino não deve ser completamente separado da

---

[71] MOLTMANN, Jürgen. *The church in the power of the Spirit*, p. 64. [*A igreja no poder do Espírito*].
[72] COX, Harvey. *The secular city* (New York: Collier, reimpr. 1990), p. 108. [*A cidade secular* (Santo André: Academia Cristã, 2015)]
[73] Confira meu livro *Spirituality and social liberation*.
[74] BLUMHARDT, Christoph. *Ansprachen, Predigten, Reden, Briefe: 1865-1917*, ed. J. Harder, (Neukirchen-Nyun: Neukirchen Verlag, 1978), v. 3, p. 70.

esfera do natural.[75] Em 1910, Christoph escreveu para Leonard Ragaz que "o movimento do Espírito de Cristo prossegue pelos tempos, apresentando-nos um fundo de verdade que nos empurrará para aquilo que é novo".[76] Em outro contexto, ele escreveu que o futuro é realizado no presente em um ponto de "harmonia" entre o primeiro e o último.[77] Essas perspectivas não estão muito longe do acontecimento do *kairós* retratado no clássico de Paul Tillich, *The socialist decision* [A decisão socialista], uma obra que ele escreveu sob a influência de Blumhardt.[78]

A piedade mundana de Blumhardt exerceu profunda influência sobre Tillich e sobre uma geração de teólogos entre a Primeira e a Segunda Guerra Mundial. Tillich escreveu que Blumhardt lhe abrira uma nova visão sobre o relacionamento da igreja com a sociedade, "de um modo inédito", concentrando-se no mundo, e não na igreja.[79] Eberhard Bethge observou que a piedade mundana de Blumhardt também influenciou, de forma decisiva, o pensamento de Dietrich Bonhoeffer.[80] Harvey Cox escreveu *Secular city* [A cidade secular] em resposta à piedade mundana de Christoph Blumhardt e de seus seguidores, Herman Kutter e Leonard Ragaz.[81] Jürgen Moltmann trabalhou sob a mesma influência, afirmando que "Christoph Blumhardt, Kutter e Ragaz [...] deram o passo prático, indo da religião para o reino de Deus, da igreja para o mundo, da preocupação com o individual para a esperança em relação ao mundo".[82]

Christoph Blumhardt exerceu influência mais profunda sobre a teologia de Karl Barth. Barth, de forma perspicaz, caracterizou o entendimento da dialética do reino, de Christoph, como livre e transcendente, mas também como uma realidade presente no contexto do testemunho humano:

> O elemento ímpar, e digo isso de forma bem proposital, o profético, na mensagem e na missão de Blumhardt, consiste no modo pelo qual o apressado

---

[75] Ibid., p. 124.
[76] Ibid., p. 61.
[77] Ibid., p. 91.
[78] TILLICH, Paul. *The socialist decision*, trad. em inglês F. Sherman (New York: Harper & Row, 1977). Veja os comentários de Tillich a esse respeito: *A history of Christian thought from its Judaic and Hellenistic origins to existentialism,* ed. C. E. Braaten (New York: Harper & Row, 1967), p. 531-3.
[79] TILLICH, Paul. *A history of Christian thought*, p. 532.
[80] Veja ELLER, V. *Thy kingdom come: a Blumhardt reader* (Grand Rapids: Eerdmans, 1980), p. xv.
[81] COX, Harvey. *Religion in the secular city: toward a postmodern theology* (New York: Simon & Schuster, 1984), p. 22.
[82] MOLTMANN, Jürgen. *The church in the power of the Spirit*, p. 287.

e o esperançoso, o mundano e o divino, o presente e o futuro se encontraram de novo e de novo, se uniram e se complementaram, se buscaram e se acharam.[83]

Para Barth, a dialética crítica de Blumhardt, inerente ao testemunho da igreja, era dinâmica e escatológica, sentida e transcendente, presente e, ainda assim, futura. A igreja vive do reino em sua vida interior, continuamente "encontrando-o" em movimentos de preenchimento e renovação pelo Espírito. O Espírito Santo permanece na igreja como sua "alma" (Agostinho), mas também se dirige à igreja soberanamente e vem até ela com um novo poder e ventos de renovação.

A igreja nada mais é que o lócus central da vida no Espírito ou a vida do reino. Entretanto, como o grande dialético, a presença do Espírito Santo na e por meio da igreja nos faz falar da igreja de Jesus, do Espírito ou do reino com certa reserva ou "inquietação".[84] Conforme a observação semelhante de Küng, "o reino de Deus não pode ser identificado com o povo de Deus, a igreja, mais do que o ato salvador de Deus pode ser identificado com a recepção humana da salvação".[85] Küng sugere que "a mensagem do Novo Testamento não dá nenhuma base para ideias sobre o desenvolvimento da igreja que diminuam ou mesmo domestiquem a noção do reinado de Cristo".[86] Küng explica que "a parte do homem é o caminho da prontidão e da abertura, da obediência e da vigilância, da fé e do arrependimento".[87]

Küng, portanto, dá a entender que a continuidade entre o reino e a igreja é alcançada pelo lado divino como dom da graça, a própria presença de Deus em Cristo mediante o Espírito Santo. Eu diria que, como um "batismo no Espírito Santo", a presença divina é um ato ou um acontecimento divino realizado, mas também em andamento e ainda a ser consumado. Por isso, é algo que envolve, mas que também transcende, a igreja. Qualquer continuidade atual com o reino pode ser buscada de nossa parte, mas nunca será totalmente alcançada mediante arrependimento, testemunho e obediência.

---

[83] BARTH, Karl. "Past and future: Friedrich Naumann and Christoph Blumhardt", in: ROBINSON, J. A. (ed.). *The beginnings of dialectic theology,* trad. para o inglês de K. R. Crim (Richmond: John Knox, 1968), v. 1, p. 45.
[84] MOLTMANN, Jürgen. *The church in the power of the spirit,* p. 3.
[85] KÜNG, Hans. *The church,* p. 74.
[86] Ibid., p. 239.
[87] Ibid.

Um elemento importante para a compreensão da função do Espírito Santo como elemento dialético da igreja é vê-la tanto como uma realidade pneumatológica e escatológica quanto como uma realidade decaída e histórica. Um dos principais problemas que a reflexão eclesiológica enfrenta desde o surgimento da consciência histórico-crítica na era do Iluminismo tem sido a dialética entre a espiritualidade e a historicidade ao julgar a natureza da igreja. Desde o Iluminismo, a igreja tem sido forçada a considerar os problemas de sua própria historicidade com um realismo e uma intensidade sem precedentes. A questão embutida nessa autorreflexão crítica aborda a forma de a igreja ser tanto uma realidade histórica, com todas as ambiguidades envolvidas na finitude, como uma comunhão do Espírito de Deus voltada à missão e ao reino no mundo. Como observaram Peter Hodgson e Robert C. Williams, "a questão é como a igreja pode ser tanto um dom divino como uma instituição humana, tanto uma realidade espiritual como uma realidade histórica, sem que se confundam as dimensões de sua identidade e sem separá-las".[88]

A Reforma já lutou com esse problema e tentou resolvê-lo por meio da distinção entre a *ecclesia visibilis* (igreja visível) e a *ecclesia invisibilis* (igreja invisível). A igreja visível está sujeita a todas as limitações do mundo finito, implicando-se aí a antiga noção da igreja como *corpus per mixtum*. A igreja real, determinada pela eleição divina, que responde à Palavra de Deus, não era visível porque simplesmente não era identificada com a igreja visível ou institucional. Essa solução, no entanto, tinha o risco de promover uma concepção platônica que poderia ser usada como fuga para o escândalo das divisões da igreja institucional ou de outros fracassos.

Os pentecostais têm de pensar na questão geral da realidade escatológica e da realidade histórica da vida da igreja, já que o restauracionismo e o primitivismo os tornam vulneráveis a um entendimento idealista e implicitamente atemporal da igreja ideal, empoderada pelo Espírito Santo. Os pentecostais tendem a ver a si mesmos como aqueles que lutam pela restauração dessa igreja ideal do Pentecostes. Sua descrição desse ideal, às vezes, sugere uma realidade afastada da decadência e das adversidades da existência histórica. O Espírito vem, em avivamento, para nos levantar da esfera do pecado e da fragilidade humana, e para nos conceder, mais uma vez, algo do ideal triunfante.

---

[88] Hodgson Peter C.; Williams, Robert C. "The church", in: Hodgson Peter C.; King, R. H. (eds.). *Christian theology* (Minneapolis: Fortress, 1982), p. 260 *et seq*.

Um entendimento mais realista das igrejas primitivas, em todos os seus conflitos e limitações, pode ajudar os pentecostais a verem o testemunho vivo da igreja de forma menos triunfalista. Pode ajudá-los a reconhecer a voz do Espírito Santo no testemunho da história da igreja e na atualidade, entre muitos grupos cristãos distintos. A realização visível da unidade da igreja na história não será um dom que simplesmente vem "de repente, do céu", mas, sim, algo que decorre de um processo histórico e dialético, envolvendo humildes trocas ecumênicas de ideias e genuíno arrependimento, além da capacidade de mudar até mesmo estruturas eclesiásticas.

Em geral, considero importante evitar toda sugestão de dualismo, bem como a equivalência simplória entre o reino de Deus e a igreja em sua forma visível e histórica. Meu uso da expressão *dialética crítica* busca uma alternativa entre esses dois erros. Paul Tillich preferia a palavra *paradoxo*, sem dúvida sob a influência de *simul justus et peccator* (simultaneamente justo e pecador), graças às suas raízes luteranas. Tillich, por exemplo, notou que a realização paradoxal e ambígua das marcas da igreja (unidade, santidade, catolicidade, apostolicidade) remete à historicidade da igreja, sujeita às limitações de toda instituição social. Tillich situa o relacionamento entre a escatologia e a história no paradoxo entre a essência e a existência humana, no qual *somos* o que somos, como a igreja de Deus, pela graça divina, *apesar do* que somos nas ambiguidades e contradições da vida real. A essência da igreja para Tillich não nos poupa de desafios em nossa existência, mas é nosso *telos* interior, eficaz em nós na luta contra nossas ambiguidades.[89]

Em outro esforço para evitar esse dualismo, o teólogo reformado Jan Lochman observou que a noção da *ecclesia invisibilis* (igreja invisível) pode levar facilmente a uma fuga da igreja histórica e institucional em benefício de um ideal platônico. Ele propõe que a *ecclesia invisibilis* seria a fé, a esperança e o amor da comunidade dos fiéis, continuamente inspirada pelo Espírito de Deus bem no meio das igrejas visíveis — ambíguas e historicamente condicionadas. Conforme já observamos, Lochman se referiu ao Espírito Santo como o *"grande dialético eclesiológico"*, com o resultado de que "a luta pela igreja verdadeira acontece em sua congregação terrena e concreta, mas em constante protesto contra sua forma real na direção da esperança e da transformação".[90]

---

[89] TILLICH, Paul. *Systematic theology* (Chicago: University of Chicago Press, 1963), v. 3, p. 107-10, 138-140, 149-61, 162-82. [No Brasil: *Teologia sistemática*. 5. ed. (São Leopoldo: Sinodal, 2005)].
[90] LOCHMAN, Jan Milic. "Kirche", v. 1, p. 135.

A dialética crítica entre a igreja e o reino nos protege de riscos teologicamente perigosos, tanto à esquerda como à direita. Entretanto, para evitar uma análise apenas abstrata da igreja em seu relacionamento dialético com o reino, será útil fazer uma pausa para observar alguns de seus modelos retratados no Novo Testamento.

A IGREJA BATIZADA NO ESPÍRITO SANTO: OS MODELOS BÍBLICOS

O fato é que não existe uma declaração sistemática sobre a igreja no Novo Testamento. A igreja batizada no Espírito Santo tem, em seu núcleo, um mistério: a presença do Espírito. Ela foi enviada do mesmo modo que Cristo. Por isso, o batismo no Espírito Santo está no centro do mistério da igreja como igreja de Cristo. Qualquer descrição racional dela está fadada a descrever, fraca e inadequadamente, sua alma e seu destino. Por esse motivo, o Novo Testamento nos apresenta modelos que simbolizam a identidade da igreja de um modo que desafia qualquer descrição definitiva. Agora exploraremos a igreja como povo de Deus, corpo de Cristo e templo do Espírito.[91]

POVO DE DEUS

Possivelmente a descrição bíblica clássica da igreja é a de "povo de Deus". A igreja é a reunião e a comunhão do povo de Deus. A palavra *ekklesia*, no Novo Testamento, se refere ao ajuntamento da assembleia de cristãos promovido por Deus. O fato de que a igreja é a *ekklesia* de Deus (p. ex., Atos 20:28; cf. Salmos 74:2) a diferencia das formas seculares de *ekklesia*. Como *ekklesia*, o povo de Deus forma uma comunidade visível unida, por Jesus, ao Israel eleito.[92] A igreja é eleita pelo Pai e também tem unidade com o Pai (Efésios 3:14-15; 1Pedro 1:2).

A igreja reconhece sua conexão com o povo eleito de Deus no Antigo Testamento, já que só há uma oliveira criada por Deus para ser seu povo (Romanos 11). Cristo consuma a eleição de Israel e o mistério do plano de

---

[91] Estou seguindo a escolha de metáforas do Documento da Fé e Ordem do CMI, *The nature and the purpose of the church*, #17-#25, p. 12-5.

[92] SCHMIDT, K. L. "ἐκκλησία", in: KITTEL, Gerhard (ed.). *Theological dictionary of the New Testament*, trad. para o inglês de Geoffrey W. Bromiley (Grand Rapids: Eerdmans, 1989), v. 3, p. 505.

Deus para seu povo, fazendo com que a igreja encontre sua própria eleição "nele" (Efésios 1:4). Por ser aquele que transmite vida nova, Cristo excede o Israel eleito ao consumá-lo. Mais especificamente, porque tudo isso se relaciona ao batismo no Espírito, Israel apontou, como testemunha eleita, para a vinda da renovação da vida mediante o Espírito do fim dos tempos, mas não podia ser confundido com ele, muito menos transmiti-lo. Por ser o servo ideal, Cristo corporificou idealmente o reino de Deus. Não houve dialética crítica nem discrepância entre o reino de Deus e a presença redentora de Deus no mundo, por um lado, e a pessoa, a obra e a proclamação de Jesus, por outro. Identificado com Deus, Jesus era qualificado para conceder o Espírito pelo qual Israel tanto esperava. Portanto, aquele que batiza no Espírito Santo é superior a Israel ao cumprir seu testemunho, mas também é superior à igreja, com a ressalva de que esta vive do cumprimento da promessa do Espírito vindouro e aponta, em seu testemunho, retrospectivo ou prospectivo, para Cristo, e não somente para o futuro, como fez o Israel antigo. Agora a igreja pode viver sustentada pela plenitude espiritual de Cristo.

Logo, a diferença entre Israel e a igreja se encontra no batismo no Espírito Santo. Israel vem antes da redenção de Cristo e de sua inauguração/realização mediante o batismo no Espírito, prefigurando-o em seu testemunho vivo como povo renovado (p. ex., Ezequiel 37). A igreja está envolvida no cumprimento da obra do Espírito por meio de Cristo e é grata por tudo o que aprende do papel de Israel ao prefigurá-la. Apesar de a igreja, por meio de Cristo, colher os frutos das promessas concedidas a Israel e ser alimentada por seu cumprimento, não é simplesmente uma "substituição" de Israel, já que o testemunho de todas as nações tem importância duradoura, e Paulo parece sugerir que há um "mistério apocalíptico" ainda a ser revelado pelo testemunho de Israel (Romanos 11:25-32).

Portanto, no contexto do cânon bíblico, a igreja se une aos testemunhos do Antigo Testamento que apontam para Cristo como o eleito de Deus. Hebreus envolve o Israel fiel com os outros fiéis a Deus na nuvem de testemunhas que apontam para Cristo como o autor e o consumador da fé (Hebreus 12:1-3). Qualquer igreja que se considerar superior a Israel se coloca no lugar de Cristo. Não se pode tolerar essa idolatria. Portanto, a igreja também é a *ekklesia* de Cristo como seu Senhor, porque Cristo é seu fundamento (1Coríntios 3:11). A igreja permanece em Cristo (João 14:4) e se reúne em seu nome (Mateus 18:20).

Por ser povo de Deus, a igreja também é o povo do Espírito, que Cristo soprou sobre os discípulos depois de sua ressurreição (João 20:22; 1Coríntios 15:45) e que foi derramado sobre a assembleia que se reuniu em Jerusalém depois da Páscoa, no Dia de Pentecostes, depois de sua ascensão (Atos 2). Ela também é capacitada pelo Espírito Santo para proclamar o evangelho e dar testemunho de Jesus ao mundo (Atos 1:8). Esse povo eleito depende do ministério intercessor de Cristo para obter graça (Hebreus 4), também intercedendo no Espírito por um mundo que sofre (Romanos 8:26). A igreja, por ser um povo peregrino, vive "entre os tempos", debaixo da garantia do Espírito Santo, enquanto aguarda com esperança o cumprimento do reino de Deus (Efésios 1:13-14).

CORPO DE CRISTO

Passemos a falar da igreja como corpo de Cristo. Nós somos o povo batizado "em um único Espírito: quer judeus, quer gregos, quer escravos, quer livres. E a todos nós foi dado beber de um único Espírito" (1Coríntios 12:13). Segundo esse texto, o batismo no Espírito Santo não somente formou a igreja como corpo de Cristo, mas também conectou as pessoas à sua vida. Observe também que o batismo no Espírito envolve uma diversidade de participantes reunidos como se fossem uma só pessoa. Há um Senhor e um Espírito, não muitos senhores, nem muitos espíritos! Portanto, só pode haver, no final das contas, uma igreja. Uma igreja local separada das outras expressões do corpo de Cristo, buscando definir a si mesma sem fazer referência a outras, não passa de um escândalo.

Por exemplo, Paulo sabia que os líderes que estavam promovendo divisão em Corinto eram mundanos, pois confundiam os líderes apostólicos com heróis culturais, de modo que podiam escolher um em detrimento de outros por preferências teológicas e capacidade retórica (1Coríntios 1—3). Havia até mesmo o "partido de Cristo" (1:12), do qual nem mesmo Paulo podia fazer parte, porque ele não tolerava que Cristo fosse usado como arma para separar os outros do corpo e dividir a igreja. Nos capítulos 1 a 3, Paulo repreende os cristãos "carnais" para que eles pensem espiritualmente. Mas não fazer nada a esse respeito seria como amputar um membro do corpo. Portanto, ele lutou para manter a igreja de Corinto unida como corpo de Cristo e para convencer todos de que não deve faltar nenhum dom na igreja (1:7) enquanto se espera pela vinda de

Jesus. Todas as pessoas são necessárias para sustentar e cultivar a esperança e o amor no corpo.

O modelo do corpo de Cristo indica tanto a unidade como a diversidade (1Coríntios 12). Cada pessoa tem seus próprios talentos para ser um instrumento de graça. Há uma variedade de dons, mas Deus é o mesmo e o Espírito Santo é o mesmo. Se todos se envolverem, a igreja tenderá a ser mais diversa em suas funções e interativa em sua natureza. A questão da interação mútua dos membros no corpo é a vantagem da metáfora do corpo sobre a metáfora da videira, de João 15, que destaca principalmente a comunhão com Cristo. Tanto a videira como o corpo simbolizam a contínua dependência de Cristo para uma nova vida.

Portanto, o batismo no Espírito Santo envolve renovação contínua, um beber constante do Espírito como um corpo diversificado em unidade (1Coríntios 12:13). Fomos batizados no Espírito, mas, em algum sentido, continuamos a ser batizados nesse Espírito quando somos renovados, bebendo mais uma vez dele. De forma semelhante, João retrata os discípulos que permanecem em Cristo como a fonte da vida (João 15). No entanto, a vantagem da metáfora do corpo é a natureza interativa e relacional desse beber do Espírito da pessoa de Cristo. O corpo de Cristo batizado no Espírito Santo vive dessa *koinonia* diversificada.

A propósito, o modelo do corpo de Cristo é utilizado em Efésios 5:25-28 de forma inseparável da metáfora da noiva de Cristo. Tanto no capítulo 5 de Efésios como no capítulo 19 do Apocalipse, a igreja como a noiva remete à fidelidade constante ao Cristo crucificado e ao amor sacrificial que a morte de Cristo simboliza. No modelo da noiva, o relacionamento entre a igreja e Cristo é pactual e não deve ser visto somente como algo garantido. Esse tema da aliança delimita a metáfora orgânica da igreja como corpo, cuja unidade pode ser vista como garantida. Conforme Volf escreve: "Somente como noiva é que a igreja pode ser o corpo de Cristo, e não vice-versa".[93] Hans Küng acrescenta que a imagem do corpo de Cristo não é usada por Paulo no contexto da cristologia, da soteriologia ou da eclesiologia teórica, mas como exortação para *ser* o corpo que já somos pelo Espírito da graça.[94] O batismo no Espírito Santo implica um corpo que age em renovação constante: "A todos nós foi dado de beber de um Espírito".

---

[93] VOLF, Miroslav. *After our likeness*, p. 143.
[94] KÜNG, Hans. *The church*, p. 227-8.

TEMPLO DO ESPÍRITO

A igreja como templo do Espírito Santo é o modelo mais explicitamente conectado ao batismo no Espírito Santo. A igreja vem a ser como um povo batizado no Espírito cheio da própria presença de Deus (Atos 2:4). Cheia do Espírito Santo, a igreja consiste em um templo santo, tendo Cristo como sua base (1Coríntios 3:11). Paulo escreveu aos coríntios: "Vocês não sabem que são santuário de Deus e que o Espírito de Deus habita em vocês?" (1Coríntios 3:16). As divisões na igreja ameaçam destruir esse templo, que é a habitação santa de Deus. Essa questão é séria "porque o santuário de Deus [...] é sagrado" (3:17).

Obviamente, a referência a esse templo não visa a uma estrutura física, mas ao povo de Deus em sua dependência de Cristo como a fonte do Espírito. O batismo no Espírito Santo é um símbolo de dependência de Cristo e, no final das contas, do Pai como a fonte de vida no Espírito. De fato, o centro da habitação de Deus agora é Cristo, no qual habita corporalmente toda a plenitude da divindade (Colossenses 2:9). Em Cristo, a igreja batizada no Espírito Santo se nutre de sua plenitude como seu corpo, bebendo juntamente do Espírito que está nele (1Coríntios 12:13). Liderada pela base testemunhal dos apóstolos e profetas (Efésios 2:20), somos "pedras vivas", "utilizados [...] na edificação de uma casa espiritual para serem sacerdócio santo, oferecendo sacrifícios espirituais aceitáveis a Deus, por meio de Jesus Cristo" (1Pedro 2:5). O batismo no Espírito produz uma oferta sacrificial no Espírito, de volta para Deus. A presença de Deus derramada em nós por meio de Cristo flui, de volta, de nós para Cristo e para o Pai, em louvor e serviço.

O sacerdócio de todos os cristãos constitui o templo, além dos próprios sacrifícios, já que nosso sacrifício principal é a entrega de nós mesmos como sacrifícios oferecidos continuamente a Deus em um culto sagrado (Romanos 12:1-2). Somos crucificados com Cristo, e a vida que agora vivemos é aquela concedida a nós pelo amor sacrificial de Cristo (Gálatas 2:20). Na igreja como o templo do Espírito, tanto o templo como o sacerdócio e os sacrifícios se tornam um no louvor e no testemunho de um povo batizado no Espírito Santo.

Observe que Pedro se refere ao povo no qual habita o Espírito Santo como "*sendo utilizado na edificação* de uma casa espiritual" (1Pedro 2:5). A igreja batizada no Espírito Santo ainda está em construção! Ainda estamos nos tornando igreja como templo da habitação de Deus. Estamos no processo constante de ser o povo batizado no Espírito, sendo renovados ao beber continuamente do Espírito. Estamos sempre crescendo e sendo renovados enquanto nos dirigimos ao cumprimento escatológico na nova criação de Deus. O objetivo é o derramamento do Espírito sobre toda a carne, sobre todos os povos do mundo — na verdade, sobre toda a criação.

O templo cheio do Espírito Santo alcança, com seu ministério sacerdotal e seu testemunho profético, os quatro cantos da terra para prefigurar a nova criação vindoura como a habitação final de Deus. As igrejas brilham como lâmpadas no templo para revelar ao mundo o Sumo Sacerdote Jesus (Apocalipse 1:12-13). O Pentecoste se cumpre quando Cristo enche todo o universo com sua presença (Efésios 4:10), para que Deus seja tudo em todos (1Coríntios 15:28). Nesse momento, "o tabernáculo de Deus está com os homens" (Apocalipse 21:3). A igreja como templo do Espírito se torna o prenúncio da santificação da criação conforme a própria imagem de Cristo como habitação de Deus para sua glória.

Até essa época, a igreja geme no Espírito com toda a criação pela liberdade que há de vir (Romanos 8:26) e busca ser uma testemunha da nova vida do Espírito viabilizada em Cristo (Atos 1:8). A igreja é o templo em favor do mundo e para a glória de Deus, e não primariamente para si mesma. Trata-se de um templo que busca discernir a presença de Deus dentro da esfera do profano e que ora e trabalha pela renovação da criação e pela realização de seu destino em Deus. A igreja deve ser o sinal da graça em um mundo que tanto carece de graça.

Os modelos bíblicos da igreja levantam questões vitais, como sua unidade ou sua santidade. Portanto, cabe, neste ponto, discutir, à luz do batismo no Espírito Santo, as chamadas marcas da igreja (*ecclesiae notae*).

AS MARCAS DA IGREJA BATIZADA NO ESPÍRITO SANTO

O Credo Niceno-Constantinopolitano define a igreja como "una, santa, católica e apostólica". Apesar de serem mais antigas em sua origem, essas marcas foram definidas quando a igreja, já abrangendo todo o império, veio a afirmar sua solidariedade contra a heresia. Um século antes da inclusão dessas marcas no Credo Niceno-Constantinopolitano, a igreja tinha emergido de séculos de perseguição em que essas marcas não eram experimentadas como ideais abstratos, mas, em vez disso, como testemunhos em favor da graça em um mundo que carece dela. A unidade, a santidade, a catolicidade e a apostolicidade eram como círculos concêntricos na constituição divina da igreja, mas também contando com elementos de participação humana que as tornavam um testemunho visível da graça de Deus no mundo. Por trás dessas marcas, encontra-se a narrativa de Jesus, concedendo o Espírito para produzir uma comunidade que é um só povo consagrado sob a orientação dos apóstolos, experimentando as riquezas da graça católica. À luz dessa narrativa, é possível dizer que a igreja tem essas marcas como igreja batizada no Espírito Santo.

No entanto, na época de Constantino, a igreja tendeu a reivindicar essas marcas como meios de poder, e não como formas humildes de testemunho do Cristo crucificado e ressuscitado no poder do Espírito Santo. Uma articulação pneumatológica dessas marcas no contexto do batismo no Espírito chama a igreja de volta ao testemunho de Jesus como aquele que batiza no Espírito Santo e do Pentecostes como a participação da igreja na vida do Cristo crucificado.[95] Nossa participação nas marcas, por meio do testemunho do batismo no Espírito Santo, é um sinal de que elas pertencem primeiro a Cristo e à vida no Espírito, que ele derramou graciosamente. Elas nos pertencem somente por meio da presença do Espírito Santo e do testemunho santificado e empoderado que vem pelo batismo no Espírito. Portanto, considero fundamental o seguinte comentário de Moltmann a respeito dessas marcas: "Se a igreja deve sua existência à missão messiânica de Cristo e ao dom escatológico do Espírito Santo, então suas características nada mais são que também atributos messiânicos".[96]

Já que as marcas são predicados de Cristo e da presença do Espírito Santo, constituem primeiramente características do reino de Deus. As marcas escatológicas e transcendentes da igreja estão ocultas no reino de Deus e ainda serão reveladas na nova criação. A igreja não as tem de modo absoluto; antes, participa delas pela fé como um dom da graça. A igreja é a primeira a dizer que, ao mesmo tempo, essas marcas lhe pertencem e não lhe pertencem, o que nada mais é do que outra versão da dialética do testemunho batizado no Espírito Santo. As marcas batizadas no Espírito Santo são reveladas por meio da igreja na fraqueza e na obscuridade.

---

[95] YONG, Amos. *The Spirit poured out on all flesh: Pentecostalism and the possibility of global theology* (Grand Rapids: Baker, 2005), p. 233. [No Brasil: *O Espírito derramado sobre a carne: pentecostalismo e a possibilidade de uma teologia global* (Campinas: Aldersgate, 2022).]

[96] MOLTMANN, Jürgen. *The church in the power of the Spirit*, p. 339.

Já que essas marcas pertencem primeiro ao Senhor e ao Espírito Santo, nenhuma tradição pode afirmar que elas são somente suas. Hans Küng demonstrou que a sucessão apostólica pertence a todos os fiéis: "*Toda a igreja e, portanto, todos os membros em particular pertencem à linha de sucessão dos apóstolos*".[97] Com base nessa ideia, Volf observa que a presença de Cristo não vem à igreja "por meio dos portais estreitos da administração eclesiástica, mas penetra nela por meio da dinâmica da vida de toda a igreja".[98]

Esse certamente foi o caso do Dia de Pentecostes. O Espírito Santo desceu sobre todos os fiéis. Aqueles que foram chamados para ser apóstolos eram tão dependentes desse acontecimento quanto os outros. O batismo no Espírito Santo, portanto, está disponível a toda a carne, "a todos quanto Deus nosso Senhor chamar" (Atos 2:39). Para mim, isso significa que a reivindicação histórica da sucessão apostólica não pode ser usada para ancorar as marcas da igreja como subsistindo somente em um grupo, já que essas marcas são policêntricas e pertencem a todas as comunidades que vêm a Cristo para beber de seu Espírito e encontrar auxílio nos tempos de necessidade. As marcas batizadas no Espírito Santo apresentam natureza amplamente ecumênica.

Já que são amplamente ecumênicas, uma resposta pentecostal a essas marcas seria prefaciada pelo reconhecimento de alguma variação na tradição a respeito das principais características da igreja que ajudam a discernir onde ela está presente. No Credo Niceno-Constantinopolitano, as marcas eram e são amplamente reconhecidas, mas não são enfatizadas em todo lugar da mesma forma. Outras marcas tendem a ofuscá-las em algumas tradições. Essas marcas clássicas tenderam a dominar as tradições antigas e sacramentais. A apostolicidade e o sacramento eram dominantes no século 4, no entendimento prevalente sobre unidade, santidade e catolicidade da igreja.

Embora essas marcas sejam afirmadas pelos reformadores, eles tenderam a classificar as características principais da igreja principalmente como a comunidade moldada pelas promessas de Deus concedidas no evangelho de Cristo e fiel a elas. Nas palavras de João Calvino, "sempre que vemos a palavra de Deus pregada e ouvida de forma sincera, sempre que

---

[97] KÜNG, Hans. *The church*, p. 433.
[98] VOLF, Miroslav. *After our likeness*, p. 152.

vemos os sacramentos sendo ministrados de acordo com a instituição de Cristo, não temos dúvida de que a igreja de Deus subsiste de algum modo, já que a promessa divina não pode falhar".[99] Essa última declaração sobre a fidelidade das promessas determina o restante da afirmação. Porque o evangelho é infalível, a igreja sempre será igreja como o lócus dos benefícios de Cristo enquanto o evangelho for fielmente proclamado, por meio da pregação e dos sacramentos.

Apesar de não serem iguais às marcas clássicas, as "marcas" da Reforma representam um destaque renovado na centralidade do evangelho para a vida da igreja. As marcas do Credo Niceno-Constantinopolitano enfatizam a unidade da igreja sob os apóstolos e seus sucessores, na plenitude da vida e da graça católicas. As preocupações dos reformados destacam, em vez disso, a fidelidade das promessas de Deus na pregação e nos sacramentos, e a necessidade da igreja de ministrá-los de modo fiel a Cristo. As nuanças distintivas são importantes e podem ser amplamente categorizadas como a diferença entre uma eclesiologia sacramental e uma eclesiologia orientada à Palavra. A primeira destaca a permanência do dom ou ofício apostólico e a continuidade da tradição e da vida católica; a última resgata um núcleo um pouco negligenciado na tradição e na vida, a centralidade do evangelho na identidade e na vida da igreja.

É possível acrescentar às marcas da Reforma uma eclesiologia do discipulado. A visão anabatista (ou da Reforma radical) das características principais da igreja sublinha o discipulado, a comunhão e a ética do amor e da não resistência.[100] Esse holofote sobre o discipulado traz consigo destaques concomitantes à disciplina da comunidade, à vida do Espírito e à expectativa escatológica. Existem alguns pontos em comum aqui com o destaque da tradição reformada sobre ordem e disciplina, e com a ênfase pentecostal sobre vida fiel e escatologia. Entretanto, o foco anabatista no discipulado é digno de estudo, pois reflete ênfase na vida, e não na proclamação, ou, em outras palavras, no testemunho do evangelho tanto por palavras como por obras.

Sem negar, necessariamente, a importância sacramental do batismo e da eucaristia como ações divinas, esses sacramentos passam a ser meios

---

[99] CALVINO, João. *Institutes of the Christian religion*, tradução para o inglês de Henry Beveridge (Grand Rapids: Eerdmans, reimpr. 1979), 2:289 (4.1.9). [No Brasil: *Institutas da religião cristã*, 4.1.9 (São José dos Campos: Fiel, 2018)].

[100] FINGER, Thomas. *A contemporary anabaptist theology*, p. 48; veja também BENDER, Harold. *The anabaptist vision* (Scottdale: Harold, 1944), p. 13.

iniciais pelos quais a comunidade vive sua fidelidade a Cristo em vez de se limitar a uma palavra que chega a uma plateia passivamente receptiva. É claro que a proclamação também é fundamental para a tradição anabatista, mas vale a pena observar a ênfase na Palavra de Deus vivida e na credibilidade da proclamação da igreja em uma vida comunitária e individual fiel a Cristo, especialmente à luz das ênfases atuais sobre "ortopraxia", "teologia vivenciada" e "teologia na prática". Gosto da ideia de Joy Ann McDougall, de que "habitamos" nas doutrinas e as "praticamos" de forma criativa.[101] As "marcas" da igreja verdadeira ainda se baseiam na graça de Deus, mas essa graça é misericórdia e poder experimentados na vida do discipulado, e não uma declaração abstrata.

Os pentecostais vêm tendendo a ressaltar uma eclesiologia carismática ou missionária. Seu evangelho quíntuplo de regeneração, santificação, batismo no Espírito Santo, cura e expectativa escatológica, sublinhado por Donald Dayton como típico da teologia pentecostal, também pode ser visto como "marcas" eclesiológicas. Para os pentecostais pioneiros, a igreja era a nova criação em Cristo, consagrada a Deus e batizada em poder para o serviço capacitado, especialmente para empoderar a proclamação de um evangelho que anunciava a cura e a vinda iminente de Cristo. O foco reside em uma renovação dos dons carismáticos e do poder missionário. O resgate das promessas de Deus no evangelho como de suma importância para a igreja não é negligenciado, mas o propósito se torna um resgate do tipo de experiência viva do Espírito que a igreja primitiva tinha. De certo modo, a igreja era esse corpo nascido de novo e fiel ao ministério de acordo com os dons concedidos pelo Cristo carismático no derramamento do Espírito Santo e que serão plenificados na vinda iminente de Cristo. A ênfase está na igreja carismática e missionária, fiel ao ministério carismático de Jesus.

Todas essas diferentes ênfases têm seu lugar em uma eclesiologia batizada no Espírito Santo. As marcas no Credo Niceno-Constantinopolitano me fazem lembrar que a apostolicidade tem sua herança original naqueles que foram comissionados por Cristo para dar testemunho dele por todo o mundo e que eu tenho uma dívida com as igrejas históricas, por buscarem preservar a unidade da igreja sob a orientação daqueles que foram nomeados para nos chamar continuamente de volta ao legado apostólico e

---

[101] McDougall, Joy Ann. "Woman's work: feminist theology for a new generation", *Christian century* (26 jul. 2005), p. 20.

à riqueza da vida católica. A tradição reformada pode ajudar-nos a destacar o evangelho como a norma permanente das marcas da igreja, e a Reforma radical, o discipulado como o lócus no qual as marcas são vividas como "práticas fundamentais da igreja".[102]

Os pentecostais podem ampliar essa ideia de prática básica para destacar a estrutura carismática da igreja como uma força missionária no mundo. A unidade e a apostolicidade da igreja são necessárias por causa de sua natureza carismática e missionária. A igreja se caracteriza como a comunidade dos sinais dos últimos dias de renovação no mundo e como aqueles que proclamam o evangelho com os sinais que acompanham o ministério carismático. O destaque implícito das marcas clássicas sobre a continuidade da tradição apostólica na igreja única e santificada é especificado pela ênfase pentecostal na renovação constante do poder apostólico e da fidelidade entre todo o povo de Deus por meio da plenitude do Espírito, do ministério carismático e da esperança fervorosa e escatológica. As marcas clássicas não são substituídas por essas outras "marcas", mas as primeiras são qualificadas e lidas pelas últimas como modos de interpretá-las.

As marcas como dons escatológicos do Espírito Santo concedidos por Cristo também equivalem a objetivos nos quais somos constantemente renovados e em cuja direção prosseguimos. Elas estão envolvidas naquilo que Yves Congar chamava de "luta pelo Espírito" na igreja.[103] Também são o meio pelo qual a igreja constantemente se volta a seu centro em Cristo e a seu louvor ao Pai, em confirmação e crescimento constantes. E são escatologicamente realizadas quando o Espírito é finalmente derramado sobre toda a carne, e todo aquele que invoca o nome do Senhor é salvo (Atos 2:17-21). Conforme observa Volf, "a estrutura totalmente abrangente para um entendimento adequado da igreja consiste na nova criação", de forma mais específica, "a habitação pessoal mútua do Deus triúno e de seu povo glorificado".[104]

Apesar de a igreja batizada no Espírito Santo no Dia de Pentecostes ter prefigurado de modo imperfeito a igreja global de muitas nações no capítulo 2 de Atos, o simbolismo remete a um derramamento generoso do

---

[102] Reinhard Hütter descreveu as marcas clássicas em *Suffering divine things: theology as church practice* (Grand Rapids: Eerdmans, 2000), p. 131-2, conforme citado em YONG, Amos. *The Spirit poured out*, p. 151.

[103] CONGAR, Yves. *I believe in the Holy Spirit* (New York: Seabury, 1983), 2:57.

[104] VOLF, Miroslav. *After our likeness*, p. 128.

Espírito Santo "com toda a graça". Portanto, a igreja é referida como uma igreja local (em Corinto, Éfeso e assim por diante), mas também como uma igreja global, até mesmo universal, da qual vivos e mortos fazem parte: "toda a família nos céus e na terra" (Efésios 3:15). Além disso, a plenitude e a riqueza do Espírito também foram experimentadas dentro de um ajuntamento local da igreja de Jerusalém em Atos 4. Como uma reunião local pode experimentar o mesmo "Espírito e toda a graça" como a igreja global?

Volf afirma que a reunião escatológica do povo de Deus na nova criação tem prioridade tanto sobre a igreja local como sobre a rede visível de igrejas ao redor do mundo. A igreja local não baseia sua prática de marcas distintivas a partir de uma comunhão global como sua expressão local, mas, em vez disso, se baseia no cumprimento escatológico do povo de Deus em *koinonia*.[105] A prioridade da igreja escatologicamente plena significa que a realização das marcas da igreja batizada no Espírito Santo não assume a prioridade da congregação local sobre a igreja como corpo global (como se o corpo global não passasse de simples abstração) ou a prioridade da igreja global sobre a igreja local (como se a igreja local não passasse de expressão local do corpo global). *Tanto a igreja local como a rede global de igrejas percebem suas marcas a partir da mesma fonte: o cumprimento escatológico do povo de Deus e da presença do Espírito Santo com toda a graça aqui e agora.* Essa prioridade do Espírito escatológico na determinação das marcas da igreja explica o motivo pelo qual um corpo local pode ser cheio do Espírito com toda a graça.

Ainda assim, as divisões entre igrejas realmente limitam a capacidade da igreja local de experimentar o Espírito escatológico em sua plenitude. A meu ver, tanto a congregação local como a rede global de igrejas percebem as marcas de modo análogo na antecipação da reunião final do povo de Deus sob o batismo definitivo de todas as coisas no Espírito do Cristo ressuscitado e glorificado. Eu somente acrescentaria que a natureza global da reunião escatológica final do povo de Deus (Apocalipse 7:9) demonstra que a atual rede global de igrejas não equivale à igreja em um sentido secundário; ela é, como a congregação local, apresentada ao mesmo desafio de perceber as marcas da igreja de Cristo.

O fato de a igreja global se encontrar profundamente fraturada nada mais é que um escândalo que afeta a capacidade da igreja local de

---

[105] Ibid., p. 140-1.

experimentar o Espírito em todas as suas dimensões de graça possíveis no presente. Essas divisões podem ser historicamente compreensíveis, mas são teologicamente injustificáveis, além de serem espiritualmente prejudiciais. Não se pode adiar o desafio da unidade global da igreja até o *eschaton*, enquanto as igrejas continuam se contentando com a simples abertura e cooperação ecumênicas. O movimento ecumênico, que deve ser somente um meio temporário de se alcançar a unidade, passa a ser um fim em si mesmo, um meio de ignorar os profundos desafios da unidade visível.

Portanto, a experiência da plenitude do Espírito Santo na igreja local não pode ser usada para se afastar da urgência da unidade global entre o povo de Deus. Conforme Küng observa: "Embora a igreja individual seja *uma* igreja, não se constitui em *toda* a igreja".[106] O povo global da igreja ainda não é visivelmente um só, fato que questiona sua catolicidade. É aqui que a *ecclesia invisibilis* (igreja invisível) da Reforma pode ser útil, não como uma fuga do desafio da unidade visível e universal, mas como a promessa de que uma espécie de unidade espiritual realmente existe em luta por expressão visível.

Além disso, o batismo no Espírito Santo permite que todos os leigos participem das marcas, já que esse batismo envolve todos os fiéis. Não existe uma "aristocracia do Espírito Santo", como observou Jaroslav Pelikan ao comentar a importância ecumênica do montanismo, não compreendida pela igreja, que reagiu (de modo, em parte, compreensível) contra ela.[107] As marcas são características de toda igreja envolvida na vida do reino de Deus, buscando ser seu sinal e seu principal instrumento. As marcas da igreja à luz do batismo no Espírito Santo envolvem o testemunho empoderado de todo o povo de Deus (Atos 1:8). As marcas não podem ser escondidas como um mistério feito para continuar oculto. Elas têm de ser cada vez mais visíveis na comunidade. Também têm de ser vividas no discipulado e no serviço carismático. Têm de socorrer o mundo, e não agir somente em benefício da própria igreja. Pertencem primeiro à vida do reino e, por isso, têm de ser vividas na luta pela renovação da humanidade e de toda a criação. Com base nesses pontos, podemos estudar brevemente as próprias marcas clássicas.

---

[106] KÜNG, Hans. *The church*, p. 300.
[107] PELIKAN, Jaroslav. *The emergence of the catholic tradition, vol. 1, The Christian tradition* (Chicago: University of Chicago Press, 1971), p. 107-8.

UNIDADE

Em primeiro lugar, podemos explorar, com uma profundidade maior, a unidade da igreja. O batismo no Espírito Santo a unifica em torno de Cristo e do Pai, que enviou tanto Cristo como o Espírito Santo para inaugurar o reino de Deus no mundo. Há um só Deus, uma só fé em Cristo e um só Espírito (1Coríntios 12:4-6; Efésios 4:4-6). Há um só batismo (Efésios 4:4). As divisões entre as igrejas, que excluem umas as outras, implicam haver mais de um Espírito, um Cristo ou um Pai, o que é absurdo. A mera presunção de divisão é um escândalo. Usar o Espírito Santo, ou Cristo, ou o Pai como uma arma contra as pessoas que confessam genuinamente Cristo como Senhor vai contra a função ecumênica do batismo no Espírito Santo: "Pois em um só corpo todos nós fomos batizados em um único Espírito: quer judeus, quer gregos, quer escravos, quer livres. E a todos nós foi dado beber de um único Espírito" (1Coríntios 12:13).

Não existe justificativa para divisões entre as igrejas que definem a si mesmas sem fazer referências às outras, independentemente de quanto essas divisões sejam historicamente compreensíveis. Considere o que Barth tem a dizer a esse respeito:

> Pode haver bons motivos para o surgimento dessas divisões. Pode até haver obstáculos graves à remoção delas. Pode haver muitas coisas que podem ser ditas por meio de interpretação e mitigação. Mas isso não altera o fato de que toda divisão consiste em um mistério profundo, em um escândalo. E, diante dele, todo o cristianismo deve unir-se em sua capacidade de pensar nela somente com penitência, não com a penitência que um espera do outro, mas com a penitência na qual — custe o que custar — cada um está disposto a se antecipar ao outro em solucionar essa questão.[108]

À luz do batismo no Espírito Santo, podemos afirmar que a desunião no corpo de Cristo distorce a "vitalidade pneumática" da igreja, ameaçando até mesmo destruir o que lhe é essencial.[109]

---

[108] BARTH, Karl. *Church dogmatics*, v. 4, parte. 1, trad. para o inglês de G. W. Bromiley (Edinburgh: T&T Clark, 1956), p. 675-6.
[109] Essa é a tese principal de RODNER, E. *The end of the church: a pneumatology of Christian division in the West* (Grand Rapids: Eerdmans, 1998), que Del Colle cita em "The outpouring of the Holy Spirit", p. 262.

Portanto, possibilitar visivelmente a unidade que temos no Espírito não é um luxo, mas uma missão urgente. Porém, essa unidade que buscamos tornar visível também não tentará extinguir o Espírito que se manifesta na diversidade cada vez maior das igrejas. Em um contexto global, é importante observar que o batismo no Espírito Santo conduz a uma unidade diferenciada que se opõe a toda e qualquer uniformidade. Ela é moldada segundo a comunhão das pessoas em Deus. Portanto, a unidade da igreja é "do Espírito" em "um só Senhor" e de "um Deus e Pai de todos" (Efésios 4:3-6). Essa unidade de membros diversamente talentosos também é expressa como "o mesmo Espírito", "o mesmo Senhor" e "o mesmo Deus" que os coloca em ação (1Coríntios 12:4-6).

Jesus orou para que o grupo de discípulos que o seguiam fosse um, afirmando: "para que todos sejam um, Pai, como tu estás em mim e eu em ti. Que eles também estejam em nós, para que o mundo creia que tu me enviaste" (João 17:21). Essa unidade se baseia na *koinonia* de Deus, portanto é diversamente interativa, cheia de empatia e visível, ou capaz de servir ao testemunho da igreja em prol do evangelho. É também um objetivo digno de gestos e orações intencionais. Temos uma só fé (Efésios 4:5), e ainda devemos crescer rumo à unidade dessa fé (4:13). O amor de Deus exemplificado por Cristo e derramado no batismo no Espírito Santo (Romanos 5:5) contradiz o espírito de divisão.

O falar em línguas como sinal do batismo no Espírito Santo (Atos 2:4; 10:46) simboliza essa unidade diferenciada. Essa percepção pode responder à preocupação global com a questão da "alteridade". Conforme já observamos, a "unidade" no Novo Testamento não se refere à igualdade de identidade, mas a uma participação mútua na comunhão. Dale Irvin afirma que essa noção de unidade se opõe aos sistemas filosóficos ocidentais que têm destacado a uniformidade ou a singularidade do sentido. Em particular, a "metafísica da presença" pode ser articulada de modo a suprimir formas de alteridade, transformando suas qualidades alternativas em qualidades comuns ao grupo. De modo semelhante, alguns ecumenistas têm sido tentados a ver a diversificação e as diferenças cada vez maiores entre as tradições cristãs como algo que ameaça a obra do Espírito em vez de aprofundá-la. Eles trabalham sob uma hermenêutica ecumênica inadequada.[110]

---

[110] IRVIN, Dale T. "Towards a hermeneutics of difference at the crossroads of ecumenics", *Ecumenical Review* 47 (out. 1995), p. 492.

Irvin observa que os encontros ecumênicos realmente aumentam a diversificação, por causa da natureza da linguagem e do diálogo, como se cultivassem uma colisão de mundos, tanto criando fatores comuns como aumentando a diversidade das reações. Inspirado pelo pensador russo Mikhail Bakhtin, Irvin afirma que a "unidade cheia de conflitos e a desunião do discurso e da experiência ecumênicos não são indicadores da fraqueza, mas da força do movimento".[111] O resultado é que nenhuma das vozes dentro do diálogo pode deter, de forma inequívoca, a verdade. O movimento ecumênico se constitui em um "acontecimento polifônico que não pode ser reduzido a uma única narrativa" e "ainda está vivo, com múltiplas possibilidades".[112]

Do mesmo modo, Michel de Certeau escreveu sobre os "confrontos e as comparações" básicas que surgem nos encontros ecumênicos que dizem respeito a "funções que são necessariamente distintas, 'carismas' a serem preservados, e tarefas irreconciliáveis entre si".[113] A unidade consiste em uma comunhão mútua que respeita a alteridade e a diversidade, até mesmo no conflito criativo. Por isso, Oscar Cullmann descreveu as igrejas como análogas aos *charismata* paulinos, cada igreja preservando seus dons peculiares ao abordar as outras igrejas em um desafio interativo e mútuo para a edificação.[114] Nas palavras de Hans Küng, "a unidade não apenas pressupõe a multiplicidade de igrejas, mas também faz com que brotem outras", porque "ninguém tem o direito de estabelecer restrições à vocação de Deus, extinguir o Espírito Santo ou nivelar as igrejas individuais".[115] A comunhão da unidade diversifica e levanta continuamente novos problemas a serem vencidos pelo amor sacrificial e pelo discernimento espiritual.

É necessário ter um pensamento teológico mais diversificado enquanto analisamos a questão da unidade e da divisão de forma mais profunda. A unidade é sempre positiva, e a diversificação conflitante entre os grupos sempre negativa? Por exemplo, não é possível haver uma unidade que

---

[111] IRVIN, Dale T. *Hearing many voices: dialogue and diversity in the ecumenical movement* (Lanham: University Press of America, 1994), p. 11; confira BAKHTIN, M. *The dialogic imagination: four essays*, ed. Michael Holquist (Austin: University of Texas Press, 1981), esp. p. 269.
[112] Irvin, *Hearing many voices*, p. 12.
[113] CERTEAU, Michel de. "Is there a language of unity?", in: *Dogma and pluralism*, ed. E. Schillebeeckx (New York: Herder & Herder, 1970), p. 85.
[114] CULLMANN, Oscar. *Unity through diversity: its foundation, and a contribution to the discussion concerning the possibilities of its actualization*, tradução para o inglês de M. Eugene Boring (Philadelphia: Fortress, 1988).
[115] KÜNG, Hans. *The church*, p. 274.

consista em uniformidade opressiva, que desestimule a variedade, a liberdade e a criatividade. Por outro lado, não é possível haver uma diversidade conflitante entre grupos de cristãos desagregadora e prejudicialmente alienante por natureza? A alteridade está na mente de muitas pessoas da igreja atual que desejam discernir a diferença entre diversidade legítima e divisões escandalosas; ou, do outro lado dessas duas coisas, legitimar a unidade e a uniformidade idólatra. Essa distinção exige orientação bíblica e reflexão teológica cuidadosa.

Com base na descrição que Lucas faz do batismo no Espírito Santo em Atos 2, os símbolos de Babel e Pentecostes vêm à mente para simbolizar um contraste simplificado nas escolhas que tendem a ver a diversificação como confusa e divisora, e a "unidade" como algo a ser preservado a todo custo. À luz da narrativa da torre do capítulo 11 de Gênesis, Babel simboliza a confusão de povos realizada por Deus quando eles foram espalhados e divididos em um juízo sobre a insensatez humana da idolatria. O Dia de Pentecostes simboliza a unificação dos povos sob Cristo pelo Espírito de Deus.

Esse contraste simplificado é útil em todos os sentidos, mas acaba não se mostrando adequado a uma teologia da unidade que respeita por completo a alteridade e a diversidade do povo de Deus, cheia de conflitos e em expansão. Essa comunhão é viva e dinâmica, experimentada na tensão entre singularidade e vida em comum. O Pentecostes se limita a ser a reversão de Babel? Acaso não existe também uma relação entre esses dois eventos que destaca o valor da diversidade e até mesmo do conflito construtivo em um entendimento da unidade que continua a acolher a alteridade?

Ao responder a essas perguntas, devemos começar aceitando e entendendo o contraste entre Babel e Pentecostes. Conforme afirmou J. G. Davies, a narrativa de Atos a respeito das línguas do Pentecostes se baseia na narrativa da torre de Babel em Gênesis, mas como sua reversão. O retrato que Lucas faz das línguas de Pentecostes é moldado de um modo que contrasta com as línguas confundidas em Babel. Em Babel, as línguas foram confundidas, o que é exatamente a reação inicial da multidão em Pentecostes, revelando a dependência linguística entre as duas passagens. Em Babel, o idioma único está prestes a ser confundido, enquanto no Pentecostes os vários idiomas são compreendidos em uníssono por aqueles que os ouvem. Na primeira referência, as pessoas são dispersas em confusão; na segunda, elas são enviadas na unidade e na clareza da verdade. Enquanto o povo foi espalhado a partir de Babel para outras terras por causa de suas diferenças, o Pentecostes espalha as pessoas por outras terras para pregar o evangelho da reconciliação.[116] Embora, em nosso entendimento do capítulo 2 de Atos, o contraste entre Babel e Pentecostes possa ser sutil e precise ser ampliado por outras referências ao Antigo Testamento, existem boas razões para se partir do princípio de que um contraste com a narrativa de Babel fazia parte do contexto bíblico que fundamentou e inspirou a narrativa lucana do Dia de Pentecostes.

Babel funciona nas Escrituras como um símbolo negativo da insensatez humana e do juízo divino, em contraste com a bênção de Pentecostes. Em vez de se dispersar para encher a terra com consequentes proliferação, satisfação e cuidado da vida como seres à própria imagem de Deus (Gênesis 1:27-28), a humanidade em Babel escolhe a segurança por meio da homogeneidade e da centralização. A unidade de seu idioma é exercida por um propósito uniforme e autodestrutivo. Eles queriam construir uma cidade ao redor de uma torre (ou, melhor dizendo, de um templo ou zigurate) que pudesse chegar ao céu e alcançar Deus.

O que é central nessa causa para os residentes de Babel é criar um "nome" para si mesmos. Não se trata do nome que Deus deu a Abrão ou a Jacó como fruto de sua recepção pela fé na promessa divina para a história. Os residentes de Babel desejam criar um nome *para si mesmos*. Seu nome é aquele que eles querem impor a Deus para que seu entendimento do próprio destino histórico possa ganhar importância eterna e absoluta. Seu uso de uma linguagem unificada em vista desse objetivo é revelador, um sinal de que todas as línguas humanas carregam um potencial de desobediência. Nietzsche não poderia ter retratado o poder enganoso da linguagem de modo mais eficaz do que aquele que se encontra expresso na história da torre de Babel.

A insensatez de Babel prossegue por toda a história. Ao refletir sobre Babel, José Miguez-Bonino relembra, de forma perspicaz, como os povos conquistadores na história comumente impunham seu idioma sobre os conquistados como um meio de unificá-los debaixo da visão de um povo destinado à grandeza por uma concessão divina anunciada por eles mesmos.[117] Esse não é o lado negativo de Babel que se repete por todos os

---

[116] DAVIES, J. G. "Pentecost and glossolalia", *Journal of Theological Studies* 3 (1952), p. 228.
[117] BONINO, José Miguez. "Genesis 11:1-9: a Latin American perspective", in: LEVISON, John R.; POPE-LEVISON, Priscilla (eds.). *Return to Babel: global perspectives on the Bible* (Louisville:

registros históricos? Essa não é a tentação que o idioma como meio de socialização enfrenta em toda cultura? As mulheres e as minorias são pressionadas pelas línguas para se alinhar a um entendimento inquestionável e absoluto de sua identidade e de seu destino que é pelo menos potencialmente opressor e destrutivo para elas. O capítulo 11 de Gênesis não fala principalmente da origem dos vários idiomas, mas, em vez disso, da condenação e da derrota da arrogância imperial e da dominação universal representada pela unidade e uniformidade da Babilônia. Se a igreja deve ser o sinal da graça em um mundo sem graça, ela tem de representar uma comunidade contracultural que socializa as pessoas em uma língua e uma rede relacional dominada pela graça e pela comunhão.

Entretanto, *também temos de ir além do contraste para observar entre Babel e Pentecostes o relacionamento que cumpre a promessa*. O juízo sobre Babel, na confusão das línguas, pode levar a uma fragmentação e a uma divisibilidade prejudiciais, mas essa não foi a intenção divina por trás da confusão (*hominum confusione et Dei Providentia!*). O juízo tinha um propósito de graça, como um modo de quebrar a maldição da idolatria e da desobediência em seus esforços de alcançar uma unidade idólatra. Deus desejou impulsionar a humanidade para que ela saísse, a fim de alcançar o cumprimento diversificado da intenção original de Deus de encher a terra. Por isso, em seu comentário sobre Gênesis, Walter Brueggemann se opõe ao entendimento "simplista" da confusão e do espalhamento do povo de Babel, que se limita a tomá-los como exclusivamente condenatórios.[118] Existe uma dupla vantagem no espalhamento e na diversificação das línguas que acaba cumprindo o plano divino de encher a terra (Gênesis 1:27-28). Esse é o plano de Deus para a diversificação e a livre proliferação de uma vida que não alimenta nenhuma ilusão idólatra e encontra sua verdadeira dignidade em glorificar a Deus.

No livro de Atos, Lucas concordou, de forma implícita, com esse entendimento positivo do espalhamento dos povos e da diversificação das línguas em Babel. Em primeiro lugar, a questão da dispersão por todo o mundo estava na mente de Lucas ao escrever sobre Pentecostes. Lucas descreveu a audiência do Pentecostes composta por judeus da Diáspora que sabiam alguma coisa a respeito dos desafios de serem espalhados. Entretanto,

---

Westminster John Knox, 1999), p. 13.

[118] BRUEGGEMANN, Walter. *Genesis* (Interpretation; Atlanta: John Knox, 1982), p. 97.

Lucas sabia que o espalhamento dos povos pela terra não era importante somente para os judeus da Diáspora. Esse tema permite que Lucas se refira a um propósito divino anterior à aliança do Sinai que trouxe consequências a toda a humanidade.

Curiosamente, Lucas relata o discurso de Paulo em Atenas como dando destaque à questão da dispersão global dos povos, mas de um modo que também traz grandes consequências aos gentios. Em seu discurso, Paulo afirma, em Atos 17:24-27, que Deus criou os povos do mundo para que eles "povoassem toda a terra", precisamente como se afirmou a respeito da raça humana em textos como Gênesis 1:28 e 10:18, passagens cumpridas tanto positiva como negativamente em Babel, em Gênesis 11. Deus também determinou providencialmente "os tempos anteriormente estabelecidos e os lugares exatos em que deveriam habitar", de modo que eles pudessem buscar e "talvez [...] pudessem encontrá-lo" (Atos 17:27).

O que é mais interessante é que o discurso de Paulo se refere ao espalhamento dos povos no mundo pela providência de Deus dentro do contexto da futilidade envolvida no esforço de capturar Deus com templos feitos por mãos humanas (Atos 17:24). Em Atos 17:24-27, há uma leitura positiva da narrativa de Babel ou, pelo menos, de sua mensagem. Nessa leitura lucana, Deus dispersou as pessoas por toda a terra para que elas pudessem encontrar novamente Deus, mas não de uma maneira que funcionasse como sanção divina à conquista de seus próprios interesses, porque, no fim das contas, Deus não precisa de templos religiosos construídos pelos seres humanos ou de ídolos e, certamente, nunca poderia ser restrito a essas criações humanas (17:24). Em vez disso, os povos do mundo foram dispersos de modo a ajudá-los a reconhecer Deus como o dom da vida, do fôlego e do ser em suas migrações, e cenários culturais e geográficos. Ler o capítulo 17 de Atos com base no capítulo 11 de Gênesis forma o cenário para outra comparação diferenciada entre Babel e o Dia de Pentecostes.

O derramamento do Espírito Santo no Dia de Pentecostes somente reverte a *ameaça* que surgiu a partir do colapso de Babel e da dispersão diversificada, até mesmo confusa, dos povos, mas não de sua *promessa*. Os povos dispersos enfrentaram a ameaça de uma fragmentação prolongada, mas, conforme mostra o capítulo 17 de Atos, Deus tinha outros planos. Os diversos idiomas de Pentecostes parecem simbolizar o fato de que o batismo no Espírito Santo era o meio pelo qual a intenção divina por trás da dispersão se realizaria por completo entre os povos do mundo originalmente apartados pela confusão das línguas. A confusão inicialmente externada no milagre das línguas, no Dia de Pentecostes, está relacionada à mesma confusão que houve quando Deus quebrou a maldição daquele esforço original de arrogar Deus por meio de um ídolo. Mas o espalhamento de Babel também mantinha a promessa de que a humanidade poderia redescobrir uma unidade que não dissolve, mas, em vez disso, abraça a diversidade dos idiomas, procedências e histórias que Deus quis providencialmente remir na história. Essa é a unidade que tem sido testemunhada pela igreja antes de seu estágio final.

Portanto, a unidade do Pentecostes não é abstrata nem absoluta, mas, em vez disso, concreta e pluralista. Conforme já observado, as fronteiras transpostas eram específicas: ricos e pobres, idosos e jovens, homens e mulheres (Atos 2:17ss.). O alvo de "toda a carne" escatologicamente estabelecido pelo Espírito Santo expõe vieses humanos e estruturas de opressão. A unidade do Pentecostes visa vencer injustiça e ódio com justiça e compaixão. Ela não é arrogante, muito menos serve aos seus próprios interesses, mas é humilde e obediente. É respeitosa e tolerante com as diferenças. Glorifica a Deus em vez de deificar a criatura. É livre e está longe de ser opressora. Nessa unidade, as pessoas descobrirão sua verdadeira dignidade como portadoras da imagem divina.

A unidade da igreja em Pentecostes foi expressa em uma ampla diversidade de línguas "de todas as nações debaixo do céu" (Atos 2:5, ARA). Nenhuma língua, cultura ou caminhada de fé é negligenciada nem desvalorizada, independentemente de quanto tenha sido marginalizada por povos dominantes ou mais influentes. Trata-se de uma unidade que respeita e cumpre a difusão e a diversificação dos povos de Babel. Não se nega a alteridade; ela é acolhida nessa unidade complexa e diferenciada da igreja em Pentecostes. Essa unidade não é estática; ao contrário, tem uma natureza dinâmica e escatológica, crescendo cada vez mais em sua diversidade, mas participando em sua *koinonia*.

Nós também temos de recordar que a audiência em Pentecostes de todas as nações gravitava em torno da experiência dos judeus da Diáspora. A diversidade extensa e global desse grupo e de seus idiomas nacionais ainda precisava abranger os gentios. Essa necessidade de expandir a unidade diversificada do Pentecostes se encontra por trás da importância do fato de que o grupo judeu-cristão ouviu os gentios também falarem em línguas (Atos 10:46). Uma coisa foi ouvir os judeus de todo o mundo falarem nas línguas das nações, mas algo bem diferente para eles foi fazer isso em comunhão com irmãs e irmãos gentios!

A ampliação da unidade da igreja para esse tipo de diversidade implicava um conflito criativo, conforme revelam os capítulos 11 a 15 de Atos e os capítulos 1 e 2 de Gálatas. Não foi fácil para a igreja judaica romper seus laços com a tradição de entrar na casa de um gentio e aceitá-lo incondicionalmente como portador do Espírito escatológico. A diversificação cada vez maior da igreja una implicou conflito e aceitação da alteridade por meio do abandono doloroso de tradições muito queridas. O que temos de deixar em nome de nossa busca por uma unidade diversificada, uma unidade que respeite a alteridade das pessoas que congregam conosco ao confessar a mesma fé e experimentar o mesmo batismo? Temos de manter em mente que o objetivo do batismo no Espírito Santo é "toda a carne" (ou seja, todas as pessoas) e, ao fim, toda a criação. Será que em nossa unidade estamos dando testemunho da renovação final e da reconciliação de todas as coisas? Caso contrário, prejudicaremos nossa reivindicação de ser a igreja batizada no Espírito Santo.

Como podemos caminhar na direção da unidade? Acima de tudo, devemos respeitar e ouvir com atenção as vozes marginalizadas nas igrejas e na sociedade como um todo. O ecumenismo é social e cultural, bem como denominacional. O batismo no Espírito Santo não tem como objetivo "todo o espírito", mas "toda a carne", resultando em uma realidade não somente espiritual, mas também física e social. Não pode ser apenas eclesiástico, mas também secular. A "carne" se refere à função de Deus como Criador e não pode restringir-se às paredes, nem mesmo ao alcance da igreja. Portanto, o batismo no Espírito Santo frustra, de forma implícita, qualquer esforço no sentido de oprimir ou discriminar com base em gênero, raça, classe social ou capacidade física ou mental. O batismo no Espírito Santo pretende agraciar toda a criação com a dignidade de ser aceita, chamada e presenteada por Deus.

Apesar de a igreja não poder negligenciar sua função querigmática ao apontar claramente para Jesus como a salvação do mundo, também não pode negligenciar as consequências sociais de sua lealdade a Cristo e de seu testemunho do Espírito Santo. William Seymour e outros associados a ele tinham certeza de que a santificação e o batismo no Espírito faziam a igreja dar testemunho da reconciliação racial diante do mundo. Por exemplo, um homem chamado T. Hezmalhalch escreveu no jornal de William

Seymour, *The Apostolic Faith* [A fé apostólica], que um grupo de indígenas norte-americanos haviam apontado "as pessoas brancas e um irmão negro" presentes para dizer que todos eles deveriam ser, "pelo sangue de Jesus Cristo, uma grande família espiritual". O autor concluiu: "Diga-me, irmão, você pode ter um entendimento melhor das duas obras da graça e do batismo com o Espírito Santo?".[119]

Faz parte dessa abertura ecumênica a liderança feminina, que está desaparecendo nas denominações pentecostais. O Dia de Pentecostes significa que tanto filhos como filhas profetizam. A sensibilidade apostólica para que se faça tudo com ordem (1Coríntios 14:34-35), discrição cultural (11:1-16) e exercício adequado da autoridade (1Timóteo 2:12) eram questões contextuais significativas para as situações antigas. Aplicar essas orientações às nossas circunstâncias exige sensibilidade ao fato de que as narrativas das mulheres chamadas para servir a Cristo como membros iguais aos homens (p. ex., Atos 2:17; Gálatas 3:28) nos afetarão hoje em situações um pouco diferentes das possíveis no mundo antigo. Temos de dar ouvidos ao que o Espírito Santo está dizendo às igrejas em nossa época e em nossa região. No capítulo 15 de Atos, as igrejas confirmaram que os gentios eram parceiros em igualdade de condições com base no fato óbvio de que o Espírito Santo os ungiu e os capacitou do mesmo modo que os judeus. A meu ver, é difícil justificar o motivo pelo qual os pentecostais em geral não têm seguido essa hermenêutica contextual em relação à unção óbvia de mulheres em funções ilimitadas em nosso tempo.[120]

Em segundo lugar, temos de nos engajar na jornada ecumênica que tem sido cultivada hoje, com maior seriedade, e não de forma superficial, limitando-nos a sentar de lado, fazendo críticas, geralmente sem ter nunca tido uma experiência direta do ecumenismo sob um exame cuidadoso. Apesar de alguns entendimentos bem ingênuos e até mesmo triunfalistas sobre a unidade entre muitos pentecostais pioneiros, Cecil M. Robeck demonstrou que os pentecostais, a princípio, achavam que o batismo no Espírito Santo implicava, ao fim, a unidade visível entre os cristãos de todos os lugares.[121]

---

[119] Hezmalhalch, T. "Among the Indians at Needles, California", *The Apostolic Faith* (jan. 1907), p. 3.

[120] Veja Thomas, John Christopher. "Women, Pentecostals, and the Bible: an experiment in Pentecostal hermeneutics", *Journal of Pentecostal Theology* 5 (out. 1994), p. 41-56.

[121] Robeck Jr., Cecil M. "The Assemblies of God and ecumenical cooperation: 1920-1965", in: Ma, Wonsuk; Menzies Robert P. (eds.). *Pentecostalism in context: essays in honor of William W. Menzies*, (Sheffield: Sheffield Academic Press, 1997), p. 107-50.

Essa visão foi desaparecendo quando o pentecostalismo passou a buscar a aceitação do movimento evangélico, mais reservado ecumenicamente, por consideração ao movimento carismático entre as denominações históricas, que despertaram os pentecostais para um ecumenismo mais abrangente.

Apesar de alguns vieses estereotipados em relação aos pentecostais por alguns carismáticos, estes chamaram aqueles para uma solidariedade eclesiástica e uma definição de "ortodoxia" mais ampla do que aquela comumente estimulada entre os evangélicos. O esforço de qualquer igreja para limitar o objetivo da unidade às igrejas pentecostais e claramente evangélicas de um modo que negligencia e até mesmo critica o número cada vez maior de igrejas e pessoas que trabalham incansavelmente por essa mesma causa, em fidelidade a Jesus como "Deus e Salvador", demonstra medo e falta de entendimento, e pode parecer, pelo menos para quem está do lado de fora, arrogante. Isso não deve ser usado para negar a existência de tendências preocupantes dentro do movimento ecumênico, como costuma acontecer em praticamente todos os movimentos cristãos. Porém, conforme Cecil M. Robeck afirmou mais de uma vez, não temos o direito de criticar o diálogo ecumênico que tem lugar em contextos variados se não dedicarmos muito sangue e suor ao trabalho de desenvolvê-lo.

Na missão ecumênica, a expressão "toda a carne" exige que também respeitemos aqueles que encontramos fora da fé cristã. Apesar de eu acreditar que Cristo é o único Senhor de toda a criação e salvação, também o considero mais inclusivo e expansivo em significado, por meio do testemunho do Espírito Santo, que muitos de nós gostaríamos de admitir. Conforme o teólogo pentecostal Amos Yong nos ensinou, existe uma "margem de respiro" bem importante no testemunho do Espírito escatológico de Jesus na história para o respeito à alteridade das pessoas que encontramos fora das fronteiras da igreja.[122] A presença do Espírito Santo entre essas pessoas é real e fornece um testemunho implícito e único de Jesus. Nós simplesmente damos uma expressão clara a esse testemunho, algo que não seremos capazes de fazer com compaixão, respeito e entendimento se não nos sentarmos à mesa com elas para conversar sobre sentimentos, crenças e práticas. Além disso, aquelas dentre elas que aceitam Jesus de verdade desenvolverão um conteúdo devocional e uma teologia que talvez não se expresse da mesma forma que a nossa, apesar

---

[122] Veja, p. ex. YONG, Amos. *Beyond the impasse* (Grand Rapids: Baker, 2003).

de seu testemunho conter a mesma essência. Conforme escreveu Joy Ann McDougall, as doutrinas, embora sejam normativas, "apresentam alguma fluidez, o que lhes permite alcançar várias pessoas e contextos históricos, e tomar corpo de maneiras culturais específicas".[123]

O assunto sobre o qual realmente estamos falando é uma unidade disposta a aceitar o dinamismo, as dificuldades e a diversificação expansiva necessários para se respeitarem as outras pessoas, evitando a uniformidade: "Se todo o corpo fosse olho, onde estaria a audição? Se todo o corpo fosse ouvido, onde estaria o olfato?" (1Coríntios 12:17). Não se deve negligenciar nenhum dom enquanto esperamos a vinda de Jesus (1:7). Precisamos de todos os dons que uma unidade cada vez mais diversificada da igreja pode conceder a ela, já que ela busca discernir a vontade de Deus no mundo.

Essa unidade não é somente local, mas também global. A unidade visível e global não consiste em algo para o fim da história, embora apenas aí chegue à plenitude. Ela deve ser testemunhada agora, ainda que somente de forma fraca e fragmentária. Não estou me referindo a uma igreja mundial, mas a uma unidade na diversidade que respeita essa diversidade e essa independência, buscando formas visíveis de "comunhão plena" em áreas importantes da vida na igreja, como confissão, batismo, a eucaristia, a missão e o culto. O batismo no Espírito Santo e o Dia de Pentecostes devem ser vistos com o tipo de unidade dinâmica e complexa que nos orientará nessa jornada, com todas as agonias e êxtases que fazem parte dela, até que nos encontremos unidos em alegre louvor diante do trono de Deus.

SANTIDADE

Um dos maiores receios entre os pentecostais, em resposta aos apelos por unidade cristã, reside na possibilidade de comprometer a verdade ou a vida consagrada. Já que, em geral, esse interesse é externado de forma mais vigorosa entre aqueles que têm pouca ou nenhuma experiência ecumênica fora das tradições pentecostais ou evangélicas, esse medo tende a se basear em ignorância. No entanto, de modo geral, esse interesse se baseia em um princípio bíblico. No mesmo capítulo em que Jesus orou pela unidade de seus seguidores (João 17:21), uma oração que permanece até hoje sem o devido cumprimento, também orou para que seus seguidores fossem santificados

---

[123] McDougall, Joy Ann. "Woman's Work", p. 21.

na verdade (17:17-19). Essa verdade consiste fundamentalmente no testemunho fiel de Jesus a respeito do amor do Pai pelo mundo. É igualmente a missão do Filho de Deus, em nome do Pai, não para condenar o mundo, mas para salvá-lo do pecado e da morte, concedendo o Espírito da vida (cf. 1:1-8; 3:16-21). Essas verdades são expressas em propostas que nada mais são que símbolos vivos que não somente confessamos, mas também vivenciamos no testemunho consagrado. Não pode haver comunhão ou unidade na igreja enquanto se negam essas verdades e o testemunho dedicado que elas inspiram.

A santidade da igreja depende da santificação de Jesus e de nossa participação nela pela consagração e pelo testemunho empoderado pelo batismo no Espírito Santo (João 17:17-19). O batismo no Espírito em Lucas sugere que os gentios eram santificados na verdade do evangelho pela fé em Cristo, mesmo permanecendo cerimonialmente impuros aos olhos de muitos judeus (Atos 10; 15:9). Eles passavam a fazer parte da comunidade profética separada e empoderada para uma missão santa, a saber, dar testemunho do amor de Deus no mundo.

A santidade da igreja é assegurada pela presença do Espírito Santo e por toda a graça, transcendendo, assim, a santidade pessoal de seus membros em particular. Até mesmo pregadores impostores podem agir, ainda que por um breve momento, como pessoas que transmitem a graça de Deus por meio da oração, da proclamação e de outros dons. Embora os inimigos de Paulo pregassem o evangelho por "ambição egoísta", Paulo ainda se alegrava diante do fato de que o evangelho fosse proclamado para a salvação de muitos (Filipenses 1:17-18).

Ainda assim, essa santidade da igreja na presença do Espírito Santo e de toda a graça não pode ser desprezada, como se não estivesse relacionada às ações dos membros individuais. Cristo ameaçou remover de seu lugar o castiçal da igreja de Éfeso se ela não se arrependesse (Apocalipse 2:5) A graça que nos santifica é cara, porque, conforme Bonhoeffer afirmou de forma eloquente, custou a vida do próprio Filho de Deus. A falta de amor e de obras de amor entre os membros pode crescer em intensidade a ponto de questionar se uma igreja continua a ser igreja. Durante a Segunda Guerra Mundial, a *Deutsche Christen* enfrentou essa possibilidade. Essas coisas são julgadas por Cristo, apesar de sempre haver pessoas a quem Deus concederá discernimento para alertar. A fidelidade ao evangelho na vida não se trata somente do *bene esse* da igreja, mas de *esse*.

O batismo no Espírito Santo é um revestimento poderoso da própria presença de um Deus Santo. Ele nos transforma durante o processo, porque os odres velhos não podem conter o vinho novo. É o batismo no próprio amor de Deus, porque a santidade de Deus nada mais é que o amor santo, o amor que não se compromete com o mal, mas se alegra com a verdade (1Coríntios 13:6). O batismo no Espírito faz com que Cristo permaneça em nós e nós nele, de modo que somos limpos para dar mais fruto (João 15). Nem todos darão o mesmo fruto, mas nós carregamos os fardos uns dos outros, maximizando, assim, nosso potencial atual de dar frutos.

À luz do derramamento universal do Espírito Santo, a categoria de "santo" não é um título de elite para alguns escolhidos, mas pertence a toda a igreja, por ela estar "em Cristo", porque todos os eleitos remidos em Cristo são santificados pelo Espírito Santo (1Pedro 1:1-2). O Espírito derramado no Dia de Pentecostes, com línguas de fogo que simbolizavam a presença santa, pertencia a toda a igreja pela graça de Deus. Há aqueles que ainda se alimentam de leite e apresentam atitudes que refletem mais o mundo que o reino de Deus (1Coríntios 3:1-4). Eles não se opõem de modo radical à verdadeira vida da fé. Não destroem a igreja com suas atitudes. Se adquirissem influência significativa, não colocariam a identidade da igreja como noiva de Cristo em questão. Mas, ainda assim, eles constroem com madeira, feno e palha, em vez de construir com pedras preciosas que permanecem (3:11-15). Eles devem ser exortados a crescer em Cristo, a fim de que sejam transformados "de glória em glória" (2Coríntios 3:18), de modo que Cristo seja formado neles de forma mais manifesta (Gálatas 4:19).

Nós temos de fazer isso com paciência e amor, sabendo que a graça de Deus tem sido infinitamente paciente conosco. Não podemos desprezá-los por eventualmente vermos neles tendências que desprezamos em nós mesmos. Aqueles que caem devem ser orientados com compaixão para o arrependimento e a cura. Ainda que reajamos a essas situações com tristeza piedosa, isso deve ser expresso em solidariedade à tristeza piedosa deles, conforme se arrependam. Nossa decepção nunca deve tornar-se ira ou rejeição moralista. Que Deus tenha misericórdia de todos nós!

CATOLICIDADE

Já que a unidade, por ser qualidade da comunhão e santidade, é garantida pela presença do Espírito "e de toda a graça", somos levados, em seguida, à riqueza e à amplitude da catolicidade. Existem várias definições do termo *católico*, representando parte do desafio ecumênico diante das igrejas.[124] O termo, em geral, carrega implicações qualitativas e quantitativas. Qualitativamente, essa palavra pode denotar a plenitude da graça, da verdade ou dos dons espirituais. Quantitativamente, porém, a catolicidade se refere à expansão da igreja pelo mundo. O batismo no Espírito Santo sobre toda a carne tem a riqueza e a amplitude da catolicidade embutidas em si.

Apesar de a catolicidade não fazer parte da linguagem da fé entre as igrejas pentecostais, a essência dessa palavra, qualitativamente entendida, seria definida entre muitos pentecostais no contexto de uma experiência imediata do Espírito Santo, um renovo no qual o cristão se sente possuído e impactado pela presença de Deus. Essa experiência imediata de Cristo não acontece sem os "meios de graça", mas, no conflito dialético, chega a nós por uma espécie de "urgência intermediada". Os símbolos são "quebrados" ou "caídos", mas proporcionam um encontro verdadeiro com Cristo mediante o Espírito Santo. Essa experiência leva a pessoa a algo mais profundo do que as palavras podem expressar, mas, de forma ideal, também envolve algum conteúdo profético das Escrituras, bem como um senso de chamado/capacitação pessoal, consagração e amor ao próximo.

Nos cenários pentecostais, a Ceia do Senhor, a pregação da Palavra e o louvor congregacional são realizados para promover a experiência de "plenitude" espiritual. David Martin observa, por exemplo, que, no pentecostalismo latino-americano, é a totalidade do culto, com música, canções, dança, oração e testemunho, que cria a atmosfera de alta voltagem na qual a pessoa é cheia do Espírito Santo.[125] Poderíamos acrescentar que, nessa atmosfera carismática, a Palavra de Deus flui de forma mais clara e central na pregação e nos sacramentos, para informar, transmitir e até mesmo ampliar a experiência de "plenitude" do Espírito. Estudaremos, mais adiante, as consequências que esse entendimento sobre a catolicidade produz sobre um entendimento pentecostal da Palavra e do sacramento à luz do batismo no Espírito Santo. Sem desacreditar a importância da pregação, a Palavra surge no contexto do culto pentecostal de modo policêntrico,

---

[124] STAPLES, Peter. "Catholicity", *Dictionary of the ecumenical movement*, ed. Geoffrey Wainwright et al. (Grand Rapids: Eerdmans, 1991), p. 135.
[125] Observe a descrição que David Martin faz do pentecostalismo latino-americano no livro *Tongues of fire: the explosion of protestantism in Latin America* (Oxford: Basil Blackwell, 1990), p. 163.

por meio dos dons espirituais, da pregação e dos sacramentos. Por isso Volf se refere à fala polifônica da Palavra de Deus entre o povo de Deus, de uns para os outros.[126]

Anteriormente, a palavra *católico* também assumia uma dimensão qualitativa, como "toda a igreja católica ao redor do mundo" (*Martírio de Policarpo* 8.1). Cirilo de Jerusalém mesclava a noção qualitativa com a quantitativa da catolicidade, afirmando que a igreja católica "é chamada dessa forma porque está espalhada por todo o mundo" e porque "ensina de modo universal e completo todas as doutrinas", "sujeita toda a humanidade ao culto correto" e "tem em si mesma toda virtude que podemos imaginar, tanto em palavras como em obras ou dons espirituais de toda espécie" (*Cartas catequéticas* 18.23). Esse modo de falar precisa ser apreciado, mas também criticado. Sob uma nota apreciativa, não há dúvida de que a essência, ou o centro, da igreja reside na presença de Jesus mediante o Espírito Santo e de que em Jesus se encontra toda "bênção espiritual nos lugares celestiais" (Efésios 1:3). Mas, sob uma nota crítica, afirmar que a igreja "tem" toda a graça e virtude, "de forma plena", é algo problemático e pode levar a premissas que apoiam uma escatologia realizada e uma identificação da igreja com Cristo como Rei ou com o Espírito como o reino.

Somos igreja pela presença de Cristo e do reino, que nos permite participar e dar testemunho do reino de Deus no mundo. Entretanto, essa exemplificação e esse testemunho são falhos e frágeis, um tanto ofuscados por nossa existência decaída. Há certa discrepância entre nossa essência no Espírito e nossa existência real como igreja. Além disso, falar de "plenitude" espiritual, apesar de haver alguma importância retórica em indicar a fonte de toda plenitude em Cristo como a fonte do Espírito Santo e o centro da vida na igreja, deve ser acompanhado do reconhecimento de que tudo isso é experimentado de forma parcial e em fraqueza. Não se trata de algo que a pessoa possui. Muito pelo contrário, é a experiência que nos possui. Temos de ser constantemente renovados nela como uma experiência contínua até seu cumprimento final, no *eschaton*. Por isso somos constantemente "preenchidos" em uma dinâmica ainda em andamento na igreja. Se já possuíssemos essa plenitude, não haveria necessidade de sermos constantemente cheios com experiências repetidas de renovação.

---

[126] VOLF, Miroslav. *After our likeness*, p. 150, 224.

À luz do Pentecostes, a rica variedade de bênçãos oferecidas pela catolicidade da igreja não se limitava ao espiritual nem mesmo ao denominacional. Era algo também cultural. As línguas do Pentecostes, inspiradas pelo batismo no Espírito Santo, eram globais e diversificadas, e tudo isso vinha de uma reunião pequena de judeus cristãos! Um sinal autêntico de como o dom da catolicidade transcendeu aquilo que a igreja podia manifestar de forma visível. Entretanto, a igreja não descansou, segura e acomodada, na riqueza de seu dom espiritual. Ela lutou para manifestar a catolicidade de forma histórica e palpável, porque, ao manifestá-la, podia participar mais profundamente de sua plenitude escatológica, pois o povo de Deus reunido na nova criação será formado de toda nação, tribo e língua (Apocalipse 7:9). A viagem de Atos nos leva aos judeus da Palestina, aos judeus helenísticos, aos samaritanos, aos gentios da Palestina e aos gentios e judeus helenizados em terra gentia. A catolicidade cresce em riqueza e variedade. O Espírito Santo é constantemente "mediado" por um prisma cada vez mais rico de vozes culturais e linguísticas. Por essa razão, Walter Kasper se refere à catolicidade como uma "abundância de unidade" entre povos, culturas, ministérios e funções.[127] O racismo e outras formas de negligência injusta ou discriminação na igreja são um câncer na alma católica.

O desafio da catolicidade também tem de ser confrontado em relação à variedade de grupos mundiais. Em particular, ao falar de catolicidade como uma realidade escatológica que ainda se cumprirá, somos confrontados com a reivindicação da Igreja Católica como a igreja *católica*. Podemos falar sobre catolicidade e ignorar a igreja que se identifica com essa palavra? Hans Küng, por exemplo, chega à conclusão óbvia de que, ao chamar a si mesma de católica, a Igreja Católica está fazendo a reivindicação histórica de ser a igreja-mãe, à qual todas as outras igrejas têm de se referir ao falar de suas origens e de sua catolicidade.

Entretanto, o documento *Unitatis Redintegratio* 4 observa que a Igreja Católica é frágil em si mesma em seu testemunho do reino:

> Embora a Igreja Católica seja enriquecida de toda a verdade revelada por Deus e de todos os instrumentos da graça, seus membros, contudo, não vivem com todo o fervor conveniente, de modo que, aos irmãos separados e

---

[127] KASPER, Walter Cardinal. "Present day problems in ecumenical theology", p. 17.

ao mundo inteiro, o rosto da igreja brilha menos, e o crescimento do reino de Deus é retardado.[128]

O fato de que existem igrejas e comunidades de fé que se dividiram da igreja--mãe e experimentam elementos valiosos de catolicidade também impede a igreja católica de manifestar na história a riqueza de sua graça por todo o mundo. Observe, mais uma vez, o documento *Unitatis redintegratio* 4:

> As divisões entre os cristãos impedem a igreja de realizar a plenitude da catolicidade que lhe é própria naqueles filhos que, embora incorporados pelo batismo, estão separados da plena comunhão com ela. E até para a própria igreja se torna mais difícil exprimir, na realidade da vida e sob todos os aspectos, sua catolicidade plena.

No entanto, na Igreja Católica, a catolicidade ainda subsiste de modo crucial para sua eclesiologia: "O Senhor confiou todos os bens da nova Aliança ao único colégio apostólico, cuja cabeça é Pedro, com o fim de constituir na terra um só corpo de Cristo. É necessário que a ele se incorporem plenamente todos os que, de alguma forma, pertencem ao Povo de Deus" (*Unitatis redintegratio* 4). As tradições divididas da igreja-mãe, até certo ponto, deixam de ter catolicidade por não terem unidade com a igreja estabelecida por Cristo. Entretanto, essas divisões afetam também a igreja católica, já que ela fica impedida de manifestar por completo sua catolicidade na história sem a unidade com essas igrejas divididas.

Não podemos estudar a catolicidade evitando a reivindicação católica. Ela tem de ser levada a sério. Temos de nos perguntar se somos culpados ou não de olhar tão atentamente para a constituição pneumatológica e o cumprimento escatológico da catolicidade na nova criação que ficamos cegos à instituição cristológica da igreja e à sua continuidade histórica como corpo visível de fiéis. Acredito que Küng esteja certo ao dizer que existe uma validade histórica na ideia da "igreja-mãe". A Igreja Católica Romana detém alguma função "parental" na árvore genealógica da igreja cristã no mundo. Em minha opinião, é injustificável buscar redescobrir a igreja do Pentecostes na chuva tardia do Espírito Santo de um modo que ignore essa

---

[128] Disponível em https://www.vatican.va/archive/hist_councils/ii_vatican_council/documents/vat-ii_decree_19641121_unitatis-redintegratio_po.html.

história. Não podemos simplesmente viver na narrativa bíblica como se as centenas de anos da tradição da igreja não tivessem transcorrido. A família de Deus tem uma história que não pode ser ignorada. Os filhos que deixaram sua mãe, ainda que com boas razões, e geraram seus próprios filhos, não devem agora, em aliança com estes, desprezar sua mãe em prol de um futuro concebido de forma separada dela. Existe uma linha histórica que nos conduz até ela, reconhecendo-a, apesar das reclamações legítimas que possamos ter contra ela (e ela contra nós!).

Mesmo assim, suas declarações a nosso respeito não podem ser aceitas de forma acrítica. Como filhos e netos adultos, somos responsáveis por decidir, por nós mesmos, a respeito da legitimidade de suas afirmações sobre nós. Estudaremos a questão da apostolicidade mais adiante. Basta dizer aqui que a "mãe", a Igreja Católica, pertence a uma herança no derramamento do Espírito, a que ela responde como qualquer um de nós, sem, a meu ver, poder reclamar privilégios. Nós, como seus filhos e netos, respeitamos seu papel na história da transmissão de uma herança preciosa sob a forma de testemunho. *Mas nossa recepção desse testemunho nos leva à mesma fonte da qual ela o recebeu e tem de continuar a receber.* Portanto, existem limites para a medida que a metáfora de seu lugar materno pode estender-se em relação a nós. De uma perspectiva escatológica, nascemos do alto, do Espírito Santo, do mesmo modo que ela nasceu e nasce (João 1:12-13). A semente regada pelo Espírito Santo foi a palavra de Deus encarnada e proclamada (1:1-13; 1Pedro 1:23). Com acerto, Hans Küng comentou: "É a Palavra que cria a igreja e constantemente a reúne ao despertar a fé e a obediência".[129]

Por um lado, todos os grupos cristãos nasceram diretamente do Dia de Pentecostes, e não indiretamente, porque o Pentecostes e o batismo no Espírito não são eventos únicos agora historicamente transmitidos pelos estreitos portais de um ofício apostólico. O Pentecostes acontece agora, e o Espírito e o evangelho do reino são recebidos pela fé em qualquer lugar. O batismo no Espírito Santo nivela o campo eclesiástico no que se refere à catolicidade da presença do reino de Deus com poder. Por isso, a catolicidade é policêntrica, subsistindo dentro de todas as tradições pelo mundo por causa da presença do Espírito Santo. O batismo no Espírito é um dom

---

[129] KÜNG, Hans. *The church*, p. 375. Küng diz a mesma coisa em relação ao Espírito Santo, porque ele também cria a igreja constantemente (ibid., p. 175-6).

escatológico ligado basicamente ao evangelho do reino e acessível pela fé única, da qual todo povo de Deus participa.

Já que todos somos constituídos pelo Espírito da promessa, o cumprimento escatológico da igreja batizada no Espírito Santo na nova criação representa a igreja católica na manifestação total de suas marcas. Nenhuma tradição, nem mesmo a mais antiga, pode reclamar privilégio nesse sentido. Conforme Hans Küng comentou em relação à reivindicação especial de catolicidade de sua igreja: "A igreja mais difundida, a maior, a mais variada, a mais antiga pode tornar-se estranha a si mesma, pode tornar-se algo diferente, pode perder o contato com sua natureza mais íntima, pode desviar-se de seu curso verdadeiro e original".[130]

Isso é o que acontece com uma igreja ou um movimento pentecostal jovem a que falta a profundidade da herança teológica e litúrgica desfrutada pela Igreja Católica. A catolicidade é historicamente testemunhada pela transmissão de uma herança preciosa. Entretanto, ela, em sua essência, se constitui em um dom escatológico do qual participamos pela fé em Cristo como aquele que batiza no Espírito Santo. Isso não pode ser tomado por certo por reivindicações de privilégio, mas deve ser constantemente recebido com fé genuína. Embora uma igreja antiga tenda a desfrutar alguma vantagem no que diz respeito a possível riqueza e variedade de sua vida católica, a catolicidade é policêntrica e escatológica. Sua riqueza não é julgada estritamente em termos históricos.

APOSTOLICIDADE

Se algo pode caracterizar o pentecostalismo, esse fator é sua intenção "apostólica". Sua missão original foi dedicada à "fé apostólica" e, desde então, muitas igrejas pentecostais ao redor do mundo têm levantado a bandeira "apostólica" bem alto. Essa palavra tende a servir a um impulso primitivista e restauracionista, como um clamor pelo retorno à experiência do batismo no Espírito Santo em Atos dos Apóstolos e à qualidade da vida, da missão, do ensino e da prática dos cristãos que surgiram do Dia de Pentecostes. Teve importância especial a restauração do falar em línguas, da profecia e da cura divina à igreja missionária nos últimos dias. A igreja missionária devia alcançar as nações, todos os idiomas e línguas, com a mensagem de

---

[130] Ibid., p. 301-2.

Cristo como Redentor e Médico dos Médicos. Sugeria-se que as igrejas tradicionais eram menos que completamente apostólicas, por terem, até certo ponto, negligenciado o fervor e a mensagem primitivos.

Os pentecostais pesquisaram mais fundo os "padrões" do livro de Atos que legitimavam sua identidade apostólica, como, por exemplo, as línguas como evidência de estar cheio do Espírito Santo ou o uso do nome de Jesus no batismo. Os pentecostais tenderam a ser biblicistas por natureza. Caso se mostrasse que algo foi defendido pelos apóstolos, isso seria válido nos dias de hoje; se fosse possível demonstrar que não foi defendido por eles, não seria considerado obrigatório agora. Se os apóstolos realizaram sinais e maravilhas, o mesmo é válido para os dias atuais. A tradição histórica era submetida à luz meridiana daquilo que se encontrava no livro de Atos. Não era necessário haver uma adesão rígida à tradição dos credos, e os pentecostais pioneiros não hesitaram em exigir das igrejas, como universalmente obrigatórias, ideias doutrinárias até aquele momento desconhecidas nas igrejas tradicionais.

Essa hermenêutica primitivista e biblicista foi testada na controvérsia trinitária da denominação das Assembleias de Deus não muito tempo depois de sua fundação. Os pentecostais unicistas que surgiram dentro das Assembleias de Deus afirmaram que a apostolicidade tinha de ser usada para podar radicalmente a tradição dos credos da igreja, chegando a ponto de rejeitar a doutrina da Trindade, já que não se pode demonstrar que ela foi ensinada de forma clara pelos apóstolos. Como é irônico, no contexto ecumênico atual, que Niceia tenha sido amplamente rejeitado para preservar a identidade apostólica da igreja! As Assembleias de Deus acabaram confirmando a Trindade e perdendo um terço de seus membros nesse processo, aplicando uma hermenêutica que não era estritamente biblicista. Entretanto, uma coisa sobre a qual todos os pentecostais concordaram era que toda a igreja seria apostólica desde que participasse da fé, da experiência e da missão original dos apóstolos e das igrejas que eles fundaram.

De fato, o fundamento da igreja é Cristo, porque "ninguém pode colocar outro alicerce além do que já está posto, que é Jesus Cristo" (1Coríntios 3:11). A igreja, por ser um templo de Deus cheio do Espírito Santo, se funda em Cristo como o homem e outorgante do Espírito. Ainda assim, sobre esse alicerce, existe um ministério básico dependente dele, que são os carismas de "apóstolos e profetas", que fazem parte de todo um edifício levantado por Cristo e habitado pelo Espírito Santo (Efésios 2:20-22). Os profetas precisam dos apóstolos, que transmitiram o ensino de Cristo mediante o Espírito à igreja (Atos 2:42), um ensino que foi incorporado às Escrituras, foi recebido entre o povo por meio dos ventos do Espírito (2Timóteo 3:15-16) e foi testemunhado pela orientação do Espírito Santo em declarações na forma de credo. Os apóstolos também precisam dos profetas, porque o ensino e o legado apostólicos têm de ser contextualmente discernidos e expressos com o passar do tempo pelo uso de vozes proféticas, porque a igreja vive tanto da orientação do que o Espírito diz às igrejas (Apocalipse 1—3) como do ensino dos apóstolos (Atos 2:42).

O que podemos dizer do ministério ordenado para supervisionar a igreja na atualidade? O ofício tríplice de bispo, presbítero e diácono surgiu no século 2, a partir de um desenvolvimento complexo no qual essas categorias eram fluidas e intercambiáveis. Não parece existir uma "estrutura apostólica" uniforme fundada por Cristo e que tenha permanecido como universal na igreja, desde o princípio. O comentário sobre o ministério para o relatório da Comissão de Fé e Ordem intitulado *Baptism, eucharist, ministry* [Batismo, eucaristia e ministério] afirma, com razão: "As formas existentes de ordenação e do ministério ordenado, no entanto, evoluíram por meio de desenvolvimentos históricos complexos [...] As igrejas, portanto, precisam evitar atribuir suas formas particulares de ministério ordenado diretamente à vontade e à instituição de Jesus Cristo".[131] As evidências demonstram que os ministérios de supervisão sempre foram fluidos e contextualmente determinados, porque são dons espirituais. Isso fica especialmente claro quando se observa a diversidade cada vez maior de cargos e ministérios na igreja do mundo atual.

Portanto, o modo segundo o qual se julga a apostolicidade da igreja em relação ao ministério de supervisão depende da eclesiologia adotada. Mesmo correndo o risco de simplificar demais, apresentarei dois modelos majoritários. Um é hierarquizado, destacando a bipolaridade entre aqueles que supervisionam como representantes de Cristo e aqueles que devem receber fielmente o ministério dos primeiros, envolvendo-se em ministérios laicos adequados em resposta. O destaque em relação à apostolicidade é primeiro colocado sobre a natureza qualitativamente distinta dos

---

[131] "Commentaries", 11, para *Baptism, eucharist, ministry: report of the Faith and Order Commission, World Council of Churches, Lima, Peru 1982*, in: Meyer, Harding; Vischer, Lucas (eds.). *Growth in agreement: reports and agreed statements of ecumenical conversations on a world level* (New York: Paulist, 1984), p. 499.

dons de supervisão e sobre a singularidade do ofício apostólico diante do corpo de fiéis. A apostolicidade da igreja por inteiro não é negada, mas definida de modo que preserve a natureza qualitativamente singular de sua estrutura apostólica. A função do bispo ao mediar a presença de Cristo por meio dos sacramentos é essencial (*esse*), e não somente benéfica (*bene esse*) para a igreja.

O outro modelo concede prioridade à metáfora da *koinonia* interativa, segundo a qual todos os membros se envolvem em um ministério mútuo da Palavra de Deus, como povo da fé. Aqueles que são dotados de supervisão são definidos de um modo que se submete à ideia do ministério de todo o povo de Deus por causa de sua fé mútua. Aqueles que supervisionam não se concentram em ser mediadores de Cristo para a igreja; antes, eles se dedicam a proteger e orientar essa ênfase policêntrica anterior sobre o ministério mútuo de todo o corpo. Ministérios de supervisão, são vistos geralmente assim, capacitando e orientando a interação graciosa e a proliferação dos dons nos ministérios, reconhecendo a si mesmos entre esses dons, distintos não qualitativamente, mas funcionalmente. O destaque reside na apostolicidade coletiva e mutuamente compartilhada por toda a igreja. Não se nega a natureza única do ministério ordenado; ele é definido desse modo somente para destacar sua responsabilidade mútua com toda a igreja, apostólica em sua fé e em sua missão. O cargo do bispo é benéfico, mas não essencial, à presença de Cristo na constituição da igreja.

Esses dois modelos têm por objetivo incorporar o outro em sua própria visão sem modificar fundamentalmente sua ênfase singular. Isso é necessário, já que eles têm pelo menos algum fundo de verdade à luz do Novo Testamento. Por exemplo, Atos destaca o ministério dos apóstolos, mas também a natureza coletiva do ministério no Espírito, já que "todos ficaram cheios do Espírito Santo e anunciavam corajosamente a palavra de Deus" (Atos 4:31). De igual modo, Hebreus 13:17 aborda a necessidade de os fiéis se submeterem ao ministério da Palavra, exercido por aqueles que têm cargos de supervisão na igreja. Porém, Efésios 5:21 afirma que todos os membros devem submeter-se uns aos outros por reverência a Cristo, porque todos os membros crescem juntos, "seguindo a verdade em amor" (4:15). Na verdade, de Cristo, a cabeça, "todo o corpo, ajustado e unido pelo auxílio de todas as juntas, cresce e edifica-se a si mesmo em amor, na medida em que cada parte realiza a sua função" (4:15-16). Portanto, como negociamos esse conflito entre os modelos escatológicos?

Com certeza, esses modelos nem sempre são adotados em sua totalidade. Existem pentecostais fiéis à sua lógica restauracionista, que creem firmemente na restauração do ofício apostólico na igreja atual, discordando de muitas pessoas que o veem como único, tendo permanecido tão somente sob a forma do cânon bíblico e de modalidades derivativas de supervisão cuja validade se busca nas Escrituras. Esses pentecostais veem tal ministério como pneumatologicamente mediado, a partir do Cristo ressuscitado, em obediência à sua Palavra ainda no presente, sem levar em consideração o que pode ter sido historicamente instituído por Cristo e transmitido por sucessão histórica mediante ofício ou estrutura apostólica permanente. Existe até mesmo um movimento, ativo em uma ala da igreja mais livre do movimento carismático, que lança ao mundo eclesiástico apóstolos desonestos, apontados direta e independentemente pelo Espírito de Cristo e em busca de uma estrutura eclesiástica da qual eles possam fazer parte. O fato de essa prática estranha encontrar precedente no movimento pentecostal foi retratado para nós no filme *O apóstolo*, protagonizado por Robert Duvall.

Não sou adepto de nenhuma sucessão ou restauração do ministério apostólico original e diretamente comissionado pelo Cristo ressurreto. Ao contrário, aceito ministérios de supervisão capacitados pelo Espírito Santo como análogos ao ministério apostólico primitivo e em submissão ao testemunho e à missão apostólica original. Esses ministérios, certamente, surgem das igrejas a que servem e a elas devem prestar contas! Aqueles que servem em cargos de supervisão têm como responsabilidade a preservação e o crescimento do testemunho e da missão apostólica por toda a igreja de hoje, mediante discernimento, proclamação e visão profética contínuos. Os líderes precisam "prestar contas" de sua fidelidade no ministério (Hebreus 13:17).

Com o propósito de dar uma resposta geral às questões antes levantadas, minhas conclusões sobre a dialética crítica entre Cristo e a igreja não me permitem aceitar uma simples *transferência* de poder e de autoridade de Cristo a qualquer pessoa na igreja, nem mesmo à igreja como um todo. A autoridade inquestionável pertence a Cristo e ao Espírito Santo. A infalibilidade é uma característica que pertence somente a Cristo. A autoridade dos supervisores e da igreja é *delegada*, não transferida, e, portanto, é exercida constantemente em fraqueza e humildade, de um modo que preste contas ao evangelho do reino e à sua legitimidade, porque o Novo Testamento afirma o seguinte a respeito dos supervisores: "Eles cuidam de vocês como quem deve prestar contas" (Hebreus 13:17). É por meio do discernimento contínuo no relacionamento colegial entre os líderes, mas também entre o corpo dos fiéis de forma mais geral, que o exercício ou não da autoridade está em harmonia com o reino de Cristo testemunhado no evangelho. O documento da Comissão de Fé e Ordem intitulado "The nature and purpose of the church" [A natureza e o propósito da igreja] observa que o ministério de supervisão da igreja é exercido de forma "comunitária, pessoal e colegial".[132]

Quanto à sucessão apostólica, o teólogo católico Michael Schmaus conclui que "deve-se afirmar que em nenhuma passagem da Bíblia encontramos qualquer palavra de Cristo instruindo os apóstolos a apontar sucessores, ou transferir sua missão por meio de um ofício episcopal ou sacerdotal".[133] É claro que Schmaus considera que esse ofício e sua sucessão se acham *implícitos* no testemunho do Novo Testamento. No entanto, nem todas as vozes da Igreja Católica têm tanta certeza disso. Hans Küng escreveu seu clássico *The church* [A igreja] sem discutir o ofício apostólico ou sua sucessão senão no fim da obra. Essa análise vem no final de um longo argumento favorável a uma visão da igreja como fundamentalmente carismática, e não jurídica, que parte do princípio de uma diferença funcional, e não qualitativa, entre o ministério ordenado e os demais. Depois de um exame abrangente do ensino bíblico a respeito do ofício eclesiástico à luz da estrutura carismática da igreja, Küng conclui que continua a ser uma "questão urgente determinar se, nessa visão radical que o Novo Testamento apresenta da igreja, há margem para qualquer tipo de ofício eclesiástico".[134]

No fim das contas, Küng não rejeita o ofício e a autoridade singular da supervisão no serviço por parte de todos os que compartilham esse carisma. Mas ele considera esse ofício subordinado à visão da igreja como uma comunhão de cristãos que participam, servindo-se mutuamente, da fé única em Cristo; e observa que "a igreja tem de ser vista, acima de tudo, como uma comunhão de fé, e somente com base nisso o ofício eclesiástico pode ser adequadamente compreendido".[135] Em outras palavras, Küng não descarta o benefício do ofício eclesiástico, mas define a diferença entre este e outros dons leigos como funcional e entende todos, em última instância,

---

[132] "The nature and purpose of the church", #94 (p. 47).
[133] SCHMAUS, Michael. *The church: its origin and structure*. Dogma 4 (London: Sheed & Ward, 1972), p. 138.
[134] KÜNG, Hans. *The church*, p. 387.
[135] Ibid., p. 363.

como parte da mesma operação do Espírito Santo entre os fiéis. Portanto, Küng conclui que, de acordo com o Novo Testamento, "não há uma fronteira clara entre os ministérios públicos permanentes na comunidade e outros carismas; a distinção entre os dois parece ser fluida".[136] Küng defende uma estrutura carismática como descritiva da igreja como comunhão da fé no Espírito que se edifica mutuamente. Mais recentemente, o teólogo pentecostal Veli-Matti Kärkkäinen fez uso dessa ideia da estrutura carismática da igreja ao responder a várias questões ecumênicas.[137]

Muitos mencionariam que Küng é confrontado pelo problema de como justificar teologicamente a função especial concedida àqueles que têm o encargo de supervisionar as igrejas, conforme fica claro, por exemplo, na atitude de Paulo de confrontar os profetas de Corinto com um "mandamento" do Senhor (1Coríntios 14:36-38), ou pela exortação de Hebreus 13:17 aos fiéis a se submeterem àqueles que ocupam um cargo de supervisão na igreja. Com razão, Küng não nega que a diferença entre os "carismas livres", que podem surgir em determinadas situações para atender a necessidades específicas, e o ministério ordenado, que exerce autoridade única diante de toda a congregação capacitada ou de toda a rede de congregações para ajudar a orientá-la e nutri-la.

Miroslav Volf, que tem muito em comum com a visão de Küng em relação à igreja, também reconhece, em algum sentido, uma relação funcional "bipolar" entre o ministro ordenado e a congregação dos fiéis, já que o ministro ordenado serve à igreja com a pregação e os sacramentos. Do mesmo modo que Küng, Volf deseja, contudo, classificar essa bipolaridade, situando-a dentro de (ou mesmo subordinando-a a) outra visão da igreja como um ministério policêntrico, mútuo e interativo de muitos membros capacitados com dons se submetendo uns aos outros (Efésios 5:21), debaixo de Cristo como cabeça, de quem "todo o corpo, ajustado e unido pelo auxílio de todas as juntas, cresce e edifica-se a si mesmo em amor, na medida em que cada parte realiza a sua função" (4:15-16).[138]

É até mesmo preciso especificar a diferença entre ministérios de supervisão, especialmente ordenados e permanentes, e "carismas livres", já

---

[136] Ibid., p. 394; cf. 179-91.
[137] KÄRKKÄINEN, Veli-Matti. "Pentecostalism and the claim for apostolicity: an essay in ecumenical ecclesiology", Ecumenical Review of Theology 25 (2001), p. 323-36, esp. 333-4; veja YONG, Amos. The Spirit poured out, p. 147-8.
[138] VOLF, Miroslav. After our likeness, p. 231.

que estes também tendem a se tornar ministérios estabelecidos, como os dos profetas e daqueles que ministram cura. Acho que, justificadamente, Max Turner reconhece no Novo Testamento uma gama de dons ministeriais, desde os ministérios estabelecidos até os dons espontâneos do Espírito, sem nenhuma distinção abrupta, mas com mudanças gradativas, em um relacionamento fluido entre os graus. Além disso, os ministérios de supervisão no Novo Testamento funcionam na congregação repleta de dons, não acima dela.[139] Até mesmo a passagem de Hebreus 13:17 observa que aqueles que supervisionam têm de "prestar contas" de seus ministérios, significando que sua autoridade não é absoluta, mas dependente do Senhor e responsável por aqueles com quem estão em comunhão. O batismo no Espírito Santo é um sinal de que não existe aristocracia do Espírito Santo; e, conforme aponta Volf, a presença de Cristo não é mediada pelos "portais estreitos" do ministério ordenado, mas de forma policêntrica, por meio dos muitos ministérios capacitados na igreja, de forma interativa.[140]

O batismo no Espírito Santo faz da apostolicidade uma característica missionária e, portanto, uma característica de toda a igreja. A palavra *apóstolo* se refere à qualidade de ser enviado. Todos os membros capacitados dentro do *laos*, ou povo de Deus, são enviados por ele para uma missão a ser cumprida no batismo no Espírito. Todos são leigos e todos também são ministros. Apesar de os apóstolos e os outros com ministérios de supervisão serem incumbidos da responsabilidade especial de liderar, a autoridade e a liderança na igreja são exercidas também por outros dons de discernimento, de modo que Paulo podia exortar profetas altivos a se submeterem ao julgamento de outros que exercem discernimento na igreja (1Coríntios 14:29-32), e todos se submetem uns aos outros em reverência a Cristo (Efésios 5:21). Logo, Küng observa, corretamente, que o clero ordenado age com uma autoridade "que é concedida a toda a igreja" por Jesus Cristo.[141] De certo modo, toda a igreja é ordenada ou enviada apostolicamente, de modo que pode "operar na *ordenação da humanidade* para a comunhão com Deus na consumação de seu Reino".[142]

---

[139] TURNER, Max. *The Holy Spirit and spiritual gifts in the New Testament and the church today* (Peabody: Hendrickson, 1998), p. 439.
[140] VOLF, Miroslav. *After our likeness*, p. 152.
[141] KÜNG, Hans. *The church*, p. 389.
[142] Ibid., p. 469.

À luz da discussão anterior, podemos ver o ofício apostólico e o ministério ordenado como carismas do Espírito Santo, governados pela norma do evangelho, sem diferença qualitativa de portadores de outros dons, o que foi demonstrado por Veli-Matti Kärkkäinen.[143] A narrativa sobre o Dia de Pentecostes, no capítulo 2 de Atos, confere uma liderança carismática valiosa aos apóstolos (2:42-43), uma liderança confirmada pelo restante do livro. Os apóstolos, sem dúvida, são agentes importantes na trama de Atos. Entretanto, todos os cristãos recebem o Espírito Santo em Atos 2 diretamente e falam em línguas sobre as obras poderosas de Deus (2:4).

Algo similar aconteceu em Atos 4. Depois da perseguição de Pedro e João, toda a comunidade ora por coragem. O resultado é que "*todos* ficaram cheios do Espírito Santo e anunciavam corajosamente a palavra de Deus" (4:31). Os apóstolos serviam na linha de frente das congregações espiritualmente capacitadas que trabalhavam com eles para proclamar a Palavra de Deus com poder e sinais que se seguiam. Todos — na verdade, toda a carne, inclusive aqueles que haviam recebido o dom do apostolado — faziam parte da igreja batizada no Espírito Santo como uma comunidade profética (2:17-18). Todos são ministros da Palavra no poder do Espírito.

O dom do apostolado, com outros ministérios, portanto, serve para plantar e regar a semente da Palavra, de modo que ela possa dar fruto entre a congregação capacitada, enquanto todos crescem para falar a Palavra uns aos outros (Efésios 4:11-16; cf. 1Coríntios 3:5-15). Porque, seguindo a verdade em amor, crescemos "em tudo naquele que é a cabeça, Cristo" (Efésios 4:15). Nesse sentido, os cristãos primitivos não deviam idolatrar os líderes apostólicos como super-heróis. Os apóstolos pertenciam à igreja como dons para inspirá-los e orientá-los enquanto cresciam para assumir seu lugar como portadores maduros do Espírito e da Palavra. Logo, os coríntios não passavam de nenês bebendo leite em sua idolatria aos apóstolos, em vez de serem participantes adultos da edificação da igreja e de sua missão no mundo (1Coríntios 3:1-15). Paulo escreveu: "Afinal de contas, quem é Apolo? Quem é Paulo? Apenas servos por meio dos quais vocês vieram a crer" (3:5). Essas palavras não eram um manto de humildade para manter uma situação na qual os apóstolos controlavam leigos passivos, não ordenados. Na verdade, Paulo tinha em mente que a função dos apóstolos era,

---

[143] KÄRKKÄINEN, Veli-Matti. "Pentecostalism and the claim for apostolicity", p. 333-4.

principalmente, conduzir o recrutamento e a formação de ministros fiéis da Palavra de Deus em uma igreja carismática batizada no Espírito Santo.

Hans Küng apela para que se olhe tanto para Paulo como exemplo de liderança apostólica quanto para Pedro, já que Paulo parecia situar sua própria autoridade no mesmo nível de Pedro nos capítulos 1 e 2 de Gálatas. Ao responder às igrejas, Paulo hesitava em ampliar sobre elas seu poder de decisão. Nas questões de disciplina, ele evitava tomar decisões autoritárias (2Coríntios 8:8-10). Nas questões morais, em que nenhuma palavra do Senhor Jesus estivesse em jogo, ele preferia conceder liberdade de decisão à comunidade (1Coríntios 7:35). Mesmo nos casos em que, claramente, havia necessidade de agir, ele não apresentava uma ordem unilateral, mas procurava envolver a comunidade (1Coríntios 5). Quando exercia autoridade, ele geralmente exortava à obediência, mas não a impunha (4:14; 9:12,18; 2Coríntios 13:10; 1Tessalonicenses 2:7; 2Tessalonicenses 3:9; Filemom 8-9). "Paulo nunca confrontava suas comunidades como seu Senhor, nem mesmo como seu sumo sacerdote. O apóstolo não é senhor — Jesus Cristo é Senhor." Ele não lhes falava como a crianças, mas como a irmãos e irmãs, incentivando encontros nos quais pudessem abençoar uns aos outros. Ele usava sua autoridade para edificar, não para sujeitar as pessoas.[144] Podemos dizer que é a concessão do Espírito de "toda graça" que orientava suas interações, não a autoridade jurídica das estruturas do mundo desprovidas de graça.

Essa humildade não impedia que Paulo se opusesse aos profetas impostores com uma palavra do Senhor e uma autoridade que ele esperava não ser questionada (1Coríntios 14:36-38). Paulo é igualmente claro em dizer que a palavra autoritativa do Senhor fora dada como suporte para exigir que os profetas impostores se submetessem àqueles dotados de discernimento, de modo que "o espírito dos profetas está sujeito [ao controle de outros] profetas" (14:32). Em outras palavras, seus julgamentos mais severos ficavam reservados àqueles que eram altivos e ameaçavam os poderes de discernimento, em ação na congregação dos fiéis. De modo parecido, aqueles que falavam em línguas recebiam a interpretação de seus gemidos no Espírito (14:27-28). Todos os dons tinham de ser avaliados para se alinhar com um amor que "não se alegra com a injustiça, mas se alegra

---

[144] KÜNG, Hans. *The church*, p. 473-4.

com a verdade" (13:6). Em outras palavras, a autoridade apostólica era esse dom, concedido para incentivar e proteger a submissão e a edificação mútuas em toda a igreja que fosse fiel à palavra de Cristo. Tratava-se de uma autoridade que prestava contas ao evangelho e ao corpo de fiéis como participante dela.

Com base no batismo no Espírito Santo como evento carismático, os apóstolos deviam liderar a igreja toda, não somente interpretando e proclamando a Palavra de Deus, mas também ministrando-a com o poder de curar e transformar, depondo, desse modo, o governo dos poderes maléficos e dando testemunho do poder do reino de Deus para promover nova vida. As pesquisas mais recentes apoiam a visão de que a comissão de Pedro e de outros discípulos para "ligar" e "desligar" muito provavelmente refere-se, sobretudo, à transmissão do ministério de cura de Jesus, que envolve o amarrar do diabo e o ato de livrar as pessoas da influência do mal (Mateus 16:17-19; 18:18; cf. 12:28-29), uma comissão aplicada a um círculo amplo de discípulos, e não somente aos Doze (Lucas 10:17-18).[145] Sem dúvida, os atos de ligar e desligar envolviam o perdão dos pecados, bem como ensinar a verdade para libertar as pessoas da escravidão das trevas.

Toda a igreja participa de alguns dos dons apostólicos. Esse foi o caso no Dia de Pentecostes. Apesar de os sinais e as maravilhas realmente terem legitimado a liderança apostólica (Atos 2:43), não se restringiam aos apóstolos (cf. 8:6), porque outros foram usados para dar continuidade ao ministério de Jesus de "andar por toda parte [...] curando todos os oprimidos pelo Diabo" (10:38). Outros ensinavam e proclamavam o perdão dos pecados. A participação apostólica no ministério de libertação de Jesus forma a base para a evidente proliferação de dons de cura e milagres entre os cristãos comuns de Corinto que não eram apóstolos (1Coríntios 14:9-10). Conforme afirma Küng, a sucessão apostólica inclui vários dons do Espírito e envolve a igreja inteira. Toda a igreja transmite a missão apostólica não somente aos fiéis, mas também externamente, para a humanidade, no convite à fé. Por isso Küng falou da sucessão apostólica de toda a igreja.[146]

A comissão de Pedro, em Mateus 16:17-19, merece atenção especial à luz do estudo que acabamos de fazer. Em geral, supõe-se entre os protestantes

---

[145] HIERS, Richard H. "'Binding' and 'loosing': the Matthean authorizations", *Journal of Biblical Literature* 104 (jun. 1985), p. 233-50.
[146] KÜNG, Hans. *The church*, p. 421.

que seguem Agostinho que a "pedra" sobre a qual Cristo fundaria a igreja seria a confissão de Pedro a respeito de Jesus. Mas, após cuidadosa exegese, Oscar Cullmann concluiu que a pedra se refere ao próprio Pedro como apóstolo de Jesus Cristo. Ele afirma que o destaque reside no chamado e no ministério apostólico de Pedro, algo que não se restringe a Pedro, mas está disponível aos outros apóstolos (cf. 18:18). Porém, Cullmann também afirmou que Pedro devia "ter a primazia entre eles" e "ser representante deles em todas as coisas".[147]

Por isso, vejo valor no ofício petrino da Igreja Católica, por ser um testemunho implícito do fato de que Jesus comissionou apóstolos para servir à unidade da igreja em torno da comunhão com Cristo, em *koinonia* e missão. Pedro simboliza para mim, que sou pentecostal, um apóstolo de libertação, alguém que pregou o evangelho do Pentecostes, ajudou a fundamentar a igreja batizada no Espírito Santo sobre os principais ensinos doutrinários (Atos 2:42), operou a primeira cura registrada em Atos — ao oferecer a um homem pobre "o que tinha" (3:1-10), foi aquele cuja sombra curava "aqueles que eram atormentados por espíritos imundos" (5:16) e deu sua vida a Cristo por meio do martírio. Entendido dessa forma, ninguém que exerce supervisão na igreja em harmonia com o testemunho de Pedro pode buscar extinguir o Espírito entre os membros da igreja que evocam o ministério de cura e a proclamação inspirada de Pedro.

Como pentecostal, estou aberto a ser inspirado pela importância simbólica do ofício petrino, por ser um indicador da possibilidade de que a igreja, um dia, em toda a sua diversidade e exclusividade, pode posicionar-se ao redor de Jesus como aquele que batiza no Espírito Santo e comissionou os discípulos a levar adiante seu testemunho. Acho que as definições mais recentes do ofício petrino, a partir da encíclica *Ut unum sint* e depois dela, que destacam o serviço do amor e da unidade, têm-nos levado a todos a prosseguir em uma direção construtiva ao estudar essa importante questão.

Acho que nem preciso dizer que em nenhum momento eu elevaria Pedro ao ponto focal da unidade global da igreja como a Igreja Católica tem feito, nem situaria seu papel em um ofício que serve como um bem privilegiado da Igreja Católica (nem mesmo como o primeiro entre iguais). Com certeza, não concluiria que o portador desse ofício tem "um poder completo,

---

[147] CULLMANN, Oscar. *Peter* (Philadelphia: Westminster Press, 1953), p. 211. Veja também RIDDERBOS, *The gospel of the kingdom*, p. 359-60, que chega a uma conclusão semelhante.

supremo e universal sobre a igreja (como se lê em *Lumen Gentium* 22), mesmo que isso signifique incluir algum sentido de autoridade compartilhada na igreja. De forma irônica, o ofício petrino veio a simbolizar a unidade possível da igreja, embora também tenha representado uma das maiores barreiras à unidade. Que, pela graça de Deus, essa barreira seja usada como apoio para superá-la! Como isso poderia ser feito, porém, permanece oculto no mistério da vontade de Deus, mas as reações ecumênicas à morte do papa João Paulo II, especialmente de uma perspectiva popular, me levam a acreditar que seguir nessa direção é possível.

Podemos concluir, com segurança, que a igreja é apostólica ou enviada a participar da comunhão e da missão do Espírito de Deus, no testemunho de Jesus no mundo. Portanto, a apostolicidade se constitui em uma marca da igreja. Conforme já observamos, podemos falar de "sucessão apostólica" de toda a igreja, porque todos foram ordenados para perdoar pecados e servir como canais de graça para o próximo. Küng faz dela "uma sucessão da fé, do testemunho, do serviço e da vida apostólica",[148] do mesmo modo que o estudo da Comissão de Fé e Ordem do CMI, intitulado *Baptism, eucharist, ministry* [Batismo, eucaristia, ministério].[149] Küng ainda acrescenta que "toda a igreja e, portanto, todo membro em particular se encontram na linha de sucessão dos apóstolos".[150] Ele chegou até mesmo a envolver uma "sucessão" análoga de profetas, mestres e outros *carismas*, visto que a igreja cumpre sua função apostólica.[151] Mediante o batismo no Espírito Santo, o ministério de libertação de Pedro e dos outros apóstolos pertence a todos nós.

O teólogo católico David Stagaman escreveu sobre várias mudanças de paradigma na autoridade da igreja sob a influência do Concílio Vaticano II e do movimento ecumênico. Podemos relacionar seis delas:[152]

1. *Do status ao carisma*: A ênfase mudou da visão dos oficiais da igreja principalmente quanto a seu *status* para entendê-los em função de seus *carismas*.
2. *Da obrigação à persuasão*: As ações das autoridades tendiam a ser vistas como imposições de cima. Existe um movimento no sentido de

---

[148] KÜNG, Hans. *The church*, p. 421.
[149] *Baptism, eucharist, ministry* 34, p. 490-1.
[150] KÜNG, Hans. *The church*, p. 433.
[151] Ibid.
[152] STAGAMAN, David J. *Authority in the church* (Collegeville: Liturgical, 1999), p. 3-4.

compreendê-las como tentativas de convencer tanto os membros da igreja como o mundo exterior de algum valor que melhorará a vida corporativa da igreja e até mesmo de toda a comunidade humana.
3. *Da hierarquia para o diálogo*: Estamos abandonando a autoridade piramidal, associada a um laicato passivo, na direção de um modelo calcado no diálogo, no qual todos os cristãos recebem alguma participação na autoridade divina.
4. *Da ortodoxia à ortopraxia*: Estamos deixando um exercício de autoridade que visa provocar a obediência, vista sobretudo como conformidade dentro da comunidade, sob a ótica do exercício da autoridade no culto/liturgia, na pregação da Palavra e na mudança individual e comunitária para a libertação. Também podemos acrescentar aqui a ênfase crescente sobre a autoridade no contexto do serviço e da missão, e o crescimento da sensibilidade à "estrutura carismática" da igreja como um contexto para a celebração do sacramento e da Palavra.
5. *Da instituição ao povo peregrino*: Estamos partindo de uma igreja vista como independente, uma unidade quase completamente visível que tinha praticamente todas as respostas em seu seio, para um povo peregrino, comissionado por seu fundador para descobrir o sentido autêntico por meio de engajamento e confronto com o mundo.
6. *Da essência à relação*: Estamos mudando a visão da autoridade da igreja, de uma estrutura fixa e permanente para uma estabilidade relacional, segundo a qual as linhas de poder estão constantemente fluindo, mas não ao acaso.

Mesmo conscientes do otimismo refletido nessa lista, ainda é justificado assumir e buscar desenvolver uma sensibilidade cada vez maior a questões de comunidade, altruísmo, serviço e diversidade, no entendimento das igrejas a respeito da autoridade apostólica dentro da igreja e a partir dela, em sua apostolicidade, no mundo.

AS "MARCAS" DA PREGAÇÃO, DOS SACRAMENTOS E DA PLENITUDE CARISMÁTICA

A interpretação pentecostal das marcas da igreja enfatiza a necessidade de a igreja santificada e missionária proclamar cura a todas as nações no poder do Espírito. As marcas de Cristo são as daquele que salva, santifica, batiza no Espírito Santo, cura e logo assumirá seu reino. Já que as marcas da igreja também são as marcas de Cristo, esse evangelho em cinco pontos pode ser visto como a articulação pentecostal das marcas da igreja. Até mesmo o falar em línguas simbolizou poderosamente o alcance global do evangelho de cura, bem como o poder curador do evangelho. Por meio das línguas, nós gememos com a criação que sofre pela liberdade que virá.

Dorothea Soelle afirmou corretamente que o sofrimento tende a fazer com que a pessoa se recolha ao silêncio.[153] Mesmo respeitando esse silêncio, o holofote que os pentecostais colocam sobre as línguas e a cura implica alcançar, com poder, a cura final vindoura com a nova criação batizada no Espírito Santo. A proliferação, a diversificação e a plenitude carismática na igreja não somente capacitam e aperfeiçoam o ministério da igreja aos necessitados, mas também *apoiam e ampliam a experiência do Espírito pela pregação e pelos sacramentos, porque a presença divina nada mais é que presença mútua, presença em comunhão.*

Os dons do Espírito (*charismata*) não são poderes sobrenaturais canalizados por meio de pessoas que não interagem com as pessoas ativas nesses mesmos dons. Nas palavras de David Lim, os dons espirituais são "corporificados".[154] Somos capacitados na relação com Deus de um modo que renova e amplia nossos talentos naturais, mas que também vai além deles. Esses dons devem ser cultivados ou "mantidos acesos" pela prática e pelo crescimento pessoal na interação com as outras pessoas (2Timóteo 1:6). O objetivo final consiste em um testemunho diversificado da Palavra de Deus, de uns aos outros, para edificar a igreja no amor a Deus segundo a cabeça, que é Cristo. Os canais formativos da graça na pregação e nos sacramentos irrompem em várias formas de testemunho, em palavras e obras, entre muitos membros a que foram concedidos os dons. Então, a igreja capacitada revela sinais da graça a um mundo que carece de graça. Ela exemplifica a *koinonia* amorosa de Deus para o mundo como o contexto no qual sua Palavra é proclamada aos perdidos, e as estruturas e formas de vida destituídas de graça são questionadas.

Conforme Michael Welker demonstrou em seu livro *God the Spirit* [Deus, o Espírito], os dons do Espírito são interativos e relacionais.[155]

---

[153] SOELLE, Dorothea. *Leiden* (Stuttgart: Kreuz Verlag, 1973), cap. 1.
[154] LIM, David. *Spiritual gifts: a fresh look* (Springfield: Gospel, 1991), p. 187.
[155] WELKER, Michael. *God the Spirit*, tradução para o inglês de John F. Hoffmeyer (Minneapolis: Augsburg Fortress, 1994), p. 268-70.

O discernimento orienta a profecia, a interpretação explica as línguas, a sabedoria orienta o uso adequado do conhecimento, o evangelismo aponta, para aqueles que foram curados, as boas-novas das quais a cura dá testemunho, a fé mantém o estudo acadêmico leal à proclamação da igreja e o estudo mantém a fé aberta às questões críticas, e assim por diante. *Já que os dons espirituais são relacionais e interativos, servem para estruturar a igreja como uma comunidade de relacionamentos graciosos que facilitam a comunhão e apresentam sinais da graça para o mundo.*

Como resultado do Pentecostes, a igreja foi formada com uma *estrutura carismática*. Essa estrutura é fluida e relacional, porque os dons espirituais se constituem em maneiras graciosas de se relacionar uns com os outros que dependerão da vontade do Espírito Santo atuando entre nós e das necessidades contextuais do ministério da Palavra de Deus (1Coríntios 12:11). Os dons espirituais dão sentido e facilitam os relacionamentos graciosos. Eles expandem nossa capacidade de receber e, em seguida, passar adiante a graça que vem até nós por meio da pregação e do sacramento. Isso significa que os *charismata* (os dons espirituais) representam a formação de relacionamentos edificantes na igreja, que nos inspiram, de muitas formas distintas e inéditas, a levar as cargas uns dos outros, afirmar a dignidade e o valor uns dos outros diante de Deus e edificar uns aos outros em Cristo. *Os dons espirituais fazem com que a igreja se abra à graça de Deus e demonstre sinais dessa graça em um mundo que não a tem.*

Dessa forma, a *koinonia* da igreja é vivenciada em várias "individuações da graça"[156] interativas ou *charismata* (dons da graça) concedidos por Cristo à igreja no Dia de Pentecostes (Efésios 4:8). O derramamento do Espírito Santo sobre "toda a carne" não é genérico nem abstrato, mas concreto, diversificado e interativo, porque "temos diferentes dons, de acordo com a graça que nos foi dada" (Romanos 12:6). A graça é singularmente recebida e compartilhada de acordo com a capacitação de cada um. A graça não é genérica. É o Senhor se voltando com misericórdia para nós, mediante o Espírito, na Palavra de Deus, para nos transformar em vasos únicos, adequados a seu uso. Como o "Deus que intercede", o Espírito derramado faz com que a graça prolifere de maneiras diversificadas, inspirando comunhão e encorajamento mútuo, enquanto a igreja vai-se edificando em amor.

---

[156] KÄSEMANN, Ernst. *Commentary on Romans*, traduzido e editado por Geoffrey Bromiley (Grand Rapids: Eerdmans, 1980), p. 344.

O Espírito Santo na igreja busca, por meio da comunidade, "manter acesa a chama" dos dons, operando uns nos outros e por meio dos outros (2Timóteo 1:6). A liderança pastoral precisa fazer da manutenção da chama uma prioridade. É claro que essa chama exige vigilância cuidadosa, para que queime na direção certa. Entretanto, não se pode nem mesmo cogitar sua extinção. Muito pelo contrário, a igreja deve ser uma "comunidade que desperta os dons".[157]

A própria chama tem de ser vista como a chama do amor (Romanos 5:5), porque o amor é o maior de todos os dons. Além de ser o maior, encontra-se na essência dos demais dons, porque, sem amor, todos eles se tornam "nada". Falar em línguas se converte em um ruído que incomoda os ouvidos; a profecia e a fé perdem a direção; e até mesmo o martírio é explorado com propósitos autodestrutivos (1Coríntios 13:1-3). Sem amor, os dons de nada valem. Sem os dons, o amor se torna abstrato, privado de suas diversas expressões interativas, inclusive de seus "sinais e maravilhas".

A questão é que o alicerce cristológico da igreja não se encontra somente no gabinete, nos sacramentos e na proclamação. Cristo também está presente nos vários dons e sinais do Espírito Santo na comunhão dos santos. Falta, até certo ponto, nos documentos ecumênicos sobre a natureza da igreja o caminho segundo o qual os dons do Espírito se multiplicam e diversificam a presença de Cristo por meio da igreja no mundo. Um entendimento jurídico ou sacramental da igreja que não leva em consideração sua estrutura carismática pode parecer abstrato, hierárquico, monolítico e institucional ao extremo. Até mesmo a pregação da igreja sem o poder e os dons do Espírito pode parecer abstrata e cerebral demais.

Quando se situa no âmbito da estrutura carismática da igreja, o ministério ordenado em relação à pregação e aos sacramentos pode ser explicado de um modo que evita os problemas que acompanham o clericalismo ou um entendimento da igreja dominada pelo clero. A *koinonia* do Espírito, experimentada na vida carismática e interativa da igreja, resulta em um ministério de mútua edificação e prestação de contas envolvendo todo o povo de Deus. Seguimos para o encerramento do capítulo com uma reflexão sobre a pregação e os sacramentos relativos à estrutura carismática da igreja.

---

[157] Koenig, John. *Charismata: God's gifts to God's people* (Philadelphia: Westminster, 1978), p. 123. Ele cita O'Conner, Elizabeth. *Eighth day of creation* (Waco: Word, 1975), p. 8-9.

A PREGAÇÃO

A importância da pregação e da Escritura para veicular a graça de Deus à igreja é inestimável. O evangelho de Jesus e o testemunho bíblico chegam a nós pelo próprio sopro de Deus para que possamos ter a sabedoria e o poder de sermos salvos pela fé em Jesus Cristo (2Timóteo 3:15-16). As Escrituras são inspiradas, embora não no sentido de representar um depósito estático de verdades reveladas que podemos sistematizar em ídolos de papel e tinta. A tendência fundamentalista de ver as Escrituras dessa forma pode fazer com que a igreja parta do princípio de que elas têm a palavra final sobre todas as perguntas e todos os desafios da vida. Em vez disso, enquanto interagimos uns com os outros com base nas Escrituras, temos de aprender a dialogar, crescer ou mudar, e não doutrinar. De acordo com 2Timóteo 3:15-16, as Escrituras devem ser acolhidas como um testemunho vivo de Jesus Cristo realizado pelo Espírito de Deus, que inspira uma fé cada vez maior em Jesus e nos concede sabedoria contínua e poder para servirmos uns aos outros e ao mundo em nome de Jesus. Já que é inspirada pelo Espírito Santo, a Bíblia é um guia ou uma medida viva de nosso culto e testemunho, não um repositório estático a ser dominado e controlado segundo nossos próprios interesses.

Por causa do sopro vivo de Deus, o evangelho das Escrituras irrompe com sinais de vida na estrutura carismática da igreja. Então, os dons espirituais ajudam a manter a Palavra apostólica das Escrituras viva e relevante dentro das interações contínuas da graça do povo de Deus enquanto este cresce até a estatura completa de Cristo. Além disso, os dons espirituais são sempre responsáveis pelo testemunho vivo da Palavra apostólica das Escrituras, conforme Paulo dá a entender em sua disputa com os membros pneumaticamente dotados da congregação de Corinto (1Coríntios 14:37). Dentro da estrutura carismática da igreja, o Espírito Santo opera mediante a Bíblia como um livro vivo de liberdade e ordem para orientar nossas interações graciosas uns com os outros e nossa missão no mundo. Na verdade, as próprias Escrituras são um dom universalmente relevante e obrigatório do Espírito para a igreja, a fim de orientar a estrutura carismática particular e diversificada da igreja em sua vida, confissão e missão.

Minha abordagem da Bíblia pode ser considerada por alguns perigosamente vaga. Alguns podem ver em minha descrição das Escrituras um entendimento fluido e impreciso de como a Bíblia fala conosco. Acaso não existem verdades claramente reveladas nas Escrituras nas quais podemos confiar? Certamente. Como Karl Barth nos lembra, a revelação de Deus é, ao mesmo tempo, *verbal* e pessoal. Muitos evangélicos leram Barth de forma equivocada a esse respeito. Barth não negou que a revelação pelas Escrituras seja verbal; ele simplesmente negou que esse testemunho verbal possa ser visto como um depósito estático a ser domesticado e colocado à disposição de nossos sistemas e ideologias. Observe o que Barth escreveu a esse respeito: "O caráter pessoal da Palavra de Deus significa não desverbalizá-la, mas, sim, erguer uma barreira absoluta contra a redução do texto a um sistema humano".[158]

Para Barth, Deus colocar a revelação divina à nossa disposição desse modo "significaria a permissão para que obtenhamos controle sobre sua Palavra, a fim de encaixá-la em nossos próprios interesses, fechando-nos contra ele, para nossa própria ruína".[159] Barth defende a soberania da Palavra de Deus, pleiteando um texto livre no testemunho contínuo do Espírito a respeito de Cristo, sem reduzir a revelação a uma emoção vaga e subjetiva. Logo, para Barth, a confissão de que a Bíblia é a Palavra de Deus não depende da experiência, mas da ação de Deus no Espírito. Sobre essa confissão, Barth escreveu: "Não a aceitamos como uma descrição de nossa experiência da Bíblia. Nós a aceitamos como uma descrição da ação de Deus na Bíblia, independentemente de quais possam ser as experiências que tenhamos ou não nessa conexão".[160] Assim, é possível falar da "objetividade" da obra do Espírito no texto das Escrituras. O texto participa do batismo no Espírito Santo, e depende da abertura ou não da pessoa ao Espírito a opção de a pessoa ouvir ou não sua voz. Quem tem ouvidos, ouça o que o Espírito diz às igrejas.

A Bíblia é verbalmente inspirada e contém verdades que nós confessamos e pelas quais vivemos. Entretanto, o texto e essas verdades são vivos e ativos, canalizando constantemente o poder e a sabedoria do Espírito até nós pela graça de Deus de formas diferentes, pela interação dos dons no meio de seu povo. Aqueles que são consagrados como líderes entre nós pregam e ensinam a Palavra de Deus e ministram os sacramentos de um modo que, constantemente, coloca Cristo e seu testemunho bíblico diante de nós como a medida de nossa vida, especialmente da interação de nossos dons

---

[158] BARTH, Karl. *Church dogmatics*, v. I, parte 1, p. 139.
[159] Ibid.
[160] Ibid., p. 110.

e ministérios. Mas até mesmo esses líderes são dons entre outros membros capacitados da congregação, apesar de suas funções especiais como ministros entre nós, porque "todas as coisas são de vocês, seja Paulo, seja Apolo, seja Pedro" (1Coríntios 3:21-22). Eles prestam contas a nós e vice-versa. Por fim, o testemunho canônico mediante o Espírito inspira, empodera e orienta a todos nós em nosso louvor e culto capacitado.

A estrutura carismática da igreja também serve para ampliar o campo da graça que vem a nós na Palavra de Deus. Sem essa estrutura, a pregação passa a ser um monólogo abstrato e intelectualista, em vez de um diálogo que transforma a vida das pessoas. No foco protestante sobre a Palavra de Deus, a pneumatologia tende a ser dominada pela exposição do texto bíblico e pela iluminação interior do texto na mente do cristão. Esse destaque dominante sobre a função *noética* da revelação tem assolado a teologia protestante de Calvino a Barth. É claro que os reformadores tinham uma pneumatologia mais ampla do que essa. Refiro-me aqui a uma questão de ênfase. Mais recentemente, teólogos como Moltmann e Pannenberg têm tentado se referir à obra do Espírito Santo de forma bem mais dominante, como um tema holístico e transformador da "nova criação", em um esforço de transcender as limitações de concentrar a obra do Espírito na revelação e no noético. Uma aplicação mais ampla para uma diversidade de *charismata* em nosso entendimento do ministério da igreja, a fim de servir a uma multiplicidade de necessidades, contribuirá para desenvolver essa tendência positiva.

Além disso, a ênfase protestante na esfera da mente tendeu a evitar ou desvalorizar as experiências extáticas e profundas de Deus em favor de respostas cognitivas e racionais à Palavra, como nos mostrou Emil Brunner.[161] Gordon Fee expressou a visão de muitos pentecostais ao comentar que, "ao contrário da opinião de muitos, a edificação espiritual pode acontecer em outros lugares além do córtex cerebral".[162] Mais da ênfase nos dons do Espírito Santo entre o povo de Deus dará margem a uma gama mais ampla de capacidades em exercício, envolvendo o domínio de Deus sobre toda a pessoa, incluindo as profundezas da mente inconsciente, a vida do corpo e as disciplinas do pensamento racional.

---

[161] BRUNNER, Emil. *Das Missverständnis der Kirche* (Zürich: Theologischer Verlag, 1951), cap. 5. [*O equívoco sobre a igreja* (São Paulo: Fonte Editorial, 2012)].
[162] FEE, Gordon. *God's empowering presence: the Holy Spirit in the letters of Paul* (Peabody: Hendrickson, 1994), p. 129.

OS SACRAMENTOS

Precisamos também dizer alguma coisa sobre a vida sacramental da igreja. Conforme escreveu Calvino: "De modo parecido com a pregação do evangelho, temos outra ajuda à nossa fé nos sacramentos".[163] Os sacramentos dependem da recepção da Palavra pela fé para que sejam eficazes.[164] Eles não consistem somente em uma ajuda para a fé, mas em uma confirmação e uma manifestação posterior da própria Palavra de Deus que inspira a fé. Pelo poder do Espírito Santo, a proclamação do evangelho vai mais longe pelos sinais sacramentais do batismo e da eucaristia.

O teólogo reformado G. C. Berkouwer considera a proclamação da Palavra na pregação mais clara do que aquela que vem pelos sacramentos,[165] mas Calvino não concordaria com isso: "Os sacramentos trazem consigo as promessas mais claras e, quando são comparados com a Palavra, têm a peculiaridade de representar promessas para a vida, como se essas promessas fossem pintadas em um quadro".[166] Os sacramentos são eficazes como instrumentos de graça porque apresentam as promessas do evangelho ao cristão, que, então, as recebe pela fé, porque, conforme observa Calvino posteriormente, "o Espírito Santo faz cumprir aquilo que é prometido neles".[167] O que o Espírito faz envolve o que nós fazemos — aqui está o significado dos sacramentos. Eles não "valem nem um iota sem a energia do Espírito Santo".[168]

Os pentecostais têm sido ambivalentes no que diz respeito ao ritual como veículo da obra do Espírito, apesar de seu culto, como Daniel Albrecht nos demonstrou, ser mais ritualizado do que eles reconhecem.[169] O contexto mais amplo para a suspeita pentecostal é o viés iluminista de que "rituais são pagãos, idólatras e papistas".[170] Mas Tom Driver observa que há um

---

[163] CALVINO, João. *Institutes of the Christian religion*, p. 491 (4.14.1).
[164] Ibid., p. 494 (4.14.5).
[165] Em uma resposta contrária a G. van der Leeuw, que, segundo Berkouwer, via tanto a palavra pregada como os sacramentos desempenhando papel equivalente na revelação da Palavra de Deus; veja BERKOUWER, G. C. *The sacraments* (Grand Rapids: Eerdmans, 1969), p. 45-55.
[166] CALVINO, João. *Institutes of the Christian religion*, p. 491 (4.14.1).
[167] Ibid., 4.14.7.
[168] Ibid., 4.14.9.
[169] ALBRECHT, Daniel E. *Rites of the Spirit: a ritual approach to Pentecostal/charismatic spirituality* (Sheffield: Sheffield Academic Press, 1999).
[170] DRIVER, Tom F. *The magic of ritual: our need for liberating rites that transform our lives and our communities* (San Francisco: HarperSanFrancisco, 1991), p. 9.

anseio profundo no ser humano por rituais, geralmente frustrado por nossa cultura. Ele acha que esse anseio está enraizado no fato de que o ritual é uma espécie de prática que sugere "mundos alternativos" e alimenta "visões criativas" sobre os propósitos de Deus para o mundo.[171] Eles são diferentes das rotinas da vida diária mesmo quando se baseiam nelas. Por isso, os sacramentos rituais apontam para a graça que está por trás da vida como um todo, além do desejo de Deus de renovar a criação para torná-la um lugar a ser habitado por Deus. Driver afirma, de forma eloquente, que "eles se movem em uma espécie de lugar limítrofe, na periferia, ou nas rachaduras entre as regiões mapeadas daquilo que chamamos de "o mundo real".[172]

Geoffrey Wainwright também sugere que o ritual nada mais é que o "modo solene pelo qual uma comunidade formula sua mentalidade comum a respeito do sentido da vida e do mundo",[173] com a ressalva de que, para os cristãos, essa expressão significa transformar a situação atual em vista do cumprimento desse sentido, que é escatológico. Isso se deve ao fato de que, para os cristãos, "o sentido ainda está sendo preparado: a vida se dirige ao propósito final de Deus, e fazer história é o caminho para se chegar a esse sentido, tanto para os indivíduos como para a humanidade como um todo".[174] Por meio dos sacramentos, "celebramos algo humanamente absurdo, algo inacreditável e que vai além de toda expectativa deste mundo", que são "os novos céus e a nova terra".[175] Como afirmou o documento de 1979, intitulado "Elucidation" [Esclarecimento], fruto do diálogo entre católicos e anglicanos a respeito da eucaristia, a Ceia do Senhor é o "alimento da nova criação", uma "presença sacramental na qual Deus usa realidades deste mundo para transmitir as realidades da nova criação".[176] O batismo no Espírito consiste tanto na base como no objetivo dessa expectativa.

Permita-me abordar a questão do batismo nas águas de forma mais específica. Existe uma relação especial entre o batismo nas águas e o batismo no Espírito Santo. O ritual de João Batista envolvendo água, que não está

---

[171] Ibid., p. 80-1.
[172] Ibid., p. 81.
[173] WAINWRIGHT, Geoffrey. *Doxology*, p. 121.
[174] Ibid.
[175] DRIVER, Tom F. *The magic of ritual*, p. 202.
[176] "Elucidation", 6b, do "Anglican-Roman Catholic Dialogue" (1979), in: MEYER Harding; VISCHER, Lucas (eds.). *Growth in agreement: reports and agreed statements of ecumenical conversations on a world level* (New York: Paulist, 1984), p. 75.

desvinculado do uso posterior do batismo cristão das águas, constituía o contexto original para a metáfora do batismo no Espírito Santo, mesmo quando se destacou o contraste entre eles (Lucas 3:16-17; Atos 1:5). Tem sido minha convicção que o batismo no Espírito Santo, por se tratar de um dom escatológico do Espírito, transcende o ritual de água do qual a metáfora de João foi extraída. A diferença entre o rito de João Batista e aquele que permaneceu nos contextos cristãos é que o batismo de João apontava para o batismo no Espírito no futuro, enquanto o batismo cristão vive dele e aponta para seu cumprimento. A regeneração por meio da fé no evangelho e a dramatização ritual dessa conversão no batismo dependem do dom do Espírito para se revestir de sentido e poder como uma experiência transformadora.

Nossa experiência do batismo no Espírito Santo pode não ser conscientemente sentida, de forma mais dramática, no momento da conversão ou do batismo nas águas. Entretanto, quando se passa pelo batismo no Espírito, a experiência não pode ser definida sem eles. Mas nem mesmo nossa experiência do batismo no Espírito Santo se limita à conversão e ao batismo, porque ela transborda deles para experiências carismáticas e missionárias que fazem com que nos relacionemos com os outros, na igreja e no mundo. Por fim, o batismo no Espírito Santo cumpre a conversão e o batismo, ao trazer consigo a ressurreição dos mortos e a nova criação.

Porque Cristo se solidarizou conosco como o homem do Espírito nas águas batismais, podemos, pelo mesmo Espírito, nos solidarizar com Cristo em nosso batismo. O ato de sermos sepultados com ele no batismo (Romanos 6:3-4) sugere que, agora, nossa morte é definida em solidariedade com a morte dele. Do mesmo modo que sua morte foi o ato de derramar da vida pelo Espírito eterno (Hebreus 9:14), que demonstrou ser indestrutível e vitorioso (7:16), nossa morte "com ele" também assume o ato supremo de uma vida indestrutível derramada pelo reino de Deus. E, para completar o rito, o batismo nos faz levantar das águas em novidade de vida, do mesmo modo que Cristo ressuscitou dentre os mortos para cumprir o reino de Deus na terra. Portanto, nós nos levantamos no batismo com Cristo com o mesmo propósito. Assim, o batismo também antecipa a ressurreição dos mortos "pelo espírito de santidade" (Romanos 1:4).

O propósito de toda essa dramatização, no batismo, de nossa regeneração pela fé no evangelho é ouvir a palavra do evangelho novamente, de modo que possamos professar publicamente nossa conversão a Cristo e seu cumprimento na ressurreição. Ao realizá-lo, abraçamos essa promessa e confirmamos publicamente o domínio do Espírito sobre nossa vida, que é o domínio do senhorio de Cristo. Por isso São Basílio descreve o batismo como uma renovação da vida: "A água recebe nosso corpo como uma sepultura e, desse modo, passa a ser símbolo da morte, enquanto o Espírito derrama o poder vivificante, renovando nas almas que estavam mortas nos pecados a vida que elas possuíam no princípio".[177] Eu não faria da vida regenerada por meio do Espírito Santo que habita em nós algo absolutamente dependente do rito do batismo nas águas, mas vejo a regeneração cumprindo-se pelo ato de realizar o batismo de modo análogo a como um casamento confirma e cumpre o compromisso entre dois corações unidos pelo amor. Alguém pode apontar para esse ato batismal posteriormente, assim como Paulo fez em Romanos 6:11, e dizer: "Considerem-se mortos para o pecado, mas vivos para Deus em Cristo Jesus".

É difícil, de acordo com essa visão, justificar o batismo de crianças. Sua defesa a partir do Novo Testamento é, no mínimo, fraca. Por exemplo, as referências a uma casa ser batizada pode muito bem ter como objeto escravizados e membros adultos do clã.[178] Toda a teologia neotestamentária do batismo depende de o rito dramatizar nosso compromisso com o Cristo crucificado e ressuscitado em fé e obediência. Embora o acolhimento cerimonial de nossos filhos como declaração de que pertencem a Deus e à comunidade da fé seja certamente um gesto importante, de natureza sacramental pelo menos proleticamente, esperar ansiosamente pelo momento em que a criança responderá favoravelmente às boas-novas de Cristo e chamar isso de "batismo" é algo bem problemático. Observe o que Wainwright diz que o batismo de crianças ameaça "violar a relação entre a iniciativa divina e a reação humana na obra da salvação", de modo que o "batismo deixa de ser uma corporificação do evangelho".[179] O batismo correria o risco de se tornar um acolhimento divino sem a reação correspondente adequada e a prática por aquele que participa no Espírito da nova vida pelo batismo. A fé da igreja ou dos pais não tem como compensar a ausência de fé consciente por parte da pessoa batizada.

---

[177] Citado em WAINWRIGHT, Geoffrey. "Veni, Sancti Spiritus: the invocation of the Holy Spirit in the liturgies of the churches", in: DONNELLY, D.; DENAUX, A.; FAMERÉE, J. (eds.). *The Holy Spirit, the church, and the Christian unity: proceedings of the consultation held at the Monastery of Bose, Italy, 14-20 October, 2002* (Leuven: Leuven University Press, 2005) p. 305.

[178] Conforme Geoffrey Wainwright observa no livro *Christian initiation* (Ecumenical Studies in History 10) (Richmond: John Knox, 1969), p. 44.

[179] Ibid., p. 50.

Esse problema se intensifica com as várias pessoas batizadas no seio de uma igreja histórica (uma realidade não desprovida de valor), mas que nunca responderam conscientemente à fé, um fator fundamental ao significado do batismo no Novo Testamento. Moltmann acrescenta que o batismo de crianças passou, desse modo, a ser a parteira do "cristianismo cultural" ou de uma igreja nacional que permite a existência de um tipo de identidade cristã sem o compromisso consciente com Cristo.[180] Wainwright acaba não indo muito longe em seus comentários, mas destaca, em vez disso, que a prática pode ter significado, em algumas épocas e lugares, por trazer pessoas que, de outro modo, nunca seriam expostas à igreja ou a seu evangelho a ingressarem na comunidade de fé.[181] Entretanto, Wainwright conclui: "Costumo declarar que o batismo que se segue a uma profissão de fé proporciona a melhor possibilidade de incorporar toda a gama de verdades de salvação enunciadas no Evangelho".[182]

No meio desse problema com as igrejas históricas a respeito do batismo de crianças, temos de lembrar que há "um só batismo" (Efésios 4:5). Esse versículo constitui um desafio ecumênico. Mesmo que não concordemos com o batismo de crianças e com seu cumprimento na confirmação, acaso não é o batismo, dentro de sua estrutura litúrgica, um abraço do Espírito de Cristo? Mesmo sem confirmação, o batismo pelo menos não antecipa a vida no Espírito na vida daquele bebê ao ser acolhido nos braços de uma igreja que abraça Cristo?

Em um contexto pentecostal, a controvérsia gira em torno da fórmula batismal. Os pentecostais unicistas só aceitam o batismo em nome de Jesus. Para responder a eles, não podemos supor que o batismo em nome de Jesus pelo menos implica o papel de Jesus como Salvador em devoção ao Pai no poder do Espírito Santo? O que significa o nome de Jesus sem a sua vida trinitária e salvífica e sua obra para lhe dar sentido? Os trinitaristas não podem reconhecer no batismo em nome de Jesus uma referência implícita ao Pai, ao Filho e ao Espírito Santo? E o candidato ao batismo, levado à presença de Jesus para confessá-lo como Salvador no rito batismal, não está sendo implicitamente batizado no nome de Jesus, mesmo que esse nome não seja usado como parte da fórmula batismal?

---

[180] MOLTMANN, Jürgen. *The church in the power of the Spirit*, p. 229. [*A igreja no poder do Espírito*].
[181] WAINWRIGHT, Geoffrey. *Christian initiation*, p. 55.
[182] Ibid.

A liberdade e a soberania do Espírito no batismo no Espírito são um sinal de que ele não exige como expressão de fé um serviço impecável ou uma devoção perfeita para acolher um coração que vem a Jesus. A igreja não administra o batismo no Espírito; em vez disso, é o batismo no Espírito que administra a igreja, mesmo em sua fraqueza, incluindo suas formas inadequadas. Nem a expressão precisa da fé, nem o uso adequado da forma é a realidade que situa o batismo na esfera da vida ou do reino de Deus, mas o Espírito Santo. "Pois o Reino de Deus não é comida nem bebida [isto é, a lei cerimonial], mas justiça, paz e alegria no Espírito Santo" (Romanos 14:17). O Espírito se dedica primeiro a liberar o amor do Pai manifesto em Jesus, e não às formas de liturgia eclesiástica! O batismo proporciona um vínculo valioso de unidade e possível comunhão entre as igrejas que nós, dentro de nossas formulações finitas de fé e de cerimônias, temos dificuldade de aceitar. Que assim seja!

O maior desafio ecumênico se encontra na Ceia do Senhor. Ainda que seja a Ceia do *Senhor*, e a mesa e o convite para cear venham dele (Apocalipse 3:20), nem todas as igrejas consideram possível partilhá-la com todos que recebem Jesus Cristo verdadeiramente como Senhor. Um dia, nas bodas do Cordeiro, todos os fiéis farão parte dessa mesa. Portanto, o Espírito Santo parte do Senhor para convidar todos os que confessam verdadeiramente Cristo como Senhor para uma participação proléptica da mesa do Senhor agora, em antecipação daquele dia. Nesse convite, o Espírito Santo não fica restrito a nenhuma proposta eclesiástica sobre essa mesa. Do mesmo modo que o batismo, não há nada senão uma mesa do Senhor. Todos que compartilham dela com uma devoção verdadeira a Jesus e a seu reino são participantes válidos.

Em relação à Ceia do Senhor, é extremamente importante que a *anamnese* de retornar à morte e à ressurreição do Senhor como a inauguração do reino com poder inclua uma *epiclese* ou invocação do Espírito. O vínculo cristológico entre essas duas coisas reside no fato de que Jesus derramou sua vida indestrutível no Espírito sobre a cruz e retomou ao ser ressuscitado pelo Espírito de santidade para ser aquele que batiza no Espírito Santo. Sem Jesus como aquele que batiza no Espírito, não existe vínculo claro entre a *anamnese* e a *epiclese*. Na verdade, a *anamnese* se cumpre na *epiclese* à luz da ressurreição dentre os mortos para mediar o Espírito.

Por essa razão, a *epiclese* se constitui na base da refeição. Muita atenção foi posta, no século 20, sobre a discussão ecumênica do lugar a ser dado à *epiclese* ou à invocação do Espírito na Ceia do Senhor, comum na tradição oriental.[183] A Liturgia de São João Crisóstomo afirma que a obra do Espírito Santo na Ceia do Senhor é para a "comunhão com o Espírito Santo, para a plenitude do Reino".[184] Mas será que nós costumamos destacar isso como uma ocasião para ter uma experiência verdadeiramente pentecostal? Ao refletir sobre uma celebração tipicamente eucarística, Tom Driver observa que se invoca o Espírito Santo na liturgia, mas, tipicamente, "não se passa disso. Não se espera por sua vinda. Antes, toma-se a petição por atendida, pronunciando-a como uma fórmula geralmente proferida em um ritual".[185] Nesses casos, "o ritual se contenta com sua própria forma".[186] Há pouca oportunidade para interação ou experiências verdadeiras de renovação.

De maneira mais importante para uma abordagem pentecostal dos sacramentos, Driver estudou a ampla gama de rituais, de forma global, e lamenta que exista uma lacuna tão grande separando os liturgistas cristãos e os teólogos sacramentais daqueles que defendem a possibilidade de sermos tomados pelo Espírito. Ele também lamenta a perda relativa, nos discernimentos cristãos dos sacramentos, da ênfase sobre ser "cheio da presença imediata da divindade" como algo essencial ao ato sacramental.[187] Driver encontra na ênfase pentecostal sobre um revestimento novo do Espírito na adoração o exemplo de uma nova definição da experiência sacramental. E reclama que "foi mais ou menos proibido sentir-se cheio do Espírito, e o lugar dessa experiência foi tomado por um destaque ao simbolismo".[188]

Os sinais como manifestações apontam em outra direção, porque, por meio da atuação do Espírito Santo, eles tornam realidade aquilo que simbolizam. Afinal de contas, nos sacramentos, participamos do que se entende como a santificação da criação para vir a ser a morada de Deus por meio da crucificação e da ressurreição daquele que batiza no Espírito Santo. Desse modo, como devemos celebrar e realizar os efeitos futuros do derramamento do Espírito sem nenhuma experiência de sermos tomados por Deus para agirmos como templo divino agora mesmo? Não estou me referindo aqui à tirania do emocionalismo; falo da expectativa de que Deus nos

---

[183] WAINWRIGHT, Geoffrey. "*Veni, Sancti Spiritus*", p. 318.
[184] Citado em ibid., p. 319.
[185] DRIVER, Tom F. *The magic of ritual*, p. 197-8.
[186] Ibid., p. 198.
[187] Ibid, p. 208.
[188] Ibid., p. 209.

visite novamente e nos envolva como sua propriedade em amor. Conforme observa Simon Chan, a experiência pentecostal de ser batizado ou cheio do Espírito Santo encontra um contexto importante nos sacramentos.[189]

Sei que os sacramentos são portadores de uma promessa da fidelidade de Deus, independentemente da minha capacidade de senti-la durante o culto. Recentemente, cheguei a cultivar essa promessa no culto de adoração. Concordo com William L. de Arteaga, no sentido de que uma atenção maior às promessas de Deus realizadas na eucaristia pode enriquecer os avivamentos religiosos, concedendo-lhes uma experiência espiritual mais profunda e maior importância comunitária.[190] Também sei que a experiência de Deus nos sacramentos é mais profunda do que posso conscientemente sentir ou entender, porque Deus é aquele capaz de fazer "infinitamente mais do que tudo o que pedimos ou pensamos" (Efésios 3:20). A participação do Espírito na Ceia do Senhor transcende o tempo, mas também a racionalidade e o discurso humanos. Do mesmo modo que a arte, esses rituais carregam mais significados do que temos conhecimento.

Richard Baer traça a interessante conexão entre a liturgia ao redor dos sacramentos e o falar em línguas porque ambos se desdobram em significados mais profundos do que as palavras podem exprimir ou que a reflexão racional pode avaliar, embora também se valham das Escrituras para ser interpretados por nós.[191] Nas palavras de Harvey Cox, tanto as línguas como o ritual protestam contra a "tirania das palavras" no culto[192] e dão margem para que o sagrado tenha um encontro especial conosco por meio de uma participação que surge do íntimo da alma. Já sugeri, em outras obras, que as línguas, a imposição de mãos para cura e o lava-pés funcionaram nos cultos pentecostais de maneira análoga a essa experiência sacramental em profundidade.

Mesmo assim, uma liturgia mais interativa durante a Ceia do Senhor incentivará as pessoas a se mostrarem abertas a experiências mais profundas

---

[189] Simon Chan afirma que "Cristo é a verdade que se faz presente na igreja pela ação do Espírito Santo na pregação da palavra e nos sacramentos" (*Pentecostal theology and the Christian spiritual tradition* [Sheffield: Sheffield Academic Press, 2000], p. 107).
[190] ARTEAGA, William L. de. *Forgotten power: the significance of the Lord's Supper in revival* (Grand Rapids: Zondervan, 2002).
[191] BAER JR., Richard. "Quaker silence, catholic liturgy, and Pentecostal glossolalia: some functional similarities", in: SPITTLER, R. P. (ed.). *Perspectives on the new Pentecostalism* (Grand Rapids: Baker, 1976), esp. p. 151.
[192] Cox, Harvey. *Fire from heaven: the rise of Pentecostal spirituality and the reshaping of religion in the twenty-first century* (Boston: Addison-Wesley, 1995), p. 93.

de revestimento divino de modo mais eficaz que quando se isolam no banco da igreja. Lembre-se de que o revestimento do Espírito Santo é a forma ideal de uma experiência carismaticamente interativa: "Deixem-se encher pelo Espírito, falando entre vocês com salmos, hinos e cânticos espirituais" (Efésios 5:18-19). A diversidade de dons espirituais pode desempenhar papel valioso para que se receba mais daquilo que o Senhor tem a derramar na Ceia do Senhor. A percepção de Clark Pinnock se aplica nesse caso:

> Do mesmo modo que precisamos receber os sacramentos pelo Espírito, precisamos cultivar a abertura a seus dons. O Espírito Santo está presente além da liturgia em uma esfera mais ampla. Existe um fluir que se manifesta como poder para dar testemunho, curar os enfermos, profetizar, louvar a Deus com entusiasmo, realizar milagres e mais. Há uma liberdade para celebrar, uma capacidade de sonhar e ter visões, uma liberação da vida da Páscoa. Existem impulsos de poder no mover do Espírito para transformar e comissionar discípulos para se tornarem instrumentos da missão.[193]

O Relatório Pentecostal-Católico de 1976 afirma que "nosso Senhor está presente nos membros de seu corpo, manifestando-se no culto por meio de uma infinidade de expressões carismáticas".[194] A modalidade eucarística da presença de Deus, embora especial, apresenta continuidade com todas as outras, de acordo com o Relatório do Diálogo Católico-Luterano de 1978.[195]

Essas "modalidades da presença de Deus" não são somente "contínuas", mas também mutuamente interativas. Driver acredita que a dimensão comunitária do ato sacramental como experiência do Espírito Santo foi ofuscada, em parte, pelo uso obsoleto da metafísica aristotélica para conceber a graça sacramental como uma substância que pode ser dispensada ou acumulada. Ele deseja substituir essas substâncias sacramentais pelo

---

[193] PINNOCK, Clark. *Flame of love: a theology of the Holy Spirit* (Downers Grove: InterVarsity Press, 1996), p. 129.
[194] "Final report of the dialogue between the Secretariat for Promoting Christian Unity of the Roman Catholic Church and leaders of some Pentecostal churches and participants in the charismatic movement within protestant and Anglican churches, 1976", p. 34, in: MEYER Harding; VISCHER, Lucas (eds.). *Growth in agreement: reports and agreed statements of ecumenical conversation on a world level* (New York: Paulist, 1984), p. 428.
[195] "The Eucharist: final report of the Joint Roman Catholic-Lutheran Commission, 1978", p. 16, in: *Growth in agreement: reports and agreed statements of ecumenical conversation on a world level*, p. 195.

Espírito Santo "invocado pela "liminaridade da prática do ritual".[196] Devemos deslocar o foco da transformação dos elementos para a participação de Cristo pelo Espírito no ato comunitário e em nossa comunhão com ele e uns com os outros por meio do mesmo Espírito.[197] Afinal de contas, "a presença genuína nada mais é que a presença mútua".[198] A presença sacramental consiste na presença mútua, uma *koinonia* no Espírito na qual Cristo nos enche do seu Espírito e nós nos entregamos a ele nesse mesmo Espírito. "Os sacramentos, do mesmo modo que os sacrifícios, se constituem em atos que geram uma presença intensa: os adoradores se apresentam uns aos outros e a Deus, recebendo de volta o choque da presença de Deus entre eles."[199]

Todas essas marcas consistem, primeiramente, em marcas de Jesus e de seu Espírito para a realização do reino de Deus na terra. Elas passam a ser marcas da igreja por meio do batismo no Espírito. Porque o batismo no Espírito Santo não é algo que acontece de uma vez por todas, mas se dá em uma realidade contínua e dinâmica, compartilhada na *koinonia*, essas marcas são características nas quais temos de ser constantemente renovados e que temos de demonstrar de forma cada vez mais clara em meio à fraqueza e à ambiguidade. Elas são mantidas pela fé e a esperança de uma manifestação futura. Lutamos por elas não somente local, mas também globalmente; não somente agora, mas também no futuro. Isso faz parte de nossa "luta em prol do Espírito Santo na igreja". Com base nessas marcas, o batismo no Espírito Santo constitui a igreja como corpo de Cristo e permanece como fonte de inspiração, não somente para as pessoas isoladamente, mas também para a vida e o testemunho de toda a igreja.

CONCLUSÃO

Acredito que o batismo, ou o derramamento do Espírito Santo, pode ser o princípio organizador de uma eclesiologia pentecostal que atende às ênfases distintivas do pentecostalismo como movimento global, bem como a uma discussão ecumênica mais ampla. Ênfases como regeneração,

---

[196] DRIVER, Tom F. *The magic of ritual*, p. 209.
[197] Ibid., p. 210.
[198] Ibid., p. 211.
[199] Ibid.

santificação, revestimento do Espírito, reino vindouro de Deus em poder, obra missionária e capacitação carismática (especialmente, mas não exclusivamente, a profecia, o falar em línguas e a cura) podem passar a ser referências para que se crie uma visão da igreja como o sinal singular e central da graça em um mundo no qual ela se faz cada vez mais ausente. Nestes últimos dias, precisamos de um novo revestimento do Espírito para que nos renovemos na vida e na missão de Cristo e de seu reino. Se, neste capítulo, eu disse algo que inspira essa esperança naqueles que o lerem, considerarei que minha missão foi basicamente cumprida.

CAPÍTULO **SEIS**

BATIZADOS NO AMOR

A vida batizada no Espírito Santo

O livro *A nuvem do não-saber* observa, de forma bem correta, que, "pelo amor, Deus pode ser achado e mantido, mas, pelo pensamento e o entendimento, jamais". Mesmo quando o entendimento falha, o amor nos mantém perto da chama do Espírito Santo. Esse é o grande valor da ênfase pentecostal sobre o falar em línguas. As línguas são a linguagem do amor, não da razão. Nosso entendimento também tropeça, desajeitado, no esforço de abranger as riquezas da metáfora do batismo no Espírito Santo no Novo Testamento. O que sugerimos até agora é que o derramamento do amor divino sobre nós é a descrição definitiva do Pentecostes: "Deus derramou seu amor em nossos corações, por meio do Espírito Santo" (Romanos 5:5). Esse derramamento se concentra, em Lucas, na capacitação carismática ou missionária, mas as fronteiras dos sentidos possíveis para essa metáfora, à luz do Novo Testamento como um todo, são mais amplas.

Conforme observamos na conclusão do primeiro capítulo, a obra incompleta da teologia pentecostal consiste em cultivar o empoderamento carismático e a renovação da igreja, mas também em situar sua compreensão do Espírito Santo em um cenário pneumatológico mais amplo que dê conta de *todas* as nuanças do batismo no Espírito por todo o Novo Testamento. A voz de Lucas tem de ser ouvida em todas as suas dimensões para a renovação das igrejas, sem deixar de ouvir as demais. O resultado é que o batismo no Espírito Santo será teologicamente interpretado de modo mais amplo, com o pano de fundo do reino de Deus, sobre o qual Cristo é Rei e no qual o

Espírito Santo é o próprio reino. O batismo no Espírito Santo mostra que o fim desse reino deve ser visto como a transformação da criação em templo para a morada de Deus, quando o reino da morte é deposto pelo reino da vida, de modo que Deus possa ser "tudo em todos" (1Coríntios 15:20-28).

Desse modo, a estrutura do batismo no Espírito Santo é trinitária. Nela, o senhorio ou a monarquia do Deus triúno é mediada pelas relações trinitárias. Cristo é enviado pelo Pai para vencer o pecado e a morte, com o objetivo de transmitir o Espírito de vida, para que o governo de Cristo possa tornar-se uma realidade cósmica e histórica. O reino é um governo de amor sacrificial que chega à plenitude por meio de Cristo e do Espírito Santo, de modo que a devolução do reino, por Cristo, ao Pai, com a criação renovada, consuma o governo de Cristo, em vez de encerrá-lo. É mediante o batismo no Espírito Santo que a criação é renovada e passa a participar do governo de Cristo, devolvido ao Pai após a morte ser finalmente derrotada.

Logo, a figura de Cristo como aquele que batiza no Espírito Santo é essencial à sua função como Salvador e à confissão da igreja a respeito dele como Senhor (idêntico a Deus). O Espírito Santo, mediador do amor entre o Pai e o Filho, agora é derramado para trazer a humanidade à *koinonia* de Deus e para dotar e empoderar a igreja para participar da missão de Deus no mundo. Assim, o batismo no Espírito Santo não é apenas o *ato divino* de nos atrair para a graça de Deus, pneumatologicamente definida com mais amplitude, mas é também um *enriquecimento carismático* a ser constantemente possuído e renovado como um poder entre os cristãos. Com certeza, a salvação ou a incorporação ao reino de Deus não dependem da experiência, mas inevitavelmente provocarão formas poderosas de experiência e participação. Como, então, se define o batismo no Espírito como ato divino e experiência carismática?

Já que o Espírito é derramado pelo Pai, que deu o Filho, e pelo Filho, que entregou a si mesmo gratuitamente, o amor de Deus tem de estar na essência do batismo no Espírito Santo. O Espírito Santo nada mais é que o Espírito do amor santo. O que enfatizamos ao longo desta obra é que esse batismo é um batismo no amor de Deus. É para esse aspecto da metáfora que vamos nos voltar para completar nossa discussão. Todos os debates relativos à doutrina pentecostal do batismo no Espírito Santo tenderam a ignorar o fato de que a doutrina da subsequência (o batismo no Espírito como algo separado da iniciação cristã) sinalizava a ideia de que os cristãos têm de redescobrir o primeiro amor, mas com um fervor maior do que nunca. A melhor parte da chama do avivamento é a chama do amor avivada e ampliada, tanto com relação a Deus como com relação ao mundo.

Sem o amor de Deus no centro do batismo no Espírito Santo, o "poder" que se obtém por essa renovação parece não passar de uma energia bruta sem nenhuma essência, nem mesmo direção, proporcionando pouco mais que uma liberação afetiva. Não há nada mais importante para a reflexão teológica sobre o batismo no Espírito que o amor de Deus. Para que esse batismo venha a se reconectar à santificação e ao cumprimento do reino de Deus, é necessário o auxílio do conceito do batismo no Espírito como participação no amor de Deus Pai, Deus Filho e Deus Espírito Santo. Considerar as chamas ao redor do Pentecostes sem refletir sobre o amor de Deus colocaria a perder todo esse esforço. Vamos explorar isso um pouco mais.

A IMPORTÂNCIA DO AMOR DE DEUS

O amor é o dom supremo de Deus, porque transcende emoção, conceituação e ação, inspirando as três. Ele nos dá vida — e vida com abundância. Além de dom supremo de Deus, o amor é a própria essência de sua natureza como Deus. Portanto, não há nada maior que seu amor (1Coríntios 13:13). As palavras de Karl Barth são precisas: "A vida cristã começa com o amor, mas também se encerra com ele".[1] Na verdade, "também não há nada além do amor. Não há nada mais sublime nem melhor para ser ou fazer que venha a superá-lo".[2] O amor é absoluto para a natureza de Deus. Trata-se da essência de Deus e a base de nossa participação em Deus.

Essa série de declarações sobre a importância do amor de Deus sugerem o seguinte: a reflexão teológica sobre o batismo no Espírito como princípio organizador de uma teologia pentecostal tem de concluir, necessariamente, que a essência da vida cristã reside no amor de Deus. Conforme já observamos, o batismo no Espírito Santo era, para vários pentecostais pioneiros, um batismo no amor de Deus, um derramamento de amor pelo Espírito em nosso coração (Romanos 5:5). O batismo no Espírito cumpre o coração da lei, que é o amor a Deus e ao próximo que envolve a pessoa como um todo (Deuteronômio 6:5; Mateus 22:36-40). A mensagem dos

---

[1] BARTH, Karl. *Church dogmatics*, trad. para o inglês de G. W. Bromiley, vol. 1, parte 2 (Edinburgh: T&T Clark, 1956, 1978), p. 371.
[2] Ibid., p. 372.

profetas diz, igualmente, que Deus deseja amor leal em vez de sacrifício cerimonial (Oseias 6:6). O Espírito derramado em nós, em cumprimento dessa mensagem, vem do Pai, que "amou o mundo de tal maneira que deu o seu Filho Unigênito" (João 3:16), e por meio do Filho, cujo amor excede todo entendimento (Efésios 3:18-19). Esse Espírito derramado é o próprio amor de Deus oferecido a nós (Romanos 5:5). O reino de Deus que cria o cenário para o Pentecostes e o derramamento do Espírito Santo se constitui no governo do amor de Deus, porque Deus "nos resgatou do domínio das trevas e nos transportou para o Reino do seu Filho amado" (Colossenses 1:13). O batismo no Espírito Santo, por ser a inauguração do reino de Deus, serve para unir a santificação com o dom ou a capacitação carismática. Essas duas dimensões do batismo no Espírito Santo são distintas, mas inseparáveis.

A estrutura trinitária do batismo no Espírito Santo nada mais é que a estrutura do amor mediado pelo Espírito entre o Pai e o Filho. O elo entre o batismo no Espírito Santo e a *koinonia* na vida do cristão e da igreja é forjado pelo amor de Deus, porque somos "arraigados e alicerçados em amor" e compreendemos "a largura, o comprimento, a altura e a profundidade" do amor de Cristo (Efésios 3:17-18). A integração entre a pureza e o poder é facilitada pelo papel do Espírito Santo em transmitir o amor de Deus como uma força redentora no mundo.

De maneira mais geral, a escatologia é o drama da vitória do amor de Deus sobre tudo o que se opõe a ele no mundo: "Pois estou convencido de que nem morte nem vida, nem anjos nem demônios, nem o presente nem o futuro, nem quaisquer poderes, nem altura nem profundidade, nem qualquer outra coisa na criação será capaz de nos separar do amor de Deus que está em Cristo Jesus, nosso Senhor" (Romanos 8:38-39). Todas as fraturas que assolaram a teologia pentecostal do batismo no Espírito Santo podem ser curadas por um entendimento do amor como a essência da vida no Espírito, o amor que nos enche até transbordar como um dom purificador, capacitador e escatológico de comunhão e nova vida.

Todas as nossas categorias teológicas não passam de abstrações sem o amor de Deus revelado em Cristo e o derramamento do Espírito Santo. Nessa abstração, o cristianismo passa a ser uma religião, e não um relacionamento vivo com o Deus que concede nova vida e esperança. Sem o amor de Deus revelado em Cristo, não estaríamos certos da razão pela qual a pureza é tão poderosa e o poder tão inabalável na devoção a Cristo. Muito menos teríamos ideia do motivo pelo qual o reino de Deus é libertador, e não opressor, ou mesmo como se entende a essência e o propósito da *koinonia*. Não compreenderíamos por que a justiça exige a misericórdia ou por que a misericórdia não consegue tolerar a opressão e a indignidade causada pela injustiça. A escatologia passaria a ser uma tabela dos eventos do "fim dos tempos", e não um fenômeno contínuo de esperança viva.

Sem o amor de Deus, nossas categorias passam a ser abstratas e sucumbem à fragmentação. Por um lado, a reflexão teológica busca desenvolver a lógica do amor de Deus e falar disso com a reverência espiritual e a devoção adequadas ao assunto, pois, conforme observou Lutero, o amor de Deus é como um "fogo inconcebível, muito maior que o fogo que Moisés viu na sarça, sim, bem maior que o fogo do inferno".[3] O amor de Deus é uma chama santa que um dia transformará o cosmo e fará com que todas as coisas passem a ser o templo de sua presença. O capítulo final deste livro precisa abordar a natureza do batismo no Espírito como um batismo no amor de Deus. Começamos, no entanto, pelo que queremos dizer com "amor".

NA DIREÇÃO DE UMA TEOLOGIA DO AMOR

No que consiste o amor de Deus? Emil Brunner aponta corretamente para 1João 1:4-8, que diz que "Deus é amor". Ele observa que "essa é a declaração mais ousada já feita em linguagem humana".[4] É ousada porque fala corajosamente, e com certeza, a respeito da essência mais íntima de Deus. Logo, o amor de Deus é mais que um atributo que Deus "possui", do qual as criaturas também participam. O amor de Deus é a própria natureza de Deus, de modo que, se alguém permanece no amor, permanece em Deus (4:16). Metodologicamente, o amor, por ser essencial a Deus, nos proíbe de chegar a alguma noção do amor como um conceito abstrato para depois ser aplicado a Deus. Para compreender o amor divino, é necessário haver revelação ou autocomunicação divina.[5] Mas, mesmo assim, enxergamos apenas um reflexo obscuro no espelho, porque o amor, por ser essencial à autoentrega

---

[3] LUTERO, Martinho. *Pred. üb. Jn. 3:16-21*, 1532, E. A. 4, 124 *et seq.* (citado em Barth, ibid., p. 380).

[4] BRUNNER, Emil. *The Christian doctrine of God*, v. 1 de *Dogmatics* (Philadelphia: Westminster, 1949), p. 185. [No Brasil: *Doutrina cristã de Deus. Dogmática*, v. 1 (São Paulo: Fonte Editorial, 2020)].

[5] Ibid.

divina, é um dom escatológico. Não se pode enxergá-lo com clareza até que seja vivenciado "face a face" com o nosso Senhor (1Coríntios 13:12).

Por meio de Cristo como aquele que batiza no Espírito Santo, Deus transmite seu ser como um amor todo-abrangente, e não somente algo a respeito de si. O benefício que Deus deseja para a criatura não é "uma coisa", mas sua própria presença, "porque esse amor se entrega, doa-se àquele a quem se dirige".[6] Deus deu seu Filho para que tivéssemos a vida eterna do Espírito divino (João 3:16). Brunner observa que o amor que vem de Deus "é o movimento que sai de si mesmo, que se inclina a quem está abaixo dele: trata-se da autodoação, da autocomunicação de Deus — e é justamente *essa* a revelação por excelência!".[7] O amor de Deus está longe de ser um conceito intelectual; ele é um acontecimento: o fenômeno da encarnação, da cruz, da ressurreição e do derramamento do Espírito sobre toda a carne.

Do mesmo modo que Barth, Brunner critica o esforço mais antigo de se começar a reflexão teológica sobre Deus por atributos abstratos e "metafísicos" (como onipotência, onisciência etc.) para, em seguida, passar para os atributos "éticos", como o amor. O amor de Deus não é um atributo, mas a própria essência divina. Não existe nenhuma concepção dos atributos divinos à parte do amor. A onipotência nada mais é que o amor todo-poderoso; a onisciência é o conhecimento pessoal motivado pelo amor de Deus; a onipresença é o amor de Deus presente em toda parte para curar e direcionar (Salmos 139). A santidade é o amor como um fogo purificador e uma mão direita libertadora que não cede diante do mal e da opressão. É o amor de Deus que orienta a autotransmissão divina: "A natureza de Deus é a irradiação da energia espiritual, uma energia que equivale à sua vontade de comunicar a si mesmo".[8] De fato, Deus é "puro ato", mas de amor que doa a si mesmo. Paulo compreendeu bem isso ao se referir ao derramamento do Espírito Santo como derramamento do amor de Deus (Romanos 5:5). Por ser aquele que batiza no Espírito, Deus é o amor que doa a si mesmo.

Logo, Deus não é o especulativo "Ser autossuficiente do Absoluto do pensamento", mas, em vez disso, o Deus vivo.[9] Brunner escreve: "Não há nada no Absoluto que possa mover-se para se dar e buscar *comunhão* com

---

[6] Ibid., p. 186-7.
[7] Ibid., p. 187.
[8] Ibid., p. 192.
[9] Ibid., p. 188.

um ser que não é absoluto".[10] Um Deus tão perfeito, tão autossuficiente, concebido fora da ideia de amor, "não deseja nada além de si mesmo, portanto não ama". Esse Deus "pode, com certeza, ser *amado*, por causa de sua perfeição, de sua eternidade e bem-aventurança, mas ele mesmo não consegue amar".[11]

O Deus de amor é o Deus que doa a si mesmo ou aquele que batiza no Espírito Santo, o Deus que é pessoal e comunicativo, da mesma forma que é transcendente. O Deus de Jesus Cristo doa a si mesmo sem reserva na encarnação, envolvendo-se em um casamento com a carne que nunca será revertido. O Deus do Pentecostes transmite a si mesmo com abundância e sem limitações no testemunho de Cristo, alcançando toda carne com libertação, reconciliação e comunhão. O que ele transmite de si é o amor divino, um amor que tudo suporta, inclusive nosso pecado, nosso sofrimento e nossa morte. O Deus do batismo no Espírito Santo é o "Deus crucificado". O amor divino todo-poderoso é infinitamente capaz de sofrer. Esse amor não pode se esgotar nem ser destruído. Ele, com certeza, vence todos os seus inimigos até que a morte, o inimigo final, seja derrotado. Então, Deus será "tudo em todos" (1Coríntios 15:28).

Barth concordaria, a princípio, com esses comentários, observando que "não se pode dizer nada mais profundo ou melhor a respeito das 'profundezas de Deus' do que o fato de que Deus é Pai, Filho e Espírito Santo, e, portanto, ele é, em si mesmo, o amor".[12] Barth considera importante acrescentar que o amor de Deus é voluntário, observando que ele "não é forçado a nos amar".[13] Já que Deus, sendo Trindade, é perfeito amor e perfeita comunhão, ele não precisa nos amar para ser Deus. Deus nos ama livremente por sua própria graça, não por necessidade.

É difícil conceber esse conceito de liberdade divina, o que exige uma avaliação crítica. Do lado positivo, Barth está tentando ser fiel a textos que falam de Deus como a plenitude do ser que não precisa de nada, mas tudo provê: "Ele não é servido por mãos de homens, como se necessitasse de algo, porque ele mesmo dá a todos a vida, o fôlego e as demais coisas" (Atos 17:25). Por isso, o amor de Deus não é nem motivado nem

---

[10] Ibid., p. 187.
[11] Ibid.
[12] BARTH, Karl. *Church dogmatics*, v. I, parte 2, p. 377.
[13] Ibid.

condicionado por nada, exceto por sua livre escolha e por seu bom propósito. O Deus de amor critica o Deus da religião. No entanto, se Deus não é o Absoluto autossuficiente do pensamento especulativo dos gregos, mas o Deus vivo que é essencialmente o amor que doa a si mesmo, como a liberdade divina pode envolver a liberdade de não amar? Jürgen Moltmann fez dessa crítica contra Barth uma parte importante de seu projeto teológico. Moltmann observou que a liberdade divina para amar não pode envolver a liberdade divina para não amar, já que o amor é essencial à natureza de Deus.[14] A liberdade de Deus deve ser compreendida *dentro* do contexto da autodoação de Deus, e não *fora* dele.

Com certeza, Barth não está propondo que Deus é livre para não amar; ele só está dizendo que Deus, por ser uma comunhão de amor intradivina, se autorrealiza e não tem nenhuma carência de nos criar e *nos* amar, muito menos de criação ou redenção para ser completo. Entretanto, o protesto de Moltmann, assim compreendido, apresenta a seguinte pergunta: Deus pode ser Deus sem ser Deus para o "outro"? Deus pode ser Deus sem ser Criador nem Redentor? É possível fazer perguntas, à luz das sublimes declarações de Barth, sobre Deus como o Deus revelado em Cristo e no Pentecostes se ele realmente puder ser imaginado totalmente à parte da autodoação amorosa que o caracteriza como Deus para nós.

Um Deus contido em si mesmo e autossuficiente, que nunca criou nem redimiu, dificilmente pode ser Deus na plenitude da vida que se doa, a qual entendemos que Deus possui. É possível criar uma separação, ainda que teórica, entre o *a se* divino e o *pro nobis* divino, já que o amor transbordante e que doa a si mesmo é realmente essencial a Deus? Deus tem liberdade de não ser Criador, Redentor e aquele que batiza no Espírito Santo? Deus seria amor transbordante se permanecesse restrito a seu ser divino e não criasse espaço para o "outro"? Deus pode ser outro que não o Deus que soprou no abismo para gerar vida e que depois soprou em nós por meio de Jesus o sopro da nova vida?

É possível que estejamos fazendo perguntas que, afinal, nem mesmo tenham resposta. "Ó profundidade da riqueza da sabedoria e do conhecimento de Deus! Quão insondáveis são os seus juízos e inescrutáveis os seus

---

[14] MOLTMANN, Jürgen. *The Trinity and the kingdom: the doctrine of God* (San Francisco: Harper & Row, 1981), p. 52-6. [No Brasil: *Trindade e reino de Deus: uma contribuição para a teologia* (Petrópolis: Vozes, 2011)].

caminhos!" (Romanos 11:33). A questão é que o Deus do batismo no Espírito Santo é aquele que transborda com vida abundante e busca acolher as pessoas com um amor que renova a vida. Esse acolhimento não oprime, nem força, nem sufoca, nem aniquila os outros, mas lhes dá espaço em sua alteridade única e os enche com a vida abundante de tal maneira que possam ser tudo aquilo para o que foram criados, com todas as suas peculiaridades. As línguas da humanidade não foram dissolvidas no dia de Pentecostes pelas línguas de fogo da presença santa de Deus (Atos 2:4). A diversidade da autoexpressão humana foi preservada em toda a sua singularidade, e todas as diferenças foram envolvidas por um louvor, uma devoção e um testemunho em comum. A liberdade de Deus nesse derramamento do amor divino supera toda a resistência e todas as barreiras para reconciliar um povo em uma mesma comunhão.

O povo de Deus é carregado, por meio do batismo no Espírito Santo, pelos ventos do sopro santo de Deus para dar testemunho de Cristo. Eles se apropriam da liberdade divina quando abandonam suas imaginações limitadas e são envolvidos pela paixão missionária de Deus pelo mundo. O Deus que doa a si mesmo e batiza no Espírito Santo produz um povo que também doa a si mesmo em missão. O Deus que busca salvar os perdidos produz um povo que faz o mesmo. Amar a Deus é ser moldado por esse amor, sentindo, assim, seus afetos e paixões. Se essa liberdade divina abre ou não a Deus a possibilidade de ser outro Deus que não o do Pentecostes é um ponto discutível. A única liberdade do amor de Deus realmente demonstrada pelas Escrituras é uma liberdade escatológica, exercida na passagem da história na direção de um objetivo que acaba transcendendo-a rumo ao cumprimento do reino de Deus.

O *compromisso* livre do amor de Deus se expressa no fato de que a Palavra se fez carne (João 1:14). O amor de Deus pelo Filho foi expresso pela presença do Espírito no momento em que Jesus demonstrou publicamente sua solidariedade com a humanidade em seu batismo (Mateus 3:16-17). O Filho devolve sua devoção ao Pai mediante o Espírito cumprindo a vontade do Pai de trazer a criação ao governo de Deus, o governo do amor divino (Mateus 12:28; Lucas 4:18). A cruz revelou particularmente o sacrifício indizível do amor que sofre, porque "Deus demonstra seu amor por nós: Cristo morreu em nosso favor quando ainda éramos pecadores" (Romanos 5:8).

Então, o Espírito que foi derramado revela *a liberdade e o alcance cada vez maior* do amor de Deus. Por ser fiel a Cristo, o Espírito Santo forma Cristo em nós (Gálatas 4:19), dentro das várias pessoas que são envolvidas na *koinonia* divina, "atingindo a medida da plenitude de Cristo" (Efésios 4:13). Por fim, toda a criação acabará sendo ungida pelo Espírito como templo do Espírito Santo de Deus na própria imagem de Cristo. Na história de Jesus, o Espírito funcionou como laço de amor entre o Pai e o Filho. De certo modo, o drama escatológico do batismo no Espírito Santo também implica que o Filho é o laço de amor entre o Pai que elege e a liberdade cada vez maior da obra do Espírito em toda a criação, de modo que todas as coisas espirituais prosseguem na direção fiel do amor de Deus revelado em Cristo.

Já que o amor é a maior das virtudes, sendo essencial a Deus, devemos explorar um pouco como ele se relaciona com a fé e, mais adiante, com a esperança.

FÉ E AMOR

O amor de Deus "vem pela graça por meio da fé". Crer em Deus para a salvação também faz parte de nosso amor a Deus. Todo amor se baseia em confiança. Essa declaração soa simples demais. Não tão simples, porém, é o fato de que a relação entre fé e amor gerou muita controvérsia no Ocidente. A tendência medieval era ver o amor como aquilo que aperfeiçoa a fé: "O movimento da fé não é perfeito se não for avivado pela caridade, e o mesmo acontece na justificação do ímpio: um movimento da caridade é infundido com o movimento da fé".[15] Assim escreveu Tomás de Aquino. Somos justificados pela fé "formada pelo amor". O resultado é que o amor humano a Deus (*caritas*) desempenhava papel relevante na justificação, uma premissa que foi rejeitada por Martinho Lutero, por implicar obras de justiça. A aceitação de Deus tem de se basear somente em Cristo, recebida quando confiamos apenas em Cristo para a salvação, e não na qualidade ou na expressão de nosso amor a Deus.

Anders Nygren afirma que a mensagem do amor incondicional de Deus confronta uma noção platônica (melhor dizendo, neoplatônica) estabelecida do eros como um desejo de autorrealização por meio da ascensão à esfera celestial. O eros reivindica o que foi alcançado nessa ascensão. O ágape (que é o amor de Deus) é totalmente oposto ao eros, por se constituir

---

[15] AQUINO, Tomás de. *Suma teológica*, Tratado sobre a graça, q. 113, a. 4.

no amor incondicional que nos vem somente pela graça: "O amor eros se exalta e busca a satisfação de suas necessidades; já o amor ágape desce para ajudar e doar a si mesmo".[16]

Nygren afirma que as tentativas de síntese entre eros e ágape nunca são totalmente bem-sucedidas. Ele culpa Agostinho por não enxergar a contradição radical entre eros e ágape, e pensar que o ágape se limita a corrigir o eros sem fundamentalmente comprometê-lo: "Agostinho nunca percebe que o ágape cristão é diametralmente oposto ao eros neoplatônico, e que ambos se opõem como o fogo se opõe à água".[17] Em vez de descartar ou destruir o eros por ser egocêntrico, Agostinho faz com que o ágape humilhe o eros e o leve junto para alcançar a Deus.[18] Lutero substitui a *caritas* (o eros corrigido pelo ágape) pelo ágape de Deus, fluindo por meio de nós em Cristo e pelo Espírito Santo. Conforme ainda observaremos, acredito que Lutero realmente vê um lugar para a *caritas*, mas um que funcione de acordo com a fé ao olhar somente para Cristo pelo favor diante de Deus.

Portanto, Lutero se recusa a permitir que a *caritas*, ou o amor que surge no cristão como um *habitus*, tenha alguma função para se obter o favor de Deus. Ele não consegue ver a fé como uma "qualidade morta" na alma que precisa ser ativada e completada pela infusão da virtude do amor, já que a fé, para Lutero, não consiste em uma qualidade metafísica, mas em um dom divino do qual faz parte abraçar a Cristo somente pela graça. Lutero escreveu que "os espíritos fanáticos e os sofistas [...] imaginam que a fé consiste em uma qualidade que adere ao coração sem que Cristo tenha parte nisso. Trata-se de um equívoco perigoso. Cristo deve ser anunciado de tal modo que não se veja mais nada além dele".[19] Para Lutero, não se pode pensar na fé sem a sua relação viva com Cristo.

Lutero não concorda que a fé seja o corpo, enquanto a *caritas* equivale à forma. Na verdade, é a fé que é o corpo, e a forma é Cristo. Lutero escreveu que a fé "abraça Cristo de tal modo que Cristo se constitui no objeto da fé, ou, melhor dizendo, ele vai além disso para ser aquele que está presente na própria fé".[20] Ele também observa que a fé "é o templo, e Cristo se assenta

---

[16] NYGREN, Anders. *Agape and Eros* (Philadelphia: Westminster, 1953), p. 469.
[17] Ibid., p. 471-2.
[18] Ibid., p. 472-5.
[19] LUTERO, Martinho. "Lectures on Galatians (1535)", in: PELIKAN, Jaroslav (ed.). *Luther's works* (St. Louis: Concordia, 1963), v. 26, p. 356.
[20] Ibid., p. 129.

no meio dele".²¹ Por isso, para Lutero, a fé não é adornada pelo amor como um *habitus*, mas pelo próprio Cristo. Já que a fé, por natureza, consiste em um relacionamento ou até mesmo em uma participação na pessoa viva de Cristo, este é visto como aquele que lhe proporciona dinamismo e vida. Na visão de Lutero, Cristo age no lugar da *caritas*, uma posição que Lutero sentia que nos libertava da justiça própria ou da ocupação com o próprio eu, deslocando o foco da pessoa que crê para a pessoa de Cristo. Lutero explica que a fé "não olha para seu amor e diz: 'O que foi que eu fiz? Onde foi que eu pequei? Qual foi o meu mérito?', mas diz: "O que Cristo fez? O que ele mereceu?". A fé é adornada por Cristo".²² O interessante nessa citação é que Lutero não nega que a fé "possui" *caritas* por Deus; ele simplesmente se recusa a olhar para esse amor como algo que explique nossa aceitação por Deus. Em vez disso, a fé e seu amor olham somente para Cristo.

Na realidade, Lutero não queria desvincular amor e fé, já que, como Nygren e os luteranos finlandeses observaram recentemente, de fato ele reconhecia a participação do amor *divino* (ágape) no surgimento da fé no crente e via a fé como participação em Cristo.²³ Minha própria leitura de Lutero me levou a acreditar que ele até mesmo acreditava que a fé envolvia *caritas*, contanto que essa não fosse vista como uma virtude humana respondendo pelo fato de eu ser aceito por Deus. A fé, em vez disso, adere a Cristo como aquele que é o responsável por minha aceitação diante de Deus.

Entretanto, essa adesão fervorosa a Cristo não acaba sendo uma espécie de *caritas*? Claro que sim, mas não à custa de sua natureza fundamental como confiança somente em Cristo para a justificação. Em outras palavras, para Lutero, a fé não é ativada por uma virtude humana, que responderia por minha justificação. Pelo contrário, a fé consiste em uma confiança viva que adere com fervor (amorosamente) somente a Cristo para a salvação. Fazer da própria *caritas* a base para nossa aceitação diante de Deus equivale a basear a justificação, em parte, na obediência à lei, algo que Lutero classifica como oposto à fé no evangelho. Ele observa que a lei "pode me ensinar que devo amar a Deus e ao meu próximo, e viver em castidade, paciência, e assim por diante; mas não está em posição de me mostrar como

---

[21] Ibid., p. 130.
[22] Ibid., p. 88-9.
[23] PEURA, Simo. "What God gives man receives: Luther on salvation", in: *Union with Christ: the new finnish Lutheran interpretation of Luther* (Grand Rapids: Eerdmans, 1998), p. 76-95.

posso me livrar do pecado, do diabo, da morte e do inferno". Por isso, Lutero só tem ouvidos para o evangelho, para o Cristo crucificado e ressuscitado.[24]

Em resposta a Lutero, sou levado a perguntar: Será que não podemos a ver a fé como algo inspirado pelo ágape e envolvendo uma *caritas* que não dá atenção à minha virtude ou às minhas conquistas, mas abraça Cristo com fervor, razão pela qual me torno aceitável a Deus? Acredito que Lutero teria aceitado essa formulação. Como prova disso, descobri uma passagem em que Lutero, escrevendo sobre seus adversários, diz que não ficaria ofendido com a expressão, usada por eles, "fé formada pelo amor" se eles fossem capazes de distinguir essa fé da *falsa* em vez da fé *ainda não formada*.[25] Em outras palavras, Lutero estava disposto a admitir que a *caritas* faz parte da fé, desde que não seja a virtude humana como qualidade do indivíduo que realize a fé, mas somente o próprio Cristo seja a base e o objeto dessa confiança.

A *caritas* age como a essência da fé para buscar seu cumprimento em Cristo. A fé que não tem *caritas* não é uma fé *que ainda não foi formada* (algo que seria absurdo para Lutero, já que a fé, por natureza, equivale a abraçar Cristo com fervor), mas uma fé *falsa*. Em outras palavras, o destaque sobre esse ato humano de fé como algo inspirado pelo evangelho permanece em Cristo como aquele que se responsabiliza por minha aceitação por Deus. Esse reconhecimento supõe que o princípio da salvação "somente pela fé" de Lutero, que adere com confiança e *caritas* somente a Cristo, pode não ter sido muito diferente da fé medieval (como assentimento), formada pelo amor, *dependendo de como isso é concebido*.

Na verdade, o amor de Deus não se baseia em obras humanas ou amabilidade, mas, pelo contrário, na graça e na benignidade de Deus. A cruz e o Pentecostes dão a entender um amor divino que sofre a dor da rejeição humana e responde de forma extravagante com um derramar de amor totalmente imerecido. Deus assume o nosso lugar em Cristo e retira a questão da vida e da morte de nossas mãos.[26] Deus resolve essa questão para nós no cancelamento que Jesus faz de nosso pecado e de sua vitória sobre o pecado. Por meio do Cristo ressuscitado, Deus passa a conceder o Espírito a nós, que é a esfera do favor divino, embora estejamos destituídos

---

[24] LUTERO, Martinho. "Lectures on Galatians (1535)", p. 91.
[25] Ibid., p. 268-70.
[26] BARTH, Karl. *Church dogmatics*, v. I, parte 2, p. 383.

dele diante de Deus. É dentro da esfera do Espírito que somos colocados na esfera de Cristo e podemos nos apropriar do favor que ele tem com Deus. É nessa esfera que o amor de Deus nos abraça em Cristo e reorienta nossa vida em torno daquele que nos amou e se entregou por nós (Gálatas 2:20). Como podemos receber o Espírito como o amor de Deus derramado em nós — pelas obras ou crendo naquilo que ouvimos (3:5)?

Já que o amor de Deus equivale ao amor pelo outro, meu amor por Deus só passa a ter credibilidade quando também amo o próximo. Aquele que diz que ama a Deus mas odeia o próximo está mentindo (1João 4:20). A fé sem amor está morta e perde credibilidade. O Espírito não me vincula somente a Deus, mas também à autodoação aos outros, uma atitude que Deus tanto ama.

É na esfera do Espírito que participo da *koinonia* do amor de Deus com as outras pessoas e descubro meus dons únicos como canal da graça para os outros. É nessa esfera que uno meu coração com aquele que ama o mundo de tal maneira que enviou seu Filho para buscar e salvar os perdidos. É nos ventos do Espírito que somos consagrados e chamados para uma missão santa, e empoderados para prosseguir como vaso para a salvação das pessoas, incendiados pelo amor de Deus por elas. É no Espírito Santo e no amor de Cristo que confrontamos a injustiça com paixão pela liberdade e a dignidade daqueles que são oprimidos, bem como pela transformação daqueles que se beneficiam intencional ou cegamente dessa opressão. É na esfera do Espírito que recebo uma amostra do amor de Deus em Cristo e gemo pela liberdade, por experimentá-la em sua plenitude, "face a face" no futuro, porque "olho nenhum viu, ouvido nenhum ouviu, mente nenhuma imaginou o que Deus preparou para aqueles que o amam" (1Coríntios 2:9).

O que podemos dizer a respeito da relação entre amor e esperança? Passo agora a falar sobre esse assunto.

ESPERANÇA E AMOR

O amor concede à pessoa uma vida nova e faz com que o desesperado volte a ter esperança. O amor mantém a esperança e o desejo pelo amado. O amor mantém a pessoa aberta ao inesperado, a alegrias que nos tomam de surpresa e até podem nos maravilhar. O amor de Deus é escatológico e sustenta a esperança viva para o futuro, chamando os ossos secos dos sepulcros e inspirando a esperança onde quer que haja desespero. Paulo escreveu que nós devemos amar "compreendendo o tempo em que vivemos. Chegou a hora de [nós despertarmos] [...] porque agora a nossa salvação está mais próxima do que quando cremos" (Romanos 13:11).

Esse "despertamento" não passa de outra forma de descrever o batismo no Espírito Santo da perspectiva pentecostal. Diz respeito ao amor de Deus se levantando dentro de si com uma paixão firme e renovada; também se refere à expectativa fervorosa pela volta do Amado. É possível ler Romanos 13:11 e observar que Paulo estava "equivocado" ao dizer que "a nossa salvação está mais próxima do que quando cremos". Mas esse texto nos indaga hoje por que nosso amor por Cristo é tão difuso a ponto de impedir que caiamos no mesmo "erro"! Os pentecostais pioneiros desejavam Cristo e tinham certeza de sua volta iminente por causa do despertar de seu amor por ele no Espírito. "Enganaram-se" a respeito do tempo exato da volta, mas a questão está longe de ser essa. Pelo contrário, o desejo por Cristo é que lhes dava a certeza de que Cristo estava à porta.

O vínculo entre o batismo no Espírito Santo como batismo de amor e o fervor da expectativa escatológica pentecostal é percebido na metáfora dominante da vinda de Jesus como o noivo ao encontro de sua noiva. Essa expectativa pentecostal era mais tipicamente expressa no grito "Aí vem o noivo!". Conforme J. W. Hutchins escreveu no jornal *The Apostolic Faith*, de Seymour: "Despertai! Despertai! Só nos resta o tempo de nos vestirmos e estarmos prontos para o brado que em breve ecoará: 'Aí vem o Noivo!'".[27] O grito dela era típico entre os pentecostais, por ser um tema comum a necessidade da igreja como noiva do Noivo que está por vir (Cristo), de despertar e se preparar para a chegada do Amado.[28] A noiva precisa ser achada fiel na vinda de Jesus, vestida com obras de justiça (Apocalipse 19:8). Embora também tenha sido introduzido um elemento de medo, ou pelo menos de sobriedade, de que o Noivo pudesse chegar diante de uma noiva que deixasse a desejar quanto à sua fidelidade, o elemento do amor também se encontrava presente. Observe o testemunho de C. H. Mason a respeito de seu batismo no Espírito Santo:

---

[27] HUTCHINS, J. W. "The Pentecostal baptism restored: the promised latter rain now being poured out on God's humble people", *The Apostolic Faith* (Los Angeles, out. 1906), p. 5.

[28] Veja SEYMOUR, William J. "Behold the bridegroom cometh", *The Apostolic Faith* (Los Angeles, jan. 1907), p. 2.

Eu me entreguei a ele de forma perfeita e lhe dei lugar. Ele me usou para cantar e tomou conta de mim. Parecia que estava de pé diante da cruz, e eu o ouvi gemendo, os próprios gemidos da morte de Jesus, e eu também gemi. Já não era mais a minha voz, mas a voz do meu amado que falava por intermédio de mim. Ele me fez levantar e, depois, a luz do céu caiu sobre mim e irrompeu em mim para me preencher. Em seguida, Deus passou a dominar minha língua e eu comecei a pregar em línguas. Não tinha mais controle sobre isso. A glória de Deus havia enchido o templo.[29]

De acordo com o testemunho de Mason, Deus toma conta de nós e nos "possui" em amor. Embora seja possível aplicar a essas declarações um sentido maior sobre a dialética entre as palavras de Deus e as nossas, também devemos perceber que sua declaração é mais poética do que literal, mais descritiva de uma experiência profunda com o amor de Deus do que propriamente analítica. A experiência de Mason é análoga a um encontro místico em que não se nega a distinção entre nós e Deus, transposta momentaneamente pelo Espírito como ilustração da solidariedade de Deus conosco quando precisamos. Na retórica pentecostal, Deus nos possui, nos "enche" com a presença de Deus várias vezes por meio da obra renovadora do Espírito. O batismo no Espírito é uma espécie de "abraço" divino. Alguns pentecostais chegam mesmo a se referir ao falar em línguas como uma fala infantil ou alegre em resposta ao Pai amoroso ou a Cristo como o Amado nos abraçando em amor.[30]

Por isso Gerald Sheppard chama a experiência pentecostal de "xamânica", por sua ênfase na posse pelo Espírito Santo como uma experiência profunda, com a ressalva de que, no contexto pentecostal, essa experiência é adequadamente compreendia como empoderamento profético para levar adiante o ministério de Jesus no mundo.[31] Se essa experiência se faz acompanhar de um destaque igual às vitórias poderosas sobre as forças da escuridão em cura pessoal, línguas extáticas e o senso de triunfo no Espírito sobre tudo o que vai contra a vontade de Deus, é possível entender por que o cristianismo

---

[29] MASON, C. H. "Tennessee evangelist witnesses", *The Apostolic Faith* (Los Angeles, jan. 1907), p. 2.
[30] Veja CHAN, Simon. "The language game of glossolalia, or making sense of glossolalia", in: MENZIES, Robert P.; MA, Wonsuk (eds.). *Pentecostalism in context: essays in honor of William W. Menzies* (Sheffield: Sheffield Academic Press, 1997), p. 80-95.
[31] SHEPPARD, Gerald. "Pentecostalism and the hermeneutics of dispensationalism: the anatomy of an uneasy relationship", *Pneuma* 6:2 (outono 1984), p. 32, n. 77.

pentecostal e os movimentos desse tipo obtiveram uma adesão tão grande no hemisfério sul.

O batismo no Espírito Santo não se limita ao empoderamento para missões, segundo a interpretação pentecostal, embora certamente tenha esse destaque. Se houvesse essa limitação, não seria possível explicar a ênfase igualmente importante do pentecostalismo na maior intimidade com Deus e no fervor em relação à expectativa escatológica que caracterizam os testemunhos pentecostais do batismo no Espírito Santo. O batismo no Espírito Santo se assemelha a um chamado profético que aproxima os cristãos do coração divino com um amor e uma empatia mais profundos, para lhes dar um vislumbre do amor de Deus pelo mundo. É esse amor que se constitui na essência do poder para missões, respondendo pelo maravilhamento e o entusiasmo que os pentecostais sentem durante os momentos de renovação no Espírito.

Para os pentecostais, a escatologia não aborda somente o "fim dos tempos" — ou seja, o último capítulo de um sistema teológico —, mas, em vez disso, é uma esperança viva e fervorosa presente em todas as áreas da vida, do culto e do pensamento. Nas palavras de Moltmann, a escatologia "não é somente um elemento do cristianismo, mas o meio por excelência da fé cristã, a chave pela qual se estabelece tudo o mais, o brilho que inunda toda realidade no amanhecer do esperado novo dia".[32] A principal função do batismo no Espírito Santo na teologia pentecostal é totalmente escatológica. Isso não quer dizer que a escatologia tem mantido seu brilho, especialmente entre os pentecostais de classe média, que cada vez mais se acomodam com este mundo e não estão vivendo com foco na vinda de Jesus, ou que isso se revista da mesma importância em todos os lugares do mundo entre os grupos pentecostais. Entretanto, a escatologia integra a trama da mensagem pentecostal e do evangelho cristão em geral, e não pode ser esquecida sem que se perca algo de valioso à fé.

Existe um vínculo implícito entre a renovação no Espírito, que é o desejo pela vinda do Noivo Jesus, e a esperança escatológica. Emil Brunner está certo: "Podemos acompanhar na história do cristianismo um tipo de lei que diz que, quanto mais a esperança está viva dentro da *ekklesia*, ou

---

[32] MOLTMANN, Jürgen. *Theology of hope: on the ground and the implications of a Christian eschatology* (London: SCM, 1967) p. 39, [No Brasil: *Teologia da esperança* (São Paulo: Loyola, 2005)], citado em HOLLENWEGER, Walter. *The Pentecostals*. 2. ed. (Peabody: Hendrickson, 1988), p. 419.

seja, quanto mais a vida do Espírito Santo se encontra presente nela, mais urgente é a expectativa da Vinda de Jesus".[33] A razão para essa "lei" tem a ver com o fato de que o fato de uma pessoa redescobrir o primeiro amor pode desencadear e nutrir o desejo pela vinda de Cristo e pelo cumprimento de seu reino na terra. A expectativa escatológica da vinda de Jesus tende a levar a redenção para além dos limites individualistas da salvação pessoal ou da transposição ao céu para a ressurreição dos fiéis e a nova criação. Passamos a desejar o que Deus deseja.

Parte do desafio com que depara a formação da esperança pentecostal tem sido a ênfase unilateral na chegada milagrosa do "além" do reino de Deus na vinda de Jesus. A maioria dos pentecostais tem entendido a vinda de Jesus como "pré-milenar". Cristo virá antes de seu reino de mil anos de paz (Apocalipse 20), porque esse reino é conduzido de forma miraculosa, inaugurado "do alto" em sua vinda. Portanto, o pentecostalismo tem a reputação de ser espiritualizante[34] em sua compreensão do cumprimento escatológico do reino de Deus.

Donald Dayton afirmou que toda a mudança no final do século 19 entre os evangélicos, de uma escatologia pós-milenista para a pré-milenista, era fruto de uma mudança mais fundamental de entendimento gradativo da inauguração do reino de Deus na história por meio das missões da igreja, que é a visão pós-milenista, para um entendimento orientado à crise da invasão do reino "do alto" na vinda de Jesus, que é a visão pré-milenista. O pentecostalismo foi influenciado de forma mais marcante por essa posterior ênfase "espiritual".[35] Os pentecostais não somente esperavam que o reino se cumprisse milagrosamente na vinda de Jesus, mas também favoreciam uma experiência atual do reino com poder por meio dos dons extraordinários do Espírito Santo que se encontram no livro de Atos dos Apóstolos e especialmente em 1Coríntios 12 a 14. Na experiência pentecostal, Deus vem "do além" para salvar, curar, capacitar e criar sinais miraculosos do reino vindouro.

---

[33] BRUNNER, Emil. *The Christian doctrine of the church, faith, and consummation. Dogmatics.* v. 3. (London: Lutterworth, 1962), p. 400; [No Brasil: *Doutrina cristã da igreja. Dogmática*, v. 3 (São Paulo: Fonte Editorial, 2019)]; citado em DAYTON, Donald. *Theological roots of Pentecostalism* (Grand Rapids: Zondervan, 1987), p. 144. [No Brasil: *Raízes teológicas do pentecostalismo* (Natal: Carisma, 2018)]. Dayton agradece a J. Rodman William por lhe chamar a atenção para essa citação.

[34] No original, "otherworldly", "alheio a este mundo", literalmente "extramundano", traduzido aqui por "espiritualizante" ou "espiritual". Adiante, também traduzimos por "espiritualização" o termo correlato "otherworldliness", literalmente "extramundanidade". (N. T.)

[35] DAYTON, Donald. *Theological roots*, p. 160-7.

Conforme Ernest Sandeen demonstrou, o dispensacionalismo era a forma dominante de escatologia na ascensão do pré-milenismo do final do século 19. Essa ascensão se deve a uma série de conferências proféticas que atraíram a atenção mais ampla dos evangélicos e ajudou no surgimento do fundamentalismo norte-americano.[36] Na carona do impulso de John Nelson Darby, dos Irmãos de Plymouth e da popularidade da conhecida Bíblia de Estudo Scofield, o dispensacionalismo defendeu uma série de dispensações por toda a história que ocasionaram maneiras diferentes de tratamento de Deus com a humanidade.

Uma crença essencial do dispensacionalismo era a separação radical entre Israel e a igreja, por um lado, e as diferentes alianças estabelecidas por Deus entre eles, por outro. A era da igreja não correspondia à era do Espírito prometida no Antigo Testamento, mas é um simples adiamento disso em Israel para depois da vinda de Jesus, durante o Milênio. Essa visão não confere à missão da igreja empoderada pelo Espírito nenhuma função histórica no cumprimento do reino prometido no Antigo Testamento. A Bíblia foi fragmentada em compartimentos distintos, com boa parte do Antigo Testamento e dos Evangelhos se referindo direta e exclusivamente a Israel.[37] Aqui há vários temas que são incompatíveis com a teologia pentecostal, conforme observaremos em seguida.

De forma mais coerente com a teologia pentecostal, o dispensacionalismo estimulou uma visão bem pessimista da religião estabelecida tanto em Israel como na igreja. A tabela de dispensações, no início do livro *The gospel of the kingdom* [O evangelho do reino], de A. B. Simpson, por exemplo, revela uma diferenciação bem clara entre a igreja "formal" e o "pequeno rebanho" fiel.[38] A história em geral era compreendida como envolvida em um declínio acentuado, até Deus destruir toda resistência, simbolizada de forma mais profunda pelo Anticristo e por seu governo mundial, na vinda de Jesus. No meio dessa decadência histórica, o pequeno rebanho fiel só pode esperar seu "arrebatamento" da terra (1Tessalonicenses 4:17) antes de o Anticristo assumir o poder e os sete anos da "grande tribulação" começar, antes de Cristo voltar à terra com os santos a fim de estabelecer o reino milenar para a nação de Israel. Até o arrebatamento, o pequeno rebanho

---

[36] SANDEEN, Ernest R. "Toward a historical interpretation of the origins of fundamentalism", *Church History* 36:1 (março 1967), p. 70.
[37] Ibid., p. 68-9.
[38] SIMPSON, A. B. *The gospel of the kingdom* (New York: Christian Alliance, 1890).

não pode fazer nada senão tentar salvar o maior número possível de pessoas das chamas da ira por meio do evangelismo.[39]

Os livros influenciados pelo dispensacionalismo com títulos como *The coming crisis* [A crise iminente],[40] *Armageddon*,[41] *The beginning of the end* [O começo do fim][42] e *Racing toward judgment* [Correndo para o juízo][43] buscam tanto despertar os cristãos acomodados como converter os pecadores. De modo análogo à pregação do inferno para amedrontar tanto os fiéis como os pecadores para que venham a ter uma fé fervorosa em Cristo, prega-se o dilúvio vindouro da ira sobre a terra com mais ou menos o mesmo propósito. Do mesmo modo que a pessoa pode morrer a qualquer momento, Cristo pode vir a qualquer momento. O horizonte iminente para a eternidade sobre o qual toda a humanidade se encontra é tanto individual (a morte) como coletivo (a segunda vinda). Em ambas as situações, o avivalista vê a pregação do juízo vindouro como a maneira adequada de espalhar a chama do compromisso.[44]

Hoje em dia, os pentecostais, como um todo, não acreditam no dispensacionalismo (em sua forma clássica; percebo que ele mudou bastante recentemente), mas ele ainda exerce grande influência, especialmente no âmbito popular. Houve alguns impulsos para o dispensacionalismo que tiveram grande apelo entre os pentecostais pioneiros. A visão pessimista da religião estabelecida e da cultura como um todo e a visão da igreja como o rebanho fiel se encaixam bem nos sentimentos pentecostais. O uso da linguagem apocalíptica do juízo vindouro para incentivar o avivamento também faz parte do fervor pentecostal. Por fim, o destaque impactante sobre a natureza milagrosa do governo divino que vem ao mundo também é atraente para a cosmovisão pentecostal.

Dito isso, também tenho de concordar com Gerald T. Sheppard em que existe uma "relação desconfortável" entre o dispensacionalismo e a escatologia pentecostal.[45] Os pentecostais leem o texto bíblico como uma

---

[39] SANDEEN, Ernest R. "Toward a historical interpretation", p. 68-9.
[40] FRODSHAM, Stanley Howard. *The coming crisis and the coming Christ* (Springfield: Gospel, 1934).
[41] HICKEY, Marilyn. *Armageddon* (Denver: Marilyn Hickey Ministries, 1994). [*Armagedom* (São Paulo: Adhonep, 1995)].
[42] LAHAYE, Tim. *The beginning of the end* (Wheaton: Tyndale, 1991). [*O começo do fim* (São Paulo: Vida, s.d.)].
[43] WILKERSON, David. *Racing toward judgment* (Old Tappan: Revell, 1976).
[44] Veja LAHAYE, Tim. *The beginning of the end*, p. 5.
[45] Veja SHEPPARD, Gerald. "Pentecostalism and the hermeneutics of dispensationalism".

narrativa da qual eles fazem parte diretamente, pela obra do Espírito Santo. Cada texto transporta o fiel diretamente ao Deus do reino, que governa sobre toda a história e pode ser sentido aqui e agora. Compartimentalizar a relevância do texto bíblico em períodos históricos vai contra o impulso da hermenêutica pentecostal. Além disso, os pentecostais veem a era da igreja como a era do Espírito Santo prometido a Israel no Antigo Testamento (p. ex., Joel 2:28). Eles não veem a igreja como um hiato entre essa promessa e seu cumprimento posterior no Milênio. Por fim, em conflito com um pessimismo quanto às instituições sociais e religiosas estabelecidas, há um otimismo significativo dentro do pentecostalismo a respeito do que pode acontecer entre os fiéis mediante a fé e o derramamento do Espírito nos últimos dias. Em vez de um pequeno rebanho que está cercado e espera para ser arrebatado, os pentecostais sonham com um grande derramamento do Espírito nos últimos dias para empoderar a igreja a fazer coisas grandiosas no mundo. Sua crença na proliferação dos sinais e maravilhas apostólicos em meio a uma igreja capacitada também se opõe ao ensino dispensacionalista.

Concordo, em essência, com o esforço de Sheppard de afastar o pentecostalismo do dispensacionalismo. Minha leitura da literatura pentecostal pioneira mostra uma abertura não dispensacionalista a entendimentos diferentes a respeito dos últimos tempos ou até mesmo falta de interesse nesses assuntos.[46] Um autor pentecostal pioneiro alertou para as especulações sobre o fim dos tempos: "Meus queridos, não se confundam criando teorias, mas permaneçam em Jerusalém!".[47] Fica claro que a prioridade pentecostal com relação à escatologia era o empoderamento do Espírito Santo para a vida e a missão dos fiéis em vez da especulação inútil sobre os cenários do dia do juízo final, no fim dos tempos. De forma persuasiva, Sheppard afirma que o pentecostalismo aceitou algumas características do esquema do fim dos tempos dos dispensacionalistas a princípio, mas não adotou suas consequências hermenêuticas mais amplas, até que tentaram, posteriormente, buscar a aceitação das igrejas evangélicas conservadoras.[48]

---

[46] Veja, por exemplo, MENZIES, Glen; ANDERSON, Gordon L. "D. W. Kerr and eschatological diversity in the Assemblies of God", *Paraclete* (inverno 1993), p. 8-16.

[47] "The apostolic faith movement" (autor desconhecido), *The Apostolic Faith* (Los Angeles, set. 1906), p. 2.

[48] SHEPPARD, Gerald. "Pentecostalism and the hermeneutics of dispensationalism", p. 32-3, n. 76.

Por outro lado, a escatologia pentecostal também inclui o corpo e a vida física: "O tempo está chegando em que o Espírito Santo nos envolverá com poder, transformando nosso corpo por meio desse poder e nos levando para a glória".[49] O que é interessante a respeito dessa expressão de esperança que foi dita por um líder pentecostal é a atenção que se dá à cura final do corpo. Esse destaque, sem dúvida, se deve ao fato bem conhecido de que a cura divina do corpo é cultivada globalmente entre as igrejas pentecostais como parte fundamental das bênçãos disponíveis em Cristo. William Seymour se refere, mais de uma vez, à cura divina como a "santificação" do corpo.[50] No periódico de Seymour, intitulado *The Apostolic Faith* [A fé apostólica], um autor associou corretamente a ressurreição e a glorificação de Cristo à cura do corpo:

> Se sua carne não tivesse visto a corrupção, nós não teríamos cura para o corpo, nem ansiaríamos por um corpo glorificado no céu. Portanto, queridos e amados, recebemos a cura para o nosso corpo, alma e espírito, além de um corpo imortal do céu quando ele vier, por meio do corpo perfeito de Jesus. Louvado seja Deus![51]

Entre os pentecostais, diz-se que Cristo nos salvou "plenamente" pela obra de seu Espírito, santificando-nos, curando nosso corpo, libertando-nos da opressão do pecado e voltando novamente muito em breve para nos ressuscitar e transformar os que estiverem vivos na terra entre nós, para que a mortalidade seja revestida de imortalidade.

Esse destaque sobre os efeitos físicos da salvação apresenta consequências sociais sobre como se entende a presença e o poder do reino de Deus no meio de nós. Com precisão, Hollenweger descreve o entendimento pentecostal comum a respeito da salvação com base em um testemunho pentecostal do Chile:

> Ele não está mais à mercê da incerteza, da fome, do desemprego, da bebedice, do tédio e da situação de rua, porque novamente faz parte de uma

---

[49] RIGGS, Ralph M. *The Spirit himself* (Springfield: Gospel, 1949), p. 188-9.
[50] SEYMOUR, William J. "The precious atonement", *The Apostolic Faith* (Los Angeles, set. 1906), p. 2.
[51] "Virtue in the perfect body of Jesus" (autor desconhecido), *The Apostolic Faith* (Los Angeles, fev./março 1907), p. 2.

"família", porque tem "irmãos" e "irmãs" que o ajudam e dão orientação moral para sua vida [...] Tudo isso ele deve ao Salvador, que removeu o peso do seu pecado, que o tirou da prisão do pecado, da indiferença e do desespero, e ao Espírito Santo, em quem não somente se deve crer, mas que também deve ser experimentado em todo tipo de curas milagrosas.[52]

Os pentecostais concordariam com Moltmann que, por meio do Espírito de vida, "nós experimentamos a vida abundante, plena, curada e remida com todos os nossos sentidos".[53] Para eles, a experiência escatológica da fé não se limita a uma afirmação paradoxal do governo de Deus na ausência de verificação escatológica no presente. A fé persistente também é uma afirmação de sinais tangíveis de renovação que já reivindicam a fé antes da chegada da retribuição final, na vinda de Cristo.

Eles também creem em milagres. Esses sinais, da mesma forma que a cura divina, às vezes têm natureza extraordinária, implicando, assim, uma explicação que aponta para a graça salvadora de Cristo. É claro que não podemos abordar ingenuamente esses sinais, de um modo que ignore essa ambiguidade, que os busque "superficialmente" ou que aceite relatos de milagres sem nenhum tipo de senso crítico. Tampouco podemos aceitar um evangelho da prosperidade que ignore a realidade da oração que não é respondida e o sofrimento daqueles que passam necessidades. Entretanto, os pentecostais também não querem ceder ao sofrimento sem a resistência e a fé em um Deus que pode fazer o impossível por meio de, ou até mesmo além de, meios naturais de cura a nós disponíveis. Eles esperam de todo o coração que a missão da igreja seja tão abençoada com esses sinais de cura e renovação que os observadores que não acreditam em Deus sejam impelidos a fazer a pergunta pentecostal: "Que significa isto?" (Atos 2:12).

Por esse motivo, Miroslav Wolf observa certa sobreposição entre a soteriologia pentecostal e a paixão pela transformação social na teologia da libertação, porque ambas assumem uma compreensão "material" da salvação.[54] No entanto, como notado, o pentecostalismo tende a ver a salvação como "espiritual" ou orientada ao cumprimento escatológico

---

[52] HOLLENWEGER, Walter. *The Pentecostals*, p. 316-7.
[53] MOLTMANN, Jürgen. "A Pentecostal theology of life", *Journal of Pentecostal Theology* 9 (out. 1996), p. 4.
[54] VOLF, Miroslav. "Materiality of salvation: an investigation into the soteriologies of liberation and Pentecostal theologies", *Journal of Ecumenical Studies* 25 (verão 1989), p. 447-67.

final. Os esforços de libertação ou reforma social tendem a ser vistos com importância menor do que ganhar almas para Cristo em preparação para a eternidade. O que falta é um entendimento da graça divina secular ou providencial em meio aos esforços naturais do ser humano para curar. Parece que a espiritualização que caracteriza a escatologia pentecostal deixa de perceber o holismo inerente que está por trás da doutrina de cura desse movimento.

Essa espiritualização é típica de uma escatologia "apocalíptica", porque o apocaliptismo abandona todas as esperanças de que a vida do reino surja dentro da história. O reino precisa intervir do céu de forma miraculosa para dar um fim à história, que se encontra despencando ladeira abaixo. A escatologia "profética", por outro lado, se dirige mais a um cumprimento histórico da vontade de Deus, envolvendo a participação humana mais profundamente, isto é, de um modo mais genuinamente humano que apenas dar lugar, pela fé, a intervenções sobrenaturais "do alto". Dito isso, temos de assinalar também que o apocaliticismo tem uma "função crítica" válida para confrontar qualquer ilusão de que o reino de Deus possa ser mera consequência das ações humanas ou das pautas políticas.[55] Conforme observa Moltmann, o reino de Deus não pode surgir ou "evoluir" a partir daquilo que o ser humano faz, mas tão somente a partir daquilo que a ressurreição de Cristo conquistou por meio de sua crucificação e de sua morte.[56] Nós nascemos do alto ao receber a nova vida do reino, não pela vontade da carne, nem pela vontade do sangue (João 1:13; 1Coríntios 15:50).

Além disso, esse destaque apocalíptico ao horizonte último do cumprimento do reino pode exercer um efeito de sobriedade em nossa vida, voltando nossa atenção para aquilo que é mais importante na vida cristã. Também pode nos dar "ousadia escatológica" para resistir corajosamente às forças opressoras no mundo, com o pleno conhecimento de que o triunfo final do reino de Deus não passa de uma questão de tempo. Por meio do apocaliticismo, a igreja pode alcançar a separação do mundo que se faz necessária para centrar sua devoção em Cristo e seu reino.

A escatologia pentecostal realmente destacou a metáfora da igreja como noiva de Cristo. Conforme já observamos, a frase "aí vem o Noivo" é a

---

[55] PANNENBERG, Wolfhart. "Constructive and critical functions of Christian eschatology", *Harvard Theological Review* 76 (abril 1984), p. 123-7.
[56] MOLTMANN, Jürgen. *The Trinity and the kingdom*, p. 28.

bandeira tipicamente pentecostal sob a qual a igreja é chamada à fidelidade. A noiva no Apocalipse está adornada com boas obras (Apocalipse 19:8). Essa metáfora pode ajudar-nos a perceber que nossa "eclesialidade", ou nossa natureza essencial como igreja, não é algo que podemos simplesmente ter como garantida, mas que tem de se renovar pela fidelidade à aliança com Deus. Entre os pentecostais, o escapismo não é a única reação que se incentiva com uma escatologia que não é deste mundo. A questão, no entanto, é: como os pentecostais podem integrar uma escatologia que não é deste mundo com outra, profética, para evitar ceder ao escapismo fundamentalista e a uma espiritualização unilateral?

O estudioso pentecostal Murray W. Dempster busca essa integração tomando o Pentecostes como o vínculo entre a proclamação que Jesus fez da justiça e da misericórdia do reino de Deus e a redenção que foi proclamada pela igreja. Ele observa: "Quando alicerçada na tradição profética, a continuidade escatológica entre o 'já' e o 'ainda não' do reino significa que o ato apocalíptico no final desta era não será a aniquilação do mundo, mas sua total transformação".[57]

Busquei alcançar uma integração parecida por meio da mensagem dos Blumhardts (pai e filho), pietistas do século 19 que somaram a doutrina da cura divina a uma visão do reino de Deus que vem para fazer novas todas as coisas neste mundo, inclusive a vida social. Eles não viam o reino de Deus como totalmente do alto ou resultante do esforço humano, mas como a nova vida que vem de nossa participação plena na obra redentora de Deus mediante o Espírito.[58] Inspirado em parte pelos Blumhardts, Moltmann usa a metáfora da "conversão" para apontar um reino que é inaugurado por Deus, mas que inclui a participação completa dos seres que ele criou.[59] À humanidade, em todas as suas capacidades criadas por Deus, é permitido participar completamente da nova vida do reino e de seu cumprimento definitivo quando Cristo voltar.

Parte da dificuldade para se alcançar essa integração reside no fato de que os pentecostais destacam a obra redentora do Filho e do Espírito

---

[57] DEMPSTER, Murray W. "Christian social concern in Pentecostal perspective: reformulating Pentecostal eschatology", *Journal of Pentecostal Theology* 2 (abr. 1993), p. 62.

[58] Veja meu livro *Spirituality and social liberation: the message of the Blumhardts in the light of Wuerttemberg pietism* (Metuchen: Scarecrow, 1991).

[59] MOLTMANN, Jürgen. *The coming of God: Christian eschatology* (Minneapolis: Fortress, 1996), p. 22-3.

Santo praticamente excluindo o primeiro artigo do Credo, que é Deus Pai, o Criador do céu e da terra. Na pregação pentecostal, o Espírito redentor e escatológico transforma a criação em função do triunfo final de Cristo, mas não necessariamente do cumprimento da presença do Espírito em toda a criação para alcançar a renovação. Portanto, os pentecostais não estão acostumados a detectar á presença da graça em todas as áreas da vida, buscando libertação e redenção mediante o Espírito da criação. Assim, fica negligenciada essa ideia de que a transformação social pode ser vista como um sinal legítimo da redenção que há de vir em Cristo. Outra ideia bem negligenciada é a de que os dons do Espírito, por meio dos talentos naturais, podem funcionar como sinais de graça, de modo que possam dar testemunho da realização da vida em Cristo.

Na ausência de uma pneumatologia da criação, tudo o que parece disponível aos pentecostais é uma ação social vista como extensão da cura divina, um ato milagroso de redenção em Cristo. Por exemplo, pentecostais de vários lugares têm-se envolvido, com dedicação, em ministérios para dependentes químicos e pessoas carentes, a fim de trazê-los ao poder libertador da obra redentora de Cristo, dentro do contexto de uma comunidade cristã amorosa. É claro que, em geral, eles têm sucesso nessa missão. Na verdade, as comunidades pentecostais na América Latina têm sido tão bem-sucedidas como centro de esperança e novas oportunidades para os pobres que um especialista pentecostal chegou a brincar, dizendo que os pentecostais não *têm* uma política de renovação social; eles *são* a própria política social.[60]

Entretanto, os pentecostais em geral têm estado menos atentos às estruturas sociais e às realidades culturais que, de forma implícita, fomentam a pobreza e o racismo. Eles não têm dado a devida atenção aos gemidos do Espírito que desejam que esses poderes sejam depostos, de maneira que o povo de Deus possa reconhecer mais a graça de Deus implícita na criação, uma graça que se realiza, mas que de modo algum é ofuscada, na redenção e na cura mediante o evangelho de Cristo. Enquanto isso, a ênfase pentecostal sobre a chuva tardia do Espírito para trazer redenção ao mundo manterá sua validade, ainda que essa ênfase seja um tanto unilateral.

---

[60] Um comentário pessoal de Everett Wilson, citado em PETERSEN, Douglas. *Not by might nor by power: a Pentecostal theology of social concern in Latin America* (Irvine: Regnum, 1996), p. 119.

O BATISMO NO ESPÍRITO SANTO COMO UMA "SEGUNDA CONVERSÃO" PARA O AMOR

O batismo no Espírito Santo como uma renovação carismática e um empoderamento para o testemunho tende a funcionar, para os pentecostais, como uma renovação na experiência e no poder do amor de Deus em nossa vida, para que as chamas da esperança e da fidelidade possam arder de forma mais brilhante. Os pentecostais concebem nossa experiência do amor de Deus no batismo no Espírito Santo com grandiloquência. Fazem-na parecer um processo de "embriaguez de Deus". Gostam de citar a instrução do Novo Testamento de não se embriagar com vinho forte, mas ser cheio do Espírito Santo (Efésios 5:18; cf. Atos 2:15). Essa experiência avivalista e de "alta voltagem" com Deus pode tornar-se superficial e fanática se for reduzida a nada mais que uma catarse emocional. É aí que o amor santificador como dom escatológico pode desempenhar papel valioso para prover um contexto significativo ao nosso entendimento do êxtase religioso.

A palavra "êxtase" se refere, literalmente, a um estado de estar fora ou além de si mesmo, como uma forma de "autotranscendência". Por isso, Hans Urs Balthasar escreve a respeito de um "êxtase do culto" como uma "ascese a Deus totalmente tomada por ele para seus propósitos".[61] Nós também fazemos isso com relação a Deus quando gememos de forma inexprimível ao falar em línguas. Nós nos envolvemos em louvor a Deus de um modo que transcende nossas capacidades racionais ou linguísticas. A doutrina da subsequência (que é a doutrina do batismo no Espírito Santo como uma experiência carismática subsequente à regeneração ou dela distinta) pode funcionar como uma fonte de renovação na igreja se for interpretada no contexto de uma experiência de êxtase do amor como o poder de se autotranscender e transbordar abundantemente para Deus e para os outros.

O batismo no Espírito Santo nos enche com o amor de Deus, para que possamos transcender a nós mesmos e cruzar fronteiras. Podemos encontrar o poder para transcender nossas limitações mediante o revestimento divino ao nos dedicar ao próximo. Quando transcendemos a nós mesmos, achamo-nos completos, porque fomos criados para o amor de Deus. Deus, como fonte do amor que se doa abundantemente derramado, começa a nos

---

[61] BALTHASAR, Hans Urs. *Prayer* (Fort Collins: Ignatius, 1987), p. 64.

moldar em algo similar. Jesus derrama o Espírito Santo para que este possa transbordar pelo amor empoderado pelos outros. Passamos a ser "personalidades batizadas no Espírito Santo". Portanto, Jesus diz que crer nele faz com que uma fonte de vida divina transborde em nós com abundância. Do interior daquele que bebe do Espírito, "rios de água viva fluirão" (João 7:38). O batismo no Espírito como experiência de empoderamento não se limita a uma energia renovada para fazer coisas para Deus. Em vez disso, trata-se do poder do amor que vai além de si mesmo e se entrega. Ele nos envolve por completo.

Aqueles que foram cheios do Espírito Santo no livro de Atos romperam com línguas de louvor (Atos 2:4), línguas que também passaram a ser pontes para o ministério capacitado no amor de Cristo para outros, cruzando barreiras linguísticas e culturais. As línguas não podem tornar-se uma lei que governa o modo pelo qual o batismo no Espírito Santo tem de ser recebido, sem exceções, no âmbito das ações de um Deus soberano. As línguas eram o sinal característico do batismo no Espírito Santo para Lucas e pode ser também para nós, porque elas simbolizam o povo de Deus, doando de si mesmo abundantemente, de um modo que transcende as limitações e as expectativas da criatura. Em línguas, gememos por uma liberdade no Espírito que ainda não é plena (Romanos 8:26). Russell Spittler estava certo quando escreveu que as línguas se constituem em uma "fala quebrantada para um corpo de Cristo quebrantado até que venha a perfeição".[62] Essa declaração, uma das mais importantes que já foram feitas por um especialista pentecostal, é como uma bomba que explode as espiritualidades triunfalistas unilaterais no pentecostalismo. Nesse gemido de fraqueza da glossolalia, já obtemos uma amostra da transcendência escatológica e da construção de pontes quando derramamos a nós mesmos pelos outros. As línguas simbolizam essa autotranscendência e essa travessia na direção do outro.

Os outros sinais também funcionam dessa maneira. Em Efésios 5:18-19, ser cheio do Espírito Santo nos faz ministrar uns aos outros em salmos, hinos e cânticos espirituais. A fala inspirada de todo tipo equivale a "falar a verdade em amor" (4:15). Essa "autotranscendência" empoderada no ministério e nas missões começa quando somos incorporados à comunidade

---

[62] SPITTLER, Russell P. "Glossolalia", in: BURGESS, S. M.; McGEE, Garry B. (eds.). *Dictionary of Pentecostal and charismatic movements* (Grand Rapids: Zondervan, 1988), p. 341.

reconciliadora da igreja (1Coríntios 12:13) e continua como uma experiência real de autotranscendência empoderada enquanto somos continuamente cheios do Espírito Santo.

Não quero que percamos nossa ênfase na *experiência* do batismo no Espírito Santo como algo que os cristãos devam esperar na vida de fé em algum momento ao ou após aceitar Cristo como Senhor e como uma experiência contínua de enriquecimento carismático. A experiência do batismo no Espírito Santo pode ser uma renovação de fé, esperança e amor, bem como uma ampliação do poder para missões. Trata-se de uma melhoria de nossa conversão a Cristo, mas também de uma "segunda conversão", que faz com que nos voltemos, no amor de Cristo, ao mundo, em oração por sua renovação e na participação da missão de Deus. Gememos no Espírito, com gemidos inexprimíveis (as falas glossolálicas), pela vinda da liberdade do Espírito e nos alegramos nos sinais da nova criação que já se encontram presentes entre nós mediante atos de amor e sinais de cura. "Olho nenhum viu, ouvido nenhum ouviu, mente nenhuma imaginou o que Deus preparou para aqueles que o amam" (1Coríntios 2:9, citando Isaías 64:4). Os pentecostais pedem que experimentemos uma amostra dessa glória no presente como uma força de renovação na vida cristã e na vida da igreja. Acho que devemos lhes dar ouvidos.

ÍNDICE DE REFERÊNCIAS BÍBLICAS

GÊNESIS
1:1-2   *129*
1:27-28   *189, 233, 234*
1:28   *235*
2:7   *118*
3:16   *189*
10:18   *235*
11   *234, 235*

ÊXODO
3:14   *99*
6:1-13   *99*
6:7   *99*
20:2-3   *99*

NÚMEROS
11   *157*

DEUTERONÔMIO
6:5   *282*

SALMOS
74:2   *216*
139   *284*

ISAÍAS
30:27   *107*
30:28   *107*
40:28-31   *144*
61:1-3   *100, 118*
64:4   *307*

JEREMIAS
1:5   *153*
4:4   *106*

EZEQUIEL
20:2-3   *99*
36:25-27   *100*
36:26   *100, 106, 109*
37   *95, 217*
37:13-14a   *100*
39:10   *52*
39:29   *100*

OSEIAS
6:6   *282*

JOEL
2:28   *100, 119, 299*

AMÓS
5:24   *144*

MATEUS
3:1-12   *64, 97, 98*
3:1-2   *92*
3:2-12   *66*
3:2   *157*
3:8   *101*
3:11-17   *92*
3:12   *157*
3:13-15   *153*
3:16-17   *147, 154, 287*
3:17   *128*
3   *93, 110*
4:1-11   *128*
5   *144*
5:20   *154*
6:10   *144*
6:33   *144*
9:17   *143*
12:28-29   *258*
12:28   *52, 64, 93, 102, 105, 107, 114, 118, 143, 148, 151, 158, 159, 200, 287*
13   *105*
13:31-32   *105*
13:45-46   *145*
16:17-19   *194, 258*
18:18   *258*
18:20   *217*
20:22-23   *109*
22:36-40   *282*
23:23   *105, 115, 150, 154, 155*
23:27   *154*
25:32   *144*
28:19   *126*

MARCOS
1:15 *et seq.*   *159*
16.16   *77*

LUCAS
1:33   *134*
1:35   *119, 128, 146, 147, 153, 157*
1:41   *153*
2   *154*
3:1-17   *153*
3:16-17   *270*
3:16   *106*
3:17   *107*
3:22   *146*

4:18   *102, 104, 107, 115,*
       146, 147, 160, 287
7:18-19   *107*
10:17-18   *258*
12:49-50   *109*
15   *154, 174*
15:1-2   *144, 154*
15:11-32   *154*
15:11-31   *144*
18:9-14   *144*
24:49   *14, 119, 172*

JOÃO
1:1-18   *126, 153*
1:1-14   *118, 129*
1:1-13   *247*
1:1-3   *129*
1:12-13   *179, 247*
1:13   *102, 107, 302*
1:14   *119, 287*
3:1-8   *95*
3:5   *77, 102, 107*
3:16-21   *241*
3:16   *118, 134, 282, 284*
3:22-30   *153*
3:34   *128*
6:44   *180*
7:38   *306*
10:10   *118, 153*
11:25-26   *118, 153*
14:4   *217*
14:11   *176*
14:20   *179, 209*
15   *219, 242*
17:4   *112*
17:15-16   *156*
17:17-19   *241*
17:17-18   *152*
17:17   *155*
17:18   *156*
17:20-23   *115*
17:21   *170, 176, 177, 179,
       230, 240*
20:22   *108, 119, 153, 157,
       218*

ATOS
1   *108*
1:2-8   *64, 66, 97*
1:3-8   *15, 174*
1:3-6   *98*
1:3   *86, 92, 98, 108*
1:5-8   *116*
1:5   *74, 270*
1:6-7   *174*
1:6   *92*
1:8   *14, 75, 82, 86, 101,
       109, 122, 160, 174, 218,
       221, 228*
2   *203, 218, 256*
2:1-4   *94*
2:3   *156*
2:4 et 172seq.   *109*
2:4-11   *180*
2:4-5   *109*
2:4   *82, 108, 209, 172,
       173, 220, 256, 287,
       306*
2:5   *236*
2:10   *135*
2:12   *82, 301*
2:13   *14*
2:15   *305*
2:17 et seq.   *236*
2:17-21   *64, 94, 110, 114,
       180, 207, 226*
2:17-18   *256*
2:17   *101, 157, 238*
2:18-19   *180*
2:19-21   *94*
2:27   *154*
2:33   *126*
2:37-47   *94*
2:38   *15, 78, 79, 103*
2:39   *69, 223*
2:42-43   *256*
2:42   *79171, 177, 250,
       259*
2:43   *258*
2:44-47   *171*
3:1-10   *259*

3:7-8   *160*
4:12   *126*
4:29-31   *158*
4:29-30   *163*
4:31   *251, 256*
5:16   *259*
5:32   *101*
8   *74, 79*
8:4-8   *160*
8:6   *258*
8:14-17   *180*
9:4   *209*
9:17   *180*
10   *241*
10:15   *156*
10:18   *156*
10:37-38   *174*
10:38-39   *109*
10:38   *83, 126, 158, 163,
       258*
10:44-46   *156*
10:46   *156, 230, 236*
11-15   *237*
11:16-17   *116*
11:18   *70, 74, 108, 112*
11:28   *160*
13:11-12   *160*
14:8-13   *160*
15   *116*
15:8-9   *86*
15:9   *15, 108, 156, 241*
16:9,18   *160*
17   *235*
17:24-28   *130*
17:24-27   *235*
17:24   *235*
17:25   *285*
17:26-27   *204*
17:27   *235*
17:28   *112, 186, 187, 203*
19:5-6   *79*
19:11-12   *160*
20:28   *216*
21:8-12   *160*
22:16   *77*

ÍNDICE DE REFERÊNCIAS BÍBLICAS

ROMANOS
1—2 *141*
1:4 *50, 118, 128, 146, 147, 154, 155, 270*
1:24-28 *136*
1:26-28 *155*
1:26-27 *50*
3:23 *142*
4:21-25 *149*
4:25 *50, 136, 141, 147, 154*
5:5 *16, 18, 19, 65, 68, 88, 104, 126, 127, 135, 173, 230, 264, 279, 281, 282, 284*
5:8 *287*
6:3-4 *270*
6:3 *76*
6:4 *76, 80*
6:11 *271*
7:14—8:4 *150*
8:3 *150*
8:11 *154, 201, 202*
8:14-25 *112*
8:15-16 *180*
8:18-25 *110, 113*
8:21 *159*
8:22-26 *147*
8:22-23 *130*
8:22 *104, 155*
8:23 *180*
8:26 *53, 136, 164, 181, 183, 218, 221, 306*
8:29 *179*
8:32 *136, 155*
8:38-39 *282*
11 *216*
11:25-32 *217*
11:33 *287*
11:36 *127*
12:1-3 *187*
12:1-2 *220*
12:6 *180, 263*
13:11 *293*
14:17 *99, 105, 118, 150, 151, 273*

1CORÍNTIOS
1—3 *218*
1:7 *218, 240*
1:12 *218*
2:4-5 *104, 148, 160, 164*
2:4 *60*
2:9 *292, 307*
2:10 *135*
3:1-15 *256*
3:1-4 *242*
3:5-15 *256*
3:5 *256*
3:11-15 *242*
3:11 *217, 220, 249*
3:16 *220*
3:17 *220*
3:21-22 *267*
4:14 *257*
4:20 *60*
5 *257*
6:11 *148, 153, 155*
7:35 *257*
8:1 *164*
9:12,18 *257*
11:1-16 *238*
12—14 *296*
12 *219*
12:1-3 *117, 134*
12:4-6 *229, 230*
12:11 *263*
12:13 *16, 63, 79, 95, 111, 122, 181, 218, 219, 220, 229, 307*
12:17 *191, 240*
13 *60*
13:1-3 *264*
13:6 *242, 258*
13:12 *65, 210, 284*
13:13 *281*
14:3 *187*
14:4 *180*
14:9-10 *258*
14:18 *180*
14:27-28 *257*
14:29-32 *255*
14:32 *257*
14:34-35 *238*
14:36-38 *254, 257*
14:37 *265*
15:3-4 *197*
15:20-28 *133, 157, 159, 280*
15:22-26 *112*
15:28 *112, 127, 221, 285*
15:42 *102*
15:44 *202*
15:45 *108, 119, 147, 218*
15:50 *95, 302*
15:51-54 *202*

2CORÍNTIOS
3:17 *134*
3:18 *91, 242*
4:7 *153*
5:14-15 *65*
8:8-10 *257*
12 *161*
13:10 *257*

GÁLATAS
1 *237, 257*
1:6-9 *117*
2 *237, 257*
2:6-10 *197*
2:16 *148*
2:20 *155, 190, 220, 292*
3:1-5 *117, 123, 148*
3:2 *117, 200*
3:5 *148, 164, 292*
3:8 *148*
3:13-14 *117*
3:14 *148*
3:28 *238*
4:19 *242, 288*
5:1-5 *160*
5:5 *104, 150*
5:6 *150*
6:2 *155*
6:15 *117, 150, 200*

EFÉSIOS
1:3-14   148
1:3   68, 94, 123, 148, 166, 244
1:4-14   179
1:4   217
1:5-6   148
1:12   95
1:13-14   52, 218
2:20-22   249
2:20   220
3:14-15   216
3:14   179
3:15   227
3:17-18   282
3:18-19   282
3:20   275
4:3-6   230
4:4-6   229
4:4   229
4:5   80, 197, 230, 272
4:7-16   173
4:7-10   111, 172
4:8   263
4:10   127, 221
4:11-16   256
4:13   182, 230, 288
4:15-16   251, 254
4:15   164, 251, 256
4:16   191
5   219
5:18-19   172, 276, 306
5:18   14, 181, 305
5:21   251, 254, 255
5:25-28   219

FILIPENSES
1:17-18   241
2:8   155
4:12-13   161

COLOSSENSES
1:9   124, 125
1:13   282
1:15-16   112, 129
1:17   112
2:9   220
2:12   76, 80
2:15   159

1TESSALONICENSES
2:7   257
4:17   297

2TESSALONICENSES
3:9   257

1TIMÓTEO
2:12   238
3:15   147

2TIMÓTEO
1:6   262
3:15-16   250, 265

FILEMOM
8   257
9   257

HEBREUS
1:1-3   20
2:14-15   206
2:14   150, 158
4   218
6:5   52, 95, 104, 159
7:16   206, 270
9:14   128, 136, 147, 155, 156, 205, 270
12:1-3   217
12:2   206
13:17   251, 252, 253, 254, 255

1PEDRO
1:1-2   242
1:2   87, 155, 179, 247
1:23   247
2:5   220
3:21   77

1JOÃO
4:8   283
4:16   283
4:20   292

APOCALIPSE
1—3   250
1:5-6   176
1:5   153
1:12-13   221
2:5   241
3:20   209, 273
7:9   227, 245
7:10   176
12:11   176
12:12   97
19   219
19:7-8   180
19:8   293, 303
19:13   50
20   296
21:1-5   115
21:1-4   180
21:3   112, 127, 221
21:5   102, 112

ÍNDICE DE ASSUNTOS

amor, 19, 44, 50, 60, 65, 68, 88-89, 104, 161, 164, 173-174, 242, 264, 279-307
    esperança e amor, 288-292
    fé e amor, 292-304
    importância do, 281-283
    teologia do, 283-288
antropologia, 182-193
avivalismo, 30, 32, 33, 123
batismo, 66, 70, 71-74, 76-82, 92-95, 106, 269-273
batismo no Espírito Santo,
    carismático, 14, 18, 24, 28, 30, 31, 62-65, 67, 82-92, 114, 157-166
    centralidade do, 21-30
    como batismo de amor, 19, 44, 60-61, 65, 88-89, 113
    como empoderamento, 15, 749, 82-92, 110, 157-166, 306
    como revestimento, 14, 17, 119, 172
    como santificação, 30-35, 44, 86-92, 93-94, 108, 152-156
    escatológico, 18-19, 41-54, 92-95, 98-115, 292-304
    experiencial, 14, 17
    fluido, 15, 95
    missiológico, 15, 95, 122-123, 139, 169, 171, 173-174, 225, 287, 295
    na obra de Lucas, 15, 26, 28, 31, 62-65, 73, 75, 95, 101, 166, 279
    na obra de Paulo, 15, 31, 62-65, 73, 91, 95
    sacramental, 67, 76-82
    soteriológico, 15, 18-19, 62-65, 67-78, 87, 91, 111, 140-151
    trinitário, 98, 122-140, 280, 282

Ceia do Senhor, 272-277
criação, 81, 104, 118, 129, 182-193, 304
Cristo
    aquele que batiza no Espírito, 91, 101, 109, 116, 280
    divindade de, 116-122
    ungido, 83
ecumênico, 27, 55, 223, 229-240, 242-248, 273
    anglicano católico, 269
    Conselho Mundial de Igrejas, 162n.85, 164, 178, 2161 n.91, 250, 253, 260
    católico luterano, 276
    pentecostal católico, 177-178, 276
    pentecostal reformado, 164, 175
    Veja pluralismo
dons espirituais, 83, 158-166, 248-264
escatologia, 41-54, 92-95, 98-115, 292-304
Escrituras, 265-267
falar em línguas, 38-40, 90, 230-236, 279, 294, 305
igreja, 18-19, 67 68, 168-278
    apostolicidade, 248-261
    corpo de Cristo, 218-219
    catolicidade, 242-248
    histórica/escatológica, 214-216, 227
    Israel (de Deus), 217
    koinonia da, 170-182
    local/universal, 227
    marcas da, 221-277
    missão da, 225, 295
    necessidade da, 168-170
    povo de Deus, 216-218
    pregação da, 265-267

santidade da, 240-242
templo do Espírito Santo, 220-221
testemunho dialético, 207-216
unidade, 218-219, 229-230
visível/invisível, 215
justificação, 140-151
lei, 105, 115, 148-150
milagres, 104, 159-166
missões, 15, 95, 123, 139, 170, 171, 174, 225, 287, 295
Pai, Deus, o 129, 193-195
pentecostais unicistas, 21-24, 124, 249, 272
pentecostalismo, diversidade do, 35-41
pluralismo, 193-206
pregação, 265-267
preocupação social, 237-240, 301-304
reino de Deus, 98-115
sacramentos, 70, 77, 268-277
santidade, 240-242
santificação, 30-35, 45, 86-91
sofrimento, 62, 135-138, 204-205
teologia,
    narrativa, 54-61
    sistemática, 58
Trindade 122-140, 249, 280, 282

ÍNDICE DE AUTORES

A

Agostinho 49, 120, 197, 213, 259, 289
Albrecht, Daniel E. 268
Alvarez, Miguel 22, 23
Anderson, Allan 22, 56
Anderson, Gordon 84, 299
Aquino, Tomás de 49, 80, 288
Arteaga, William L. de 275
Atanásio 102, 133
Aulen, Gustaf 158, 159

B

Badcock, Gary B. 60
Baer, Richard 275
Bakhtin, Mikhail 231
Balthasar, Hans Urs 138, 305
Barth, Karl 6, 53, 58, 70, 71, 72, 73, 74, 75, 76, 78, 129, 130, 131, 132, 135, 137, 138, 146, 147, 207, 212, 213, 229, 266, 267, 281, 283, 284, 285, 286, 291
Basílio, São 271
Bauckham, Richard 196
Bell, E.N. 88
Berkhof, Hendrikus 70, 74, 75, 139, 140, 165
Berkouwer, G. C. 67, 146, 268
Blaser, K. 113
Blumhardt, Johann e Christoph 45, 49, 83, 211, 212, 213
Bonhoeffer, Dietrich 184, 212, 241
Bonino, José Miguez 233
Brown, Dan 185, 194, 195, 197
Brueggemann, Walter 189, 234
Bruner, Dale 25, 47, 123

Brunner, Emil 60, 162, 267, 283, 284, 295, 296
Buber, Martin 182

C

Calvino, João 70, 76, 139, 165, 223, 224, 267, 268
Camery-Hoggatt, Jerry 57, 119
Certeau, Michael de 231
Chan, Simon 1, 22, 25, 26, 28, 56, 80, 81, 169, 275, 294
Cheung, Tak-Ming 52
Chia, Anita 89
Childs, Brevard 144, 145
Cho, Youngmo 64
Cirilo de Jerusalém 244
Clifton, Jack Shane 25
Congar, Yves 226
Cosgrove, Charles 117
Cox, Harvey 26, 36, 47, 48, 55, 211, 212, 275
Crisóstomo, São João 274
Cross, Terry 26, 27
Cullmann, Oscar 100, 101, 194, 196, 231, 259

D

Dabney, Lyle 26, 52, 141
Dantine, Wilhelm 147
Darby, John Nelson 297
Davies, J.G. 232, 233
Dayton, Donald W. 26, 34, 41, 42, 43, 89, 125, 225, 296
Del Colle, Ralph 26, 168, 210, 229
Dempster, Murray 36, 192, 303

Dieter, Melvin 33
Dionson, Narciso C. 52
Driver, Tom F. 181, 268, 269, 274, 276, 277
Dunn, James 25, 31, 67, 72, 73, 74, 75, 76, 78, 80, 97, 106, 109, 110, 198
Durham, William 30

E

Eller, Vernard 212
Ervin, H.M. 25, 67, 181
Ewart, Frank 89, 125

F

Faupel, D. William 30, 41, 42, 43, 44, 47, 50, 51, 53
Fee, Gordon 26, 73, 74, 267
Finger, Thomas 171, 172, 224
Fletcher, John 33
Flower, Joseph Roswell 39, 40
Frei, Hans 57
Frodsham, Stanley 89, 298
Fuchs, Lorelei 174, 208
Fudge, Thomas 23, 124
Fung, Ronald 148

G

Gelpi, Donald L. 51, 52, 81
Gregório de Nissa 96, 99, 102
Grenz, Stanley 113

H

Hagner, Donald 93, 94
Hanson, Paul 100
Harink, Douglas 142
Hart, Larry 52
Hayford, Jack 40
Hezmalhalch, T. 237, 238
Hickey, Marilyn 298
Hick, John 198, 199, 200, 201, 202, 203, 204, 205, 206
Hiers, Richard H. 258
Hocken, Peter 50, 51
Hodgson, Peter C. 214
Hollenweger, Walter J. 26, 29, 30, 36, 37, 42, 54, 55, 56, 60, 61, 295, 300, 301

Hunter, Harold 25, 63, 67, 165
Hutchins, J. W. 293
Hütter, Reinhard 226

I

Irineu 169
Irvin, Dale T. 1, 9, 26, 230, 231
Ive, Jeremy 139

J

Jacobsen, Douglas 37
Jenson, Robert 127, 128, 139, 141
Jüngel, Eberhard 138
Jung, G. C. 185, 186

K

Kärkkäinen, Veli-Matti 26, 151, 254, 256
Käsemann, Ernst 48, 110, 141, 142, 144, 145, 263
Kasper, Walter 102, 159, 160, 178, 245
Kelsey, Morton 81
Kitamori, Kazoh 137, 138
Klaus, Byron 36
Koenig, John 264
Küng, Hans 194, 209, 213, 219, 223, 228, 231, 245, 246, 247, 248, 253, 254, 255, 257, 258, 260
Kutter, Hermann 212

L

Ladd, George Eldon 99, 105
LaHaye, Tim 298
Land, Steven J. 25, 26, 45, 46, 47, 48, 49
Lanne, Emmanuel 66, 67
Larbi, E. Kingsley 89
Lasch, Christopher 172
Lederle, Henry 23, 38, 40, 85
Lee, Paul D. 38
Lee, Song-Whan 22
Lim, David 91, 262
Lindbeck, George 58, 59
Lloyd-Jones, Martyn 85
Lochman, Jan M. 105, 170, 205, 206, 215
Loisy, Alfred 194
Lutero, Martinho 148, 149, 151, 159, 188, 283, 288, 289, 290, 291

ÍNDICE DE AUTORES

M
Macchia, Frank D. 1, 2, 32, 39, 45, 59, 141, 142
Marshall, I. Howard 195
Martin, David 243
Mason, C.H. 293, 294
McDonnell, Kilian 67, 78, 80, 81, 96, 118
McDougall, Joy Ann 225, 240
McGrath, Alister 144
Menzies, Glen 109, 299
Menzies, Robert P. 16, 24, 25, 26, 28, 31, 62, 63, 67, 82, 84, 85, 92, 238, 294
Moltmann, Jürgen 37, 48, 53, 83, 102, 103, 104, 109, 112, 121, 128, 130, 131, 132, 136, 138, 142, 143, 175, 204, 211, 212, 213, 222, 267, 272, 286, 295, 301, 302, 303
Montague, George 67, 78, 80
Moule, C.F.D. 196

N
Neve, Lloyd 107
Newbigin, Leslie 169
Niebuhr, H. Richard 113
Nietzsche, Friedrich 32, 233
Nolland, John 93
Nygren, Anders 288, 289, 290

O
O'Conner, Elizabeth 264

P
Palma, Anthony 84
Pannenberg, Wolfhart 32, 105, 119, 120, 121, 128, 130, 131, 132, 133, 134, 135, 136, 153, 267, 302
Pelikan, Jaroslav 137, 149, 228, 289
Perdue, Leo 57
Peterson, Douglas 36
Pinnock, Clark 26, 276
Plummer, Alfred 181

R
Ragaz, Leonard 212
Rahner, Karl 70
Reed, David 125
Ridderbos, Hermann 194, 259
Robeck, Cecil M. 38, 40, 88, 238, 239
Robertson, A.T. 181
Rodner, E. 229
Rybarczyk, Edmund 9, 26, 151

S
Sandeen, Ernst 297, 298
Sanders, E. P. 199
Schleiermacher, Friedrich 6, 137
Schmaus, Michael 253
Schmid, Hans Heinrich 144
Schmidt, K. L. 216
Sepulveda, Juan 26
Seymour, William 38, 87, 88, 90, 237, 238, 293, 300
Sheppard, Gerald T. 56, 57, 294, 298, 299
Simpson, A. B. 42, 297
Soelle, Dorothea 262
Solivan, Samuel 45
Spittler, Russell P. 26, 74, 275, 306
Stagaman, David 260
Staples, Peter 243
Stark, Rodney 170
Storr, Anthony 185, 186
Stronstad, Roger 16, 17, 24, 25, 26, 28, 31, 62, 63, 64, 67, 82, 85, 92
Sullivan, Francis 80, 81
Sullivan, Harry Stack 187

T
Thayer, J. H. 181
Thomas, John Christopher 238
Tillich, Paul 59, 212, 215
Toon, Peter 151, 152
Trotter, Will 88, 89
Tugwell, Simon 90
Turner, Max 16, 62, 84, 255
Tyra, Gary 113

V
Van der Leeuw, G. 268
Vischer, Lukas 175, 209, 250, 269, 276
Volf, Miroslav 26, 176, 177, 178, 184, 188, 209, 219, 223, 226, 227, 244, 254, 255, 301

W

Wacker, Grant 32, 34
Wainwright, Geoffrey 58, 59, 70, 138, 173, 243, 269, 271, 272, 274
Welker, Michael 26, 35, 136, 192, 262
Wesley, John 33, 53, 56, 88
Wilkerson, David 298
Williams, E. S. 151
Williams, J. Rodman 40
Williams, Robert C. 214

Wood, Laurence 33, 34

Y

Yong, Amos 1, 9, 26, 28, 128, 129, 138, 222, 226, 239, 254
Yun, Koo Dong 22, 26

Z

Zinzendorf, Ludwig Count von 204
Zizioulas, John D. 192

Conheça outros livros da LINHA PENTECOSTAL-CARISMÁTICA pela THOMAS NELSON BRASIL

Inspirado,
por Jack Levinson

Pensando em línguas,
por James K. A. Smith

Pneumatologia,
por Gutierres Siqueira

Teologia Pentecostal em diálogo com N. T. Wright,
organizado por Janet Meyer Everts e Jeffrey Lamp

Teologia Sistemático-Carismática,
por César Moisés Carvalho e Céfora Carvalho

Escutando o Espírito no texto,
Gordon Fee

Interpretando a Bíblia a partir do Espírito,
por Gutierres Siqueira e David de Oliveira

Este livro foi impresso pela Vozes, em 2024, para a
Thomas Nelson Brasil. A fonte do miolo é PT Serif Pro.
O papel do miolo é avena 70g/m².